철강왕 카네기 자서전

옮긴이 **박별**

전문번역가, 아카시에이전트 대표.
역서로는 「부의 복음」, 「아무도 가르쳐주지 않는 부의
비밀」, 「인간의 조건」, 「인간의 운명」, 외 다수가 있다.

철강왕 카네기 자서전

2011년 7월 15일 1판 1쇄 인쇄
2021년 8월 30일 1판 5쇄 펴냄

지은이 | 앤드류 카네기
옮긴이 | 박별
기　획 | 김종찬
발행인 | 김정재

펴낸곳 | 나래북 · 예림북
등록 | 제 2016-0000021호
주소 | 경기도 고양시 지도로 92번길 55, 다동 201호
전화 | (031) 91-6147
팩스 | (031) 914-6148
이메일 | naraeyearim@naver.com

ISBN 978-89-94134-10-9 03840
* 잘못 만들어진 책은 구입하신 서점에서 교환해 드립니다.
* 무단전재를 금합니다.
* 값은 뒤 표지에 있습니다.

기회를 그 자리에서 잡지 않는 것은 잘못된 일이다.

-A.카네기

진정으로 현명한 사람은 낙천가이다.

-A.카네기

가장 중요한 것은 자신에게 충실한 것이다.
이것만 지킨다면 나머지는 낮 다음 밤이 이어지듯
모든 일이 자연스럽게 흘러가 남을 대할 때 역시
싫어도 충실해질 수 밖에 없을 것이다.

W.셰익스피어

서문

남편 카네기는 바쁜 회사업무에서 은퇴한 후, 미국과 영국의 친구들로부터 강력한 권유를 받아 시간이 날 때마다 펜을 들어 유년 시절부터 회상하며 글을 쓰기 시작했습니다. 그러나 충분한 시간이 있으리라 생각했던 것과는 달리 남편은 이전보다도 더 바쁜 나날을 보내야 했으며 전혀 여유가 없는 듯이 보였습니다. 따라서 매해 여름, 몇 주일 동안 스코틀랜드의 고원지대로 휴양을 떠날 때만 과거의 회상들을 기록할 수 있었습니다. 우리는 작은 오두막집에 머물며 아주 소박한 생활을 즐겼고, 이 자서전의 대부분은 바로 그곳에서 완성된 것입니다. 남편은 이 책에 적혀 있는 청년 시절을 떠올리는 것이 대단히 즐거워 보였으며 글을 쓰면서 다시 그 시절로 돌아가 살고 있는 것처럼 보였습니다.

유럽 정계의 움직임이 심상치 않던 1914년 7월에 남편은 이렇게 추억을 기록해 나가고 있었습니다. 그해 8월의 안타까운 뉴스가 고원에 있던 우리에게 전해졌을 때, 우리는 서둘러 고원에서 스키보의 저택으로 돌아와 정세를 주시하고 있었습니다.

남편의 회상은 여기서 끝나고 말았습니다. 그 이후로 남편은 다시는 자신의 사적인 생활에 관심을 가질 수 없게 되었습니다. 몇 번이고 다시 펜을 들어 글을 쓰려 했지만 모든 노력이 허사였습니다. 비록 중년이었지만 그때까지 남편은 건강하게 일상생활을 하고 있었습니다. 중년이라고는 하지만 심리적으로는 장년이라고 해도 좋을 만큼 매일 골프를 치고, 낚시를 즐기고, 수영을 했으며 때로는 이 세 가지를 하루에 전부 다 하는 때도 있었습니다. 선천적으로 낙천적인 성격이라 모든 희망이 무너져 내릴 것 같은 최악의 상황에 직면했을 때도 결코 희망을 잃지 않으려고 노력했습니다. 그러나 세계대전이라는 참사에는 너무나도 큰 충격을 받고 말았습니다. 남편은 완전히 기력을 잃더니 독감에 걸렸고, 이어 두 차례에 걸쳐 중증 폐렴에 걸렸는데 고령이었기에 더 이상 손을 쓸 방법이 없었습니다.

나는 남편이 죽기 몇 달 전에 먼저 타계하신 분에 대해서 세상 사람들이 "그 분은 더 이상 고령의 무게를 이길 수 없어."라고 말하는 소리를 들었습니다. 그러나 남편은 이 '고령의 무게'를 잘 견뎌내며 마지막 순간까지 용감하게 싸워 주었습니다. 이것은 남편의 지인들 모두 잘 알고 있는 일로 남겨진 우리에게 조금이나마 위안이 되었습니다. 남편은 언제나 인내심이 강했으며, 배려심이 깊었고, 활달했으며, 남들의 배려와 친절에 진심으로 감사했고, 자신에 대해서는 결코 신경을 쓰지 않는 듯했습니다. 점점 병세가 악화됨에 따라 남편의 마음은 더욱더 밝고 쾌활해졌는데, 신의 부름을 받고 이 세상을 뜰 때까지 빛을 발하고 있었습니다.

남편이 남긴 원고의 첫 번째 장에는 본인이 직접 이런 말을 남겼습니다.

"내 자신의 회고 가운데, 작으나마 한 권으로 정리할 수 있을 만큼의 자료가 있을지도 모른다. 그것이 일반 독자에게 흥미가 있을 수도 있다. 내 친척과 친구들을 위해 전부 정리를 해서 한정판을 내는 것도 좋을 것이다. 기회가 있을 때마다 적어 내려간 이 추억들 중 대부분은 당연히 생략되어야 한다고 생각한다. 이 책의 편집을 담당할 사람이 누가 될지 모르지만 불필요한 내용으로 인해 독자들을 불편하게 하는 일이 없도록 신경을 써주기 바란다. 두뇌가 명석한 사람이면서도 마음이 섬세한 사람이 아니면 안 될 것이다."

남편의 이런 마음을 잘 헤아려 그것을 실현시켜줄 수 있는 분은 우리의 벗인 존 C. 반다이크 교수 말고는 달리 없을 것입니다. 원고를 받아본 교수님은 남편이 남긴 노트를 읽어보지도 않고 "이것을 출판할 수 있도록 정리하는 것은 사랑의 일입니다."라고 말씀해 주셨습니다. 이것으로 문제는 해결되었고 일을 맡아 주셨는데, 참으로 아름다운 우정의 표현이라 여기며 마음속으로 깊은 감사를 드리고 있습니다.

1920년 4월 16일 뉴욕에서
루이즈 휫필드 카네기

편집자 노트

  한 인물의 생애에 관한 이야기는 편집자가 쓸데없이 손을 대서는 안 된다. 특히 그것을 본인이 썼을 경우에는 더더욱 그러하다. 그가 자기방식대로, 자신이 생각한 대로 이야기하는 것을 허락해 주어야 하며 그곳에서 드러나는 정열은 물론 과장조차도 이야기의 한 부분으로 받아들여야 한다. 과장과 자만으로 느껴지는 것들 속에 그 인물의 본질이 포함되어 있을 수도 있기 때문이다. 따라서 이 원고를 정리하는 데 있어 편집자는 자료를 그저 연대순으로, 그리고 실제로 일어났던 순서대로 배치했을 뿐 그 이외의 것에는 전혀 손을 대지 않았다. 이렇게 배치를 한 이유는 독자가 혼동을 하지 않고 끝까지 이야기를 흐름에 따라서 읽을 수 있게 하기 위해서였다.

'이 불가사의하고 다채로운 역사'를 만들어낸 인물에 대해 등급을 매기거나 찬사를 보내는 것은 이 책과는 전혀 어울리지 않으며, 또 그럴 시기도 아니다. 그러나 이 역사는 그야말로 중대한 사건들로 가득하다는 점을 인정하지 않을 수 없다. 게다가 너무나도 신비한 일들이다. 미국으로 건너와 온갖 역경을 극복하고 승리를 쟁취해서 대기업가가 되고, 세계 최대의 철강업체를 일궈내 막대한 부를 쌓았으며, 이후 모든 재산을 인류의 복지개선을 위해 조직적이고 계획적으로 나누어준 스코틀랜드의 가난한 한 소년의 이야기는 '아라비안나이트'에 나오는 이야기보다 훨씬 더 신비한 것이다. 그는 인류가 잊을 수도 무시할 수도 없는 부에 대한 복음을 전파한 것이다. 그리고 그 부를 나누는 법을 몸소 실천하여 보여줌으로 해서 이후 전 세계의 대부호들이 그의 전례를 따를 수 있게 해주었다. 긴 생애를 통해 그는 국가의 건설자이자 사상계의 지도자였고 작가, 강연자, 일하는 사람들, 교직에 있는 사람들, 정치가들의 친구이자, 가난한 사람들과 고귀한 사람들의 동료였다. 그러나 이런 것은 표면에 나타난 아주 작은 일부분에 지나지 않으며 그의 참된 위대함은 부의 분배, 세계 평화에 대한 그의 열정 그리고 그의 인류에 대한 사랑에 잘 나타나 있다.

지금은 아직 많은 시간이 흐르지 않았기 때문에 적절한 비판을 내리기는 쉽지 않다. 그러나 시간이 갈수록 올바른 식견이 육성되어 다가올 미래의 세대들은 이 인물의 위대함을 인정하게 될 것이라고 생각한다. 그때를 위해서라도 카네기 자신의 말이 본인의 발랄한 문체로 남아 있다는 것은 행복한 일이다. 이것은 정말로 진귀한 기록이며 이와 같은 기록이 또다시 나타나리라고는 여겨지지 않는다.

1920년 8월 뉴욕에서
존 C. 반다이크

차례

서문 | 9

편집자 노트 | 13

제1장 부모님과 유년 시절 | 19

제2장 고향에서의 생활과 미국 | 43

제3장 용감한 어머니와 나의 취직 | 61

제4장 최초의 도서관 | 79

제5장 전신국에서 | 93

제6장 철도 회사에서 | 109

제7장 펜실베이니아 철도 회사의 주임이 되다 | 137

제8장 남북전쟁의 시대 | 161

제9장 다리를 건설하다 | 179

제10장 제철소 | 197

제11장 뉴욕에 본사를 설립하다 | 221

제12장 모건 상회와의 거래 | 243

제13장 강철시대 | 263

제14장 세계일주 여행 | 283

제15장 마차 여행과 결혼 | 301

제16장 제철소와 노동자들 | 315

제17장 홈스테드 공장의 파업 | 327

제18장 노동의 모든 문제 | 345

제19장 『부의 복음』 | 369

제20장 교육진흥 기금 | 387

제21장 평화를 위해 | 407

제22장 M. 아널드와 다른 친구들 | 427

제23장 영국의 정치 지도자들 | 443

제24장 글래드스턴과 몰리 | 457

제25장 스펜서와 그의 제자 | 475

제26장 정계의 친구들 | 487

제27장 워싱턴의 외교 | 499

제28장 헤이 국무장관과 매킨리 대통령 | 511

제29장 독일 황제를 만나다 | 523

연보 | 534

제1장
부모님과 유년 시절

앤드류 카네기

제1장
부모님과 유년 시절

*

 어떤 사람의 일대기라 할지라도 진실이 적혀 있다면 모두가 흥미롭다고 옛 사람들은 말하고 있다. 그래서 나의 가까운 친척들과 친구들은 내가 걸어온 발자취를 남기라고 강하게 권유한 것인데, 완성된 글을 보고 실망하지 않기를 바라고 있다. 나는 이 이야기가 적어도 나를 알고 있는 사람들에게는 흥미가 있을 것이라고 스스로 위안을 삼으며 글을 썼다.

 내 친구 중에 피츠버그 시의 멜론 판사가 수년 전에 이런 책을 썼는데, 나는 그것을 흥미진진하게 읽으며 앞에서 말한 선인들의 말을 다시 한 번 확인할 수 있었다. 판사의 전기는 친구들을 대단히 기쁘게 해줌과 동시에 그의 자손들에게 올바른 삶을 살 수 있도록 큰 영향을 끼쳤을 것임에 틀림이 없다. 또한 그뿐만이 아니다. 이 책은 가까운 친구들뿐 아니라 널리 대중들에게도 사랑을 받게 되어, 그는 저자로서도 인기가 있다. 왜냐하면 전기의 중요한 요소인 인물의 됨됨이가 잘 드러나 있기 때문이다. 대중의 흥미를 끌겠다는 생각은 처음부터 없었으며 오로지 가족들만을 위해서 쓴 책이었다.

나는 자서전을 쓰는 데 있어서 그와 마찬가지 마음가짐으로 대중들에게 거드름을 피울 생각은 전혀 없으며 가족이나 친구들과 함께 이야기를 나누는 기분으로 펜을 들 생각이다. 가족이나 친구들은 오랫동안 나와 고뇌를 함께 나누며 내게 충실해 주었다. 나는 그들 속에서 자유롭게 이야기를 할 수 있으며 사소한 일조차 그들에게는 아무런 의미가 없는 것이라 여겨지지는 않을 것이다.

나는 1835년 10월 25일에 스코틀랜드 던펌린이라는 작은 도시의 무디 거리와 프라이어리 거리의 모퉁이에 있는 작은 집 다락방에서 태어났다. 부모님은 세상 사람들이 흔히 말하는, 가난하지만 정직한 분들이었으며 선량한 친척들과 이웃들이 많았다. 이 마을은 스코틀랜드 마직물의 생산지로 잘 알려진 곳이었다. 아버지 윌리엄 카네기는 앤드류 카네기의 아들로 직물공장의 직공이었다. 내 이름은 할아버지의 이름에서 따온 것이다.

할아버지는 재치가 넘치고 유머를 즐기는 밝은 성격으로 어떤 일에도 굴하지 않는 영혼의 소유자였기 때문에 이 지역에서는 잘 알려진 인물이었다. 나의 낙천적인 성격과, 역경에 부딪혀도 굴하지 않고 평생 웃으며 살 수 있었던 것도 유쾌한 성격을 할아버지로부터 물려받았기 때문일 것이다. 내 친구들은 '오리를 모두 백조로 바꿔버리는' 이런 낙천적인 성격을 비웃었다. 나는 할아버지와 할아버지의 이름을 물려받은 것을 자랑스럽게 여기고 있다.

밝은 성격은 그 어떤 재산보다 귀중한 것이다. 젊은이들이 부디, 성격은 고칠 수 있는 것이며 인간의 마음 또한 육체와 마찬가지로 어두운 곳에서 햇빛이 비추는 밝은 장소로 옮길 수 있는 것이라는 사실을 반드시 염두에 두길 바란다. 모두가 빛이 비추는 장소로 나가길 바란다. 가능하다면 역경조차 웃음으로 날려버리자. 인간은, 조금이라도 생각할 수 있는 인간이라면 누구나 그렇게 할 수 있다. 물론 자신의 잘못된 행동에서 비롯된 것이라면 그것을 간단히 웃어넘길 수만은 없을 것이다. 그로 인한 자책감에서 도망치는 것은 불가능하다. 그런 '오점'을 말끔히 씻어낼 수는 없다. 본인의 내면에 있는 재판관은 판결의 자리에 앉아 있으며 그를 속일 수는 없는 법이다. 스코틀랜드의 위대한 시인 로버트 번스(Robert Burns, 1759~1796)는 "네 양심의 소리만을 두려워하고 그것을 따르라."고 말했는데, 이것은 인생에 있어서 훌륭한 지침이다. 나는 젊어서부터 이것을 평생의 금언으로 간직하고 살았으며 평생 동안 들어온 수많은 연설들보다 내게는 의미가 있는 말이었다.

외할아버지 토마스 모리슨은 훨씬 더 독특한 인물이었다. 외할아버지는 당시 스코틀랜드의 유력지였던 『레지스터(Register)』지에 투고하여 진보적인 의견을 발표하기도 했다. 나는 훗날 외할아버지가 쓴 글을 읽은 적이 있는데 시대를 앞서가는 뛰어난 식견을 갖추고 있었다. 예를 들어 그는 기술교육의 중요성을 깨닫고 『머리를 교육해야 하나, 손을 교육해야 하나』라는 제목의 소책자를 출판하여 기술교육의 중요성을 강조했다. 외할아버지는 기술교육의 선구자였으며 소책자의 마지막을 다음과 같은 말로 마무리 지었다. "나는 청년시절에 구두를 만들고 그것을 수리하는 기술을 배울 수 있었던 것에 감사하고 있다."라고.

이 책자는 개혁파인 '레지스터' 사가 출판을 해주었는데, 주필이 이에 대한 사설을 덧붙여 그 중요성을 강조해 주었다. 이처럼 글을 쓰는 일은 유전이라고 해도 좋을 만큼 친가와 외가 양쪽으로부터 재능을 물려받았다. 어찌되었든 간에 카네기 가는 폭넓게 책을 읽음과 동시에 많은 생각을 하던 사람들이었다고 할 수 있다.

외할아버지 모리슨은 천부적인 웅변가이자 재치 넘치는 정치가로 오랜 세월 그 지역 개혁정당의 기수로 활동했으며, 그의 아들이자 나의 외삼촌인 베일리 모리슨이 그 뒤를 이어 정치활동을 하고 있었다. 내가 미국에 정착한 후로도 스코틀랜드에서 온 사람들이 "당신이 토마스 모리슨의 손자인가요?"라고 말을 걸어와 친교를 맺고는 했다.

  나는 자주 "외할아버지 토마스 모리슨과 판박이다."라는 소리를 들었지만 아쉽게도 외할아버지의 얼굴을 기억하지는 못한다. 그런데 27살 때 처음 고향으로 돌아가서 외삼촌 베일리 모리슨을 찾아가 긴 의자에 앉아 있었는데 외삼촌의 검은 눈동자가 갑자기 눈물로 가득 고이기 시작했다. 외삼촌은 아무 말도 하지 못한 채 서둘러 방에서 나가버렸지만 곧바로 돌아와, 나를 보면 돌아가신 외할아버지가 생각나 참을 수가 없다고 설명해 주었다. 행동거지, 말투, 표정 등에 한순간 나타났다가 다시 사라져 버리기 때문에 정확하게 말로는 표현하기 힘들지만 외할아버지와 나는 어딘가 닮은 모양이었다. 어머니도 항상 무언가 외할아버지의 특징을 발견하고서는 회상에 잠기곤 하셨다. 유전의 법칙은 불가사의한 것으로 육체를 초월한 곳에서 모든 자손에게 이어진다는 사실을 나는 절실하게 통감할 수 있었다.

  외할아버지 모리슨은 에든버러 시의 훗지라는 분과 결혼했는데, 외할머니는 교육, 교양, 사회적 지위에 있어서 흠잡을 데가 없는 여성이었지만 불행하게도 어머니 남매가 어렸을 때 돌아가셨다. 당시 외할아버지는 던펌린에서 가죽 세공업과 피혁상을 하면서 유복한 생활을 하고 있었다. 그러나 워털루 전투 이후 강화조약이 체결되면서 다른 모든 사람들과 마찬가지로 외할아버지의 집안도 기울고 말았다. 따라서 장남이었던 베일리 외삼촌은 조랑말을 타고 다닐 만큼 부유한 환경에서 자랐지만 어머니와 다른 남매들은 상당히 어려운 생활 속에서 자랄 수밖에 없었다.

둘째 딸인 마가렛이 바로 우리 어머니인데 앞으로 이 책에 자주 등장하게 될 것이다. 어머니는 외할머니로부터 위엄과 교양, 가정교육을 잘 받은 여성의 우아함을 물려받았다. 언젠가 이 여장부라고 불러도 될 만큼 훌륭한 어머니에 대해 이야기할 날이 올지도 모르겠지만 지금으로서는 쉽지 않을 것이라 여겨진다. 어머니는 내게 있어 신성한 인물로 다른 사람들에게 알리고 싶지가 않다. 또한 실제로 어머니에 대해 알 수도 없을 것이다. 어머니에 대해서 알고 있는 사람은 오직 나뿐이다. 아버지가 일찍 돌아가셨기 때문에 이후로 어머니는 내 독차지가 될 것이다. 나는 첫 번째 책의 헌사에 '내가 가장 사랑하는 영웅이신 어머니께.' 라고 적었는데 이것은 내 심정을 가장 잘 드러낸 말이기도 하다.

훌륭한 선조들에게서 태어난 나는 대단히 운이 좋았는데, 나는 그와 마찬가지로 나의 고향에 대해서도 행운아였다. 인간에게 태어난 고향은 대단히 중요한데 환경과 전통은 아이들에게 강한 영향을 주어, 그 아이의 내면에 잠재되어 있지만 아직 표면으로 드러나지 않은 모든 경향들을 자극한다. 영국의 문호 러스킨은 에든버러 시의 총명한 아이들은 모두 성의 웅장한 자태에 감화된다고 말했다. 던펌린의 아이들은 고귀한 수도원의 영향을 받고 자라는데, 이것은 스코틀랜드의 웨스트민스터 대수도원이라 불리는 것으로 1070년에 맬컴 캔모어와 마거릿 여왕이 세운 것이다. 마거릿 여왕은 스코틀랜드의 수호신이었다. 웅대한 대수도원과 수많은 국왕이 탄생한 궁전의 폐허는 오늘날에도 남아 있다. 그곳에는 아직도 피텐크리프 계곡이 있으며, 마거릿 여왕의 궁전과 맬컴 왕의 탑이 남아 있다.

마을 북쪽으로는 멀리 필스 강이 흐르고 남쪽으로는 에든버러 시를 바라볼 수 있으며, 북으로는 오칠 산맥이 자리 잡고 있다. 여기에는 낭만이 있고 시가 있으며 스코틀랜드의 역사와 종교가 지나온 흔적들이 강한 인상을 남기고 있다. 주변을 둘러보는 아이들에게 높은 이상과 꿈을 심어주고, 훗날 그들이 험난한 현실 세계에서 가혹한 상황에 맞닥뜨렸을 때 마음속에서 새롭게 재생되어 사상을 드높이고 인생의 묘미를 맛보게 해준다. 나의 부모님이 이렇게 정신적으로 풍요로운 환경 아래서 태어난 것은 행운이었으며, 두 사람이 풍부하게 가지고 있던 낭만적이고 시적인 정서가 건전하게 자랄 수 있었던 것이다.

아버지가 직물업을 이으면서부터 우리는 무디 거리에서 리드 공원 근처의 좀 더 넓은 집으로 이사를 하게 되었다. 아버지의 네다섯 대의 직물기가 계단 아래에 자리를 잡았고 우리는 2층에서 살았는데, 옛 스코틀랜드 주택의 방식으로 지어진 이 집은 밖으로도 계단이 나 있었기 때문에 우리는 그 계단을 통해서 출입했다. 나의 기억은 바로 이 집에서부터 시작되는데 희한하게도 기억을 거슬러 올라가다보면 작은 미국지도를 보고 있던 것이 또렷하게 떠오른다. 그 지도는 두루마리로 된 50센티미터 정도의 크기였다. 아버지와 어머니, 윌리엄 삼촌와 에이트켄 이모가 이 지도를 들여다보며 피츠버그 시를 찾고 이리 호수와 나이아가라 폭포를 가리키고 있었다. 그 뒤 얼마 안 돼서 삼촌과 이모는 약속의 땅으로 떠나고 말았다.

이즈음 사촌인 조지 로더와 나는 다락방에서 법으로 금지되어 있는 깃발을 발견하고 뭔가 위험한 일이 일어날 것 같아 매우 격앙되었던 것을 기억하고 있다. 그 깃발은 손에 들고 걸을 수 있도록 만들어져 있었으며 손으로 그린 것으로 아마도 곡물법 반대 집회에서 쓰기 위해 아버지나 삼촌, 아니면 가족 중 개혁파인 누군가가 집회 때 썼던 것이라고 생각된다. 정부가 곡물 수입에 무거운 세금을 부과한 법률이 15세기 이후 몇 번에 걸쳐 발포(發布)되었지만, 19세기에는 민중들의 강력한 반대에 부딪혀 1846년에 드디어 폐지되었다. 당시 마을에서는 폭동이 일어나 기병대가 마을 집회소에 주둔하기도 했었다. 친가와 외가의 두 할아버지는 물론 아버지까지 집회에서 연설을 하는 등 운동에 앞장을 섰기 때문에 가족들 모두가 그 일에 연루되고 말았다.

나는 바로 어제 일어났던 일처럼 생생하게 기억을 하고 있는데, 어느 날 밤늦게 몇 명의 사람들이 뒤쪽 창문을 두들겨 외삼촌인 베일리 모리슨이 감옥으로 잡혀갔다는 소식을 부모님께 알렸다. 외삼촌은 법으로 금지된 집회를 여는 등 대담한 행동을 했던 것이다. 경찰은 군의 도움을 받아 마을에서 수 마일 떨어진 곳에서 집회를 열고 있을 때 외삼촌을 붙잡아 마을로 데리고 왔는데 수많은 사람들이 함께 따라왔었다.

군중들이 외삼촌을 구해내려고 했기에 큰 소동이 벌어졌고 우리는 대단히 걱정을 했다. 그러나 나중에 들은 이야기에 따르면 촌장의 간청으로 외삼촌이 하이 거리 쪽으로 나 있는 창문으로 고개를 내밀어 군중들에게 해산할 것을 부탁했다고 한다. 외삼촌은 "만약 오늘 밤 여기에 대의를 위해 충성을 맹세할 사람이 있다면 부디 손을 내려주기 바라오."라고 말했다. 군중은 치켜든 손을 내렸다. 그리고 외삼촌은 잠시 시간을 두었다가 "그럼 이제 조용히 해산해 주기 바랍니다."라고 말했다. 외삼촌은 다른 모든 가족들과 마찬가지로 도의심이 강한 사람이라 법은 절대로 따라야 한다는 것을 신조로 삼고 있었지만, 뼛속 깊숙이까지 진보적 성향이었기에 민주주의 국가인 미국의 열렬한 찬미자였다.

　공공장소에서 이런 일이 벌어지고 있을 때였으니, 사적인 자리에서 얼마나 격하고 통렬한 비판을 나누었을지는 충분히 짐작할 수 있을 것이다. 군주제와 귀족정치, 모든 형태의 특권조직에 대한 비난, 그와 대조적으로 공화국의 위대함, 미국의 우월성, 자신들과 같은 민족들에 의해 점령된 신대륙, 모든 시민의 권리가 곧 그들에게 주어진 기본적인 인권이라는 자유인의 땅—나는 이런 자극적인 말싸움이 오가는 속에서 자랐다. 어린 나는 왕후와 귀족을 암살하는 것이 자신의 의무이자 국가에 대한 봉사라고 여겼기 때문에 당연히 영웅적인 행위라고 생각하게 되었다.

　이런 어린 시절의 환경과 생활에 영향을 많이 받았기 때문에 나는 오랫동안 그 어떤 특권계급이라 할지라도 자기 스스로 명성을 일궈내서 공공의 존경을 받는 사람이 아니면 그 사람이 누구든 간에 예를 갖추고 정중하게 대할 수가 없었다. 지금도 여전히 그저 혈통이 좋다는 것뿐이라면 나는 그들을 경멸한다— '이 사람은 빈 껍데기다. 아무 것도 하지 않은 채 그저 우연히 운이 좋았기 때문에 남의 화관을 머리 위에 얹고 거만하게 활보하고 있는 거짓말쟁이다. 그가 자신의 것이라고 말할 수 있는 것은 요행히 좋은 환경에서 태어났다는 것뿐이다. 그의 가족들의 가장 커다란 장점은 감자와 마찬가지로 땅속에 잠들어 있을 뿐이다.'라고 생각한다. 나는 지성이 있는 사람이라면, 태생이 좋다는 이유만으로 특권을 누리고 자신들은 태생이 좋지 않다는 이유 때문에 그 특권에서 제외되는 사회 속에서 과연 살 수 있을까 생각해 보곤 한다. 물론 이런 생각은 내가 다른 사람들에게 영향을 받은 것으로, 그것은 대부분 집에서 들은 이야기들을 반영한 것에 지나지 않는다.

내가 태어난 던펌린은 스코틀랜드에서 오래전부터 가장 진보적 성향이 강한 곳으로 알려져 있었다. 물론 페이즐리 마을도 자신들이 가장 진보적이라고 말하고 있다는 사실을 나는 잘 알고 있다. 어찌되었거나 마을 사람들 대부분은 소규모의 직물업으로 생계를 꾸려 나가고 있었으며 그들은 각자 한 대, 혹은 두어 대의 직물(織物)기만을 가지고 있었기 때문에 혁신적인 목적에 따라서 일어섰다는 것은 대단한 의미가 있다. 주민들은 하청을 받아 일을 하고 있었기 때문에 비교적 시간의 구애를 받지는 않았다. 큰 제조업자에게 실을 받아다가 각자의 집에서 일을 하는 것이었다.

마을은 가끔 정치적인 문제에 휩싸여 점심식사를 마치면 남자들이 몇 명씩 모여서 한동안 앞치마를 두른 채 정치에 대해 논쟁을 벌이는 것을 쉽게 볼 수 있었다. 흄과 코브던, 브라이트 등의 이름이 그들의 입에 오르내리고 있었다. 나는 어린 나이에 이런 사람들에게 매료되어 어른들의 이야기에 열심히 귀를 기울이곤 했는데, 이야기의 내용은 당연히 일방적인 것이었다.

당시 일반적으로 떠돌던 생각은 개혁이 일어나지 않으면 안 된다는 결론이었다. 마을 사람들은 모임을 조직하고 런던의 신문을 구독했다. 마을 사람들에게 매일 밤 주요 사설을 읽어 주었는데, 재미있는 사실은 이 집회를 위해서 교회의 제단을 사용했다는 점이다. 외삼촌인 베일리 모리슨이 자주 단상에 나가 낭독을 하였고 낭독이 끝난 뒤에는 모든 사람들이 그것을 비판하는 등, 회합은 언제나 활기로 넘쳐났다.

 이와 같은 정치적 집회는 자주 열렸고, 나는 가족과 마찬가지로 상당한 흥미를 느껴 자주 모임에 구경을 갔는데, 대부분 삼촌들 중 누군가가 아니면 아버지가 발언을 했다. 아직까지 기억에 생생한데, 어느 날 밤 아버지가 네거리 야외집회에서 군중들에게 연설을 하고 있는 곳에 가보았다. 나는 청중들 사이를 뚫고 들어가서 각별히 큰 목소리로 응원을 보내던 한 사람에게 매료되었고 그의 열기에 감염되었다. 나는 그의 곁으로 다가가서 연설을 하고 있는 사람이 우리 아버지라고 말했다. 그 사람은 나를 어깨 위에 올리고 연설이 끝날 때까지 무동을 태워주었다.

 수동 직물기에서 증기 직물기로 바뀐 것은 우리 가정에 엄청난 타격을 주었다. 아버지는 다가오는 산업혁명의 의미를 이해하지 못하고 낡은 방식에 집착하여 고생을 하고 있었다. 제품의 가격은 바닥까지 떨어져 버렸고 위기가 닥치면 늘 그랬듯이 탈출에 도움이 되어주던 어머니의 원조가 필요하게 되었다. 어머니가 방향키를 잡고 집안을 되살릴 노력을 하지 않으면 안 되었다. 어머니는 무디 거리에 작은 가게를 열었고 얼마 안 되는 수입이었지만 근근이 생계를 꾸리며 겨우 '체면'을 유지할 수가 있었다.

나는 이런 일들이 있은 지 얼마 되지 않아 궁핍하다는 것이 무엇인지를 깨닫게 되었다. 아버지가 직물을 들고 도매상을 찾아 갔던 날, 우리는 도저히 어떻게 할 수 없는 바닥까지 떨어져 있었다. 어머니는 걱정스럽게 아버지가 돌아오시기를 기다렸지만, 만약 새로운 실을 받아오지 못한다면 가업은 멈춰버리고 말 상황에 이르렀다. 나는 번스의,

제발 일하게 해달라고
한 남자가 울면서 매달렸다

라는 시의 구절을 가슴에 새기기라도 하듯이 반복해서 되뇌었다. 번스의 시에 등장한 남자는 타락하고 비열한 인간이었지만 나의 아버지는 그와 정반대였다. 그럼에도 불구하고 일을 정리하고 누군가에게 의지하지 않으면 안 되는 상황이었다. 나는 그때 그곳에서 내가 어른이 되면 반드시 이런 상황을 근절시키겠다고 굳게 결심했다. 그러나 이웃들과 비교한다면 우리 가족은 아직 극빈한 상

태까지 가지는 않았다. 어머니는 항상 두 명의 아들들에게 희고 커다란 옷깃이 달린 깔끔한 옷을 입혀 주었지만 그것도 언제까지 계속될지는 알 수 없었다. 어머니는 생활비를 줄여서라도 자식들이 기가 죽지 않도록 하기 위해 많은 노력을 기울였다.

나는 부모님께 내가 학교에 가고 싶다고 말하기 전까지는 학교에 보내지 말아달라고 부탁을 하였고 부모님도 별 생각 없이 그렇게 하겠다고 약속을 했다. 내가 성장을 하고서도 학교에 가겠다는 말을 하지 않자 부모님이 괜한 약속을 했다며 대단히 걱정했다는 사실을 나는 알고 있다. 부모님은 로버트 마틴 교장선생님에게 어떻게든 나를 설득해 달라고 부탁했다. 교장선생님은 어느 날 학교에 다니고 있는 학생들 몇 명과 함께 나를 소풍에 데려갔다. 그리고 얼마 되지 않아 나는 마틴 선생님의 학교에 다니게 해달라고 부모님께 부탁을 했고, 부모님은 그제야 안심을 하게 되었으며 기꺼이 허락을 해주었다. 나는 그때 만 8살이 막 되었던 때였는데 나중에 생각해 보니 아이들이 학교에 다니기 시작하는 나이는 이 정도가 가장 적절하다는 생각이 들었다.

내게 있어 학교생활은 너무나도 즐거운 시간이었고 혹시라도 무슨 일이 생겨 결석이라도 하는 날이면 너무나 안타깝게 느껴졌다. 그러나 이런 일들은 의외로 자주 일어났는데, 그것은 내게 주어진 일이 아침마다 무디 거리 끝자락에 있는 우물에서 물을 길어다 놓아야 하는 것이기 때문이었다. 물의 양은 아주 적고 불규칙했다. 때로는 아침 늦게까지 물을 받을 수 없는 날도 많았다. 십여 명의 주부들이 우물 주변에 모여 앉아 전날 밤에 빈 물통을 늘어놓고 미리 자리를 잡기 위한 투쟁을 하는 것이었다. 물론 나는 이런 것을 묵묵히 바라만 보고 있을 성격이 아니었기 때문에 노련한 주부들을 상대로 자주 논쟁을 벌이게 되었다. 그로 인해 나는 '불량하다'는 오명을 얻고 말았다. 아마도 내게 이런 논쟁이나 투쟁의식이 생겨난 것도 자라난 환경의 영향이 컸을 테지만, 그런 성향은 나도 모르는 사이에 저절로 몸에 배게 된 것이다.

이런 일들을 해야 했기 때문에 나는 자주 지각을 했고, 교장선생님은 이유를 다 알고 있었기 때문에 항상 눈감아 주었다. 그리고 나는 방과 후 자주 어머니의 가게로 가서 여기저기로 부지런히 심부름을 다니지 않으면 안 되었다. 과거를 회상해 보면 아직 10살도 되지 않았을 때부터 나는 부모님을 도울 수 있었다는 데서 일종의 쾌감을 느꼈다. 그리고 얼마 되지 않아 가게에서 거래를 하고 있는 손님들의 계산서 처리까지 맡아서 해야 했기 때문에 어린 나이에 아주 작은 규모이기는 하지만 상업에 관해서 배울 수 있었다.

그러나 학교생활의 기억 중에 나를 매우 힘들게 하는 것도 있었다. 아이들은 내게 '마틴의 귀염둥이'라는 별명을 붙여 내가 거리를 걷고 있을 때면 커다란 목소리로 그 별명을 불러댔다. 나는 그

별명의 의미를 잘 모르고 있었지만 왠지 모르게 대단히 불명예스럽게 느껴졌기 때문에 그 훌륭한 선생님의 호의를 마음 편하게 받아들이지 못하고 슬슬 피해 다니고 말았다. 내 평생에 단 한 명의 선생님, 그렇게 많은 사랑을 받았으면서도 선생님이 돌아가시기 전에 아무것도 해드리지 못했다는 점을 나는 지금까지 많이 아쉬워하고 있다.

내 인생을 통틀어서 그 무엇으로도 측정할 수 없을 만큼 커다란 영향을 준 사람은 사촌 조지 로더의 아버지인 이모부이다. 아버지는 언제나 작업장에서 바쁘게 일을 하셨기 때문에 낮 동안에는 나와 상대를 해줄 여유가 없었다. 이모부는 하이 마을에서 상점을 경영하고 있었기 때문에 시간적으로 구애를 받지 않았다. 하이 마을이라는 위치를 한 번 생각해 보기 바란다. 상인들 중에도 여러 계급적 차이가 있었는데, 하이 마을의 상인들은 쉽게 말해서 마을의 귀족과도 같았다.

내가 학교를 다닌 지 얼마 지나지 않아 시튼 이모가 돌아가셨기 때문에 이모부의 상심은 매우 컸으며 하나뿐인 자식인 조지와 내가 유일한 위안거리였고 우리는 자주 함께 시간을 보냈다. 이모부는 아이들을 잘 다루었고 우리에게 여러 가지 것들을 가르쳐 주었다. 그중에 가장 인상 깊게 남은 것은 영국의 역사였다. 국왕 한 사람 한 사람에게 방 안 어딘가의 한 곳을 지정해 주고, 그런 다음 왕들의 가장 위대한 업적을 극적으로 묘사해 주었던 것이다. 그렇기 때문에 존 왕이 난로 근처의 책장 위에 앉아 대헌장에 서명을 하고, 빅토리아 여왕이 문 뒤에서 왕자들을 무릎 위에 올려놓고 달래주는 모습이 지금도 눈에 선하게 떠오른다.

윌리엄 월리스

스코틀랜드의 초기 역사를 가르쳐 준 사람이 바로 이모부였다. 13세기에 영국 왕에 반항하여, 스코틀랜드의 독립을 위해 싸우다 붙잡혀 목숨을 잃은 월리스(William Wallace, 1272~1305. 스코틀랜드의 군사 지도자·애국자, 잉글랜드로 진격했으나, 에드워드 1세에 패하여 모반죄로 처형됨), 독립을 위해 싸워서 영국군을 격파하고 조국의 독립을 확보한 브루스(Robert Bruce, 1274~1329. 1314년 베녹번 전투의 승리로 영국의 지배에서 벗어났고, 1328년 노샘프턴 조약을 통해 스코틀랜드의 완전한 독립을 이룸) 왕 그리고 시인 번스 등을 필두로 맹인 해리 이야기, 소설가 스코트, 램지, 호그, 퍼거슨 등의 영웅 이야기였다. 번스의 말을 빌리자면, 이모부는 이렇게 해서 내 피 속에 스코틀랜드에 대한 애정과 충성심을 키워주었고, 그것은 내가 살아 있는 동안 내 혈관을 흐를 것이다. 월리스는 당연히 나에게는 영웅이었다. 그는 영웅의 모든 요소를 한 몸에 갖추고 있었다. 어느 날 학교에서 심술굿은 상급생이 영국은 스코틀랜드보다 몇 배나 더 크다고 말하는 소리를 듣고 나는 비통한 마음이 들었다. 나는 곧바로 이모부에게 달려가 물었다. "그렇지 않단다. 영국처럼 스코틀랜드를 평평하게 펴 보거라. 아마 스코틀랜드가 몇 배나 더 클 거다. 하지만 이 스코틀랜드 고원들을 평평하게 만드는 것이 과연 좋은 일일까?"라고 대답해 주었다.

그런 건 절대로 있을 수 없는 일이다. 이것으로 상처받은 어린 애국자의 자부심은 완전히 치유가 되었다. 그 뒤에 또 다시 인구 문제로 말다툼이 생겨 또 한 번 이모부에게로 달려갔다.

"맞는 말이다. 7 대 1정도이지. 스코틀랜드의 인구가 적은 것은 사실이다. 그렇지만 브루스 왕이 베녹번에서 영국의 대군을 물리치고 조국의 독립을 지킨 이야기를 기억하고 있겠지? 브루스의 군대는 아주 적었단다."

나는 다시 아주 만족스러웠다.

여기서 한번 생각해보지 않으면 안 될 중대한 사실이 있다. 그것은 전쟁이 전쟁을 낳고, 전쟁이 일어날 때마다 미래에 더 많은 전쟁의 씨앗을 퍼뜨리게 돼서 각 나라들이 서로 원수지간이 된다는 것이다. 미국 소년들의 경험은 스코틀랜드 소년들의 경험과 조금도 다르지 않다. 그들은 워싱턴 대통령, 독립전쟁 때의 격전지였던 포지 계곡, 이 전쟁에서 영국군이 고용했던 독일인 군대는 미국인을 한 명도 남김없이 죽이기 위한 용병이라는 것을 읽거나 듣게 돼서 영국인이라는 소리만 들어도 증오를 하게 되는 것이다. 미국에서 태어난 내 조카들은 이런 사고를 뼛속 깊이 주입당했다. 우리는 스코틀랜드는 괜찮지만 스코틀랜드와 싸운 영국은 싫다는 사고를 주입당해 왔다. 이런 편견은 어른이 될 때까지 사라지지 않는다. 아니, 성인이 되어서도 평생 지워지지 않는 것들이 있다.

나는 하이 거리의 이모부 집에서 자주 밤늦게까지 이야기를 나누었고, 조지와는 평생 끈끈한 연을 맺게 되었다. 이모부 집에서 거리의 끝자락에 있는 집까지 돌아오는 길은 두 가지였다. 하나는 수도원의 으스스한 공동묘지를 지나야 하는 길인데 그곳에는 가로등이 없었다. 또 하나는 메이 게이트를 지나는 길로 이곳은 항상 가로등이 켜져 있어 밝았다. 집으로 돌아갈 때가 되면 장난을 좋아하는 이모부는 자주 어느 길로 돌아갈 것인지를 물었다. 나는 월리스라면 어떻게 했을까 생각하며 항상 수도원 길이라고 대답을 했다. 나는 단 한 번도 유혹에 넘어가지 않고 가로등이 켜져 있는 메이 게이트 길을 선택하지 않은 것을 자랑으로 여기고 있다. 묘지를 지나 수도원의 어두운 문을 통과할 때면 내 심장은 쿵쾅거리기 시작했고 발걸음도 저절로 빨라졌다. 휘파람을 불거나 손을 휘휘 저어서 스스로 용기를 돋우며 걸어갔지만, 사람이든 유령이든 간에 적이 나타날 것에 대비해서 나는 월리스의 영웅담을 참고삼아 위기에 대처하겠다고 생각하고 있었다.

브루스 왕은 어린 우리에게 정당한 평가를 얻지 못했다. 그가 국왕이었다는 사실이 방해가 되었지만, 월리스는 대중들의 영웅으로서 숭배를 받고 있었다. 이렇게 자란 나는 열렬한 애국심이 싹트게 되었고 그것은 평생 내 마음을 지탱해 주었다. 다시 말해 그것은 용기라고 할 수 있는데 그 상징이 된 인물이 바로 스코틀랜드의 영웅인 월리스였다. 소년에게 있어 영웅을 숭배한다는 것은 대단한 힘이 된다.

나는 미국으로 건너가서 아무것도 자부심을 느낄 수 없는 나라가 있다는 사실을 발견하고 대단히 가슴이 아팠다. 월리스와 브루스 그리고 번스가 없는 나라를 어떻게 상상이라도 할 수 있겠는가? 아직까지 외국여행을 해보지 못한 스코틀랜드 사람은 여전히 이런 생각을 품고 있다. 어떤 국가든 간에 영웅이 반드시 있고 낭만과 전통이 있으며, 훌륭한 업적들이 남아 있다는 사실을 깨닫게 되는 것은, 성인이 돼서 폭넓은 지식을 익히고 나서야 비로소 알 수 있는 일이다.

충성스러운 스코틀랜드 사람은 소년 시절에 품고 있던 자국의 평가를 훗날 전 세계의 큰 나라들과 비교해서 그 지위를 낮출 필요가 전혀 없다. 그러나 타국에 대한 이런 자신의 평가는 고칠 필요가 있다. 왜냐하면 어떤 나라든 간에 자부심을 갖기에 충분한 것들이 아주 많기 때문으로, 자기 자식들에게 이런 자극을 주어 각자 자신이 태어난 조국의 명예를 더럽히지 않기 위해 최선을 다하겠다는 마음가짐을 키워주는 것이 대단히 중요하기 때문이다.

  내가 신대륙으로 이주한 이후, 이곳은 일시적으로 머무는 곳에 지나지 않는다는 생각을 떨쳐버리기까지 아주 오랜 시간이 걸렸다. 내 마음은 스코틀랜드에 남겨져 있었기 때문이다. 내 경우는 피터슨 교장의 이야기에 나오는 소년의 마음과 똑같았다. 스코틀랜드에서 캐나다로 이주해온 소년에게 교장은 캐나다가 좋으냐는 질문을 던졌다. 소년은 "놀러오는 것은 좋습니다. 하지만 브루스와 월리스의 유적이 있는 내 조국에서 너무 오랫동안 벗어나 있는 것은 절대로 싫습니다."라는 대답을 한 것이다.

제2장
고향에서의 생활과 미국

동생과 함께

제2장
고향에서의 생활과 미국

*

 이모부는 낭송이 아이들의 교육에 대단히 중요한 역할을 한다고 굳게 믿고 있었다. 그래서 나와 나의 사촌은 낭송을 하고 자주 용돈을 받을 수 있었다. 셔츠와 반바지를 입고, 소매를 걷어붙이고, 얼굴에 분장을 하고, 종이 투구를 쓰고, 칼 대신 나무 막대기를 허리춤에 찬 우리는 아이들을 모아놓고, 때로는 어른들 앞에서 용감한 중세의 영웅시를 낭송하기에 바빴다.

 이모부의 이런 교육방침 덕분에 나의 기억력은 놀라울 만큼 강화될 수 있었다. 이 방법은 젊은이들을 훈련하는 가장 훌륭한 수단으로 자신이 좋아하는 시를 암기한 뒤 그것을 사람들 앞에서 낭송하는 것이다. 나는 자신이 좋아하는 시는 금방 외울 수 있었고 내

암기 실력은 친구들을 깜짝 놀라게 했다. 설령 좋아하지 않는 시라 할지라도 금방 암기할 수 있었지만 내게 강한 인상을 남겨주지 않는 것은 몇 시간 뒤에 완전히 잊어버리곤 했다.

 종교문제에 대해서는 크게 번거로운 일이 없었다. 학교 학생들은 모두 '종교문답'을 강제적으로 배워야 했지만 나와 나의 사촌은 어떤 이유에서인지는 잘 모르겠지만 그 문제에 관해서는 면제를 받았다. 우리 친척들은 모두, 모리슨 가는 물론 로더 가 또한 정치적 견해와 마찬가지로 신앙의 문제에 있어서도 진보적인 성향을 띠고 있었기 때문에 교리문답에 반대의견을 가지고 있었던 것은 분명하다. 친지들 중에 정통 장로교회에 속해 있던 사람은 한 사람도 없었다. 아버지는 물론 외가 친척들도 모두 칼뱅주의 교리와는 동떨어져 있었던 것이다. 훗날 그들은 스베덴보리(Swedenborg, 1688~1772. 스웨덴의 신비 사상가로 영계(靈界)와 인간의 교류를 믿었으며, 당시 많은 신봉자가 있었다)의 학설에 심취한 적도 있었다. 어머니는 종교 문제에 관해서는 그다지 말을 하지 않았다. 내게 종교에 대해 아무런 말도 하지 않았으며 교회에도 나가지 않았다. 왜냐하면 이때는 집안일을 도와줄 사람을 쓰지 않았기 때문에 모든 집안일을 혼자서 처리해야만 했었다. 일요일 점심도 어머니가 직접 준비해야 했다. 언제나 독서를 즐겼는데, 당시에는 유니테리언파인 채닝(William Ellery Channing, 1780~1842. 미국 유니테리언파 목사. 칼뱅주의에 반대하고 인간성에 있어서 신의 내재를 주장했다)이 쓴 책을 즐겨 읽으셨다. 어머니는 정말로 훌륭한 분이셨다.

내 어린 시절의 주변 환경은 신학과 정치문제로 인해 심하게 동요되어 불안한 상태였다. 특권계급의 타도, 시민의 평등, 공화주의 등 당시 가장 진보적인 사상으로 인해 정계에서는 항상 소동이 일었으며 종교 문제에 대해서도 서로 의견이 달라 감수성이 예민한 소년들은 어른들이 상상하는 것보다 훨씬 더 많은 영향을 받았고 어린 가슴에 깊은 상처로 남게 되었다. 칼뱅주의 교리가 무서운 악몽처럼 내 가슴을 짓누르던 것을 나는 생생히 기억하고 있다. 그러나 앞서 말한 것처럼 외부로부터의 많은 자극에 의해 그런 중압감에서 벗어날 수 있었다. 어느 날 목사가 갓난아기도 죽으면 지옥의 벌을 면할 수 없다고 설교하는 것을 듣고 아버지는 자리에서 벌떡 일어나 장로교회로부터 제적 처분을 받았는데, 나는 아버지의 이런 모습을 마음속으로 존경하면서 성장하였다. 이것은 내가 태어나서 얼마 되지 않았을 때 벌어진 일이었다.

아버지는 이런 교리를 결코 용납하실 수가 없었다. "만약 그것이 당신의 종교이고 당신의 신이라면, 나는 더 훌륭한 종교 더 숭고한 신을 찾아 다른 곳으로 가겠소."라는 말을 남기시고 교회를 떠나셨다. 아버지는 두 번 다시 장로교회를 찾지 않으셨지만 다른 종파의 교회에 가는 것은 그만두지 않으셨다. 나는 아버지가 매일 아침 큰 문으로 들어가셔서 기도를 올리는 모습을 보았는데 이것은 내게 아주 강한 인상을 남겨 주었다. 아버지는 그야말로 성인과 같은 분으로 평생 신앙심이 깊은 분이었다. 아버지는 모든 종파가 선을 행하기 위해 존재하는 기관이라고 생각하고 계셨던 것이다. 또한 신학에는 여러 학파가 있지만 종교는 오로지 하나라는 사실을 자각하셨다. 나는 아버지가 목사보다 진리를 더 잘 알고 계시며 하나님을 구약성서에서 묘사하고 있듯이 잔혹한 복수의 신으로 여기고 계시지 않는 것에 대해서 대단히 만족스럽게 여겼다. 다행히 이런 잔혹한 신에 대한 관념은 이제 과거의 유물이 되고 말았다.

소년 시절의 중요한 즐거움 중 하나는 비둘기와 토끼를 키울 수 있었던 것이다. 내가 귀여워하는 동물들을 위해 바쁜 시간을 쪼개서 우리를 지어주시던 아버지의 모습을 떠올릴 때마다 여전히 감사의 마음이 든다. 우리 집은 아이들의 놀이터가 되었다. 어머니는 항상 가정의 영향이야말로 두 아들을 올바른 인생의 길로 나아갈 수 있게 가르칠 수 있는 최고의 장소라고 여기고 계셨다. 올바른 방향으로 향하게 하기 위해서는 먼저 가정을 즐거운 곳으로 만들어야 한다는 말씀을 자주 하셨다. 그래서 부모님은 우리와 우리를 중심으로 모여드는 이웃의 아이들까지 즐겁게 뛰어놀 수 있도록 해주기 위해 노력을 아끼지 않으셨다.

나의 실업계에서의 첫 번째 시도는 고용주로서 단번에, 동료들의 서비스를 확보한 것이었다. 보수로 토끼가 새끼를 낳으면 친구들의 이름을 붙여주겠다는 약속을 하였다. 토요일에는 학교를 가지 않았기 때문에 내 동료들은 하루 종일 토끼 먹이를 모으기 위해 바삐 움직여야 했다. 지금에 와서 되돌아보면 상당히 양심에 걸리는 부분이 있다. 어린 친구들을 동원했으며 상대에게 불리한 거래를 채결했지만, 친구들은 거의 대부분 여름 내내 열심히 민들레나 토끼풀을 모아다 주었다. 보수라고는 참으로 예를 찾아볼 수 없는 것으로 노동에 대한, 이처럼 터무니없는 보수는 어디에도 없을 것이다. 그러나 안타깝게도 나는 친구들에게 달리 해줄 수 있는 것이 없었다. 단돈 한 푼도 없었던 것이다.

이 계획에 대한 추억은 나의 내면에 잠재되어 있던 조직력이 처음 드러난 것으로, 이 능력을 발전시켜 먼 훗날 내가 물질적인 성공을 거둘 수 있었던 것이라 여기며 소중히 생각하게 되었다. 이 성공은 내가 모든 것에 대해 박식하다거나 나 스스로 해냈다는 결론에 귀결되어야 할 문제가 아니며, 오히려 나보다 더 박식한 상대를 찾아내고 그런 사람들을 선별해 내는 능력 덕분이라는 결론에 귀결되어야만 할 것이다. 이것은 누구나 원하는 귀중한 지식이다. 나는 증기기관에 대해 아무런 지식도 없었다. 그러나 나는 그것보다 훨씬 더 복잡한 기계인—인간—에 대해 알기 위해 노력을 게을리

하지 않았다.

 1898년의 어느 날 우리는 마차로 스코틀랜드 고원을 여행하다 작은 여관에서 머문 적이 있었는데, 한 신사가 다가와서 자기소개를 했다. 이 사람은 매킨토시라는 사람으로 스코틀랜드의 커다란 가구제조업에 종사하고 있었으며 훌륭한 인격의 소유자라는 사실을 나중에야 알게 되었다. 매킨토시 씨는 어릴 적 여름날에 내 토끼를 위해 열심히 먹이를 구해다 준 동료들 중 한 사람으로 토끼 가운데 한 마리에 그의 이름을 붙여 주었다. 나는 이 만남을 상당히 기뻐했는데, 토끼 먹이를 모아오던 친구들 중 훗날 만나게 된 사람은 이 친구가 유일했다.

 증기기계의 출현과 그 개량으로 인해 던펌린의 중소기업자들의 사업은 나날이 악화되어 가기만 했다. 그리고 결국 피츠버그 시에 살고 있는 두 이모님께 편지를 보내 우리 가족들의 미국행을 신중하게 고려하고 있다는 소식을 전하였다. 내 기억에 의하면 부모님은 자신들의 더 나은 생활환경을 위해서가 아니라 어린 두 아들을 위해서라고 했다. 그리고 답장에는 가능한 빨리 오라는 내용이 적혀 있었다. 아버지는 직물기와 가구를 경매에 내놓기로 결정했다. 아버지가 부드러운 목소리로 어머니와 동생, 그리고 나를 위해서 다음과 같은 노래를 불렀던 것을 기억하고 있다.

서쪽, 자유의 땅 서쪽으로
웅대한 미주리 강은 바다로 흐르고
노동자들도 인간으로서 존중을 받고
가난한 사람들도 대지의 은혜를 수확한다.
그 자유의 땅으로 가자.

경매에서 받은 금액은 우리 가족을 실망시켰다. 직물기는 거의 거저와 다를 바 없었기 때문에 가족들이 미국으로 건너가기 위한 경비가 20파운드나 부족한 실정이었다. 나는 여기서 어머니의 평생 친구였던 여성의 우정에 대해서 기록하지 않을 수가 없다. 그녀의 이름은 헨더슨 부인이었던 듯한데, 우리는 결혼하기 전 이름인 엘라 퍼거슨이라고 부르고 있었다. 어머니는 신념이 강하신 분이었기 때문에 어머니 주변에는 성실한 사람들이 친구로서 모여들었다. 엘라 퍼거슨도 그중의 한 사람이었는데, 그녀는 우리에게 필요한 20파운드를 선뜻 빌려주겠다고 나섰다. 그리고 로더 이모부와 모리슨 외삼촌이 보증인이 되어 주었다. 로더 이모부는 모든 세세한 수속 등을 전부 다 처리해 주고 조언을 해주며 우리를 격려해 주었다. 그리고 1848년 5월 7일, 우리는 던펌린을 뒤로 했다. 아버지는 그때 43살, 어머니는 34살이었으며, 내가 13살이었고 동생 톰은 5살이었다. 동생은 빛나는 검은 눈동자에 아름다운 은발로 어디를 가나 사람들의 시선을 끌었다.

이로써 나의 학업은 영원히 종지부를 찍게 되었는데, 미국으로 건너가서 어느 겨울 한때 야간학교에 다녔고, 또한 한동안 밤에 프랑스어를 배웠던 것은 굳이 상세하게 밝힐 필요는 없을 것이다. 그리고 또 하나 이상하게 여길지도 모르지만, 나는 한때 연설법 강사 밑에서 연설의 기술을 배운 적이 있다. 나는 이미 읽고 쓰고 계산하는 법을 배웠으며, 또한 대수와 라틴어를 막 배우기 시작한 때였다. 항해 중에 로더 이모부에게 보낸 편지를 보면 당시에 지금보다 훨씬 글씨를 잘 썼다는 것을 알 수 있다. 나는 영문법을 배울 때 도대체가 무슨 말인지 전혀 알아들을 수 없었는데, 이것은 대부분의 아이들이 경험하는 것이기도 한 듯하다. 나는 월리스, 브루스 그리고 번스 이외에 다른 책은 거의 읽은 기억이 없었다. 그러나 나는 친숙한 시를 상당히 많이 외우고 있었다. 『아라비안나이트』는 나를 새로운 세계로 데려다 주었다. 나는 이 이야기를 읽으면서 꿈의 나라로 빠져 들어가곤 했다.

그리운 고향을 뒤로 하고 출발하던 날 아침, 찰스턴행 석탄 열차를 탄 나는 눈물이 고인 눈으로 창문 너머 던펌린의 풍경이 사라져 가는 모습을 바라보았는데, 마지막으로 내 시야에서 사라져 간 것은 오래되고 신성한 수도원의 모습이었다. 그로부터 14년 동안 매일 아침 고향의 이 풍경을 마음속으로 그리면서 "언제 다시 볼 수 있는 날이 올 것인가?"라고 스스로에게 질문을 던졌다. 수도원 탑에 새겨진 '로버트 브루스 국왕'이라는 문자를 마음속으로 그리지 않은 날이 하루도 없었다고 해도 전혀 과장이 아닐 것이다. 소년 시절의 모든 추억, 내가 알고 있는 모든 요정의 나라는 그 오래 된 수도원, 그리고 저녁을 알리는 종소리와 이어져 있었다. 종은 매일 저녁 8시에 울렸는데, 그것은 내가 잠자리에 들어갈 시간이라는 사실을 알려주는 것으로 종소리가 그치기 전에 나는 잠자리에 들었다. 내가 1883년에 쓴 『미국인의 마차 여행』이라는 제목의 책에서 이 종소리에 대해 적은 부분을 여기서 잠깐 인용하기로 하겠다.

'월스 학장과 나는 마차 앞자리에 앉아 번스 거리를 지나고 있었다. 그때 수도원의 종소리가 들려왔는데, 이것은 어머니와 나를 맞이하기 위해 특별히 타종을 해준 것이었다. 내 다리가 부들부들 떨리고 있다는 것을 느끼기 전에 내 눈에는 눈물이 고이고 말았다. 나는 고개를 돌려 학장에게 양해를 구했다. 나는 순간적으로 정신을 잃는 것이 아닌가 생각했다. 다행히 내 주위에는 아무도 보이지 않았다. 나는 곧바로 감정을 추스르고 피가 날 정도로 강하게 입술을 깨물며 '괜찮아, 냉정하게 견디지 않으면 안 돼.'라고 중얼거렸다. 그러나 이 세상에서 이렇게 아름다운 종소리가 내 귓가에 울리며 내 마음을 사로잡고, 그 소리가 끝까지 내 마음속 깊이 파고드는 일은 두 번 다시없을 것이다.

그날 저녁의 종소리에 나는 작은 침대에 누워 어린아이처럼 평온하게 잠이 들었다. 아버지와 어머니, 어떨 때는 아버지만, 또 어떨 때는 어머니가 혼자 밤마다 내 곁에 앉아 그 종소리가 무얼 말하고 있는지에 대해 사랑을 담아 이야기해 주셨다. 종은 내게 유익한 것들을 많이 이야기해 주었다. 저 하늘 위의 위대한 하나님의 목소리가 내 마음에 이야기를 해주고 있는 동안 나는 나쁜 일을 할 수가 없었다. 오늘 또다시 그 종소리를 들으니 옛날처럼 내게 이야기를 해주는 것이었다. 그것은 내게 신의 사명을 고하고 있었다. 그리고 지금, 망명했던 어머니와 아들을 맞이하기 위해 울려 퍼지며 또다시 그 존귀한 비호 아래 감싸주고 있는 것이다.

수도원의 종은 우리를 맞이하기 위해 울려 퍼지고 있지만 세상의 그 어떤 것도 이처럼 훌륭한 보수를 주는 것은 물론 생각조차 할 수 없을 것이다. 내 동생 톰이 함께 왔다면 얼마나 좋았을까 생각하지 않을 수 없었다. 우리가 새로운 땅으로 떠나기 전에 어린 동생도 이 종소리의 위대함을 이미 알고 있었다.

루소는 아름다운 음악소리에 심취한 채 죽고 싶다고 했다. 만약 내가 선택을 할 수 있다면 나는 이 수도원의 종소리를 들으며 저세상으로 떠나고 싶다. 종소리는 이 세상에서의 일이 끝났다는 것을 알리며 어릴 적 나를 꿈나라로 이끌어 준 것처럼 나를 마지막 잠으

로 인도해 줄 것이다.'

 내 책을 읽은 많은 사람들에게서 편지를 받았는데, 그중에서 특히 이 종소리에 대한 추억이 가장 인상적이었으며 눈물을 흘렸다고 적은 분이 있다. 나는, 마음의 외침을 썼기 때문에 그것이 독자들의 공감을 불러일으킨 것이 아닐까 생각한다.

 우리는 작은 배로 필스 강을 건넜고, 그곳에서 증기선을 타고 에든버러로 향했다. 작은 배에서 증기선으로 옮겨 탈 때 나는 로더 이모부에게로 달려가 매달리며 "헤어지기 싫어요, 헤어지기 싫어요!"라고 소리치며 울었다. 친절한 선원 한 명이 나를 살며시 떼어내 갑판 위로 올려 주었다. 내가 다시 고향으로 돌아왔을 때 사랑하는 이모부가 마중을 나와서 그렇게 슬픈 이별을 한 적도 없었다고 말씀하셨다.
 우리는 글래스고의 브루미러 벼랑에서 8백 톤급 범선 위스커셋 호로 갈아탔다. 나는 7주간의 항해 동안 선원들과 친하게 지내며 항해방법을 배웠고, 선원들이 승객들을 불러 도움을 청할 때마다 항상 앞장서서 승객들을 지휘해 빠르게 대처할 수 있었다. 선원들이 부족했기 때문에 승객들의 도움이 반드시 필요했던 것이다. 그 대가로 나는 일요일마다 선원 식당에 초대를 받아 말린 복숭아 빵을 배부르게 먹을 수 있었다. 때문에 나는 배에서 내려야 한다는 것이 정말로 아쉬웠다.

뉴욕에 도착한 나는 너무나도 당혹스러웠다. 나는 여왕의 행차를 맞이하기 위해 에든버러에 간 적이 있었다. 그러나 신대륙으로 이주하기 전까지 여행이라고는 한 번도 해 본 적이 없었다. 출항하기 전에 글래스고 시내를 구경할 시간조차 없었던 것이다. 그랬던 내게 뉴욕은 난생 처음으로 조우하게 된 엄청난 인간들의 집합이었으며, 와자지껄한 소음과 흥분으로 인해 두 눈이 휘둥그레졌다. 뉴욕에 머무는 동안 일어났던 일들 중에서 가장 인상이 깊었던 일은, 어느 날 내가 부둣가 근처의 볼링 그린을 혼자서 걷고 있자니 갑자기 누군가가 팔을 붙잡은 일이었다. 위스커셋 호의 선원이었던 로버트 베리먼이 상륙할 때 입는 청색 셔츠와 흰색 바지의 말끔한 차림새로 나를 붙잡은 것이었다. 나는 지금까지 이렇게 잘생긴 사람은 처음 본다고 생각하며 그저 감격을 할 뿐이었다.

그는 가까운 가판대로 나를 데리고 가서 탄산수를 한 잔 사주었는데, 나는 그것을 마치 신들이 마시는 달콤한 음료수인 것처럼 느끼며 맛있게 마셨다. 나는 지금도 여전히 청량음료수의 거품이 흘러넘치던 아름다운 장식이 달린 놋그릇을 잊을 수가 없다. 그 후로도 가끔씩 그 앞을 지날 때면 탄산음료를 팔던 할머니를 떠올리고, 친절한 선원은 지금쯤 무엇을 하고 있을까 생각에 잠기곤 했다. 나는 어떻게 해서든 그를 찾아내려고 노력했지만 아무런 단서도 찾아내지 못했다. 이제는 나이가 들어 편안한 노년생활을 즐기고 있을지도 모르지만, 그의 노년생활에 뭔가 즐거움을 더해 줄 수 있으면 좋겠다는 생각을 품고는 했다.

뉴욕의 이민국 사람은 아버지에게 이리 운하를 거슬러 올라가 버펄로 시와 이리 호수로 나간 뒤, 클리블랜드를 지나 다시 운하를 따라 내려가 비버로 가는 것이 좋을 것이라고 권해 주었다. 이 여행은 3주일이나 걸렸지만 지금은 고작해야 10시간이면 충분히 가능하다. 당시에는 동부와 피츠버그 시를 이어주는 열차가 없었던 것이다. 아니, 서부의 도시들에는 모두 다 철도가 놓여 있지 않았다. 이리 철도는 당시 건설 중이었기에 우리가 지나온 거리마다 수많은 인부들이 일을 하고 있었다.

소년에게는 모든 것이 다 신기했으며 운하를 통과하는 배의 승객으로 지낸 3주일은 너무나도 즐거운 시간이었다. 내가 경험했던 불쾌한 기억들은 전부 다 사라지고 즐거운 추억만이 남아 있다. 그런데 비버에서 오하이오 강을 따라 내려가 피츠버그로 가는 증기선을 기다리기 위해 하룻밤을 부둣가의 작은 배에서 머물러야만 했다. 그리고 우리는 난생 처음 무시무시한 모기떼의 습격을 받게 되었다. 어머니가 가장 심하게 당하셔서 다음날 아침에 눈을 뜰 수 없을 정도였다. 우리는 너무나도 초라한 몰골을 하고 있었다. 그러나 그렇게 모기떼가 극성을 부렸지만 나는 깊은 잠에 빠져 들었다. 나는 항상 잠을 잘 잤기 때문에 불면으로 인해 고생을 한 경험은 한 번도 없었다.

피츠버그의 친구들이 모두 다 걱정을 하며 기다려 주었고, 그들의 따뜻하고 진심어린 환영은 그 동안의 고생을 완전히 잊게 해주었다. 우리는 앨러게니 시에 정착을 하게 되었다. 호건 이모부의 동생이 레베카 마을 뒷골목에서 공터를 찾아내 작은 직물공장을 세워 운영을 하고 있었다. 이 건물의 2층에는 방이 2개 있었는데 우리는 여기서 새살림을 꾸리게 되었다. 이모가 건물의 소유주였기 때문에 방세는 받지 않았다. 그리고 얼마 안 돼서 이모부가 직물을 그만두면서 아버지가 그 뒤를 이어 테이블보를 짜기 시작했다. 아버지는 천을 짜는 것은 물론 상인들이 물건을 받아주지 않았기 때문에 당신이 만든 물건을 직접 팔러 나가지 않으면 안 됐다. 한 집 한 집 문을 두드리며 팔러 다니셨지만 수입은 얼마 되지 않았다.

그러나 다행히도 항상 그랬듯이 어머니가 위기를 모면할 수 있는 돌파구를 찾아 내셨다. 그 어떤 일이 있어도 굴하지 않는 것이 나의 어머니셨다. 어머니는 어릴 적에 용돈을 벌기 위해 외할아버지의 일을 도우며 구두 만드는 기술을 익히셨다. 그리고 그 기술이 대단히 큰 도움이 된 것이다. 아버지의 친구였던 헨리 핍스 씨는 외할아버지와 마찬가지로 실력이 좋은 구두 장인이었는데 그 분은 우리의 이웃에 살고 있었다. 어머니는 이 사람에게서 일을 받아 구두를 꿰매는 일로 주 4달러를 벌 수 있었다.

집안일을 다 하시면서 구두 꿰매는 일을 하셔야 했기 때문에 밤 늦게까지 고생을 하셨다. 밤이건 낮이건 간에 시간이 날 때마다 어린 동생이 실을 바늘에 꿰고 실에 초를 먹이는 동안 어머니는, 고향에서 내게 해주셨던 것과 마찬가지로 스코틀랜드의 민요를 불러주시고 옛날이야기를 들려 주셨는데, 그것은 모두 다 어떤 교훈을 남겨주는 것들이었다.

청빈한 집에서 자란 아이들은 유복한 가정에서 자란 아이들과 비교해서 그 어떤 것과도 바꿀 수 없는 귀중한 보물을 물려받고 있다. 어머니 혼자서 유모, 요리사, 가정교사, 선생님, 수호천사의 역할을 해주신 것이다. 아버지는 규범이자 지도자, 조언자, 때로는 좋은 친구였다. 이렇게 해서 나와 동생은 성장을 할 수 있었다. 백만장자와 귀족의 아이들은 이런 고귀한 유산을 물려받은 우리와 비교해서 무엇을 물려받을 수 있겠는가?

어머니는 정말로 눈코 뜰 새 없을 만큼 바쁘셨다. 그렇게 모든 집안 살림을 혼자서 떠안고 계셨지만 이웃 사람들은 어머니가 총명하고 친절한 분이라는 것을 알게 되면서 곤란한 일을 겪을 때마다 상위를 하러 오거나 도움을 청하러 왔다. 수많은 사람들이 훗날 내게 어머니가 해주셨던 일에 대해서 말해 주었다. 어머니는 어디에 사시든지 모두에게 힘이 되고 도움이 되었다. 가난한 사람들도, 부자도, 온갖 근심걱정을 어머니께 털어놓고 지혜를 구한 것이다. 어머니는 어디에 계시나 항상 이웃들에게 빛나는 존재셨다.

제3장
용감한 어머니와 나의 취직

제3장
용감한 어머니와 나의 취직

*

일단 집안이 안정되자 이제 당면 과제는 내가 할 수 있는 일을 찾는 것이었다. 나는 이제 막 만 13세의 생일을 맞이했지만 새로운 대륙에서 집안 살림에 도움이 될 만한 일을 찾지 않으면 안 될 것 같아 항상 초조했다. 가난한 생활을 계속할지도 모른다고 생각하니 끔찍한 악몽을 꾸는 것 같았다. 당시 우리 가족은 무슨 일이 있더라도 한 달에 25달러, 1년에 300달러가 반드시 필요했기 때문에 어떻게 하면 이 돈을 벌 수 있을까 하는 생각으로 머릿속이 꽉 차 있었다. 남에게 의지하지 않고 조금이나마 저축을 하기 위해서는 이만큼의 돈이 반드시 필요했다. 당시에는 생활필수품들이 아주 저렴했기 때문에 그나마 다행이었다.

호건 이모부의 동생은 자주 부모님을 찾아와 나를 어떻게 할 것인지 물었다. 그리고 어느 날, 내 일생에 이렇게 괴로운 적이 없었을 정도로 큰 사건이 벌어지고 말았다. 나는 결코 이 일을 잊을 수가 없다. 그는 정말로 좋은 뜻에서 어머니에게 내가 총명해서 모든 것을 금방 배우니 잡동사니들을 사서 상자에 넣고 부둣가에서 팔면 수입이 괜찮을 것이라고 말했다. 이것은 정말로 진심어린 조언이었지만 나는 처음으로 분노한 여성이 어떤 모습인지를 보고야 말았다. 어머니는 바느질일을 하시다 말고 벌떡 일어나 두 손을 쫙 펼쳐서 그의 면전에다 거칠게 휘둘렀다.

"뭐라고요! 내 아들에게 부둣가의 거친 사내들 틈에 섞여 잡동사니를 팔게 하라고요! 만약 저 아이가 그런 일을 한다면 내가 직접 아들을 강에다 던져버릴 거예요. 당장 여기서 나가 주세요!" 어머니는 이렇게 소리치며 손가락으로 문을 가리켰다. 호건 씨는 당혹스러워하며 밖으로 나갔다.

그 순간 어머니는 비극의 여왕처럼 그 자리에서 굳어 버렸다. 그리고는 풀썩 주저앉아 목놓아 우셨다. 그러나 곧바로 부은 얼굴로 우리를 두 팔로 끌어안으며 당신의 거친 언행을 마음에 두지 말라고 말씀하셨다. 세상에는 우리가 할 수 있는 일들이 많다. 우리는 쓸모 있는, 그리고 세상 사람들로부터 존경을 받을 수 있는 사람이 되어야 한다. 그러기 위해서는 항상 정직한 일을 해야 한다고 말씀하셨다. 어머니가 그렇게까지 화를 내신 것은 내게 일을 시키라고 했기 때문이 아니었다. 우리에게 게으름은 부끄러운 것이라는 사실을 가르쳐 주신 것이다. 호건 씨가 말했던 일이 정직한 일이 아니었기 때문에 어머니는 화를 내신 것이다. 그런 명예롭지 못한 일을 하느니 차라리 죽는 것이 났다. 자식들이 아직 철도 들지 않은 상태에서 비열한 동료들과 어울리게 되는 것은 상상조차 할 수 없었으며 차라리 두 아들을 품고 함께 죽는 것이 낫다고 생각하신 것이다.

나는 이민 초기의 어려웠던 생활을 회상할 때마다 이런 생각을 하곤 한다. 이 나라에서 그렇게까지 높은 긍지를 가지고 살았던 가족은 없을 것이라고. 명예와 독립심과 자존심을 중시하는 것은 우리 가족 모두에게 일관되었다. 저속하고 비열한 것, 속임수, 게으름, 술책을 부리거나 남을 비방하는 것은 우리 가족에게서 절대로 볼 수가 없었다. 이와 같은 부모님 슬하에서 자란 우리 형제는 올곧은 사회인이 될 수밖에 없었다. 어머니는 훌륭한 분이셨고, 아버지 또한 보기 드물게 고귀한 분으로 모든 사람들의 사랑을 받는 성인군자셨다.

이런 일이 있고 얼마 되지 않아 아버지는 직물 짜는 일을 그만두시고 블랙스톡이라는 스코틀랜드인이 경영하는 면직공장에 들어가셨다. 아버지는 나를 위해 이 공장에서 실을 감는 일을 구해 주셨다. 이렇게 해서 나는 주 1달러 20센트의 보수를 받고 일을 하기 시작했다.

이 일은 매우 힘든 일이었다. 아버지와 나는 날이 밝지도 않은 새벽에 일어나 아침을 먹고 해가 뜨기 전에 공장에 도착해서 잠깐의 점심 휴식시간을 빼고는 밤늦게까지 일을 해야 했다. 노동시간이 긴 것도 힘들었지만 그보다 더 힘들었던 것은 일 자체에서 아무런 흥미도 느끼지 못했다는 것이다. 그러나 어두운 구름에도 밝은 면이 있는 법으로 나는 자신의 세계-가족-를 위해 뭔가 공헌할 수 있다는 것에서 위안을 얻을 수 있었다. 그래서 첫 급여를 받았을 때의 기쁨은 훗날 수백만 달러라는 막대한 돈을 벌었을 때와도 비교할 수 없을 만큼 큰 것이었다. 나는 집안 살림을 돕고 있었으며 더 이상 부모님의 양육을 받고 있는 것이 아니었다.

그 후 얼마 되지 않아 같은 마을에서 보빈 실패를 제조하고 있던 스코틀랜드 사람 존 헤이 씨가 소년이 필요하다며 내게 와주지 않겠냐고 물었다. 그렇게 해서 나는 주급 2달러를 받기로 하고 이직을 했는데 처음에는 이전의 공장일보다 훨씬 더 힘이 들었다. 나는 소형 증기기관을 조작하여 보빈 공장의 지하에 있던 솥에 불을 붙여야만 했다. 이 일은 내게 너무나도 과중했다. 매일 밤 나는 증기 압력기의 조작을 반복하는 꿈을 꾸다 벌떡 일어났다. 어떤 날은 증기 압력이 너무 낮아 일을 할 수가 없다고 직공에게 혼이 나는 꿈을 꾸는가 하면, 어떤 날은 증기 압력이 너무 높이 올라가 솥이 파열되는 꿈에 시달리기도 했다.

그러나 이런 것들은 모두 내 명예를 걸고 절대로 부모님께는 알리지 않겠다고 스스로 맹세를 했다. 부모님은 이미 걱정거리가 너무 많았기 때문에 혼자 가슴속에 묻어두기로 한 것이다. 나는 높은 이상을 꿈꾸며 언젠가 틀림없이 좋은 일이 일어나 상황이 바뀔 것이라고 낙관하고 있었다. 그것이 어떤 일일지는 전혀 상상도 하지 못했지만 그저 충실하게 자신의 일을 하다보면 반드시 그날이 올 것이라고 굳게 믿었다.

어느 날 기다리던 기회가 찾아왔다. 헤이 씨가 청구서를 작성해야 했던 것이다. 사무원이 없었던 데다가 그의 글씨는 엉망진창이었다. 그는 내게 글씨를 잘 쓰냐고 묻더니 한번 써보라고 하였다. 그는 내 글씨를 보고 매우 기뻐하며 그 뒤로 내게 계산서를 작성하도록 시켰다. 나는 계산에 자신이 있었기 때문에 곧 이 일을 담당하게 되었다. 물론 헤이 씨는 자신에게 꼭 필요했기 때문에 내게 이 일을 시킨 것이지만, 그것과는 상관없이 매우 친절한 분으로 나를 고통스러운 기관실에서 빼내주려는 의도도 있었다. 모든 것이 다 순조로웠지만 한 가지 걱정스러운 일도 있었다.

이번에 내가 해야 할 일은 완성된 실패를 기름통에 넣는 것이었다. 다행히 이를 위해서 하나의 별실이 마련되어 있었고 나는 혼자서 일을 했다. 그러나 아무리 스스로를 타이르고 약해져서는 안 된다고 다짐을 해도 가슴이 울렁거리며 매스꺼운 것은 도저히 참을 수가 없었다. 기름 냄새 때문에 구역질이 나는 것은 아무리 참고 이겨내려고 해도 도저히 방법이 없었다. 나의 영웅인 월리스와 브루스 왕을 부르짖어도 아무런 도움이 되지 않았다. 그러나 아침식사나 점심식사를 전부 토해 버리면 저녁에는 식욕이 다시 생겼기 때문에 어떻게 해서든 내가 맡은 일을 완벽하게 처리했다. 아마도 월리스와 브루스의 제자들이라면 자신의 일을 포기하기 전에 스스로 목숨을 끊었을 것이다. 나는 스승을 욕되게 할 수가 없었다.

헤이 씨의 공장에서 내가 하던 일은 면직공장과 비교하면 확실하게 한 걸음 진보한 것이다. 우연한 기회에 친절한 고용주와 가깝게 접할 수 있는 기회가 생긴 것이다. 헤이 씨는 단식 부기 방법을 쓰고 있었기 때문에 나는 쉽게 그 일을 할 수 있었다. 그러나 큰 회사에서는 모두 복식 부기를 쓰고 있다는 사실을 알고 동료들과 상의를 하여 겨울 동안에 야학을 다니면서 새로운 부기방법을 배우기로 결심했다. 그렇게 네 명의 소년은 피츠버그 시의 윌리엄이라는 선생님이 운영하고 있던 학원을 다니며 복식 부기를 배웠다.

1850년 초의 어느 날 밤, 일을 마치고 돌아와 보니 시의 전신국 국장인 데이비드 브룩스 씨가 호건 이모부에게 전보배달을 할 소년을 구할 수 없냐고 했다며 찾아왔다. 브룩스 씨와 이모부는 열렬한 체스 팬으로 체스를 하는 동안 이 중대한 이야기가 나왔다고 한다. 어쩌면 이런 우연한 기회에 인간의 운명을 결정하는 가장 중요한 일들이 결정되는지도 모르겠다. 한 마디 말, 눈길, 혹은 목소리 상태가 개인뿐만이 아니라 국가의 운명을 결정해 버리는 것일지도 모른다. 무슨 일이든 하찮은 일이라고 치부해 버리는 사람은 대담한 사람이다. 누구였는지는 기억이 나지 않지만 "하찮은 일은 무시해 버리는 편이 낫다."는 말을 듣고 그는 하찮은 일이란 대체 어떤 일인지 확실히 알려준다면 언제라도 기꺼이 그렇게 하겠다고 대답했다. 청년들은 흔히 말하는 하찮은 일에 신들의 선물이 담겨 있다는 사실을 기억해야 할 것이다.

  이모부는 내 이야기를 하고 그 일을 할 것인지 물어보겠다고 하셨다고 한다. 이 문제로 곧바로 가족회의가 열렸던 것을 생생하게 기억하고 있다. 물론 나는 뛸 듯이 기뻐했다. 새장에 갇힌 새들조차 나만큼 자유를 갈망하지는 않을 것이다. 어머니는 찬성을 했지만 아버지는 쉽게 내 희망을 허락하실 것 같지 않았다. 너무 임무가 과중하다고 말씀하셨다. 나는 아직 나이가 어린 데다가 몸집도 작았다. 주당 2달러 50센트라는 급여를 생각해 볼 때 상대가 좀 더 큰 소년을 원하고 있을 것이라고 생각하신 것이다. 밤늦게 외곽지역까지 전보를 배달하기 위해서는 빨리 달려야 할 것이고 그러다 보면 위험한 일을 당할 우려도 있었다. 결국 지금 하는 일을 하편이 낫다는 것이 아버지의 생각이셨다. 그러나 잠시 생각에 잠겼던 아버지는 한번 해보는 것도 괜찮을 것이라며 한 발짝 뒤로 물러나 주셨다. 그리고 아버지는 헤이 씨에게 가서 상의를 하셨다. 헤이 씨는 자신의 입장에서는 아쉬운 일이지만 새로운 일이 내게 도움이 될 것이라고 생각하고 일단 해보는 게 어떻겠냐고 대답했다. 만약 채용이 되지 않는다면 자리를 비워두고 있을 테니 돌아와서 일을 해도 좋다며 친절을 베풀어 주었다.

이 일이 결정되자 나는 강을 건너 피츠버그 시로 달려가 브룩스 씨를 만났다. 아버지가 나와 함께 가주시겠다고 했지만, 나는 전신국이 있는 4번가와 우드 거리의 사거리까지만 함께 가달라고 부탁을 했다. 그날은 맑게 갠 아침으로 왠지 조짐이 좋다고 느꼈다. 아버지와 나는 앨러게니에서 피츠버그까지, 우리 집에서 약 2마일 정도 되는 거리를 걸었다. 전신국 입구에서 나는 아버지에게 밖에서 기다려 달라고 부탁했다. 나는 혼자서 계단을 올라가 2층의 사무실 겸 전신실로 가서 자신의 운명을 결정하기로 마음먹은 것이다. 왜 이렇게 혼자서 올라갈 결심을 했는지 나중에 회상해 보면, 아마도 나는 당시에 점점 미국인이라는 생각을 하기 시작했기 때문이었던 듯하다. 처음에는 친구들이 나를 "스코치, 스코치!"라고 부르며 놀렸기 때문에 "그래, 나는 스코틀랜드 사람이다. 그리고 그것을 자랑스럽게 여기고 있다."고 대답했다. 그러나 말을 할 때,

그리고 사람들에게 인사를 할 때 스코틀랜드식 사투리를 상당 부분 버리게 되었다. 그런 이유에서 선량하고 순수한 스코틀랜드인인 아버지와 함께 가는 것보다는 혼자서 브룩스 씨를 만나는 것이 훨씬 세련되게 보일 것이라고 생각한 것이다. 쉽게 말해서 어린애다운 허세를 부린 것이다.

나는 단벌인 흰색 마 셔츠를 입고 있었는데, 이것은 언제나 일요일을 위해 소중하게 간직하던 것이었다. 거기에 짧은 청색 점퍼 차림이었는데 이 또한 일요일을 위한 유일한 외출복이었다. 당시, 그리고 전신국에 근무하게 된 이후로도 한참동안은 이 여름용 마 양복 한 벌밖에 없었다. 그래서 매주 토요일 밤, 내가 야근으로 밤이 늦어서 돌아와도 어머니가 이 옷을 세탁하고 다림질해 주셨기 때문에 일요일 아침마다 나는 깨끗하게 세탁이 된 옷을 입고 말끔한 차림새를 할 수 있었다. 이런 식으로 훌륭한 여장부인 나의 어머니는 우리가 새로운 세계에서 생활의 기반을 쌓기 위해 악전고투하는 동안 당신이 할 수 있는 모든 일을 해주셨다. 아버지도 장시간의 중노동으로 피로에 지쳐 있었지만 영웅처럼 용감히 싸워 이겨내며 나를 격려해 주기를 잊지 않으셨다.

이 면접은 성공적이었다. 나는 신중하고 솔직하게 자신이 피츠버그 시를 잘 모르지만 가능한 빨리 지리를 익힐 것이라는 것과 어쩌면 그런 것들이 일에 방해가 될 수도 있지만 일단 한번 해보겠다고 정중하게 대답했다. 브룩스 씨는 언제부터 일을 시작할 수 있냐고 물었다. 그래서 나는 원하신다면 지금 당장 일을 시작할 수 있다고 대답했다. 그리고 그때의 상황을 떠올리면서 어쩌면 나의 대답이 청년들에게 참고가 되지 않을까 생각한다. 기회를 그 자리에서 잡지 않는 것은 잘못된 일이다. 그 자리는 내게 주어졌다. 그러나 갑자기 무슨 일이 생길 수도 있다. 예를 들어 다른 소년이 나타날 수도 있는 것이다. 내게 언제부터 일할 수 있냐고 물었기에 가능하다면 당장이라도 일하고 싶다고 대답한 것이다. 브룩스 씨는 곧바로 또 다른 한 명의 소년을 불렀다. 이미 한 명의 배달부가 있었고 나는 새롭게 고용이 된 것이다. 브룩스 씨는 그에게 나와 함께 다니며 일하는 모습을 보여주고 업무에 익숙해지도록 도와주라고 지시를 내렸다. 나는 곧바로 계단을 뛰어 내려가 사거리를 향해 달려갔다. 아버지에게 모든 일이 잘됐다는 것을 알리고 빨리 집으로 돌아가서 내가 채용되었다는 사실을 어머니에게 알려달라고 부탁했다.

이렇게 해서 1850년에 나는 본격적으로 인생의 첫걸음을 내딛게 되었다. 일주일에 2달러를 받기 위해 어두운 지하실에서 증기솥과 씨름하며 석탄재를 새까맣게 뒤집어 쓴 채 아무런 인생의 희망도 없을 것 같던 내게 갑자기 천국의 문이 열린 것이다. 내게 있어 이곳은 정말로 천국과도 같았다. 내 주변에는 신문과 펜, 연필 그리고 햇빛이 함께 했다. 짧은 시간이라도 무엇이든 배우지 못할 것이 없으며, 또한 배울 것이 많다는 사실 그리고 자신이 정말 아무것도 모르고 살았다는 사실을 뼈저리게 통감했다. 나는 다리를 사다리에 얹어 놓고 무슨 일이 있어도 반드시 더 높이 올라가고 말 것이라고 다짐했다.

 그러나 한 가지 걱정스러운 일이 있었다. 그것은 전보를 배달해야 하는 수많은 회사들의 주소를 빨리 외우지 못하면 어떻게 하는가 하는 것이었다. 그래서 나는 일단 거리 한쪽의 간판과 주소들을 일일이 수첩에 기록하고 나머지 반대편도 똑같은 식으로 기록했다. 밤이 되면 수많은 회사들을 순서대로 소리 내어 암기를 했다. 다음으로 눈을 감고 상점가의 아래쪽에서부터 시작해서 하나씩 순서대로 이름을 외운 다음 머릿속으로 맞은편의 상점들 또한 마찬가지로 외웠다.

 다음 단계는 사람들을 파악하는 것이었다. 만약 회사의 직원들을 알고 있으면 배달하는 데 있어 매우 편리하고 배달 시간도 절약할 수 있을 것이라고 생각했다. 사무실로 향하는 사장님을 거리에서 우연히 만날지도 모른다. 거리에서 상대방에게 전보를 건네주는 것은 대단한 쾌감일 것 같았다. 그뿐만이 아니라 높은 사람(배달을 하는 소년에게는 모든 사람이 다 위대해 보이기는 하지만)을 거리에서 불러 세워 전보를 전하면 그들은 그 소년에게 주목을 하고 칭찬을 해주기 때문에 이 또한 대단한 희열이었다.

1850년도의 피츠버그는 훗날 발전한 모습과 비교한다면 엄청난 차이가 있다. 시는 1845년 10월에 났던 엄청난 화재에서 아직 회복하지 못했다. 이 화재는 도시의 번화가를 전부 다 불태워버렸다. 건물들은 거의 다 목조주택이었고 벽돌집은 몇 채 안 되었으며 화재에 대비한 건물은 전혀 없었다. 피츠버그와 근교의 인구를 전부 합쳐도 4만 명이 조금 넘는 수준이었다. 거리의 상점가도 아직 5번가까지밖에 이어지지 않은 조용한 도시였고 극장이 하나 있던 것이 사람들의 눈길을 사로잡았다. 페더럴 거리와 앨러게니 시에는 아직까지 회사들이 드문드문 있는 정도였고 그 사이는 공터로 남아 있었다. 지금의 5번가 한복판에서 나는 스케이트를 탔던 기억이 있다. 우리의 유니온 철공소가 있던 곳은 그 당시 양배추 밭이었다.

내가 자주 전보를 배달했던 로빈슨 장군은 오하이오 강 서쪽에서 태어난 첫 번째 백인의 아들이었다. 나는 그 후로 마을에 동부에서 전신선이 들어오고, 오하이오·펜실베이니아 철도회사의 첫 번째 기관차가 필라델피아 운하로 운반되어 평평한 운반선에서 앨러게니 시로 내려지는 것을 보았다. 이때까지 서부로 이어지는 철도는 아직 놓이지 않았다. 손님들은 운하로 앨러게니 산맥의 산기슭까지 가서, 그곳에서 약 3마일 정도 철도로 이동해 홀리데이즈버그까지 간 뒤, 그곳에서 다시 운하로 컬럼비아로 갔다. 그리고 마지막으로 80마일을 철도로 이동해서 필라델피아에 도착했다. 이 여행은 꼬박 사흘이나 걸렸다.

  전보배달부로서의 내 생활은 모든 면에서 정말 즐거웠다. 그리고 여기서 나는 평생을 함께 할 우정의 기반을 쌓았다. 선배 배달부가 승진을 하고 새로 데이비드 매카고라는 소년이 들어왔는데, 그는 훗날 앨러게니 계곡 철도회사의 총무주임으로 명성이 자자했다. 그는 나와 짝이 되었고 우리 둘은 동부에서 오는 전보를 모두 배달해야만 했다. 회사에는 두 명의 소년들이 더 있었는데 그들이 서부에서 오는 전보를 담당했다. 당시에는 동부와 서부전신회사가 둘로 나뉘어져 있었지만 두 회사가 한 건물을 사용하고 있었다. 데이브와 나는 곧바로 친한 친구가 되었는데 가장 큰 이유는 그 친구 또한 스코틀랜드계였기 때문이다. 데이브는 미국에서 태어났지만 그의 아버지는 우리 아버지와 마찬가지로 사고방식이나 말투까지 완전한 스코틀랜드 사람이었다.

  데이브가 입사한 지 얼마 되지 않아 또 한 명을 채용해야 했는데, 이번에는 내게 적당한 소년을 구해달라고 부탁을 했다. 이것은 아주 간단한 일이었으며 나는 친한 친구인 봅 피트케른을 회사에 소개하였다. 그는 훗날 내 뒤를 이어 펜실베이니아 철도회사의 피츠버그 총무와 감독이 되었다. 봅은 나와 마찬가지로 스코틀랜드인이며 스코틀랜드에서 태어났다. 그래서 데이브, 봅, 앤디라 불리는 우리 세 명의 스코틀랜드 소년들이 당시로서는 최고의 급여인 주급 2달러 50센트를 받으며 동부전신회사의 전보를 모두 배달하게 되었다.

우리는 매일 아침 사무실 청소를 해야 했는데 순서를 정해서 하기로 했다. 우리는 모두 밑바닥에서부터 일을 배우기 시작했다. 올리버 형제상사의 사장인 H. W. 올리버 씨는 미국 유수의 제조업자였지만 그 또한 우리와 마찬가지로 밑바닥에서부터 일을 배웠다. 성공을 향해 고군분투하는 청년이 인생이라는 경쟁의 장에서 경계해야 할 것은 부잣집 자식들이 아니다. 오히려 사무실 청소부터 시작한 소년들 속에 '다크호스'가 될 강력한 경쟁자가 숨어 있기 때문에 주의를 게을리 해서는 안 된다.

당시 소년 배달부들에게는 많은 즐거운 일들이 있었다. 손님 중에는 과일 도매상이 있어 전보를 빨리 배달해 주면 가끔씩 주머니 한가득 사과를 주었다. 빵이나 과자가게에 가면 달콤한 케이크를 주기도 했다. 친절한 사람들과도 자주 만날 수 있었는데 때로는 답장을 받아서 회사로 돌아오기도 했다. 소년들에게 사람들의 주의를 끌 수 있는 기회가 많은 이 일만큼 좋은 환경은 없었으며, 총명한 모든 소년들에게 있어 위로 올라가기 위해서는 이렇게 남들의 인정을 받는 것이 중요한 것이다. 현명한 사람들은 언제나 총명한 소년들을 찾고 있기 마련이다.

이런 생활 가운데 큰 자극이 되는 것이 있었는데, 그것은 10센트의 여분의 돈을 받을 수 있는 것으로 일정한 거리를 초월한 지역에 전보를 배달하면 10센트를 더 받아도 되는 것이었다. 이런 '10센트 전보'는 모든 배달부들이 노리고 있었기 때문에 그런 전보를 배달할 권리를 갖기 위해 싸움이 벌어지기도 했다. 가끔씩 자신의 차례가 아닌데도 '10센트 전보'를 가로채는 경우가 있었기 때문이다. 이렇게 되면 문제는 상당히 심각해진다. 나는 이것을 조정하기 위해 이 특별전보로 생기는 요금을 합동자금으로 모아 매주 주말에 똑같이 나누자고 제안을 했고 내가 회계 총무로 지목되었다. 그 뒤로는 평화와 질서가 유지될 수 있었다. 이렇게 특별요금을 가로채는 일이나 분쟁을 없애기 위해 공동자금으로 모으는 것은 일종의 회사조직과도 같았다. 이것은 내가 처음으로 시도한 금융조직에 대한 시험이었다.

소년들은 이와 같은 배당을 자기 마음대로 쓸 수 있다고 착각했기 때문에 대부분의 소년들이 옆에 있던 과자점에 지나친 외상거래를 하고 말았다. 그래서 회계 담당이었던 나는 과자점에 항상 배가 고프고 식욕이 왕성한 소년들의 채무를 책임질 수 없다는 정식 공문을 보냈다. 가장 외상을 많이 한 범인은 바로 봅 피트케른이었는데, 내가 그를 꾸짖자 봅은 뱃속에 벌레가 살고 있어 달콤한 것이 들어올 때가지 뱃속을 물어뜯기 때문에 어쩔 수 없다고 은밀하게 털어놓았다.

제4장
최초의 도서관

제4장
최초의 도서관

*

 즐거운 일도 많았지만 지금 생각해보면 나이에 비해 많은 혹사를 당했다. 우리는 격일제로 사무실 문을 닫는 늦은 밤까지 근무를 해야 했다. 그런 날이면 거의 11시가 넘어서야 집으로 돌아갈 수 있었다. 그리고 나머지 날에는 6시에 일과가 끝났다. 때문에 스스로 공부를 하거나 교양을 쌓을 시간은 거의 없었으며 가난한 생활 탓에 책을 살 돈도 없었다. 그러나 하늘의 은총이 내게 내려져 나에게 문학의 보고가 활짝 열리게 되었다.

 제임스 앤더슨 대령이-그에게 신의 축복이 있기를- 400권에 달하는 자신의 도서를 소년들을 위해 개방하겠다는 발표를 한 것이다. 청소년이라면 누구나 토요일에 책 한 권을 빌렸다가 다음 주

토요일에 다른 책과 교환을 할 수 있었던 것이다. 대령은 처음에 '일하는 소년들'을 위해서라는 조건을 달았다. 그래서 기술을 필요로 하는 일이 아니었던 배달부 소년, 사무 보조나 그 외의 일을 하는 소년들도 책을 빌릴 수 있을지가 문제였다. 내가 신문에 짧은 글을 보낸 것은 이때가 처음이었다. 『피츠버그 디스패치』지에 우리를 제외하지 말아달라는 호소문을 보낸 것이다. '우리는 지금 기술을 필요로 하는 일을 하고 있지는 않지만, 우리들 중에는 한때 직공생활을 했던 사람도 있으며 실제로 지금도 일을 하고 있습니다.' 나는 마지막에 '일하는 소년'이라고 서명을 했다. 도서관 직원은 이에 대해 '일하는 소년들이란 기술을 필요로 하는 직업에 종사하고 있는 사람들이다.'라며 규칙을 바꿀 수 없다는 투서를 실었다. 나는 이에 대한 대답으로 '기술은 없지만 일하는 소년'이라고 서명했다. 그로부터 이틀이 지나자 『디스패치』지의 사설에 '기술이 없이 일하는 소년들이라도 꼭 도서관을 찾아와 주십시오.'라는 짧은 기사가 실렸다. 이렇게 해서 대령은 소년들의 직업에 대한 분류를 넓혀 주게 되었고 나의 첫 투고가로서의 등장은 성공을 할 수 있었다.

나와 친하게 지내던 친구 톰 밀러가 앤더슨 대령의 집 가까이에 살고 있었기에 나를 대령에게 소개해 주었다. 이렇게 해서 감옥 같던 내 생활에 창문이 달리고 지식의 빛이 흘러들어오게 되었다. 매일의 고생도 긴 야근시간조차도, 내가 언제나 손에서 놓지 않으며 일하는 틈틈이 읽었던 책으로 인해 매우 가볍게 느껴졌다. 그리고 토요일이 돌아오면 새로운 책을 손에 넣을 수 있다는 생각을 할 때마다, 장래에서 광명을 찾을 수 있었다.

이렇게 나는 맥콜리의 논문과 역사를 접할 수 있었다. 그리고 벤크로프트의 『합중국의 역사』는 다른 책 이상으로 주의를 기울여 집중해서 공부했으며, 램의 수필은 특히 나를 즐겁게 해주었다. 그 중에서도 『셰익스피어 이야기』는 나에게 많은 감동을 안겨 주었다. 그 책을 접하기 전까지는 교과서에서 인용한 짧은 문장밖에 접할 수가 없었다. 내가 그의 작품을 제대로 감상할 수 있게 된 것은 책을 읽고 얼마 되지 않아, 오래된 피츠버그 극장에 가서였다. 우리에게 있어 앤더슨 대령의 도서관은 그야말로 무엇과도 바꿀 수 없을 정도로 소중한 존재였다. 달리 구할 방법이 없던 책들도 그의 현명하고도 관대한 조치에 의해 내가 손만 뻗으면 닿을 수 있는 곳에 놓이게 되었다. 내가 문학을 사랑하게 된 것도 앤더슨 대령의 덕이었으며, 이것은 무엇과도 비교할 수 없는 고귀한 것이었다. 나는 책을 읽지 않고는 사는 보람을 느낄 수가 없었다. 나와 동료들을 낮은 신분과 나쁜 습관에서 구해준 것은 대령이었다. 훗날 행운의 여신이 나를 찾아 왔을 때, 내가 가장 먼저 해야 할 임무라고 생각했던 것은 이 은인을 위해 기념비를 세우는 것이었다. 그 기념비는 다이아몬드 스퀘어 회관과 도서관 앞에 세워져 있으며, 거기에는 이런 글이 남겨져 있다.

제임스 앤더슨 대령은 무료 도서관의 창시자였다. 그는 자신의 도서를 소년 노동자들에게 개방해 주었고, 토요일 오후에는 직접 사서가 되어 이 고귀한 일에 봉사하였다. 이 기념비는 '소년 노동자들' 중 한 명으로 대령의 도서관을 통해 지식과 상상력을 키울 수 있었던 앤드류 카네기가 감사의 마음을 전하기 위해 세운 감사비다.

이것은 물론 대령이 우리에게 베풀어준 은혜와 비교한다면 너무나도 작은 보답에 지나지 않는다. 나는 나의 어린 시절 경험에 비춰봐서, 능력이 있고 그 능력을 키우고자 하는 야심이 있는 청소년들을 위해서 금전적으로 할 수 있는 최선의 방법은 하나의 공동체에 공공 도서관을 설립하고 그곳을 모든 사람들의 것으로 만드는 일이라고 확신하게 되었다. 나는 미국 전역에 수많은 도서관을 창설하는 기쁨을 맛볼 수 있었으며, 이것은 내 생각이 틀리지 않았다는 점을 증명해 주고 있다고 생각한다. 전국의 각 도서관에서 단 한 명씩의 소년이라도 내가 앤더슨 대령의 손때 묻은 400권의 책에서 받았던 감명과 은혜를 반만이라도 느낄 수 있다면, 내가 해온 일들이 전혀 헛되지 않은 것이라고 생각하게 된 것이다.

"가지를 구부리면 나무가 기운다."는 속담이 있다. 책에 담겨 있는 세상의 보물들이 알맞은 시기에 나를 향해 활짝 열린 것이다. 책의 가장 위대한 점은 그 무엇도 공짜로 주지 않는다는 점이다. 청년들은 스스로 지식을 찾아야 한다. 이것은 부정할 수 없는 진실이다. 그리고 훗날 아버지가 던펌린에서 최초로 순회도서관을 창설한 다섯 명의 직물업자 중 한 사람이었다는 사실을 알게 되면서 나는 대단히 기뻐했다. 그들은 마을에서 얼마 안 되는 책들을 모아 이 일을 시작한 것이다.

그 도서관은 아주 재미있는 역사를 가지고 있다. 그 도서관은 점점 커져서 다른 곳으로 일곱 번 이동하였다. 제일 처음 도서관을 옮길 때에는 다섯 명의 창립자들이 앞치마와 두 개의 석탄 통에 책을 넣어 직물공장에서 새로운 방으로 운반을 하였다. 우리 아버지는 고향에서 최초로 도서관을 연 창립자 중 한 사람이었고, 그의 아들인 내가 이 땅에 반영구적인 공공 도서관을 설립하게 되었다는 것은 대단히 기쁜 일이었으며, 그 일을 떠올릴 때마다 나는 마음이 따뜻해지는 것을 느낄 수 있었다. 나는 강연을 할 때마다 자주 이 일에 대해 다루고 있는데, 도서관을 설립한 일개 직물업자의 뒤를 이을 수 있었던 것을 나는 그 무엇과도 견줄 수 없을 만큼 자랑스럽게 여기고 있다. 나는 거의 무의식적으로 아버지의 뜻을 물려받았는데, 가끔은 이것이 신의 뜻이 아니었을까 하는 생각이 들기도 한다.

앞에서 나는 셰익스피어를 애독하게 된 것이 연극의 영향 때문이라는 말을 했다. 전보 배달을 하고 있을 당시 옛 피츠버그의 극장은 포스터 씨라는 지배인의 관리 하에 전성기를 누리고 있었다. 전신회사에서 무료로 전신처리를 해주는 대가로 전신 기사들에게는 무료로 입장할 수 있는 특권이 주어졌다. 이 특권은 작지만 배달부 소년들에게까지 미쳤기 때문에 가끔 오후 늦게 전보가 오면 소년들은 퇴근시간까지 기다렸다가 전보를 배달하고 조심스럽게 2층으로 올라가 입석으로 관람을 해도 되냐고 묻곤 했는데, 항상 흔쾌히 허락을 해주었다. 소년들은 이 특권을 누릴 순번을 정해서 함께 즐거움을 나누었다.

이렇게 해서 나는 녹색 장막 뒤에 감춰져 있는 세계를 접할 수 있었다. 연극은 대부분 화려하고 눈부신 것들이었다. 문학적인 가치는 거의 없었지만 15살의 소년의 눈을 즐겁게 해줄 수 있을 만큼 교묘하게 꾸며졌다. 나는 그전에 그렇게 호화스러운 것을 본 적이 없었고, 또한 그 이후로도 본 적이 없었다. 나는 그때까지 극장이란 곳에 들어가 본 적이 없었으며 음악회도 몰랐다. 솔직히 말해서 그 어떤 오락도 경험한 적이 없었다. 다른 동료들도 모두 마찬가지였으며 우리는 무대 조명에 완전히 매료되어 극장에 갈 수 있는 기회만을 목이 빠져라 기다렸다.

그리고 연극에 대한 나의 감상도 에드윈 애덤스라고 하는 유명한 비극배우가 피츠버그 극장에서 셰익스피어 이야기를 상연하면서부터 완전히 달라졌다. 그 이후로 셰익스피어 이야기가 아니면 별로 흥미를 느끼지 못하게 되었다. 나는 힘들게 노력을 하지 않아도 대사를 암기할 수 있게 되었다. 그때까지 나는 말이 가지고 있는 신비한 힘을 깨닫지 못했었다. 리듬과 멜로디가 모두 내 마음속에 각각 자리를 잡고 하나의 거대한 덩어리로 커져서 언제든지 내가 원하기만 하면 곧바로 튀어나오는 것이었다. 나는 새로운 표현력이 생기게 되었다. 특히 『맥베스』를 보게 되면서 나의 관심은 더욱 커졌다. 내가 『로엔그린』의 가극을 통해 바그너와 친숙하게 된 것은 꽤 많은 시간이 흐른 뒤였다. 바그너를 처음 접하게 된 것은 뉴욕 음악협회의 연주회 때였는데, 이 연주회는 음악에 대한 내 눈을 뜨게 해주었다. 이 천재의 작품을 통해 셰익스피어의 경우와 마찬가지로 나는 새로운 친구를 발견하고 새로운 계단을 오르기 시작하였다.

이 시대의 내 생활에 대해 한 가지 더 덧붙이고 싶은 것이 있다. 앨러게니 마을에 다 합쳐봐야 아마 100명도 되지 않을 소수이기는 했지만, 스베덴보리 협회를 조직했으며, 미국에 살고 있는 우리의 친척들은 모두가 유력한 회원들이었다. 아버지는 장로교회에서 탈퇴를 하시고 이 협회를 세운 교회에 다니셨기 때문에 당연히 나도 함께 가야 했다. 그러나 어머니는 스베덴보리의 가르침에 아무런 관심도 표하지 않으셨다. 모든 형태의 종교에 깊은 존경심을 가지고 신학적인 논쟁을 피하며 모든 종교를 종교로서 인정하시던 어머니는 초연한 태도를 취하셨다. 그녀의 입장은 공자의 유명한 격언 속에 잘 표현되어 있다.

"자신의 인생에 충실하며 타인에 대해 참견을 하지 않는 것이 최고의 지혜다."

어머니는 자식들에게 교회와 주일학교에 가라고 권하셨다. 그러나 스베덴보리의 저서와 신구약성서의 대부분은 신의 말씀을 그대로 옮겨 적은 것이기는 하지만, 인간이 취해야 할 최고의 권위라고는 여기시지 않으신 것만은 확실하다. 그러나 나는 스베덴보리의 신비적인 교리에 깊이 빠져, 열렬한 신자였던 에이트켄 이모로부터 '정신의 가치'에 대해서 잘 이해하고 있다는 칭찬을 받은 적이 있다. 나를 항상 귀여워하셨던 이모는 언젠가 내가 새로운 땅 예루살렘의 빛이 되는 날을 기대하고 계신 듯했으며, 뿐만 아니라 남몰래 내가 '신의 말을 전하는 사람'이 되어 사회에 공헌하는 날을 꿈꾸고 계시는 것 같았다.

내가 인간들이 만들어 낸 신학에 깊이 빠져들수록 이모의 기대도 점점 약해졌다. 그러나 자신의 첫 조카로 스코틀랜드에서 자신의 무릎에 앉혀 달래 주었던 나에 대한 이모의 관심과 사랑은 점점 커져갈 뿐 평생 시드는 일이 없었다.

이모는 사촌 리앤더 모리슨에게 희망을 걸고 스베덴보리의 계시에 따라 그의 영혼을 구하려 한 것 같았지만, 그는 침례교 신자가 되어서 이모를 실망시켰다. 이 종파는 부흥회 등을 거창하게 열었기 때문에 이모는 도저히 따라갈 수가 없었던 것이다. 그로 인해 리앤더에 대한 이모의 기대는 꺾이고 말았다. 그러나 나는 여전히 그 어떤 종파에도 들어가지 않았기 때문에 이모는 아직 구원의 기회가 있다고 여기고 계셨다.

나는 스베덴보리 협회를 통해 음악에 대한 취미가 발달할 수 있었다. 교회의 찬송가 부록 중에 성경 이야기를 주제로 한 짧은 오라토리오 선집이 실려 있었는데, 내 관심은 거의 본능적이라고 해도 좋을 만큼 그것에 끌렸고 노래를 잘하지 못했음에도 불구하고 항상 합창단 연습에 참석을 하였다. 지휘자는 내가 너무나 열심히 했기 때문에 가끔은 불협화음을 내도 용서해 주었다. 훗날 많은 오라토리오 곡들을 알게 되었을 때 소년시절에 그렇게 내 마음을 사로잡았던 곡들의 대부분을 헨델이 작곡했다는 사실을 알고 기쁨을 감출 수가 없었다. 음악에 대해 완전히 무지했던 소년이었지만 최고의 곡들을 골랐던 것이다. 이렇게 나의 첫 음악교육은 피츠버그의 스베덴보리 협회의 작은 합창단에서 시작하게 되었다.

그러나 음악에 대한 기초는 어릴 적 아버지가 고향에서 스코틀랜드의 민요를 불러 주셨을 때의 그 아름다운 음률에 의해 육성되었다는 사실도 잊어서는 안 된다. 스코틀랜드 민요의 가사나 곡들은 모두 내게 익숙하지 않은 것이 없을 정도였다. 민요는 베토벤이나 바그너와 같은 최고의 곡들을 감상하기 위한 훌륭한 초석이 되어 주었다고 해도 과언이 아니다. 아버지는 내가 지금까지 들었던 가운데서 가장 아름다우면서도 애수어린 가수였으며, 노래와 음악의 취미는 아마도 아버지로부터 물려받은 것 같다. 그러나 안타깝게도 나는 아버지의 목소리만은 물려받지 못했다. 공자의 '신의 성스러운 말씀인 음악이여, 나는 그대의 부름을 받고 달려갈 것이다.' 라는 유명한 말이 있는데, 나와 음악의 관계를 잘 표현해준 말이라고 생각한다.

당시 우리 부모님들이 얼마나 관용적인 태도를 취하셨는지 한 가지 실례를 들어보기로 하겠다. 전보배달을 할 때 1년에 한 번 2주간의 여름휴가를 제외하면 쉬는 날이 전혀 없었다. 여름휴가 때면 오하이오 주의 이스트리버풀에 살고 있던 사촌들과 강가에서 배를 타고 놀았다. 나는 스케이트를 굉장히 좋아했는데 전신국에 근무를 시작한 첫해에 집 건너편의 작은 개천이 완전히 얼어붙었다. 얼음 상태가 상당히 좋았기 때문에 어느 토요일, 밤 늦게 집으로 돌아온 나는 다음날 아침 일찍 일어나 교회에 가기 전까지 스케이트를 타도 괜찮을 것이라고 생각했다. 일요일을 안식일로 여기던 일반적인 스코틀랜드의 가정에서 이것은 상당히 중대한 문제였다. 어머니의 생각은 처음부터 정해져 있었다. 내가 처해 있는 상황을 생각해 볼 때 마음껏 타는 것이 당연하다고 여기셨고, 아버지는 스케이트를 타는 것은 좋지만 교회에 가기 전까지는 돌아오라고 하셨다.

오늘날 미국의 모든 가정들 중 99%는 우리 가족과 같은 결론을 내릴 것이다. 아마 영국의 가정도 거의 마찬가지일 테지만 스코틀랜드는 예외다. 단, 요즘의 일요일은 모든 의미에서 인간을 위해 제공된 것으로 박물관과 미술관 등은 일요일에도 문을 열어 대중들에게 편의를 제공하고 있다. 그러나 내가 어릴 적에는 일요일을 매우 엄숙한 날이라 여겼으며, 일주일 동안 저지른 잘못을 반성하는 날이 되어 있었다. 나의 부모님은 시대를 앞서가신 분들이었다. 그들은 스코틀랜드인 가정에서는 용납할 수 없었던, 당시 정통파의 사고방식을 초월해 있었던 것이다. 일요일에는 오락을 위한 산책도 할 수 없었으며, 독서도 성경이나 그 외의 종교서를 읽는 일만 허락되었을 뿐 다른 것들은 금지되어 있었다.

제5장
전신국에서

제5장
전신국에서

*

 전신국에서 전보 배달부 생활을 한 지 약 1년쯤 지났을 때, 존 P. 글래스 대령은 가끔 외출을 할 때마다 내게 사무실 일을 맡기게 되었다. 글래스 대령은 지하에 있는 사무실의 주임으로 손님을 접대하는 일을 했다. 글래스는 사람들에게 인기가 많았으며 정치가로서의 야심도 컸기 때문에 자리를 비우는 일이 많았는데, 한 번 외출을 하면 오랜 시간 동안 돌아오지 않았던 덕분에 나는 얼마 되지 않아 그가 하던 일에 익숙해져 능숙하게 처리할 수 있게 되었다. 나는 손님들의 통신문과 전신실을 통해 올라온 것을 곧바로 배달할 수 있도록 소년들에게 적당히 배분하는 일로 바빴다.
 이것은 나이 어린 소년에게는 힘든 일이었다. 게다가 당시에 나는 동료들 사이에서 평판이 그리 좋지 못했다. 왜냐하면 그들은 내가 배달 업무에서 제외된 것을 탐탁지 않게 여겼기 때문이었다. 그리고 나의 돈 씀씀이에 대해서 구두쇠라고 놀리며 못마땅해 한 것이다. 나는 급여 외 수당인 10센트를 전혀 쓰지 않았는데, 동료들은 그것까지 문제로 삼았던 것이다. 그러나 나는 단돈 1센트라 할지라도 내 손에 들어온 것은 가족들을 위해 저축해야만 했다.

나의 부모님은 매우 현명하신 분들로 무슨 일이든 내게 숨기는 일이 없었다. 나는 매주 부모님과 내가 벌어들이는 수입이 얼마인지를 알고 있었다. 얼마 안 되는 가구와 옷가지들을 하나둘씩 늘려 나갔고 그때마다 나와 상의를 하셨는데, 그것은 아무리 사소한 일이라도 할지라도 우리에게 있어서는 매우 기쁜 일이었다. 이렇게 강한 단결력을 가진 가족은 그리 많지 않을 것이다.

어머니는 매일 50센트의 은화 한 닢을 절약해서 낡은 양말 속에 넣고 아무도 모르는 곳에 감추어 놓으셨다. 이렇게 해서 우리 가족은 드디어 200달러를 저축할 수 있었고, 우리는 어머니의 친구이자 흔쾌히 20파운드를 빌려주셨던 핸더슨 부인에게 돈을 갚을 수 있게 되었다. 그날 우리는 축하 파티를 열었다. 카네기 일가는 드디어 빚에서 해방된 것이다. 얼마나 행복했던 순간이었던가! 그러나 은혜에 대한 빚은 그 어떤 것으로도 갚을 수가 없다. 핸더슨 부인은 나이가 든 지금도 여전히 건강하시다. 나는 고향에 갈 때마다 왕궁을 방문하는 심정으로 그녀를 방문하고 위로를 해드렸다. 무슨 일이 있어도 절대로 그녀를 잊을 수는 없을 것이다.

  내가 전보 배달부 생활을 하던 중에 한 가지 절대로 잊을 수 없는 일이 일어났는데, 마치 단숨에 천상으로 올라간 기분이었다. 어느 토요일 저녁 글래스 대령이 우리들을 모두 불러 모아놓고 월급을 나눠주던 때의 일이었다. 우리는 카운터 앞에 1열로 줄을 서 있었고 글래스 대령이 한 사람씩 급여를 나눠주었다. 나는 줄의 맨 앞에 서 있다가 글래스 씨가 11달러 25센트를 세어 카운터에 올려놓는 순간 손을 뻗어 돈을 집으려 했다. 그런데 놀랍게도 그는 나를 제치고 다음 소년에게 그 돈을 건네주었다. 나는 대령이 뭔가 착각을 하고 있는 게 아닐까 생각했다. 왜냐하면 항상 내가 제일 먼저 급여를 받았기 때문이었다. 그러나 대령은 그 뒤로도 계속해서 다른 소년들에게 먼저 급여를 지불했다. 나는 갑자기 침통한 기분이 들었다. 뭔가 큰 실수를 한 것이 틀림없다고 생각했다. 대체 내가 무슨 잘못을 한 것일까? 뭔가 실수를 저질렀을 수도 있다. 더 이상 내가 필요 없어진 게 아닐까? 나는 가족들의 망신거리가 되고 말 것이다. 그것이 제일 내 가슴을 아프게 했다. 다른 친구들의 급여를 다 지불하고 나서 대령은 나를 카운터 안으로 들어오라고 한 뒤, 내가 다른 친구들보다 더 많은 일을 했기 때문에 한 달에 13달러 50센트를 주기로 결정했다고 말했다.

나는 현기증이 났다. 꿈을 꾸고 있는 것이 아닌지 내 귀를 의심했다. 대령은 돈을 세어 주었는데 고맙다는 인사를 했는지조차 전혀 기억이 나지 않는다. 아마 아무 말도 하지 못했던 것 같다. 나는 돈을 받아들고 문을 향해 뛰었다. 그리고 집에 도착할 때까지 정신없이 달렸다. 나는 앨러게니 강에 걸쳐져 있는 다리를 마치 날아 간 것 같은 느낌이 들었던 것을 기억하고 있다. 다리에 나 있던 인도는 너무나 좁았기 때문에 차도 위를 달린 것이다.

나는 가족들의 회계역할을 하시던 어머니에게 11달러 25센트만을 드리고 나머지 2달러 25센트에 대해서는 아무 말도 하지 않았다. 이 돈은 훗날 내가 번 수백만 달러의 돈보다도 훨씬 더 큰 가치가 있었다.

동생 톰은 아직 아홉 살이었고 우리는 다락방에서 함께 생활했다. 나는 동생과 잠자리에 들었고 귀여운 동생에게 비밀을 털어놓았다. 동생은 아직 어렸지만 그것이 어떤 의미를 가지고 있는 것인지를 잘 알고 있었다. 우리는 미래에 대해 이야기를 나누었다. 나는 훗날 우리가 성장해서 사업가가 되는 계획에 대해 이야기를 해주었다. '카네기 형제상사'를 훌륭하게 키우자는 것이었다. 아버지와 어머니는 사두마차에 탈 수 있게 된다. 당시 우리에게 있어서는 그 이상으로 큰 의미가 있는 것이 없었기 때문에 혼신의 힘을 다해 노력할 만한 가치가 있는 것이라 여겼다.

이것에 관해 내가 기억하고 있는 것 중에 스코틀랜드 노부인의 이야기가 있다. 딸이 런던의 한 상인에게 시집을 가서 고국의 어머니에게 "런던으로 오셔서 함께 살아요."라는 편지를 보냈다. "남편이 어머님을 마차에 태워줄 거예요."라는 말을 덧붙였다. 그러자 어머니는 "런던에 가서 마차를 탄들 무슨 소용이 있겠니. 고향 사람들이 마차를 탄 내 모습을 볼 수 없잖아."라는 답변을 보내왔다. 우리 부모님은 피츠버그 시에서는 물론 고향 던펌린에도 마차를 타고 금의환향을 하는 것이다.

일요일 아침 부모님과 톰이 아침 식사를 하고 있을 때 나는 감춰두었던 2달러 25센트를 가져다 식탁 위에 올려놓았다. 마치 여우에게 홀리기라도 한 듯이 깜짝 놀라셨지만 금방 이해를 하셨다. 그리고 아버지의 자랑스러워하는 눈길과 어머니의 애정 어린 눈에 눈물이 고이던 모습을 보고 얼마나 감격스러워하셨는지를 알 수 있었다. 이것은 아들의 첫 승리이자 월급을 올려줄 만한 가치가 있다는 구체적인 증거를 보여주었기 때문이다. 그 이후의 모든 성공과 훈장도 이때만큼 나를 감격시키지는 못했다. 이것이야말로 지상에서 맛볼 수 있는 천상의 맛이었다.

매일 아침 우리는 전신국의 청소를 해야 했기 때문에 통신 기사들이 오기 전에 전신기를 연습할 시간이 있었는데, 이것은 내게 있어 또 다른 기회였다. 나는 쉽게 통신키를 조작했고 나와 같은 목적으로 기계를 조작하고 있는 다른 지국의 소년들과 통신을 하기 시작했다. 무엇인가 새로운 것을 배울 수 있는 기회가 있을 때 그 기회를 놓치지 않고 자신의 지식을 시험해 본다는 것은 매우 중요하다.

어느 날 아침 피츠버그 전신국이 떠나갈 정도로 요란하게 벨 소리가 울려 퍼졌다. 누군가 급박한 통신을 보내려고 한다는 것을 금방 알 수 있었다. 나는 곧바로 테이프를 걸었다. 필라델피아 전신국에서 온 것으로 피츠버그 전신국에 급하게 '사망통지'를 보내려 하는데 받을 수 있겠느냐고 물어왔다. 나는 신호를 천천히 보내주면 한번 해보겠다고 대답했다. 나는 통신을 받아 곧장 그것을 배달했다. 나는 혹시 무슨 일이 생길지도 모른다는 생각에 브룩스 국장이 출근하기를 기다렸다가 바로 그 사실을 보고했다. 다행히도 주제넘은 짓을 했다는 꾸중을 듣는 대신에 고맙다는 칭찬을 들었다. 그리고 국장실을 막 나서려는 순간 실수를 하지 않도록 조심하라고 주의를 덧붙여 주었다. 그 뒤로 얼마 안 돼서 나는 가끔씩 기사들이 자리를 비울 때마다 그들을 대신해서 통신기 앞에 앉을 수 있게 되었고 전보 치는 기술도 배우게 되었다.

당시 통신기사는 근무에 태만한 사람이었기 때문에 자주 내게 일을 맡기고 자리를 비웠는데, 나는 그야말로 운이 좋았다고 할 수 있다. 당시에는 통신문을 기계에서 나오는 종이테이프로 받아 기사들이 불러주면 옆에서 받아 적는 식이었는데, 서부지국에 소리를 읽는 것을 배워 귀로 통신음을 확인할 수 있는 기사가 있다는 소식을 전해 듣고, 나는 이 새로운 방법을 배우기로 마음먹었다.

전신국의 기사 중에 매클린이라는 사람이 이 방법을 터득했고 자신의 경험에 비추어 내게 많은 격려를 해주었다. 나는 아주 쉽게 새로운 것을 배울 수 있었기 때문에 스스로도 깜짝 놀랐다. 어느 날 기사가 자리를 비운 사이 통신을 받게 되었는데, 전보를 받아 적는 노인이 어린놈이 건방지다며 배달꾼을 위해서는 전보를 받아 적을 수 없다고 했다. 나는 종이테이프를 멈추고 종이와 연필을 손에 쥐고 귀로 들은 통신 내용을 그대로 받아 적었다. 나는 그 노인의 놀란 모습을 지금도 잊을 수가 없다. 그는 내게 연필과 종이를 돌려 달라고 한 뒤 두 말 없이 전보 내용을 받아 적었다. 그 뒤로 우리는 사이가 좋아졌고 우리 사이에는 아무런 문제도 일어나지 않았다.

이런 일이 있은 뒤 얼마 되지 않아, 피츠버그에서 30마일 떨어진 그린즈버그의 통신 기사였던 조지프 테일러가 2주 동안 휴가를 가야 하니 누군가 대신 할 사람을 보내 줄 수 없냐며 브룩스 국장을 찾아 왔다. 국장은 나를 불러 할 수 있겠냐고 물었고, 나는 할 수 있다고 대답했다.

"그럼, 일단 시험 삼아 한번 가봐라."라고 국장이 말했다.

나는 우편 마차를 타고 갔는데 정말로 즐거운 여행이었다. 스코틀랜드계의 유명한 변호사였던 데이비드 브루스 씨와 그의 여동생이 같은 마차에 타고 있었다. 이것은 내가 처음으로 먼 여행을 하게 된 것이었고, 또한 시골 풍경을 보는 것도 처음이었다. 그린즈버그의 호텔에서 식사를 했는데 이것은 내가 처음으로 외식을 하는 것이었다. 세상에 그렇게 맛있는 음식도 있다는 사실에 대해 감탄이 저절로 나왔다.

그 해는 1852년으로 그린즈버그에서 펜실베이니아 철도공사가 한창이었는데, 내가 얼마 뒤 펜실베이니아 철도회사에 다니게 될 것이라는 사실은 상상도 하지 못한 채 아침 일찍 공사현장을 지나 전신국으로 출근을 했다. 이곳에서 내가 해야 하는 일은 전보국의 사무를 보는 것으로 내가 처음으로 모든 책임을 맡게 된 것이다. 나는 긴장을 한 채 최선을 다하기 위해 열심히 노력했다.

어느 날 밤 심한 폭풍우가 몰아쳐 나는 통신이 끊기지 않도록 최선을 다하고 있었다. 나는 통신기 너무 가까이 앉아 있었던 탓에 의자에서 튀어 오르고 말았다. 강한 번개 때문에 자칫하다가는 목숨까지 잃을 뻔했던 것이다. 그 뒤로 나는 폭풍우가 치는 날에는 좀 더 세심한 주의를 기울였고 전신국 사람들은 모두 그런 나를 놀렸다.

그린즈버그에서 내가 한 일은 그리 어려운 일들이 아니었다. 어쨌거나 상사가 만족할 수 있을 만큼 일을 처리한 뒤에 피츠버그로 돌아왔다. 동료 소년들에게 나는 부러움의 대상이었다. 그 뒤로 얼마 있다가 나는 승진을 하게 되었다. 새로운 통신 기사가 필요했기 때문에 브룩스 국장이 총무부장에게 전보를 쳐서 나를 기사보로 추천해 준 것이었다. 당시 켄터키 주의 루이빌에 있던 리드 부장은 내가 만약 업무를 처리할 능력이 된다면 채용해도 좋다는 답변을 보내왔다. 그렇게 해서 나는 일약 월수입 25달러의 통신 기사가 되면서 배달부 생활에서 벗어날 수 있었다. 그때 나는 17살이었고 수습 사원의 딱지를 떼고 당당하게 일을 할 수 있게 되었다. 더 이상 소년이 아니라 하루에 1달러를 버는 어른들과 당당하게 어깨를 나란히 할 수 있게 된 것이다.

전신국 사무실은 젊은이들에게 훌륭한 연습장이었다. 연필과 종이를 가지고 온갖 지식을 습득할 수 있었다. 내가 알고 있던 영국과 유럽에 관한 얼마 안 되는 지식이 큰 도움이 되었다. 지식이라고 하는 것은 그것이 무엇이든 언젠가 도움이 된다. 그것은 감추고 있어도 언젠가 겉으로 드러나게 마련이다. 당시 외국의 뉴스는 뉴펀들랜드 남동쪽 끝자락에 있는 레이스 곶에서부터 전송되어 왔다. 또한 '항해 중인 배와의 통신'은 우리가 하는 일 중에 중요한 부분을 차지하고 있었다. 나는 다른 것들보다 이것에 깊은 관심을 가지고 있었기 때문에 모든 사람들이 이 일을 내게 맡겨 주었다.

당시 전신은 아직 완벽한 상태가 아니었기 때문에 폭풍우가 몰아치면 많은 경우 상상력을 발휘해야 했으며, 사람들은 나의 상상력에 깜짝 놀라곤 했다. 단어가 한두 개 정도 빠져 있어도 전혀 고민을 하지 않고 스스로 상상력을 발휘해 채우는 것이 내게는 큰 즐거움이었다. 외국에 대한 뉴스일 때는 이런 방법이 그다지 위험한 일이 아니었다. 왜냐하면 기사들이 지나치게 과장하지만 않는다면 다소의 오류가 있다고 해도 큰 지장을 주지 않았기 때문이다. 나는 외국의 사정에 대해 꽤 많은 지식을 가지고 있었으며, 특히 영국의 문제에 관해서는 상당한 지식을 가지고 있었기 때문에 처음 몇 글자만 확실하면 그 뒤로는 거의 확실하게 추정을 할 수 있었다.

피츠버그의 신문사들은 각사에서 한 명씩 기자들을 파견해 신문 통신 내용을 받아 적고 있었다. 그리고 나중에는 각 신문사를 대표해서 한 명의 기자만 오기로 되어 있었는데, 이 사람이 내게 뉴스의 복사본을 5부씩 작성해 주면 일주일에 1달러씩 지불하겠다고 했다. 나의 첫 언론사 일의 보수는 초라한 것이었지만 이렇게 해서 내 월 수입은 30달러가 되었다. 당시 내게는 1달러도 소중한 것이었고 우리 가족도 겨우 생활의 기반이 안정되기 시작해서, 이미 백만장자가 될 기초가 싹트기 시작한 것이었다.

또 한 가지 내게 큰 영향을 끼친 것은 앞서 말한 5명의 소년 배달부들이 '웹스터 문학회'에 가담하게 된 것이다. 우리는 회원을 엄선하였고 단결력도 발휘했다. 이 모임에 들어간 것은 정말 소중한 경험이었다. 그 전에 우리는 토론회를 조직하여 여러 가지 시국문제에 대해 토의를 하고 있었다. '웹스터'는 당시 상당히 유력한 클럽이었기 때문에 우리는 모두 회원이 될 수 있었던 것을 자랑스럽게 여기고 있었다.

청년들에게 있어 이런 종류의 클럽에 들어가는 것만큼 많은 도움이 되는 일은 없을 것이라고 생각한다. 나는 주로 다음 토론회의 주제가 되는 것의 문제점에 관한 책들을 읽었다. 청중을 앞에 두고 차분하게 자신의 생각을 주장할 수 있었던 것은 '웹스터 문학회'에서 많은 훈련을 쌓은 덕분이었다. 그 당시 나는 공개석상에서 이야기를 할 때면 반드시 두 가지의 철칙을 염두에 두고 있었다. 첫째는 청중들 앞에서 긴장하지 말고 편안하게, 그리고 설교를 하는 것이 아니라 대화를 하듯 할 것. 둘째는 누군가 다른 사람의 생각을 대변하는 것이 아니라 자연스럽게, 그리고 미사여구를 지나치게 많이 쓰지 말 것이었다.

나는 오랜 훈련 덕분에 전보 기호를 전부 무시하고 소리만으로 통신을 할 수 있게 되었다. 이것은 당시에는 대단히 특별한 것으로 여겨졌으며 나의 이런 능력을 보기 위해 여러 지국의 사람들이 견학을 왔다. 이 능력 덕분에 대홍수 이후 스튜벤빌과 휠링 사이의 모든 전신이 두절됐을 때 스튜벤빌에 파견을 가게 되었다. 이 두 도시 사이에는 25마일의 거리가 있었는데, 나는 이곳을 지나는 동서 간의 통신을 모두 맡아 1시간에서 2시간 동안의 통신 내용을 배에 싣고 강을 내려가 휠링에 보낸 것이었다. 돌아오는 배로는 다시 동부로부터의 통신을 싣고 오는 식으로 해서, 꼬박 일주일 동안 피츠버그를 지나는 동부와 서부의 통신 내용을 확보할 수 있었다.

내가 스튜벤빌에 있는 동안 아버지가 직접 짠 테이블보를 팔기 위해 휠링과 신시내티로 가신다는 소식을 접하고 아버지가 타신 배를 기다렸지만 저녁 늦게까지 오시지 않았다. 나는 항구에서 기다리다가 뱃삯을 아끼시려고 선실이 아닌 갑판에 앉아서 강을 내려오시는 모습을 발견하고 가슴이 아팠던 것을 기억하고 있다. 훌륭하신 아버지가 이런 초라한 여행을 해야 하는가 생각하니 너무나 화가 났다. 그러나 나는 "걱정하지 마세요, 아버지. 아버지와 어머니가 자가용 마차를 타실 날이 그리 멀지 않았어요."라고 말하며 복받치는 감정을 억눌렀다.

아버지는 수줍음이 많고 내성적인 데다가 신경이 예민한 분이셨기 때문에 남을 칭찬하는 일이 거의 없으셨다. 이것은 스코틀랜드 사람들의 국민성이기도 하다. 특히 자신의 아들들은 엄하게 키워야 한다고 생각하셨기에 더더욱 그랬다. 그러나 뭔가 크게 감격을 하면 자제심을 잃기도 하셨는데 이때도 그러셨다. 내 손을 꼭 잡으시고 평생 잊지 못할 눈길로 나를 응시하시더니 "앤드류, 나는 너를 자랑스럽게 여기고 있단다."라고 낮은 목소리로 속삭이셨다.

아버지의 목소리는 떨리고 있었다. 그렇게 말씀하시고 스스로 부끄럽게 여기신 것 같았다. 잘 자라고 말씀하시던 아버지의 얼굴에서 눈물이 흐르고 있는 것을 보고 말았다. "어서 사무실로 돌아가거라."라고 말씀하시며 아버지는 다시 배에 올라 타셨다. 아버지의 이 말씀은 오랜 세월 동안 내 귓가에 울려 퍼지며 마음을 따뜻하게 해주었다. 우리는 부자지간에 서로를 잘 이해하고 있었다. 스코틀랜드인들은 참으로 내성적이다. 감격이 크면 클수록 말수가 적어진다. 신성하고 깊이가 있는 그런 성향들은 감히 범접할 수가 없다. 침묵은 천 마디 말보다 훌륭한 웅변이다. 우리 아버지는 가장 사랑스러운 인물이었고 친구들의 사랑과 존경을 받았다. 어떤 종파나 어떤 교리에도 소속되어 있지 않았지만 가장 경건한 분이셨다. 비록 세속적으로는 성공을 하지 못하셨지만 천국이 아버지를 위해 준비되어 있는 것이라고 해도 과언이 아닐 것이다. 친절 그 자체이신 분이셨다. 그러나 애석하게도 이제 조금씩 여유가 생겨 생활이 나아질 것이라고 생각하고 있던 찰나, 이 서부 여행에서 돌아오신 지 얼마 되지 않아 아버지는 세상을 뜨고 마셨다.

나는 피츠버그로 돌아온 지 얼마 되지 않아 토마스 A. 스콧이라는 상당히 유능한 사람을 만나게 되었다. 만약 천재라는 말을 쓰는 것이 허락된다면 이 사람이야말로 바로 천재라고 할 수 있을 것이다. 스콧 씨가 펜실베이니아 철도회사의 감독으로 피츠버그에 오게 된 것이다. 그는 알투나에 있는 상사이자 총무인 롬버트 씨와 계속해서 전보로 연락을 해야 했기 때문에 자주 전신국에 들렀고, 내가 야근을 하는 동안 몇 번이고 만날 기회가 있었다. 어느 날 스콧의 부하직원 중에 나와 친하게 지내던 사람이 사무실로 찾아와 스콧 씨가, 사무원 겸 통신기사로 나를 그의 회사에 받아들일 수 없겠냐고 물었지만, 부하 직원은 "그건 불가능할 거예요. 그 친구는 지금 전신국 기사니까요."라고 대답했다고 했다.

그러나 이 말을 들은 나는 당장 "잠깐만요, 갈게요. 나는 단순 사무직에 머물 생각이 없으니 이곳을 그만두겠어요. 그러니 돌아가시거든 그렇게 말해 주세요."라고 부탁을 했다.

그렇게 해서 나는 1853년 2월 1일에 35달러의 월급을 받고 스콧 씨의 사무원 겸 전신 기사로 채용이 되었다. 나는 월급이 25달러에서 35달러로 급상승했다는 소리 들어본 적이 없었다. 공공의 전신선이 일시적으로 스콧 씨의 사무실로 연결되었고, 펜실베이니아 철도회사는 당시 건설 중이던 회사의 전용선이 완성될 때까지 일반대중의 서비스에 지장을 초래하지 않는 한 통신선을 쓸 수 있게 되었다.

제6장
철도 회사에서

당시의 열차

제6장
철도 회사에서

*

 전신국의 사무실에서 벗어난 나는 넓은 세상에 한 발짝 걸음을 내디딜 수 있게 되었지만 이 변화는 결코 쉬운 것이 아니었다. 내가 18살의 생일을 맞이하고 얼마 되지 않아서의 일이었는데, 생각해 보면 어떻게 한 소년이 18살이 될 때까지 청결하고 좋은 것만을 경험하면서 자랄 수 있었는지 놀라울 정도이다. 나는 그 나이가 될 때까지 한 번도 험한 말을 쓴 적이 없었고 또한 들은 적도 없었다. 나는 천박하고 상스러운 것을 전혀 접한 적이 없었다. 내가 접해온 사람들은 언제나 선량한 사람들뿐이었으며 나는 그들 속에서 자랐던 것이다.

 그랬던 내가 갑자기 험한 사람들 속에 뛰어들게 된 것이다. 왜냐하면 일시적이기는 했지만 사무실은 공장의 일부를 사용하고 있었고 화물열차의 차장과 제동수, 화부들의 대기실로도 이용되고 있었기 때문이었다. 그들은 모두 스콧 감독과 내가 있는 사무실을 자유롭게 들락거렸다. 이것은 내가 지금까지 살아왔던 세계와는 완전히 다른 세계였기 때문에 참담한 마음이 들었다. 그리고 나는 필연적으로 난생 처음 선악과를 맛봐야만 했다. 그러나 다행히도 내게는 아름답고 청결한 가정환경이 있었고 그곳에는 야만적인 것들과 악한 것들이 끼어들 틈이 전혀 없었다. 게다가 내게는 친구들과 함께 할 수 있는 또 다른 세계가 있었다. 그들은 모두 뛰어난 소년들로 교양을 쌓으며 훌륭한 시민이 되려고 노력하고 있었다. 이렇게 해서 나는 자신의 성격에 맞지 않는 것을 증오하고 물리치며 스스로 연마를 하기 위해 노력했다. 그러나 거친 사내들과 접해야 했던 이 경험이 내게는 많은 도움이 되었을지도 모른다. 왜냐하면 담배를 씹거나 피우는 것과, 신의 이름을 더럽히는 말을 입에 담는 등 천박한 말을 쓰는 것에 대해 평생 혐오감을 느끼게 해주었기 때문이다.

그렇다고 해서 내가 여기서 말하고 있는 사람들이 타락했거나 나쁜 사람들이었던 것은 결코 아니다. 당시에는 욕설을 하거나 천박한 말을 하고, 담배를 피우거나 씹고 코담배를 애용하는 것이 지금보다 훨씬 더 심했다. 철도공사가 막 시작된 당시에는 강가에서 일하던 거친 사람들이 벌떼처럼 몰려들었다. 그들의 대부분은 건전한 청년들이었으며 훗날 훌륭한 시민으로서 존경을 받고 또한 사회적으로 중요한 지위를 차지하게 되었다. 여기서 한마디 덧붙이고 싶은 말은 그들이 모두 나를 친절하게 대해 주었다는 것이다. 그들의 대부분은 건전했으며 나는 가끔 그들에게 의지를 했고 교우관계를 유지하고 있다.

스콧 씨가 자신의 사무실을 가질 수 있게 됐을 때 나도 함께 그 사무실로 옮겨 이 문제는 해결되었다.

그로부터 얼마 지나지 않아 나는 스콧 씨의 명령으로 직원들의 월급과 수표를 받기 위해 알투나로 가게 되었다. 철도가 아직 앨러게니 산맥을 통과하지 않았기 때문에 나는 케이블카를 타고 넘어야 했다. 이 여정은 내게 너무나도 멋진 여행이었다. 당시 알투나에는 회사에서 지은 집이 몇 채 있을 뿐이었다. 공장은 건설 중이었기 때문에 지금과 같은 대도시의 흔적은 어디에서도 찾아볼 수 없었다. 나는 그곳에서 철도업계의 거물인 롬버트 씨와 처음으로 만나게 되었다. 그의 비서는 내 친구였던 봅 피트케른이었는데 그는 내가 추천해줘서 철도회사에 들어가게 된 것이다. 데이브, 봅, 앤디가 모두 전신국을 그만두고 펜실베이니아 철도회사에 들어간 것이다.

롬버트 씨는 스콧 씨와 완전히 다른 성격의 소유자였다. 사교적이기 보다는 오히려 엄격하고 완고한 인물이었다. 그래서 잠시 내게 말을 건 뒤에 "오늘 밤에 우리 집으로 와서 차라도 한잔하자."는 말을 했을 때 나와 봅은 깜짝 놀랐다. 나는 무슨 말인가를 입속에서 중얼거리며 호의를 받아들였고 두근거리는 심정으로 시간이 흐르기만 기다렸다. 그때까지 그렇게 영광스러운 일은 없었다. 롬버트 부인은 정말로 친절하게 대해 주었다. 감독은 "이 친구는 스콧 씨가 데리고 있는 앤디 군이야."라며 부인에게 나를 소개해 주었다. 나를 스콧 씨의 부하라고 인정해 주었다는 사실이 너무나도 자랑스러웠다.

이 여행 중에 자칫 내 장래를 완전히 망쳐버릴 수 있었을 만큼 엄청난 사건이 발생했다. 다음날 아침에 나는 거액의 급여와 수표를 소중히 조끼 속에 넣고 피츠버그를 향해 출발했다. 돈뭉치가 너무 커서 주머니에 들어가지 않았기 때문이었다. 그 당시 나는 기차에 완전히 매혹되어 있어서 기차를 타는 것이 너무나도 즐거웠다. 나는 기관차를 타고 홀리데이즈버그를 출발해 산을 넘어 다시 주 철도로 갈아탈 계획이었다. 대단히 험한 산길이라 상당히 흔들렸는데 돈이 든 봉투에 손을 가져다 대보니 돈이 사라져버린 것이다. 기관차가 흔들리는 사이 어디선가 떨어져버린 것이었다. 나는 어떻게 해야 좋을지 정신을 차릴 수가 없었다.

이 실수로 인해 내 인생은 완전히 파멸되어 버릴 것이 분명했기 때문이다. 직원들의 월급과 수표를 받아오라는 심부름을 왔다가 그것을 몽땅 잃어버리고 만 것이다. 자신의 목숨과 맞바꿔서라도 지켜야 할 소중한 것을 잃어버렸으니 더 이상 구원의 손길은 기대할 수 없었다. 나는 기관사를 찾아가 몇 마일 앞에서 떨어뜨린 것이 분명하니 기차를 되돌려 달라고 부탁했고, 다행히 친절한 기관사는 내 부탁을 들어 주었다. 나는 눈이 빠져라 선로 주변을 살폈다. 그리고 계곡 사이의 강둑에서 수십 센티미터밖에 떨어지지 않은 곳에 봉투가 떨어져 있는 것을 발견했다. 나는 자신의 눈을 의심하지 않을 수 없었다. 나는 곧바로 달려가 봉투를 주워들었다. 모두 무사했다. 나는 피츠버그에 도착할 때까지 봉투를 움켜잡고 한시도 손을 떼지 않았다. 나의 실수를 알고 있는 사람은 기관사와 화부뿐이었는데, 이 사실을 세 사람만 아는 비밀로 절대 발설하지 않겠다고 굳게 약속을 해주었다.

　내가 이 이야기를 다른 사람에게 할 수 있게 된 것은 몇 년이 흐른 뒤부터이다. 만약에 그 봉투가 몇 센티미터만 더 바깥쪽으로 떨어졌다면 강물을 타고 흘러가 버렸을 것이다. 나는 내 실수에 대한 책임을 지기 위해 아주 오랜 세월 동안 열심히 근무를 해야만 했을 것이다. 게다가 나는 더 이상 상사로부터의 신뢰를 기대할 수 없었을 것이다. 성공을 위해서는 반드시 신용이 필요했다.

　나는 이 경험 때문에 젊은 사람들이 한두 가지의 중대한 실수를 저지르는 일이 있어도 결코 가혹하게 문책을 하지 않겠다고 스스로 다짐하게 되었다. 나는 언제나 그 여행 중에 만약 그 소중한 돈 봉투가 강가가 아니라 강물에 떨어졌다면 과연 어떻게 되었을까 생각했기 때문이다. 나는 쉰 살이 넘은 지금도 그 장소를 금방 찾아낼 수 있다. 그리고 지금도 기차로 그곳을 지날 때면 언제나 강가에 떨어져 있던 갈색 봉투가 눈에 아른거린다. 그와 함께 "괜찮아, 신은 항상 네 편이 되어주시니까. 하지만 두 번 다시 그런 실수는 저지르지 마라."라는 목소리가 들려오는 것이다.

나는 어릴 적부터 노예제도에 대한 강력한 반대론자였고, 아직 투표를 할 수 있는 나이가 되지는 않았지만 1856년 2월 22일에 피츠버그 시에서 열린 최초의 공화당 전국대회에 참가하였다. 나는 저명한 인사들이 마을을 돌아다니는 모습을 보았고, 상원의원인 윌슨과 헤일 등을 존경의 눈길로 바라보았다. 이 대회가 열리기 조금 전에 나는 철도와 관계가 있는 젊은이 100명을 모아, '주간 뉴욕 트리뷴회'를 조직하여 노예문제에 대한 대중들의 여론을 조성하기 위해 노력했던 위대한 호러스 그릴리 편집장을 후원하였다. 나는 가끔씩 편집장 앞으로 투고를 하였다.

내가 쓴 글이 자유의 기관지에 활자화 되어 실리게 되면서 나는 새로운 인생여정을 걷게 되었다. 나는 오랫동안 그 신문을 소중하게 간직해 두었다. 되돌아보면 오랜 악행에서 해방되기 위해 값비

싼 대가를 치러야 했던 것은 너무나도 안타까운 일이었지만, 폐지된 것은 노예제도뿐만이 아니었다. 주(州)의 권력이 강력하고 연방제도는 허술했기 때문에 그런 상태로 하나의 강력하고 안정된 중앙정부를 건설하는 것은 거의 불가능에 가까웠으며, 설령 그것이 가능하다고 하더라도 아주 오랜 세월이 걸려야 했을 것이다. 남부의 사고방식은 특히 원심(遠心)적으로 지방분권을 고집하고 있었다. 오늘날 합중국은 구심적으로 대법원의 권력하에 중앙집권을 향해 움직이고 있다. 대법원 판결의 절반은 전문적 법률가에 의해, 그리고 나머지 절반은 정치가에 의해 성립되고 있는데 이것은 이치에 맞는 것이다. 각 분야의 통일성이 확보된 것이다. 결혼, 이혼, 기업의 통제 등 모든 면에서 통제가 필요하기 때문이다.

이 사건이 있고 얼마 되지 않아 철도회사는 각각 자신들의 전신선을 건설하게 되었다. 그와 함께 통신 기사들의 양성이 절실해졌고, 그들은 피츠버그 본사에서 교육을 하게 되었다. 전신사업은 눈 깜짝할 사이에 급속도로 발전했기 때문에 시설들을 교체해야만 했고, 전신국들 또한 새롭게 건설해야만 했다. 나는 나와 함께 배달을 했던 동료인 데이비드 매카고에게 1859년 3월 11일에 전신부주임 자리를 맡겼다. 합중국의 철도에서 전기 통신원으로 여성을 처음으로 채용한 것은 나와 데이브의 업적이다. 우리는 각지의 전신실에 여성 수습사원들을 배치했고 필요에 따라 임무를 맡겼다.

이렇게 해서 양성된 여성들 중에는 나의 사촌인 마리아 호건도 있었는데, 그녀는 피츠버그 화물역의 전신원이 되어 젊은이들을 계속해서 양성했고 그녀의 사무실은 마치 학교처럼 되어 버렸다. 내 경험으로 미루어볼 때 젊은 여성들은 젊은 남자들보다 훨씬 신뢰를 할 수 있었다. 여성들이 새롭게 진출한 직업들이 많이 늘어나게 되었는데, 그중에서 가장 여성들에게 적합한 것이 바로 전신사업이라고 생각한다.

스콧 씨는 정말로 훌륭한 인물이었고 그런 사람의 밑에서 일을 할 수 있었던 나는 정말로 행운아라고 생각하며 최선을 다해 그를 보좌 했다. 그는 뛰어난 인물이었기 때문에 청년들 모두가 진심으로 그를 영웅으로 숭배할 정도였다. 나는 언젠가 스콧 씨가 펜실베이니아 철도회사의 총재가 될 것이라고 굳게 믿었고 훗날 실제로 그렇게 되었다. 그의 밑에 있으면서 엄밀하게 따지자면 내 관할이 아닌 영역에도 손을 뻗어 활약을 했는데, 이것은 나의 발전에 큰 도움을 주었다. 그리고 실제로 이런 일도 있었다.

당시의 철도는 모두가 단선이었고 아직까지 전신으로 기관차의 운행을 지령하는 일은 거의 이루어지지 않았는데, 이것은 펜실베이니아 철도회사에만 국한된 일이 아니라 전국의 철도조직들도 마찬가지였을 것이라고 생각한다. 철도 관리는 아직까지 걸음마 단계였던 시절이었고 종업원들도 제대로 훈련을 받은 상태가 아니었기 때문에 전신으로 지령을 받는 것은 위험한 방법이었다. 따라서 고장과 탈선 등의 사고가 일어날 때마다 모든 선로를 조정하기 위해 스콧 씨는 자주 한밤중에도 현장으로 달려가야 했다. 그럴 때마다 스콧 씨는 다음날 아침 사무실에 출근을 할 수가 없었다.

어느 날 아침 내가 사무실에 출근을 해 보니 동부지역에서 큰 사고가 일어나 하행선 급행 열차가 연착되었고, 상행선의 객차는 모두 수신호에 따라 서행을 하고 있었다. 상하행선의 화물열차는 모두 대피선로에 멈추어 서 있었다. 스콧 씨는 어디서도 찾을 수가 없었다. 결국 나는 모든 책임을 지고 지령을 내려 사태를 수습하기로 결심했다. 죽느냐 사느냐 하는 운명의 갈림길에 서 있다며 스스로를 격려했다. 만약 실패를 하면 일자리는 물론 은혜에 대한 배반, 게다가 법정에 서게 될지도 몰랐다. 그렇지만 순조롭게 진행되기만 한다면 밤새 기다리다가 피로에 지친 화물차 승무원들을 도와 줄 수가 있었다. 나는 모든 조직을 통솔할 수 있다, 나는 할 수 있다, 지금까지 수도 없이 스콧 씨의 지령을 전신으로 보낸 경험이 있다, 나는 어떻게 해야 하는지를 잘 알고 있다, 그런 마음으로 나는 일에 나섰다. 나는 스콧 씨의 이름으로 지령을 내려 전 선로의 열차를 움직이기 시작했다. 기계 앞에 앉아 모든 움직임을 응시한 채 역에서 역으로 진행하는 것을 지켜보며 신중에 신중을 기했고, 스콧 씨가 사무실에 출근했을 때는 모든 일들이 순조롭게 진행되고 있었다. 그는 사고가 나서 모든 열차가 연착되고 있다는 소식을 들고 달려 왔던 것이다. 그리고 그의 첫마디는 "그래, 지금은 어떤 상황이지?"였다. 그는 서둘러 내 옆으로 다가와 연필을 들고 지령서를 쓰기 위해 자리를 잡았다. 나는 무언가 말을 해야만 했다. 그래서 우물쭈물하며 이렇게 대답했다.

"스콧 씨, 아무리 찾아봐도 안 계시기에 오늘 아침 일찍 스콧 씨 이름으로 지령을 내렸습니다."

"모든 일이 순조롭게 돌아가고 있나? 동부 급행은 지금 어디에 있지?"라고 물었다.

나는 스콧 씨에게 모든 지령서를 보여주고 객차, 화물차, 궤도열차 등의 위치를 순서대로 가리키며 열차가 통과한 각 역에서 차장들이 보내온 통신 내용 등을 보여 주었다. 모두가 순조롭게 진행되고 있었다. 스콧 씨는 잠시 내 얼굴을 뚫어져라 바라보았다. 나는 차마 고개를 들지 못했다. 나는 무슨 일이 일어날지 상상도 하지 못했다. 그는 한마디도 하지 않은 채 다시 내가 제시한 지령서와 보고서를 살펴보며 무슨 일이 있었는지 확인하고 있었다. 그리고 다시 침묵이 흘렀다. 잠시 후 스콧 씨는 의자에서 일어나 자신의 자리로 돌아갔고 그것으로 일단락이 지어졌다. 그는 내가 한 일을 인정하기를 주저하기는 했지만 그렇다고 해서 나를 문책하지도 않았다. 모든 일이 무사하게 진행됐으니 그것으로 끝이었다. 만약 작은 실수라도 있었다면 그것은 모두 내 책임이었다. 이 사건은 그것으로 정리가 되었지만 그 후 며칠 동안 스콧 씨가 매일 아침 평소보다 일찍, 그리고 규칙적으로 출근하는 모습을 보고 상당히 신경이 쓰였다.

물론 나는 이 일에 대해 아무에게도 말할 수 없었다. 승무원들은 모두 스콧 씨가 지령을 내리지 않았다는 것은 상상조차 하지 못했다. 나는 만약 똑같은 일이 다시 일어나도 명령을 받기 전에는 절대로 두 번 다시 그런 일을 하지 않으리라 다짐을 했다. 나는 자신이 한 일이 마음에 걸려서 한동안 우울한 마음이 들었다. 그런데 그 사건이 일어났던 날 저녁에 스콧 씨가 화물부의 주임이었던 프랜시스커스 씨에게 이렇게 말했다고 한다.

"내가 데리고 있는 은발의 스코틀랜드 출신 애송이가 무슨 짓을 했는지 자네 알고 있나?"

"모르는데요."

"아무런 명령도 받지 않고 내 이름으로 모든 선로의 열차를 움직였다네."

"그래서, 일은 잘 풀렸나요?"라고 프랜시스커스 씨가 물었다.

"아주 잘 처리가 됐지"

이 말을 들은 나는 가슴을 쓸어내렸다. 이것으로 다음에 사고가 일어났을 때 어떻게 해야 할지 알 수가 있었다. 그 이후로 스콧 씨

에드거 톰슨

가 열차의 운행에 대해 직접 지령을 내리는 일은 거의 없었다.

당시 내가 거의 숭배에 가깝도록 존경을 하고 있던 인물은 펜실베이니아 철도회사의 사장이었던 존 에드거 톰슨 씨였다. 내가 알고 있던 사람들 중에 이 인물만큼 내성적이고 과묵한 사람은 없었다. 그랜트 장군도 입이 무거운 사람이었지만 가정에서 친구들과 함께 할 때는 상당히 활달하게 대화를 주고받았다. 톰슨 씨는 정기적으로 피츠버그를 방문했는데 언제나 묵묵히 주변사람들과 눈을 마주치지 않으며 걸었다. 훗날 나는 그의 이런 태도가 지나칠 정도로 수줍음이 많기 때문이라는 사실을 알게 되었다. 그러던 어느 날 스콧 씨의 사무실로 들어온 그가 전신기 옆에 앉아 있던 내게 다가와서는 "스콧 씨의 앤디 군."이라고 말을 걸어와 나는 깜짝 놀랐다. 그러나 나중에야 내가 열차들을 움직인 모험담에 대해 이미 알고 있었다는 사실을 알게 되었다. 높은 지위에 있는 사람에게 개인적으로 인정을 받는다는 것은 인생이라는 싸움에서 이미 절반쯤 승리를 거둔 것과 마찬가지라고 해도 과언이 아닐 것이다. 소년들은 모두 자신들의 업무영역을 초월해서 더 큰일을 향해 매진해야 한다. 무엇인가 상사의 눈길을 끌만한 일을 해야 하는 것이다.

이런 일이 있고 얼마 되지 않아 스콧 씨가 한두 주 여행을 가게 됐을 때 롬버트 씨에게 허가를 받아 나를 피츠버그 지국의 대리인으로 임명한 것이다. 그는 대담하다고 하지 않을 수 없다. 왜냐하면 나는 겨우 십대를 막 벗어난 나이였기 때문이다. 물론 아무런 문제도 없이 허가가 떨어졌다. 이렇게 해서 대망의 기회가 내게 주어지게 되었다.

스콧 씨가 자리를 비운 동안 모든 일이 순조롭게 진행되었지만, 단 한 가지 선로 보수 공사를 하던 열차가 사고를 일으키는 사건이 발생했다. 이것은 열차에 타고 있던 인부들의 용납할 수 없는 태만에 의한 것이었다. 이 사고가 일어난 것은 너무나도 뜻밖의 일이었지만 참을 수가 없었다. 나는 역에서 일어나는 모든 일에 대한 책임을 지고 있었기 때문에 자신의 직무를 다하기 위해 문책회의를 열어 사고에 관련된 모든 내용을 조사했으며 그 자리에서 사고 책임자를 해임하고 다른 두 명에게는 정직을 명했다. 스콧 씨는 여행에서 돌아오자마자 곧바로 이 사고에 대해 보고를 받고 재조사를 시작했다. 나는 자신이 내린 결정이 조금은 지나친 부분도 있다고 생각했지만 이미 결정을 내린 이상 사건은 종결되었다고 보고를 했다. 나는 충분히 조사를 한 다음에 책임자를 처벌했다. 처벌을 받은 사람 중에는 스콧 씨에게 다시 한 번 이 사건을 검토해 달라고 탄원한 사람도 있었다. 그러나 나는 그들이 아무리 탄원을 해도 용납을 할 수가 없었다. 직접 말로 표현하지는 않았지만 스콧 씨는 나의 태도를 보고 모든 사태를 이해해 준 뒤 내가 내린 처벌을 인정해 주었다.

스콧 씨는 아마도 내가 내린 처분이 심하다고 여겼을 것이다. 그리고 지금 생각해 보면 그의 판단이 옳다는 생각이 든다. 이 사건이 있은 뒤 몇 년이 지나서 내가 직접 피츠버그의 감독관으로 부임하게 되었을 때, 나는 언제나 정직 처분을 당한 사람들에게 각별한 주의를 기울이기 위해 최선의 노력을 다했다. 여전히 첫 결정에 대해 양심의 가책을 느끼고 있었던 것이다. 신임 재판관은 긴장을 하고 있는 상태라 너무 냉정한 경향이 있다. 경험만이 자비를 베풀 수 있는 최고의 덕이라는 사실을 배우게 된 것이다. 가볍지만 필요에 따라 적절한 벌을 내리는 것이 가장 효과적인 것이다. 엄벌은 필요하지 않다. 적어도 처음 저지른 잘못에 대해서는 인정을 베푸는 것이 가장 효과적이다.

나는 대여섯 명의 젊은 동료들과 항상 사이좋게 지냈으며, 나이를 먹을수록 생명과 죽음의 문제 등에 대한 이야기를 나누며 현세와 사후세계에 대해 자주 토론을 하였다. 우리는 모두 선량하고 정직하고 자존심이 강한 부모 밑에서 자랐고, 비록 서로 종파는 달랐지만 어딘가의 교회에 속해 있었다. 우리는 장로교회의 목사였던 맥밀런 씨의 부인이 중심이 된 사교 클럽을 만들어 사제관에서 모임을 가졌다. 그리고 가끔씩 일요 예배에 참석하기도 했다. 맥밀런 씨는 엄격한 칼뱅파 교리를 고수하고 있었기 때문에 인간이 구원을 받을 수 있는 것은 신의 뜻에 달려 있다고 굳게 믿고 있었다. 우리들 중에는 이런 숙명론을 이해하지 못하는 사람이 많았다. 진리만이 인간을 자유롭게 하는 것이며, 진리를 따르는 것이 인간의 의무라는 견해를 가진 친구들이 많았다.

하루는 톰 밀러가 이 숙명론에 대한 설교를 듣고 이의를 제기하였다. 그의 가족들은 모두 침례교 신자였지만 교리에 대해서는 잘 알지 못했다. 그러나 어떤 사람은 숙명적으로 구원을 받고, 또 어떤 사람은 구원을 받지 못한다는 이야기를 듣고 이렇게 말했다고 한다.

"목사님, 목사님 말씀이 사실이라면 당신의 신이야말로 악마가 아닌가요?"

우리는 그런 일이 있은 뒤 한동안은 일요일 모임마다 이 문제에 대해 논의했다. 과연 누구의 말이 맞는지, 그리고 톰이 계속해서 모임에 참석할 수 있을지에 대해서. 맥밀런 목사와 만나지 못하는 것은 상관이 없었지만 부인의 즐거운 모임에 참석하지 못한다는 것은 상상조차 하기 싫었다. 그래서 비슷한 고민을 하고 있던 칼라일이 이렇게 결정을 했고 우리는 모두 그의 뜻을 따르기로 했다.

"믿을 수 없는 것에 대해서는 신의 뜻에 맡기자."

그러나 이 일로 인해 우리는 마음속으로 교리에 대해 많은 생각을 하게 되었다. 우리 중에 누가 "용서하는 신은 인간이 만들어 낸 가장 고귀한 작품이다."라는 말을 했는지는 잘 기억이 나지 않지만, 우리는 자주 이 말에 대해 토론을 하곤 했다. 그리고 각 시대에 맞게 신이 재창조 된다는 것과 인류의 진보에 따라 미지의 신에 대한 개념도 진보할 수밖에 없다는 사실을 인정하게 되었다. 우리는 그렇게 교리에 얽매이지 않으면서도 훨씬 경건한 성인으로 성장을 해나갔다. 우리는 모두 신앙심이 깊었지만 각 종파의 교리에서 자유로웠고, 그런 우리들의 지도자이기도 했던 맥밀런 부인은 우리를 더욱 굳게 단결시켜 주었다.

우리의 작은 모임에 있어서 가장 충격적이었던 것은 존 핍스가 말에서 떨어져 죽은 일이었다. 이 사건으로 우리는 여러 가지 생각을 하게 되었는데, 나는 스스로에게 이렇게 말했던 것을 기억하고 있다.

"존은 말하자면 그가 태어난 고향 영국으로 돌아간 것과 같은 거야. 아마 머지않아 우리도 그의 뒤를 따라 천국에 가서 영원히 함께 살게 될 거야."

나는 그 시절, 인생에 대해서 아무런 의심도 하지 않았다. 나는 자신의 희망을 마음속에 새기려고 하지 않고 진실로서 굳게 믿고 있었던 것이다. 깊은 슬픔과 충격에 빠져 있을 때 이런 피난처를 가지고 있는 사람은 행복하다. 플라톤이 "희망은 고귀한 것이고 그 보상 또한 대단히 크기 때문에 그것을 믿고 계속 앞으로 나아가야 한다."고 했던 말은 과연 진실이라고 생각한다. 이 세상에 태어난 우리가 자신도 모르는 어떤 운명에 의해 함께 평생을 살아가야 하니, 또한 저승에서 함께 살게 된다고 하더라도 그다지 이상할 것은 없다. 삶이나 죽음이 다 이슬처럼 한순간을 살다가는 인간에게는 도저히 이해할 수 없는 문제이기 때문이다. 그러므로 플라톤의 말처럼 영원히 희망을 버리지 말고 미래의 생명력을 믿고 위안을 받으며 앞으로 나아가야 한다. 물론 우리는 현세에서의 의무를 잊지 말고 "신의 나라는 그대들 속에 있다."는 말을 그대로 받아들여야 할 것이다.

내가 직장에서 이런 활동을 하는 동안 우리 가족들의 생활은 서서히 좋아지고 있었다. 월 30달러이던 내 월급은 40달러가 되었는데, 이것은 스콧 씨가 알아서 올려준 것이다. 매월 직원들의 급여를 지불하는 것도 내 일 중 하나가 되었다. 월급은 항상 은행 수표를 이용했지만 나는 항상 20달러의 금화 두 개를 은행에서 찾았다. 내게 있어서 금화는 세상에서 가장 아름다운 예술품으로 여겨졌기 때문이다.

우리는 가족회의를 열어 집 두 채가 딸린 땅을 구입하기로 했다. 이것은 당시 우리에게 있어 일대 사건이었다. 이 집 중 한 채는 한

때 우리가 살던 곳이었고, 또 한 채에는 집을 살 때까지 호건 이모부 식구들이 살고 있다가 더 넓은 곳으로 이사를 간 곳이었다. 우리가 미국으로 건너왔을 때 에이트켄 이모의 도움으로 직물공장이었던 작은 집의 2층에 정착을 하였다. 새로 산 집 중 한 채는 한때 이모가 사시던 곳이었기 때문에 우리 가족은 은혜를 갚기 위해 이모에게 그곳을 제공하기로 결정했다. 훗날 우리가 알투나의 방 4개짜리 집으로 이사를 하게 됐을 때도 호건 이모와 함께 살기로 했다. 이모부는 이미 돌아가셨기 때문에 이모는 매우 기뻐하셨다.

우리는 현금으로 100달러를 지불했는데, 집 두 채에 모두 합쳐서 700달러였던 것으로 기억하고 있다. 당시 우리는 반년마다 이자를 지불하면서 나머지 600달러를 최대한 빠른 기일 내에 지불하기 위해 최선의 노력을 다했다. 그리고 그것도 얼마 되지 않아 다 정리하고 완전하게 땅과 집을 소유할 수 있었다.

그러나 아직 집값을 다 지불하기도 전에 우리 가족들은 슬픔에 잠기고 말았다. 1855년 10월 2일에 아버지가 돌아가시고 만 것이다. 그리고 남겨진 우리 세 명은 생활고에서 벗어나기 위해 슬픔과 의무 속에서 투쟁하면서 각자 맡은 바 책임을 다하기에 정신이 없었다. 아버지의 병환과 요양에 들어간 비용을 갚아야 했기 때문에, 우리는 아직 저축할 여유가 없었던 것이다.

미국으로 건너온 뒤로 우리 가족들은 여러 방면에서 감동할 만한 호의를 받았는데, 아버지가 돌아가시고 또 다시 감격의 눈물을 흘리고 말았다. 스베덴보리 협회는 작은 집단이었는데 그 중심인물이었던 데이비드 매캔들리스 씨는 일요일에 교회에서 만나면 아버지, 어머니와 가볍게 인사를 나눌 정도였고 특별하게 가까운 사이는 아니었다. 그러나 에이트켄 이모와는 꽤 가까운 사이였기 때문에 이모를 통해서 어머니에게 돈이 필요하면 얼마든지 융통해 줄 수 있으니 언제든지 부담 없이 말하라고 해주었다. 매캔들리스 씨는 어머니의 성품에 대한 소문을 익히 들어 잘 알고 있었기 때문에 어떻게든지 도움이 되고 싶었던 것이다.

우리는 흔히 타인의 도움이 필요 없게 되거나, 혹은 은혜를 갚을 수 있는 입장이 되면 많은 사람들이 친절하게 대해 준다. 그러나 순수하면서도 아무런 사심이 없는 호의에 대한 감사의 마음은 뼛속 깊이까지 새겨진다. 여기에 스코틀랜드에서 온 남편을 잃은 여인이 있다. 장남은 이제 막 사회생활을 시작했을 뿐이고 차남은 아직 10대 소년이다. 그런 가족들에게 닥친 불행에 이 친절한 신사는 어떻게 해서든 위로가 되어주고 싶다며 이모를 통해 도움의 손길을 내밀어준 것이다. 어머니는 호의만을 고맙게 받아들이고 돈은 빌리지 않은 채 힘겹게 대처를 하셨지만, 그 뒤로도 매캔들리스 씨는 우리 가족들의 기억에 오래도록 남게 되었다. 나는 위기가 닥치면 반드시 누군가가 도움의 손길을 뻗어 줄 것이라는 사실을 믿어 의심하지 않았다. 세상에는 친절하고 훌륭한 사람들이 많다. 단순히 곤경에 처해 있는 사람에게 도움을 주는 데서 끝나지 않고 도와줄 만한 가치가 있는 사람을 찾고 있는 것이다. 그러므로 자립심이 강한 사람들은 꼭 필요할 때 반드시 어디선가 도움의 손길이 뻗쳐올 것이라는 사실을 굳게 믿고 있다.

아버지가 돌아가시면서 나의 책임은 더욱 무거워졌다. 어머니는 신발 꿰매는 일을 계속하셨다. 동생 톰은 이전처럼 공립학교에 다니고 있었고, 나는 철도회사에서 스콧 씨의 부하직원으로 일을 하고 있었다. 그러던 어느 날 행운의 여신이 우리를 찾아왔다. 스콧 씨가 내게 500달러가 있냐고 물었다. 혹시 돈이 있다면 투자를 해주겠다는 것이었다. 당시 내게는 고작해야 단돈 5달러 밖에 없었다. 50달러조차 투자할 여력이 안 되었지만 존경하고 따르던 지도자와 어떤 특정한 관계를 맺을 수 있는 이런 좋은 기회를 놓칠 내가 아니었다. 그래서 나는 대담하게도 어떻게든 만들어 보겠다고 말했다. 그러자 스콧 씨는 회사에 자주 왕래하고 있는 사람이 가지고 있던 애덤스 운송회사의 주식 10주를 살 수 있을 것이라고 말해주었다. 물론 나는 집으로 돌아오자마자 가장이신 어머니에게 말씀을 드렸다. 그러자 어머니는 어떻게 하는 것이 좋을지 생각하다 한 가지 제안을 하셨다. 언제나 우리의 기대를 저버리지 않는 분이셨다. 우리는 그동안 집값을 지불하는 데 500달러가 들었다. 이것

 을 담보로 어떻게 해서든 돈을 빌릴 수 있을 것이라고 말씀하신 것이다.

 다음날 아침 어머니는 배로 이스트리버풀로 출발해 밤늦게 도착하셨다. 그리고 외삼촌을 통해 돈을 융통할 수 있었다. 외삼촌은 이스트리버풀의 보안관이었기 때문에 그곳에서는 상당히 알려진 인물이었다. 가끔 농민들이 작은 돈을 가져와서 외삼촌에게 투자를 부탁하기도 했다. 어머니는 토지와 집을 담보로 500달러를 빌려 오셨고 나는 그것을 스콧 씨에게 건넸다. 그리고 얼마 되지 않아 스콧 씨는 소중한 주식 10주를 내게 주었다. 그러나 생각지도 못하게 신주(新株:유상 증자나 무상 증자를 통하여 새로이 발행한 주식)가 발생되었기 때문에 100달러가 더 필요했지만, 스콧 씨는 친절하게도 언제든 돈이 생기면 내라고 하고 대신 내 주었다. 그리고 그 정도라면 그리 어려운 일이 아니었기 때문에 고맙게 호의를 받아들였다.

 이것은 나의 첫 투자였다. 당시에는 모든 주식회사들의 경기가 좋아 매달 많은 배당금을 지불하고 있었는데 애덤스 운송회사도 예외는 아니었고 매달 배당금이 나왔다. 어느 날 아침 내 책상 위에 커다랗고 확실한 글씨로 '앤드류 카네기 주주님'이라고 적힌 흰 봉투가 놓여 있었다. '주주님'이라는 글씨는 나는 물론 친구들을 매우 즐겁게 해주었다. 봉투 구석에는 애덤스 운송회사의 둥근

도장이 찍혀 있었다. 봉투를 열어보니 뉴욕 은행의 10달러짜리 수표 한 장이 들어 있었다. 나는 평생 그 10달러 수표를 잊을 수 없을 것이다. 멋진 글씨체의 '회계담당 J. C. 뱁콕'이라는 서명이 있었다. 이것은 내가 자본을 투자해서 얻은 첫 수입으로 이마에 땀을 흘리지 않고 번 돈이었다.

만세! 나는 큰소리로 외쳤다. "황금알을 낳는 거위를 잡았어!"

나와 친구들은 일요일 오후가 되면 숲에 모여 친교를 다지고 있었다. 나는 이 수표를 들고 가서 냇가의 나무그늘에 앉아 쉬고 있던 친구들에게 보여 주었다. 모두의 반응은 기대 이상이었다. 아무도 주식투자라는 것에 대해 모르고 있었기 때문이다. 우리는 돈을 모아 투자를 할 수 있는 기회를 엿보기로 했다. 그리고 몇 년 동안 틈틈이 돈을 모아 투자를 하고 배당금을 나누기로 결정했다.

이때만 해도 나의 인간관계의 범위는 그리 넓지 못했다. 화물부의 주임인 프랜시스커스 씨의 부인은 상당히 친절한 분으로 나를 피츠버그 자택으로 자주 초대해 주었다. 부인은 내가 스콧 씨의 전보를 전하기 위해 3번가의 집 초인종을 울려 처음 만났던 날에 대해 자주 이야기하곤 했다. 잠시 들어와서 쉬었다가라고 했지만 낯가림이 심했던 나는 부인의 친절한 권유에도 집에 들어가려 하지 않았다. 그러는 사이 점점 익숙해지면서 스스럼없는 사이가 되었다. 그러나 여전히 식사 초대는 완강하게 거절을 했다. 나는 꽤 나이가 들 때까지 남의 집에서 식사하는 것을 꺼렸다. 그러나 스콧 씨는 가끔씩 나를 호텔로 데리고 가서 함께 식사를 하자고 했다. 이것은 내게는 너무나 멋진 일이었다. 알투나의 롬버트 씨 집을 제외하면 내가 기억하고 있는 한 프랜시스커스 씨의 집이 내가 남의 집을 처음 방문한 곳이다.

 나는 그때까지 남의 집에서 잠을 잔 적이 단 한 번도 없었는데, 펜실베이니아 철도회사의 고문변호사였던 스톡스 씨로부터 그린즈버그에 있는 멋진 별장에서 함께 주말을 보내자는 초대를 받게 되었다. 그것은 정말로 생각지도 못했던 일이었다. 왜냐하면 그렇게 두뇌가 명석하고 교양이 있는 사람이 관심을 가질 만한 것이 내게는 없었기 때문이었다. 그러나 내가 이런 영광을 누릴 수 있었던 것은 내가 『피츠버그 신문』에 투고했던 글이 게제되었던 덕분이었다. 나는 10대 때부터 자주 신문에 투고를 했었다. 신문 편집자가 되는 것은 내가 바라던 많은 일들 중 하나였다. 호러스 그릴리와 그의 손에 의해 만들어지던 『트리뷴』지는 내게 있어서 최고의 이상이자 승리였다. 훗날 내게 『트리뷴』지를 사들일 기회가 생긴 것은 참으로 놀랄 만한 일이었다. 그러나 그때까지는 진주가 제 빛을 발휘하지 못하고 있었다. 우리의 어릴 적 꿈은 인생의 후반기에 접어들면서 가능해지는 경우가 많지만 그때는 이미 그 일에 대해 매력을 잃어버리는 경우가 많다.

내가 쓴 소논문의 내용은 펜실베이니아 철도회사에 대한 시민들의 태도에 관한 것이었다. 익명으로 보낸 소논문이 신문의 가장 눈에 잘 띄는 곳에 실렸을 때 나는 깜짝 놀랐다. 전신을 담당하고 있던 나는 스톡스 씨가 스콧 씨에게 보낸 전보를 다루었는데, 그 내용은 신문의 주필에게 연락을 해서 이 투서를 누가 보낸 것인지 확인하라는 것이었다. 나는 주필이 누가 쓴 것인지 모르기 때문에 절대로 밝힐 수 없을 것이라고 생각했다. 그러나 만약에 스콧 씨가 주필을 찾아가서 원고를 확인한다면 누가 쓴 것인지 한눈에 알아볼 것이 분명했다. 그래서 나는 스콧 씨를 찾아가 자신이 썼다는 사실을 털어놓았다. 그는 믿기 어렵다는 표정을 지었다. 그는 그날 아침 신문 내용을 읽고 대체 누가 이런 글을 썼을까 생각했었다고 했다. 나는 스콧 씨의 믿기지 않아 하는 표정을 놓치지 않았다. 펜은 이제 나의 무기가 되었다. 스톡스 씨의, 주말에 별장으로 와달라는 초대는 그로부터 얼마 지나지 않아서의 일이었다. 그리고 이 방문은 내 인생의 가장 빛나는 한순간이 되었고, 그렇게 해서 우리는 친분을 쌓게 되었다.

스톡스 씨 저택의 훌륭한 방과 장식들은 나를 깜짝 놀라게 했는데, 그중에서도 내 눈을 완전히 사로잡은 것은 서재 난롯가에 있던 대리석 책장이었다. 대리석 판에 펼쳐진 책이 조각되어 있었는데, 거기에는 다음과 같은 문구가 새겨져 있었다.

토론할 줄 모르는 사람은 어리석은 사람이다.
토론하지 않는 사람은 편협한 사람이다.
토론할 용기가 없는 자는 노예이다.

이 고귀한 글귀에 나는 깊은 감명을 받았다. '언젠가, 언젠가 나도 서재를 갖게 된다면 이 글귀는 내 서재를 축복하게 될 것이다.'라고 생각했다. 현재 뉴욕과 스키보에 있는 내 서재에는 이 글귀가 잘 보이는 곳에 높이 걸려 있다.

그리고 몇 년이 흘러 다시 스톡스 씨와 주말을 함께 보냈는데, 이 또한 대단히 중요한 사건이었다. 나는 당시 펜실베이니아 철도회사의 피츠버그 지부 주임이었고 남부는 연방에서 탈퇴를 했다. 나는 미국의 성조기를 옹호하는 데 열중해 있었다. 유력한 민주당 당원이었던 스톡스 씨는 북부가 연방을 유지하기 위해 무력을 행사할 권리가 있다는 생각에 반대를 하고 있었다. 그가 이렇게 강력하게 주장을 하자 나는 자제력을 잃고 이렇게 소리쳤다.

"스톡스 씨, 앞으로 6주 안에 나는 당신과 같은 사람들을 교수형에 처해야 한다고 생각합니다."

자서전을 쓰고 있는 지금도 그가 웃으면서 옆방에 있던 부인에게 소리쳤던 말이 여전히 내 귓가에 울리고 있는 듯하다.

"낸시, 낸시! 이 젊은 스코틀랜드 애송이 말 좀 들어보구려. 6주 안에 나 같은 자들을 모두 교수대로 보내겠다는군."

당시에는 전혀 생각지도 못했던 별의별 일들이 일어났다. 스톡스 부부와 주말을 보내고 얼마 되지 않아 스톡스 씨는 의용군 소령에 임명되었다. 그는 워싱턴에 있으면서 내게 여러 가지 상의를 해왔다. 그 당시 나는 육군에 소속되어 정부를 위해 군용철도와 전신사무를 담당하고 있었다. 스톡스 소령은 연방을 유지하기 위해 북부가 무기를 드는 것에 반대했었지만 정의를 위해 싸우기로 결심한 것이다. 대중들은 처음에는 헌법에 정해진 권리에 대해서 끊임없이 논쟁을 펼쳤다. 그러나 합중국의 성조기가 공격을 당하자 사태는 급변해서 국민들의 애국심을 자극하게 되었다. '합중국과 성조기' 국민들의 관심은 온통 여기에 집중되었고 다른 것들은 전부 잊혀졌다. 헌법은 나라의 국기를 지키기 위해 있는 것이다. "미국에는 두 개의 국기를 걸 수 있는 장소가 없다."는 외침이 점점 더 커지게 된 것이다.

제7장
펜실베이니아 철도 회사의 주임이 되다

제7장
펜실베이니아 철도 회사의 주임이 되다

*

 스콧 씨는 1856년에 롬버트 씨의 뒤를 이어 펜실베이니아 철도 회사의 책임자로 승진을 했다. 그리고 그는 나를 알투나로 데리고 가기로 했는데, 그때 내 나이는 21살이었고 정들었던 피츠버그를 떠난다는 것이 내게는 정말 힘이 들었다. 그러나 일을 생각해 보면 언제까지 감상에 젖어 있을 수만은 없었다. 어머니도 대단히 힘들어 하셨지만 나와는 의견이 일치했다. 게다가 스콧 씨와 같이 성실한 사람에 대해서는 항상 '지휘자를 따르자'는 것이 내 삶의 신조였다.
 그가 총책임자로 승진하는 것에 대해 여기저기서 강한 반발이 있었기 때문에 취임과 동시에 파업이 일어날 조짐이 있었다. 그는 그보다 몇 주 전에 피츠버그에서 부인을 잃어 외로워했다. 스콧 씨는 본사가 있는 알투나 지방의 사정에 어두웠고 아는 사람도 거의 없었기 때문에 속내를 털어놓고 이야기할 수 있는 사람이 나밖에 없었다. 우리는 한동안 철도 호텔에 머물렀는데, 스콧 씨의 희망에 따라 큰 침실에서 함께 생활을 했다. 그는 언제나 나를 곁에 두고 싶어 했던 것 같다. 그리고 얼마 되지 않아 집을 구입해서 피츠버그에 있던 자녀들을 불러왔다.

파업은 점점 심각해지기만 했고, 어느 날 밤에 갑자기 화물열차의 승무원들이 미플린 역에서 열차를 버리고 떠났다는 소식에 잠에서 깼던 것이 기억에 생생하다. 그로 인해 역이 폐쇄되고 모든 열차들이 멈추고 말았다. 스콧 씨는 깊은 잠에 취해 있었지는데, 나는 그가 연일 계속되는 과로로 인해 녹초가 되어 있다는 사실을 알고 있었기 때문에 도저히 깨울 수가 없었다. 그러나 스콧 씨가 잠시 눈을 떴을 때 내가 가서 응급처치를 하겠다고 하자 아직 잠에서 덜 깬 상태에서 승낙을 해주었다. 곧바로 사무실로 달려가 종업원들에게 스콧 씨의 명령을 받고 왔다고 말하고 다음날 알투나에서 노조회의를 열겠다고 약속하였다. 그렇게 해서 일단은 모두 업무에 복귀해 정상 운행을 할 수 있게 되었다.

파업은 승무원들뿐만이 아니라 불만을 품고 있던 공장 직원들에게까지 확산되어 급격하게 조직화되어가는 기색을 보이기 시작했는데, 나는 우연한 기회에 이 사실을 접하게 되었다. 어느 날 밤 나는 캄캄한 어둠을 뚫고 숙소로 돌아가던 중에 누군가가 뒤를 밟고 있는 것을 느꼈다. 잠시 후 그가 내게 다가와 이렇게 말했다.

"내가 당신과 있는 걸 남들이 보면 내가 곤경을 겪게 되겠지만, 당신이 내게 친절을 베풀어 준 적이 있어 언젠가 반드시 당신에게 보답을 해야겠다고 결심을 했소. 나는 피츠버그 사무국을 찾아가 철공소에서 일을 하게 해달라고 부탁을 한 적이 있었소. 당신은 피츠버그에는 자리가 없지만 혹시 알투나에는 자리가 있을지 모르니 잠깐만 기다려 준다면 전신으로 확인해 보겠다고 말해 주었소. 당신은 바쁜 와중에도 일손을 놓고 내 이야기를 들어 주었소. 그리고 내 증명서를 확인한 뒤 신분증을 발급해 주고 이리로 보내 주었소. 그리고 지금 당신 덕분에 좋은 일자리를 얻을 수 있었고 가족들과도 함께 살게 되었소. 그러니 지금 내가 하는 말은 반드시 당신에게 도움이 될 것이오."

나는 그의 말을 귀 기울여 들었다. 그는 지금 공장의 종업원들이 다음 주 월요일부터 파업에 돌입하자는 서명을 받고 있으니 시간이 거의 없다고 말해 주었다. 다음 날 아침 나는 스콧 씨에게 이 사실을 알렸고, 그는 곧바로 포스터를 제작해 파업에 참가하기로 서명한 직원들은 현재부로 해고하기로 하였으니 사무실에서 그동안의 임금을 받아가라고 공장 여기저기에 붙였다. 그동안 서명한 직원들의 명단이 우리 손에 들어왔기에, 그 사실도 발표했다. 직원들은 깜짝 놀라 계획했던 파업을 중지했다.

내가 살아오는 동안 이런 일이 자주 있었다. 가난하고 곤경에 처해 있는 사람들에게 베푼 작은 배려와 친절한 말 한마디가 생각지도 못한 커다란 보답으로 돌아오곤 했다. 배려와 친절한 행동은 결코 헛된 것이 아니다. 최근에도 나는 전혀 기억을 하지 못하고 있던 일들을 떠올리게 해주는 사람들을 자주 만나는데, 그들은 오래 전에 내게 뭔가 작은 도움을 받았다고 말했다. 특히 남북전쟁 당시에 나는 워싱턴에서 정부의 철도수송과 전기통신 업무를 담당하고 있었기 때문에 많은 사람들과 만날 수 있는 기회가 되었다. 부상을 당했거나 병에 걸린 아들에게 갈 수 있게 해달라는 부모가 있는가 하면, 전쟁터에서 전사한 아들의 시신을 고향으로 데리고 돌아가는 사람들이 대부분이었다. 나는 가능한 모든 편의를 제공해 주었다. 내가 할 수 있는 아주 사소한 일이었지만 훗날 여러 사람들이 여러 상황에서 내게 잘 대해 주었던 것을 나는 기쁘게 여기고 있다. 이런 행위는 하는 사람이나 받는 사람이나 모두 사심이 전혀 없다. 가난한 사람일수록 남의 호의에 대해 진심으로 고마워했고 그 감격은 소박한 형태로 드러나는 법이다. 백만장자는 언제나 적당한 보답을 할 수 있지만 가난 속에서 일하는 사람들에게 베푼 배려야말로 수십 배에 달하는 보답으로 돌아오는 경우가 많다. 워즈

워스는,

"착한 사람의 인생에서 가장 훌륭한 부분은

그의 작고 알려지지 않은 친절과 사랑의 행위이다."

라고 말했다.

  알투나에서 스콧 씨와 함께 보낸 2년 동안 결과적으로 가장 중대한 사건은 회사에 대한 소송사건이었는데, 내가 가장 중요한 증인이었다. 이 사건을 담당했던 사람은 한때 주말을 함께 보냈던 스톡스 소령이었고 재판은 그린즈버그에서 진행되었다. 상대는 내게 소환장을 보내 왔고, 스톡스 소령은 시간을 벌기 위해 스콧 씨에게 가능한 한 빨리 나를 다른 주로 보내라고 했다. 이것은 내게 아주 좋은 기회였다. 왜냐하면 오하이오 주 크레스트린의 철도회사에 다니고 있던 나의 절친한 친구 밀러와 윌슨을 방문할 수 있었기 때문이었다.

  오하이오 주로 가는 동안 나는 가장 뒤쪽 차량에 앉아 선로를 바라보고 있었는데 농부차림을 하고 있던 사람이 내게로 다가왔다. 그의 손에는 초록색 작은 봉투가 들려 있었다. 제동수로부터 내가 펜실베이니아 철도회사의 관련자라는 말을 들었다고 했다. 그는 야간 여행을 하는 사람들을 위해 자신이 고안한 차량의 모형을 봐 달라고 했다. 그가 봉투에서 꺼낸 모형은 침대차 모습의 일부였다.

이 사람은 T. T. 우드러프라고 하는 사람으로 문명사회에서 없어서는 안 될 침대차를 발명하게 될 유명한 사람이었다. 나는 이것이 얼마나 중요한 것인지를 직감할 수 있었다. 그리고 돌아가자마자 이것에 대해 스콧 씨에게 이야기하겠다고 약속했다. 나는 침대차에 대한 생각을 지울 수 없었고 하루라도 빨리 돌아가 스콧 씨에게 이 이야기를 하고 싶어 조바심이 났다. 그리고 알투나로 돌아오자마자 침대차에 대한 이야기를 했다. 스콧 씨는 내가 너무 앞서가고 있다고 생각하는 것 같았지만 내 이야기를 호의적으로 받아들이고 특허를 가지고 있는 사람을 전보로 부르라고 했다. 그는 곧바로 찾아왔고 가능한 한 빨리 두 대를 만들어 시험운행을 하겠다고 약속했다. 그리고 얼마 되지 않아 우드러프 씨는 내가 이 새로운 기획에 참가한다면 이익의 팔분의 일을 제공하겠다고 제안했다.

나는 그 자리에서 제안을 받아들이고 어떻게 해야 투자금을 만들어 낼지 고민했다. 두 대의 차량을 인수한 뒤에 매달 일정 금액을 지불해야만 했다. 투자금의 첫 지불일자가 되었을 때 내가 지불해야 하는 몫은 217달러 50센트였다. 나는 그 지역 은행가인 로이드 씨를 찾아가 모든 정황을 설명해 주었고, 190cm가 넘는 그는 두 팔로 나를 안으며 이렇게 말했다.

"물론 빌려주고말고. 앤디, 자네는 확실한 사람이니까."

이렇게 해서 나는 태어나서 처음으로 차용증을 작성했으며 그것을 은행에서 실제로 받아 준 것이다. 침대차는 커다란 성공을 거두었다. 내가 받은 배당금은 내가 지불한 투자금을 충분히 보상해 주고도 남았다.

  어머니와 동생이 알투나에서 나와 함께 살게 되면서 가족 이외의 사람을 들여야만 했다. 가정부를 고용하는 것을 어머니는 쉽게 승낙하지 않으셨다. 처음 보는 남을 가족이라는 울타리 속에 넣는 것이 달갑지 않으셨던 것이다. 어머니에게 있어 두 아들은 그 무엇과도 바꿀 수 없는 보물이었기 때문에 아무리 힘든 일도 고생이라고 여기지 않으신 것이다. 이것이 그녀 생활의 전부였으며, 의지가 강한 여성이 가지고 있는 경계심에서 가족들의 일에 타인의 손길이 닿는 것을 극단적으로 꺼리셨던 것이다. 아들들을 위해 식사준비, 세탁과 옷 수선, 잠자리 돌보기와 청소를 모두 직접 하셨다. 누가 감히 모성의 권리를 어머니에게서 **빼앗을** 수 있겠는가!

  그렇지만 절실하게 도와줄 사람이 필요했기 때문에 처음으로 사람을 고용하게 되었으나 그리 오래 가지 못했다. 그리고 계속해서 사람이 바뀌었다. 그러는 동안에 진정한 가정적 행복의 많은 부분이 서서히 줄어드는 것은 어쩔 수가 없는 일이었다. 어머니의 진심어린 사랑을 대신할 수 있는 것은 아무 것도 없었다. 다른 사람이 아무리 열심히 만들어 준 식사라도 어머니가 만들어 주신 소박한 요리와는 비교도 할 수 없었다. 사랑과 헌신의 마음이 어머니의 행동 하나하나에 듬뿍 담겨져 있었기 때문이다.

어릴 적을 회상해 보면 고맙게 느껴지는 것들이 한두 가지가 아니지만, 그중 하나는 나와 동생이 유모나 가정교사의 손에 의해 자라지 않았다는 점이다. 가난한 집안의 아이는 따뜻한 애정과 친밀한 가족들과의 유대관계 속에서 자라기 때문에 유복한 집안의 아이들보다 강한 가족 간의 사랑을 느낄 수 있는 것이다. 감수성이 강한 어린 시절에 언제나 부모님과 깊은 사랑으로 이어져 타인의 방해를 받지 않는 분위기 속에서 건강하게 성장할 수 있는 것이다. 그런 소년에게 있어 아버지는 교사이자 친구이며 또 좋은 조언자다. 그에게 있어서 어머니는 유모, 바느질을 하는 사람, 가정교사, 선생, 친구, 영웅, 성인 등을 하나로 합친 소중한 인물로 부유한 아이들은 절대로 느낄 수 없는 존귀한 경험인 것이다.

그런데 자식이 성장을 해서 사랑하는 어머니를 껴안고, 뭔가 자식이 할 수 있는 일을 하게 해달라고 해도, 지금까지의 노고를 위로할 수 있게 해달라고 부드럽게 부탁을 해도 어머니는 그런 자식의 마음을 쉽게 이해해 주지 않는다. 넓은 사회에 나가 동료들과 교제를 하고 사회생활을 하게 되면서 경우에 따라서는 지금까지의 생활모습을 바꾸는 것이 좋겠다고 생각하게 된다. 어릴 적에는 즐거웠던 생활양식도 어느 정도 개선을 해나가지 않으면 안 된다. 그리고 가끔은 친구들이 집을 방문하기도 한다. 특히 지금까지 쫓기

듯이 생활을 하던 어머니가 집안의 잡다한 일들에서 벗어나 생활을 즐기면서 독서를 하거나 친구를 방문하고 때로는 그들을 집에 초대하는 일도 생기게 된다. 단적으로 말하자면 아들의 사회적 지위에 따라 한 가정의 최고 어른으로서 그에 걸맞은 생활을 하는 것-이런 생활의 개선이 필요해진다.

물론 이런 변화가 어머니에게는 쉬운 일이 아니었다. 그러나 결국 그 필요성을 인정해 주시게 되었는데, 그것은 어머니가 자신의 장남이 처음으로 사회적으로 성공을 했다고 느끼게 되면서였을 것이다. 나는 어머니의 어깨에 가볍게 손을 얹고 이렇게 호소했다.

"제가 사랑하고 제일 소중하게 여기는 어머니, 저와 동생 톰을 위해 지금까지 무슨 일이든 다 하셨고 저희에게 있어 어머니는 그 무엇보다도 소중한 분이십니다. 이번에는 제가 어머니를 위해 무언가 할 수 있게 해주세요. 함께 가정을 꾸려가며 서로 협력자가 될게요. 서로에게 무엇이 가장 좋은 것인지를 항상 생각하기로 해요. 어머니가 귀부인 역할을 해주실 때가 온 거예요. 그리고 조만간에 전용 마차를 타고 다니게 되실 거예요. 그때까지 제발 가정부를 써주세요. 톰과 저는 그렇게 해주시는 것이 마음이 편합니다."

어머니는 결국 자신의 뜻을 꺾으셨다. 어머니는 우리와 자주 외출하기도 하고 이웃들을 방문하기도 했다. 어머니는 사교에 필요한 차분함과 교양이 몸에 배인 분이셨기 때문에 특별히 배울 필요가 없었다. 교양, 지식, 보기 드문 양식과 배려의 마음을 가지고 계셨기 때문에 어떤 자리에 계시더라도 훌륭한 분이셨다.

알투나의 스콧 씨의 집에서는 조카 레베카 스튜어트 양이 집안일을 돕고 있었는데, 나는 스콧 씨의 집에 자주 찾아갔기 때문에 만날 기회가 많았고 정말 즐거웠다. 그녀는 내게 있어 친누나와 같았으며 가끔 스콧 씨가 필라델피아나 다른 곳으로 출장을 가게 되면, 우리는 항상 함께 시간을 보냈고 오후에는 교외의 숲으로 드라이브를 가곤 했다. 이렇게 우리의 친교는 몇 년 동안 지속되었고 1906년에 그녀로부터 받은 편지를 다시 읽으면서 정말로 많은 도움을 받았다는 것을 새삼 느낄 수 있었다. 그녀는 나와 나이 차이가 많이 나지는 않았지만 언제나 나보다 훨씬 나이가 많은 것처럼 느껴졌다. 나보다 훨씬 어른스러웠고 누나 역할을 해주었기 때문에 나는 이상적인 여성상으로 숭배를 하고 있었다. 훗날 우리는 각자의 길을 걸어야 했기 때문에 멀어져야 했던 것이 못내 아쉬움으로 남기도 했다.

스콧 씨는 알투나에 3년 정도 근무를 했고 그 노력에 걸맞은 승진의 기회가 찾아왔다. 그는 1859년 부사장으로 취임하게 되면서 필라델피아로 전근을 가게 되었는데 문제는 내가 어떻게 될 것인가였다. 과연 나를 함께 데리고 갈 것인가, 아니면 나는 알투나에 남아 새로운 상사를 모셔야 하는 것일까? 다른 사람 밑에 있는 것은 정말로 견디기 힘들 것 같았다. 스콧 씨와 작별을 해야 한다는 것만으로도 이렇게 힘이 드는데 다른 사람 밑에서 일을 해야 한다는 것은 불가능에 가까운 일이었다. 내게 있어 항상 태양이 뜨고 지는 것은 스콧 씨와 함께 할 때뿐이었다. 내가 앞으로 그의 도움이 없이 승진을 한다는 것은 상상조차 할 수 없었기 때문이었다.

스콧 씨는 필라델피아에서 사장과 회의를 마치고 집으로 돌아오자마자 나를 사무실과 이어져 있는 자신의 방으로 불렀다. 그는 필라델피아로 이사를 하기로 결정했다고 전했다. 그리고 자신의 후임으로 이넉 루이스가 뒤를 이을 것이라고 했다. 나는 이제 자신이 어떻게 될 것인지 너무나 궁금했기 때문에 귀를 기울이고 들었는데, 그는 끝으로 이렇게 물었다.

"이제 자네 차례인데, 자네가 피츠버그 지부를 맡을 수 있겠는가?"

당시 나는 무엇이든 할 수 있다고 믿던 나이였다. 해서 안 될 일은 없다는 자신감으로 가득했던 시기였다. 스콧 씨가 제안한 일을 할 수 있으리라고는, 스콧 씨는 물론 다른 사람들 모두가 상상도 할 수 없었다. 나는 아직 24살의 애송이였기 때문이다.

"그래서……, 현재 주임인 포츠 씨는 본사의 운송부장으로 승진을 해서 그 후임으로 사장님에게 자네를 추천했네. 사장님도 한번 시켜보라고 하시더군. 그래, 자네는 월급을 얼마나 받았으면 좋겠는가?"라고 말을 이었다.

나는 조금 기분이 상해서 이렇게 말했다.

"월급이요? 월급은 필요 없습니다. 그런 건 다 필요 없습니다. 저는 그 자리를 원합니다. 스콧 씨가 계시던 피츠버그 지부에 제가 갈 수 있는 것만으로도 제게는 큰 영광입니다. 월급은 신경 쓰지 않으셔도 됩니다. 지금 받는 걸로 충분합니다."

당시 나는 65달러의 월급을 받고 있었다.

"자네 알고 있나? 나는 그 자리에 있을 때 1500달러를 받았네. 포츠 씨는 현재 1800달러를 받고 있지. 자네는 1500달러부터 시작해서 성공하면 1800달러로 올리는 것이 좋을 것 같은데, 그렇게 해도 괜찮겠지?"

나는 이렇게 말했다.

"제발 돈 이야기는 하지 마십시오."

이것은 단순히 고용이나 월급의 문제가 아니었다. 어쨌거나 나의 승진은 그 자리에서 결정이 되었다. 내게는 한 구역의 모든 책임이 주어졌고, 지금까지 사용되던 스콧 씨의 이니셜 T. A. S라는 서명 대신에 나의 이니셜인 A. C가 피츠버그와 알투나 사이의 모든 결재 서류에 오를 수 있게 된 것이다. 이것만으로도 내게는 과분한 영광이라고 생각했다.

1859년 12월 1일에 피츠버그 지부의 주임으로 정식 임명을 받았고, 가족들은 곧바로 이사할 채비를 서둘렀다. 가족들은 모두 다 피츠버그로의 이사를 기뻐했다. 알투나의 집은 상당히 넓고 정원이 딸려 있어 교외의 여유로운 전원생활을 즐길 수 있었지만, 아직 더러운 연기를 내뿜고 있던 피츠버그의 옛 친구들과 동료들의 곁으로 돌아갈 것을 생각하면 절대로 비교가 되지 않는 것이었다. 알투나에 사는 동안 동생 톰은 전신기술을 익힌 덕분에 내 비서가 되어 함께 돌아갈 수 있었다.

내가 주임으로 임명된 그해 겨울에는 그때까지 경험해 보지 못한 어마어마한 한파가 닥쳐왔다. 당시 철도 선로는 부실 공사가 많았고, 자재의 부족도 심각했으며, 승객들은 날이 갈수록 늘어나 서비스가 엉망이었다. 레일을 커다란 돌 위에 얹고 주물로 만든 고리로 고정을 해 두었기 때문에 하룻밤 사이에 47개나 깨진 적도 있었다. 그렇기 때문에 사고와 탈선이 빈번할 수밖에 없었다. 각 지부의 주임들은 전신으로 열차를 움직이고 있었기 때문에 한밤중이라도 사고가 일어나면 달려가서 복구를 하는 등, 모든 일을 책임져야 했다. 어떨 때는 8일 동안이나, 하나의 사고를 처리하면 다시 새로운 사고가 터져 밤낮없이 계속해서 밖에서 지내야만 했다. 아마도 나는 가장 직원들을 배려하지 못한 주임이었을 것이다. 큰 책임을 떠안고 그것에 대해 너무 잘하려고 생각했기 때문이기도 했겠지만, 나는 별로 피로를 느끼지 못했기 때문이다. 따라서 직원들을 가혹하게 대하게 되었고 인간에게는 한계가 있다는 사실을 깨닫지 못했던 것이다. 나는 자고 싶을 때 잘 수 있었다. 일하는 틈틈이 화물칸에 올라가 이삼십 분 정도 누워 잠을 잘 수 있었다. 그리고 그것으로 충분한 휴식을 취할 수 있었다.

남북전쟁은 펜실베이니아 철도에 견디기 힘들 만큼 많은 것을 요구해왔기 때문에 나는 결국 야근조를 짜야만 했다. 그러나 야간열차의 출발 담당자를 임명해서 업무를 분담하고자 했던 계획은 위로부터 허가를 받지 못했다. 솔직히 말하자면 정식 허가는 받지 못했지만, 모든 것을 내가 책임지겠다는 각오로 계획을 진행시켰다. 어쨌거나 미국에서 야간열차의 출발 담당자를 임명한 것은 내가 처음이었다.

1860년에 피츠버그로 돌아온 나는 핸콕에 집을 한 채 빌렸는데 현재 그곳은 8번가라고 불리고 있다. 나는 이곳에서 약 1년을 살았다. 당시 피츠버그의 상황에 대해서 솔직하게 설명하면 아마도 독자 여러분들은 과장된 것이라고 생각할 것이다. 하늘은 매연으로 가득 차 있어서 모든 것을 검게 물들이고 있었다. 계단 손잡이에 손을 얹으면 새까맣게 매연이 묻어났다. 아무리 세수를 해도 1시간도 채 되지 않아 다시 새까맣게 변했다. 그을음은 머리카락 속으로 파고 들어가 피부를 자극하여 상처를 남기곤 했기 때문에, 알투나 고원의 아름다운 공기를 마시다 온 우리는 한동안 힘든 생활을 해야만 했다. 그래서 우리는 어떻게 해서든 교외로의 이사를 신중하게 검토하기로 했다. 다행이 회사에서 화물을 담당하고 있던 사람이 자신이 살고 있는 홈우드 근처에 집이 한 채 있다고 알려주었다. 우리는 곧바로 전신기 한 대와 함께 그곳으로 이사를 했고 필요하면 언제나 집에서 지시를 내리면서 일을 계속할 수 있게 되었다.

이렇게 해서 새로운 생활을 할 수 있게 되었다. 정원은 넓고 어디를 가나 시골의 한적한 길이 이어져 있었다. 모든 집들이 적어도 마을 두 개의 거리, 더 많을 때는 마을 여덟 개의 거리만큼 땅을 소유하고 있었다. 홈우드 주택 단지에는 상당히 넓은 숲과 강이 있어서 마치 큰 공원과도 같았다. 우리도 넓은 정원과 토지를 가지고 있었다. 어머니는 이곳에서 인생의 제일 즐거운 시간을 보낼 수 있었다. 사방이 꽃으로 가득했고 닭을 키우는 등, 시골 풍경을 만끽할 수 있었다. 꽃에 대한 어머니의 열정은 이상하리만큼 대단한 것이었기 때문에 꽃을 꺾질 못하셨다. 실제로 내가 잡초 하나를 뽑자 "애야, 그건 초록색이 아니냐?"라면서 꾸중을 하셨던 것을 기억하고 있다. 나는 어머니의 이런 마음을 물려받은 탓에 양복상의 주머니에 꽃을 꽂고 싶어도 차마 꺾을 수가 없어서 그냥 외출을 하는 경우가 많았다.

교외로 이사를 한 뒤로 새로운 이웃들을 많이 사귀게 되었다. 이

지역에는 유복한 사람들이 많이 살고 있었기 때문에 쉽게 말하자면 귀족적인 주택단지라고 해도 좋을 것이다. 커다란 저택에서 파티가 열리는 날이면 항상 젊은 철도회사 주임인 나를 초대해 주었다. 젊은이들은 음악을 좋아했기 때문에 식사가 끝나면 음악회가 열리는 것이 보통이었다. 나는 그 전까지 몰랐던 것을 파티에 참석하게 되면서 알게 되었다. 그리고 반드시 새로운 무엇인가를 배우기 위해 항상 최선을 다했다. 이렇게 새로운 것을 배울 수 있는 하루하루가 내게는 새로운 인생의 보람처럼 느껴졌다.

이렇게 해서 나는 벤저민과 존이라는 밴더보트 형제와 만나게 되었는데, 훗날 내가 멀리 여행을 떠날 때마다 존은 나와 함께 자주 동행을 해주었다. 나는 이 친구를 '세계일주를 함께한 친구'라고 부르고 있다. 우리에게 이곳을 소개해 주었던 화물담당 스튜어트 씨 부부와는 시간이 갈수록 친하게 지냈으며 평생의 벗이 되어 주었다. 나중에 스튜어트와 존은 나와 새로운 사업을 함께 벌인 동업자가 되었다.

그중에서도 내가 가장 고맙게 생각하고 있는 것은 펜실베이니아 서부의 유력인사로 잘 알려진 윌킨스 판사와의 만남이었다. 판사는 이미 80살에 가까운 노령이었지만 대단히 정정하고 박식한 사람이었다. 그의 부인은 합중국의 부대통령을 역임했던 존 W. 댈러스 씨의 딸로 대단히 매력적인 여성이었다. 두 명의 딸 중 한 명은 이미 결혼을 했지만 모두 한 집에 모여 살고 있었다.

내가 가장 기뻤던 것은 모든 이웃들이 나를 반갑게 맞이해 주었다는 점이다. 음악회, 가면무도회, 연극 등이 가정에서 열릴 때면 윌킨스 판사의 딸이 중심이 돼서 연극의 여주인공 역할을 도맡았는데, 나는 이런 모임에 참석해서 교양을 쌓을 수 있도록 노력했다. 판사는 역사적인 인물로 나와 이야기를 나눌 때면 "잭슨 대통령이 어느 날 내게 이렇게 말했지." 나, "나는 웰링턴 경에게 이렇게 말했네."와 같은 말을 했다. 판사가 젊었을 때 잭슨 대통령의 명령으로 러시아 주재 미국 대사가 된 적이 있었다며 러시아 황제와의 회견에 대한 이야기를 해주기도 했다. 이런 식으로 나는 역사를 친숙하게 접할 수 있었다. 이 가정에는 내가 모르는 새로운 분위기가 있었는데, 나는 자신의 교양을 높이기 위해 최선을 다했다.

윌킨스 일가와 유일하게 의견이 맞지 않는 것은 정치적인 문제에 관해서 뿐이었다. 윌킨스 씨는 민주당에 속한 남부 출신이니 나라가 둘로 나뉘었을 때 남쪽의 입장에 선 것은 당연한 일이었다. 하루는 응접실로 들어가 보니 가족들이 무엇 때문인지 심한 논쟁을 펼치고 있었다.

"당신은 어떻게 생각하나요?"라고 윌킨스 부인이 내게 물었다.

"손자인 맬러스에게서 편지가 왔는데 웨스트포인트의 사관학교 교장이 흑인 옆자리에 앉으라고 명령을 했대요. 세상에 그럴 수가 있어요? 그런 수치는 없을 거예요. 흑인이 웨스트포인트에 들어가다니 말도 안 돼요."

나는 이렇게 대답했다.

"부인 진정하세요. 그보다 더 나쁜 소식이 있습니다. 제가 듣기로는 흑인들 중에서도 천국에 갈 수 있는 사람이 있다고 합니다."

순간 방 안에는 정적이 흘렀다. 그리고 한참 만에 윌킨스 부인이 무겁게 입을 열었다.

"카네기 씨, 그건 별개의 문제예요."

어느 날 내 일생에서 가장 소중한 선물을 받게 되었는데, 그 선물이 보내진 경위는 다음과 같았다. 윌킨스 부인은 무릎 덮개를 짜고 있었는데 사람들이 누구에게 줄 것이냐고 아무리 물어도 대답을 하지 않았다. 몇 달 동안 부인은 아무 말도 하지 않은 채 묵묵히 뜨개질을 해서 크리스마스가 거의 다 되어서야 완성을 했다. 그녀는 그것을 정성스럽게 포장을 해서 진심어린 편지와 함께 딸에게 그것을 보내달라고 부탁을 했다. 나는 그 선물을 뉴욕에서 받았다. 정말로 훌륭한 부인에게서 받은 아주 값진 선물이었다. 나는 무릎 덮개를 많은 사람들에게 보여주기는 했지만 거의 사용하지는 않았다. 그것은 내게 있어 매우 신성하면서도 소중한 보물이었기 때문이다.

나는 피츠버그에서 사는 동안 릴러 애디슨 양을 만날 수 있었던 것을 항상 고맙게 여기고 있다. 그녀는 의사의 딸로 뛰어난 재능을 가진 여성이었다. 애디슨 박사는 내가 릴러 양을 만나기 얼마 전에 돌아가셨지만 나는 그녀의 가족들과 친하게 지냈으며, 그들의 학식에 대해 항상 고마워하고 있다. 영국의 문호 토마스 칼라일은 애디슨 부인의 가정교사를 한 적이 있었다. 그녀는 에든버러에서 태어났지만 딸들은 외국에서 공부를 해서 프랑스어, 스페인어, 이탈리아어를 영어처럼 유창하게 구사했다. 나는 이 집안사람들과 친분이 두터워질수록 난생 처음, 높은 교육을 받은 사람들과 나와 같은 출신의 사람들 사이에는 절대로 건널 수 없는 깊은 골짜기가 놓여 있다는 것을 통감했다. 그러나 우리에게는 "스코틀랜드의 같은 피가 흐르고 있다."고 마음을 고쳐먹으면서 위안을 삼았다.

애디슨 양은 내게 아주 이상적인 친구였다. 왜냐하면 그녀가 가공이 되지 않은 거친 다이아몬드 원석, 실제로 다이아몬드인지 어떤지 전혀 알 수 없는 나를 연마할 세공사의 역할을 맡아 주었기 때문이다. 그녀는 내게 너무나도 소중한 친구였다. 그녀는 내게 가장 엄격한 비판을 해주는 사람이기 때문이었다. 나는 자신의 말에 세심한 주의를 기울이게 되었고, 영국의 고전에 깊이 빠져들게 되었다. 나는 목소리를 부드럽게 하면서 언제나 예의바르고 정중하게 유지하는 것이 얼마나 중요한지를 배웠다. 다시 말해서 언행을 조심하게 된 것이다. 그 전까지만 해도 나는 복장에 별로 신경을 쓰지 않았고 오히려 그런 자신을 자랑스러워하는 경향이 있었다. 투박한 구두를 신고 헐렁한 옷깃의 셔츠를 입는 것이 당시에는 서부 사람답고 남자답다고 여겨지고 있었다. 조금이라도 멋을 내면 오히려 경멸을 당하기도 했다. 한 번은 철도회사 직원 중에 잘 다듬어진 가죽 장갑을 낀 사람을 본 적이 있었는데, 남자다움을 자랑스럽게 여기던 모든 사람들에게 웃음거리가 되고 말았다. 그러나 나는 애디슨 일가와 접하게 되면서 복장에 많은 변화가 일어나게 되었다.

제8장
남북 전쟁의 시대

제8장
남북전쟁의 시대

*

  1861년에 남북전쟁이 터지자마자 나는 스콧 씨의 부름을 받고 워싱턴으로 갔다. 그는 육군 차관으로 임명되어 물자의 수송을 담당하고 있었다. 나는 그의 보좌관이 되어 군용철도와 정부의 전신에 대한 모든 책임을 맡았고 철도부대를 조직하라는 명령을 받았다. 전쟁 초기에 있어서 이것은 다른 어떤 일보다도 중요한 일로 여겨졌다.

  북군의 첫 번째 부대가 볼티모어를 통과할 때 기습을 당해 볼티모어와 아나폴리스를 이어주는 철도가 끊기게 되면서 워싱턴과의 연락이 두절되고 말았다. 나는 부하들을 데리고 필라델피아에서 기차로 아나폴리스까지 가서 다시 지선으로 갈아탔다가 워싱턴행

본선 열차를 타야 했다. 우리의 첫 번째 임무는 이 선로를 수리하여 화물열차가 통과할 수 있도록 하는 것이었는데 며칠에 걸쳐 작업을 해야만 했다. 버틀러 장군과 수많은 부대들이 우리가 수리한 선로를 따라 워싱턴으로 진군할 수 있었다.

나는 수도로 향하는 첫 번째 기관차에 함께 타고 신중하게 전진했다. 워싱턴으로 들어가기 직전에 땅에 꽂혀 있는 나무 막대에 전선이 걸려 있는 것이 발견되어 열차를 세우고 뛰어내려 나무 막대를 뽑았다. 그러나 전선이 팽팽하게 고정되어 있다는 사실을 확인하지 않고 막대기를 잡아 뽑아버리자 전선이 높이 튕겨졌다가 내 얼굴을 내리치고 말았다. 나는 그 자리에서 쓰러지고 말았고 뺨에서는 피가 솟구쳤다. 일단 간단한 응급처치만을 하고 워싱턴으로 들어갔는데, 며칠 전에 볼티모어 시내에서 두세 명의 군인들이 부상을 당한 것을 제외하면 조국을 위해 피를 흘리고 싸운 최초의 사람들 속에 나를 포함시킨다고 해도 전혀 문제가 되지 않을 것이라고 생각한다. 내게 많은 것을 선물해준 나라를 위해 뭔가 도움이 될 수 있다는 사실에 감격한 나는 밤잠을 설쳐가며 남쪽으로 내려가는 선로를 확보하기 위해 최선을 다했다.

나는 얼마 뒤 본부를 버지니아 주의 알렉산드리아로 옮겼으며 비참했던 볼런 전투가 벌어졌을 때도 그곳에 있었다. 우리는 들어온 정보를 믿을 수 없었지만, 곧바로 패배한 병사들을 데려오기 위해 가능한 모든 기관차와 차량을 총동원해서 전선으로 급히 출동해야 했다. 가장 가까운 역이 버크 역이었는데, 나는 그곳으로 달려가 처참하게 부상을 당한 의용군들을 계속해서 실어 날랐다. 남부군들이 가까이까지 몰려왔다는 소식을 접한 우리는 버크 역을 포기해야 했고, 전신 통신원과 나는 마지막 열차를 타고 알렉산드리아로 돌아왔다. 도착해 보니 사람들 사이에 절망감과 공포감이 확산되어 있었다. 철도 직원들 중에서도 이미 도망쳐버린 사람이 있었다. 그러나 다음날 아침 식당에 모습을 드러낸 사람들이 생각했던 것보다 많았고, 다른 부서와 비교해서 우리 부서는 많은 사람들이 남아 있었다. 차장과 기관사 몇 명이 작은 배를 타고 포토맥 강을 건너 도망을 쳤지만 대부분의 직원들은 밤새도록 포격소리가 울려 퍼지는 와중에도 자신의 위치를 지켜 주었다. 전신 직원들은 단 한 명도 빠짐없이 다음날 아침에 모두 한자리에 모였다.

나는 이 사건이 있은 뒤 얼마 되지 않아 워싱턴으로 돌아가 스콧 대령과 함께 육군 본부 안에 본진을 차리게 되었다. 나는 철도와 통신에 대한 책임을 지고 있었기 때문에 링컨 대통령, 시워드 장관, 카멜론 장관과 같은 사람들을 만날 수 있었다. 그리고 가끔씩 이런 사람들과 개인적으로 만날 기회가 있었던 것은 내게 있어서 너무나도 흥미로운 일이었다. 링컨 대통령은 가끔씩 내 옆에 앉아 전보가 들어오기를 기다리곤 했으며, 때로는 그저 뭔가 새로운 소식이 들어오지 않을까 노심초사 기다리기도 했다.

이 위대한 인물의 그림과 사진은 모두 다 닮은꼴이다. 눈과 코의 특징이 너무나 확실했기 때문에 누가 그려도 비슷하지 않을 수가 없었다. 아무런 표정이 없는 링컨의 얼굴은 미남은 아니었지만 무언가 감동을 하거나 재미있는 이야기를 할 때면 눈에서 지성의 광채가 빛났고, 그 광채가 얼굴 전체로 퍼졌기 때문에 나는 그렇게 아름다운 얼굴은 지금까지 다시 볼 수 없었다. 그의 태도는 항상 자연스럽고 완벽해 보였다. 누구에게나 친절하게 배려를 해주었는데 그것은 사무실의 사환들에게도 마찬가지였다. 그는 상대를 차별하는 경우가 없었다. 시워드 장관에게 말하는 것과 똑같은 말투로 사환에게 말을 걸었다. 그의 매력은 전혀 거드름을 피우지 않는 데서 오는 것 같았다. 무슨 말을 했는지가 중요한 것이 아니라 그의 말투에 모든 사람들이 매료되는 것이다. 나는 링컨 대통령이 한 말들을 적어두지 않은 것을 후회하고 있는데, 그는 아주 평범한 것들조차 매우 독창적인 말투로 표현하였다. 링컨처럼 자신을 모든 사람들과 동등한 입장에 두고 친근함을 표현하는 이런 위대한 인물을 나는 한 번도 본 적이 없었다.

헤이 장관은 "링컨의 추종자가 되는 것은 불가능하다. 모든 사람들을 친구로 만들어 버리니까."라고 말했는데 아주 적절한 표현이었다. 그는 가장 완벽한 민주주의자이자 말은 물론 행동으로도 인간은 모두 평등하다는 사실을 보여주었다.

 그 당시 수도 워싱턴은 혼란의 도가니였는데 직접 보지 않으면 그 상태를 절대로 믿을 수 없을 것이다. 나의 첫 인상은 도저히 글로 표현할 수가 없다. 내가 처음 총사령관인 스콧 장군을 봤을 때 그는 두 사람의 부축을 받아 사무실에서 나와 길 건너편에 있는 마차에 올라타고 있었다. 쇠약해진 노인은 육체뿐만이 아니라 머리까지 마비가 된 상태였다. 이 고귀한 과거의 유물에게 공화국의 군대를 편성하라는 막중한 임무가 맡겨진 것이었다. 그의 밑에서 병참부의 모든 책임을 맡고 있던 테일러 장군 역시 별반 다르지 않은 모습이었다. 우리가 해야 하는 일들은 이런 인물들과 그밖에 훨씬 부적격한 사람들과 의논해서 통신을 개통하고 군대와 보급품을 수송해야만 하는 것이었다. 그들은 모두 도움이 될 수 있는 나이를 훨씬 넘은 늙고 병든 사람들이었다. 당장 행동으로 옮겨야 하는 문제에 직면해 있는데도 수단을 찾지 못한 채 시간만 보내야 했다. 중요한 부서의 책임자 중에는 젊은 행동파 장교가 한 사람도 없었다. 적어도 내 기억에는 그런 사람이 한 사람도 떠오르지 않는다. 오랜 평화가 군대를 쓸모없는 화석으로 만들어 버린 것이다.

 해군 또한 마찬가지였고 그 결과는 육군과 별 차이가 없었는데 나와는 직접적인 관계가 없었기 때문에 사람들에게 전해들을 수밖에 없었다. 전쟁 초기에 해군은 그다지 중요한 역할을 하지 못했기 때문에 육군에만 의지를 하고 있었다. 계속되는 패배로 각각의 수장이 바뀌어야 된다는 것이 명백해졌지만, 그 또한 하루아침에 결정할 수 있는 일이 아니었다. 정부에게 주어진 막중한 임무를 효과적으로 수행하기 위해 새로운 작전계획을 세우지 못한 채 계속해서 패배를 거듭하고 있는 모습을 국민들이 가만히 바라만 보고 있지 않은 것은 당연한 일이었다. 그러나 이런 혼란 속에서도 차츰 질서와 규율이 생겨나서 군대가 재정비 되는 모습을 보고 나는 놀라지 않을 수 없었다.

내가 맡은 일에 한해서는 한 가지 커다란 특전이 주어졌다. 카메론 장관이 대령으로 승진한 스콧 씨에게 전권을 맡겼기에 육군장관의 지휘하에 있는 장교들의 느린 행동을 기다리지 않고 필요하다고 판단되는 일을 적극 수행할 수 있었던 것이다. 우리는 이 권한을 아무런 방해도 받지 않고 행사할 수 있었다. 전쟁 초기에 정부의 철도와 전신이 중요한 역할을 할 수 있었던 것은 카메론 장관의 전폭적인 지지 덕분으로 모든 공을 그에게 돌리는 것이 마땅하다고 생각한다. 당시 그는 대단한 통찰력을 가진 사람으로 장군들이나 장관들과 비교해서 문제의 요점을 훨씬 정확하게 파악하고 있었다. 그러나 대중의 지지를 받지 못했기 때문에 링컨은 그를 경질할 수밖에 없었다. 당시의 실정을 잘 알고 있던 사람들은 카메론과 같은 사람이 군대를 통솔했다면 이후의 많은 실패를 하지 않아도 되었을 것이라고 말했다.

　카메론은 90살이 넘어서 스코틀랜드에 있던 우리를 방문한 적이 있다. 과거의 추억을 회상하며 이야기가 무르익어갈 무렵 우연히 공직에서 일을 하기 위해 입후보하는 사람은 스스로 적극적으로 나서지 않으면 안 된다는 주제로 옮겨지게 되었다. 어떤 자리가 적임자를 찾아낸다는 말은 대부분의 경우 옳지 않다. 그 일례로 그는 링컨이 두 번째 대통령 선거에 입후보한 경위에 대해서 이야기를 해주었다.

　어느 날 카메론이 펜실베이니아 주의 해리스버그 언덕의 별장에 있을 때 링컨 대통령으로부터 만나고 싶다는 전보를 받았다. 그래서 워싱턴으로 가보니 링컨이 이렇게 말했다고 한다.

　"카메론 씨, 친구들은 내가 입후보하는 것이 국가에 대한 의무이며 합중국을 살릴 사람은 나밖에 없다고들 합니다. 그래서 나도 그 말을 점점 믿게 되었는데 어떻게 생각하십니까? 그리고 정말 그렇다면 어떻게 하는 것이 좋겠습니까?"

　"그런가요? 28년 전에 잭슨 대통령도 저를 불러 똑같은 말씀을 하시더군요. 저는 뉴올리언스에서 편지를 받고 꼬박 열흘이 걸려 워싱턴에 도착했지요. 저는 잭슨 대통령에게 폭풍우를 만나더라도 선장은 배를 버려서는 안 된다고 말하고, 가장 좋은 방법은 어느 한 주가 의회에서 결의를 하게 만드는 겁니다, 한 주가 결의를 하게 되면 다른 주도 따라오게 될 것입니다, 라고 말했습니다. 잭슨 대통령이 제 제안에 동의했기에 저는 고향 해리스버그로 돌아가 결의서를 작성해서 통과시켰습니다. 그러자 제가 말한 것처럼 다른 주들도 모두 결의를 하게 되었습니다. 그리고 잘 아시다시피 재당선이 된 겁니다."

"그랬군요. 지금도 가능할까요?"라고 링컨이 물었다.

"물론이죠. 하지만 모두가 저와 대통령이 친한 사이라는 것을 잘 알고 있기 때문에 제가 앞에 나서는 것은 바람직하지 않습니다. 혹시 원하신다면 제 친구에게 부탁을 하겠습니다."

"그럼, 모든 일을 맡기겠습니다." 링컨이 말했다.

"나는 친구인 포스터를 부르고 잭슨 결의서를 찾아 새로운 상황에 걸맞도록 약간 수정을 가해 주 의회에서 통과시켰습니다. 결과는 잭슨 대통령 때와 마찬가지로 순조롭게 진행된 거죠. 그리고 내가 다시 워싱턴으로 간 것은 대통령의 공식파티 석상이었습니다. 손님들로 가득한 동쪽의 방으로 들어서자 키가 큰 대통령이 군중들 사이에서 나를 발견하고는 양처럼 가는 두 팔을 벌려 '오늘 두 곳, 카메론, 두 곳 더!' 라고 외쳤습니다. 그날 두 개의 주가 링컨을 결의했다는 의미였죠."

이 일화는 정치라는 것이 어떤 것인지를 말해주는 것은 물론, 한 사람이 합중국의 두 대통령의 부탁을 받고 28년이라는 시간이 흐르기는 했지만 긴급한 상황에서 똑같은 방법으로 입후보시키고 당선시킨 이야기다. "무슨 일이든 배후에는 묘책이 있다."라는 말을 떠올리게 해주는 일화였다.

내가 워싱턴에 있을 동안 그랜트 장군을 만날 기회는 없었지만, 그가 서부전선에서 동부전선으로 옮기기 위한 회의 때문에 워싱턴에 갈 때 피츠버그를 지나갔다. 그래서 나는 기차에서 장군을 만날 수 있었다. 당시에는 아직 식당칸이 없었기 때문에 나는 피츠버그에서 식사를 함께 할 수 있었다. 고위직에 있는 사람치고 그렇게 평범한 사람은 한 번도 본 적이 없다. 누가 보더라도 그렇게 대단한 사람이라고는 상상도 하지 못할 것이다. 스탠트 국방장관이 서부전선으로 위문을 갔을 때 그랜트 장군과 그의 부하들이 차 안으로 들어왔다. 장관은 분명히 그랜트 장군이 있을 것이라 생각하고 한 사람씩 유심히 살펴보았지만 그럴 만한 인물을 찾을 수 없었다. "그랜트 장군을 아직 만나보지 못했는데, 여기에는 오지 않은 것 같군."이라고 옆에 서 있던 남자에게 말했다. 그런데 바로 그 사람이 장군이었다.

전쟁 중에 '작전'이라는 말이 끊임없이 사람들의 입에 오르내렸는데, 그것은 장군들의 작전계획에 대한 논쟁이었다. 그런데 그랜트 장군은 극비인 작전계획을 아무렇지도 않게 내게 말해 주었다. 물론 그는 내가 육군 소속이고 스탠트 장관과도 잘 아는 사이에다 전황에 대해서도 어느 정도 알고 있다는 사실을 알고 있었다. 그러나 장군이 다음과 같은 이야기를 했을 때는 정말로 깜짝 놀랐다.

"대통령과 장관이 내게 동부로 와서 지휘를 해달라기에 받아들이기로 했소. 이제 서부로 돌아가서 준비를 하려고 하오."

"그럴 거라고 예상은 하고 있었습니다."라고 내가 대답했다.

"셔먼을 내 후임자로 정할 생각이오."

"국민들이 놀랄 겁니다. 모두 다 토마스 장군이 후임자가 될 거라고 생각하고 있으니까요."라고 내가 말했다.

"그래요, 그건 잘 알고 있소. 하지만 나는 두 사람을 다 잘 아는데 토마스야말로 모든 걸 셔먼에게 맡겨야 하오. 그러면 모든 게 잘 해결될 거요. 솔직히 말하자면 서부전선이 너무 멀리까지 퍼졌기 때문에 이제 동부전선을 서부 쪽으로 조금씩 좁혀가야 하오."

그는 이렇게 말했고 실제로 그렇게 했다. 그렇게 해서 나는 그랜트 장군과 가까이 지내게 됐는데, 그랜트 장군처럼 거드름을 피우거나 거만하지 않고 겸손한 사람은 본 적이 없다. 링컨조차 그랜트 장군만큼 솔직하지 못했다. 그랜트는 말수가 적고 행동이 느린 사람이었지만 링컨은 언제나 활기차고 활동적이었다. 나는 장군이 어려운 말을 쓰거나 과장하는 것을 본 적이 없다. 그가 우유부단하다는 평가는 잘못된 것이다. 가끔은 본인이 먼저 이야기를 꺼내기도 했는데 너무나도 매력적인 말투였다. 간결하면서도 사리에 맞고, 이야기하고자 하는 주장이 확실했으며, 사물에 대한 관찰력이 대단히 뛰어났다. 특별히 할 말이 없으면 결코 입을 열지 않았다. 전쟁 중에는 부하들에 대한 격려를 아끼지 않고 항상 입에 달고 다닐 정도였다. 마치 아버지가 자식을 자랑하는 듯한 말투로 이야기를 하는 것이었다.

서부에서 남부군에게 밀리고 있을 때 그랜트 장군이 자주 술에 취해 있다는 소문이 퍼지기 시작했다. 그의 참모였던 롤린즈가 용기를 내서 그에게 충언을 하였다. 그리고 그랜트 장군은 그의 충언을 우정으로 받아들였다.

"그랬나? 나는 전혀 몰랐네. 자네 말을 듣고 깜짝 놀랐네."라고 장군이 말했다.

"사실입니다. 부하 장교들이 수군거리고 있습니다."

"어째서 자네는 좀 더 일찍 말해주지 않았는가? 이제 술은 한 모금도 입에 대지 않겠네."

장군은 이 약속을 굳게 지켰다. 그리고 몇 년이 지난 뒤에 나는 장군 부부와 자주 뉴욕에서 식사를 했는데, 그는 자리에 앉아마자 술잔을 뒤집어 놓았다. 이 강한 의지가 그를 성공으로 이끌어 주었다고 해도 과언이 아니다. 대부분 일시적으로 금주를 하기는 하지만 쉽게 지켜지지 않는 것이 보통이다. 동료들 중에서도 3년 동안 술을 끊은 사람이 있었지만 결국 다시 술의 노예가 되고 말았다.

대통령에 당선된 그랜트는 정부의 주요 인사들을 임명하거나 정책을 시행할 때 뇌물을 받고 공직을 팔았다는 비난을 받았다. 그로 인해 그의 친구가 장군은 너무 가난해서 공식적인 만찬회조차 열 수 없다는 성명서를 발표해야만 했던 것을 또렷하게 기억하고 있다. 한 번 만찬을 여는 데는 800달러 가까이가 든다. 연임을 하게 된 대통령의 연봉이 2만 5천 달러에서 5만 달러로 오른 덕분에 약간의 저축을 할 수 있게 되었지만, 장군은 군복이나 훈장에 관심이 없었던 것과 마찬가지로 돈에도 전혀 관심이 없었다.

내가 유럽에 가 있는 동안 그랜트 장군에 대한 이런 소문이 퍼져 나는 대단히 심기가 불편했었다. 미국에서는 이런 소문에 대해 아무도 신경을 쓰지 않았지만 외국에서는 그렇지 않았다. 이런 사실 무근의 소문에 대해서는 대단히 신중해야 할 필요가 있다. 영국에서는 민주주의 국가에서의 정치적 부패가 항상 화제가 되곤 했는데 군주제 국가에서도 그런 일이 허다했다. 그러나 군주제 국가에서는 돈이 아니라 작위가 사람들을 현혹시켰다. 중요한 것은 국민들의 양식만이 정치의 부패를 막을 수 있는 유일한 방법인 것이다.

1861년에 워싱턴에서 나를 불렀을 때는 이미 전쟁이 끝나가고 있다고 생각을 했었다. 그러나 몇 년 동안 더 전쟁을 치러야 한다는 사실을 알게 되면서 고정 사무관을 임명해야만 했다. 펜실베이니아 철도회사는 스콧 씨를 본사에서 벗어나게 할 수 없었고, 스콧 씨는 정부가 회사에 막중한 임무를 맡겼기 때문에 내가 피츠버그에 반드시 필요하다고 강력하게 주장했다. 그렇게 해서 우리는 워싱턴 사무소를 다른 사람들에게 맡기고 원래의 자리로 돌아갔다.

워싱턴에서 돌아온 지 얼마 되지 않아 과로로 인해 난생 처음 무거운 병에 걸리고 말았다. 나는 완전히 기운이 떨어져 버려 아무리 노력을 해도 회복이 되지 않았기에 휴가를 얻게 되었다. 버지니아 주의 철도선로에서 지휘를 하다가 일사병에 걸리고 만 것이다. 그 뒤로 몸 상태가 좋지 않았지만 힘겹게 버텨 오다가 더 이상 더위를 이기지 못하고 직사광선을 피해야만 했다. 나는 날이 더워지기만 하면 완전히 지쳐버리고 말았다.

회사에서 휴가를 내준 덕분에 나는 오랜 희망이었던 스코틀랜드로 돌아갈 수 있었다. 어머니와 친구인 밀러와 나는 1862년 6월 28일에 에트너 호를 타고 출발했다. 당시 내 나이 27살 때의 일이었다. 우리는 리버풀에 상륙하자마자 곧바로 던펌린으로 직행을 했다. 고향으로 떠난 이 여행만큼 나를 감격스럽게 한 일은 없었다. 마치 꿈을 꾸고 있는 것 같았다. 조금씩 스코틀랜드에 가까워 질수록 나는 감정이 복받쳐 올랐다. 어머니 또한 매우 감격에 겨워하셨다. 낯익은 황금빛 금작화가 눈에 들어온 순간 어머니가 "저기, 저기 금작화가 보인다."라고 외치셨던 것을 지금도 생생하게 기억하고 있다.

어머니는 가슴이 벅차올라 흐르는 눈물을 막을 수가 없었다. 그리고 나는 장난스럽게 어머니를 위로하려고 했지만 오히려 역효과만 가져다 주었다. 나 또한 땅에 엎드려 입맞춤을 하고 싶은 심정이었기 때문이었다.

이렇게 부푼 가슴으로 우리는 고향 마을에 도착했다. 눈에 들어오는 모든 것이 낯익은 것들이었지만 내가 기억하고 있던 것보다 작게 느껴져 당혹스럽기까지 했다. 드디어 우리가 로더 이모부 집에 도착해서 토드와 내가 이모부에게 많은 것들을 배웠던 그리운 방으로 들어선 순간 이렇게 말하고 말았다.

"모두 여기 계셨군요. 제가 옛날에 봤던 그대로예요. 하지만 지금은 장난감을 가지고 노는 것처럼 보이네요."

이모부의 가게가 있는 하이 거리를 옛날에는 멋지고 큰 길이라고 생각하며 뉴욕의 거리와 비교를 한 적이 있었다. 마을에 있는 언덕은 우리가 일요일마다 자주 놀러 갔던 곳이다. 마을의 크기, 건물들의 높이-모두가 작게 줄어들고 말았다. 이곳은 마치 소인국과도 같았다. 나는 내가 태어난 집의 처마에도 손이 닿을 것 같았다. 토요일마다 해안가까지 걸어가는 것이 꽤나 힘들었는데 이제 보니 겨우 3마일밖에 되지 않았다. 내가 자주 조개를 줍던 해안가의 바위들이 모두 사라지고 평평하게 바뀌어 있었다. 많은 추억이 담겨 있는 모교, 놀이터 등이 전부 다 굉장히 작게 보였다. 엄청나게 큰 저택이라고 생각하며 올려다보았던 것도 너무 작고 초라한 집이었다. 내가 훗날 일본을 방문했을 때 일본의 집들이 모두 장난감처럼 보였던 것처럼 고향 마을에 대한 느낌도 그러했다.

 모두가 작은 모형 같았다. 그러나 한 가지 꿈속에서까지 보았던 거리는 옛날과 조금도 변함이 없었다. 그리고 오래된 수도원의 종소리 또한 옛날과 변함이 없었다. 나는 이것이 너무나도 고맙게 여겨졌다. 그리고 날이 갈수록 하나둘씩 원래의 모습으로 되돌아오면서 내 마음도 차츰 안정을 취할 수 있었다.

 친척들은 모두가 우리를 친절하게 맞이해 주었다. 가장 나이가 많으신 샬롯 이모는 우리를 반갑게 맞아 주면서 이렇게 말했다.

 "그래, 너도 언젠가는 꼭 다시 돌아와 하이 거리에 가게를 열거라."

 하이 거리에 가게를 여는 것이 그녀에게 있어서는 최고의 출세였던 것이다. 나의 사촌들은 이 거리에서 상점을 경영하고 있었다. 외국에서 돌아온 조카에게 이모는 사촌들처럼 출세하기를 바란 것이다. 가게를 낼 바에는 제대로 대우를 받는 하이 거리에서 내야지, 내가 태어난 무디 거리에서 내서는 안 된다는 것이었다.

 이모는 나를 자주 돌봐주셨는데, 그녀는 내가 울보라서 금방 큰 소리로 엉엉 울었다고 했다. 밥을 먹일 때마다 숟가락 두 개를 준비해서 번갈아가며 먹여야 했다고 했다.

나는 어릴 적에 많은 격언과 속담을 배웠고 그것을 자주 이용하곤 했다. 하루는 3마일 떨어진 해안으로 갔다가 돌아오는 길에 아버지에게 업혀 오게 되었는데, 험한 언덕길을 오를 때 아버지가 너무 무겁다고 말씀하셨다. 아마도 내가 내려서 걸어줄 것이라고 생각하셨던 것 같다. 그런데 나는 격언을 인용해서 이렇게 말했다.

"아빠, 인내와 불굴의 노력이 훌륭한 인간을 만들어 주는 거예요. 조금만 참으세요."

아버지는 웃음을 터뜨리고 마셨는데, 당신이 가르쳐준 격언에 꼼짝없이 당하고 말았지만 그래도 한결 가볍게 느끼셨을 것이라고 생각한다.

나는 옛 추억과 온갖 생각에 들떠 잠을 잘 수가 없었다. 그리고 덕분에 감기에 걸리고 말았다. 자연스럽게 열이 났고 6주 동안이나 이모부 집에 앓아눕고 말았다. 한때는 위험한 순간도 있었는데 스코틀랜드의 의사들은 스코틀랜드의 신학과 마찬가지로 정말로 무시무시했다. 나쁜 피를 뽑아내는 것을 의술의 한 가지로 여겼기에 겨우 회복을 하고서도 빈혈 때문에 다리가 후들거렸다. 나는 병 때문에 하는 수 없이 미국으로 일찍 돌아와야만 했다. 오랜 항해 기간 동안 충분히 요양을 할 수 있었던 덕분에 미국으로 돌아오자마자 곧바로 일을 시작할 수 있었다.

피츠버그 지부로 돌아오자 직원들이 모두 반갑게 맞이해 주었는데, 이 또한 잊지 못할 추억으로 남게 되었다. 동부선로의 종업원들은 대포를 쏘아 올리며 나를 환영했고, 내가 탄 열차가 통과하자 일제히 박수를 쳐주었다. 이것은 부하직원들이 나에 대한 애정을 표현할 수 있는 첫 번째 기회였고, 나는 그들의 환영을 가슴속에 깊이 간직하게 되었다. 나는 항상 그들을 염두에 두고 있었고 그들은 언제나 온정에 대한 보답을 해주었다. 만약 우리가 진심으로 그들을 걱정하며 배려를 해준다면 그들 또한 충분히 보답을 해주는 것이다. 이것이야말로 유유상종이 아니고 무엇이겠는가?

제9장
다리를 건설하다

제9장
다리를 건설하다

*

남북전쟁으로 철의 가격이 하늘 높은 줄 모르고 뛰어 1톤에 130달러까지 치솟았지만 그 가격으로도 운송문제 때문에 살 수가 없었다. 미국의 철도는 새로 깔 레일의 부족으로 위기를 맞이하게 되었다. 그래서 나는 1864년에 피츠버그에 레일을 만드는 회사를 설립하기로 결심했다. 투자자들과 자본을 구하는 데는 큰 어려움이 없었기 때문에 스피리얼 철공소와 용광로를 건설할 수 있었다.

그와 마찬가지로 기관차의 수요도 상당히 많았기 때문에 토마스 N. 밀러와 나는 1866년에 피츠버그 기관차 제조회사를 설립했는데 이 공장에서 만들어진 기관차는 미국 전체에서 호평을 받았다. 100달러였던 이 회사의 주식이 1906년에는 3000달러에 거래되었다는 것은 그야말로 동화 속에서나 나올 만한 이야기였다. 해마다 막대한 배당금을 지불할 수 있을 만큼 큰 성공을 거두었는데, 우리의 '최고의 제품만을 만든다.'는 사훈이 빛을 발한 것이다.

나는 알투나에 있을 때 펜실베이니아 철도회사의 공장에서 작은 철교를 제작하는 것을 본 적이 있었다. 철도 시설을 위해 더 이상 목조 다리는 도움이 되지 않는다는 사실을 직접 목격하게 된 것이다. 당시 펜실베이니아 철도의 중요한 다리 하나가 소실 돼서 8일 동안이나 이 노선은 불통이 되었다. 철교가 아니면 안 된다. 나는 철교를 고안한 사람 두 명과 펜실베이니아 철도의 교량 담당자를 피츠버그로 불러 철교를 만들 회사를 만들자고 제안했다. 이것은 유래가 없던 회사였다. 나는 스콧 씨에게도 참가를 부탁했고, 창립자 5명이 각각 1250달러씩 투자하기로 했다. 나는 은행에서 돈을 빌렸다. 지금 생각해보면 얼마 안 되는 금액이었지만 '작은 도토리에서 커다란 떡갈나무가 자란다.'는 속담 그대로였다.

회사는 1862년에 설립되어 다음 해에는 철공소 하나를 사들였고, 우리는 키스톤 교량회사라고 이름을 붙였다. 펜실베이니아 주의 별명이 키스톤 주였는데, 우리는 이 이름을 이용하기로 한 것이다. 이곳에서 제작된 철교는 미국 전역은 물론 세계 각지에 놓이게 되었다. 주철로 만들어진 다리는 대단히 견고했기 때문에 지금까지도 그때 세워진 철교가 사용되고 있는 모습을 볼 수 있다.

당시 스튜벤빌에서 오하이오 강에 다리를 놓는다는 이야기가 나왔는데, 우리는 300피트나 되는 철교가 과연 가능하겠느냐는 의뢰를 받았다. 지금 생각해보면 아주 간단한 문제지만 당시에는 일대 사건으로 거의 대부분의 사람들이 불가능하다고 여겼다. 그러나 나는 동료들을 설득해서 계약을 체결했다. 일이 시작되고 철도회사의 사장인 주에트 씨가 현장 시찰을 나왔다. 커다란 주철덩어리들이 수없이 널려 있는 모습을 보고 사장은 나를 돌아보며 이렇게 말했다.

"이렇게 무거운 주물덩어리를 곧게 세우기란 쉬운 일이 아니고, 그 위를 지나 기차가 오하이오 강을 건넌다는 것은 있을 수 없는 일이오."

그러나 사장은 생각을 바꿔야만 했다. 교통량이 늘어나면서 보강공사를 해야 하기는 했지만 최근까지도 이 철교가 사용되었다. 우리는 첫 대공사로 막대한 이윤을 얻을 수 있을 것이라 생각했지만 공사가 끝나갈 무렵 미국에서 극심한 인플레이션이 일어나 거의 이윤이 남지 않았다. 그런데 다행히 펜실베이니아 철도회사의 사장이 이 사정을 듣고 우리의 손실을 보충해주기 위해 추가 공사비를 지불해 주었다.

키스톤 회사의 중역들은 당시 최고의 기술자들이었다. 파이퍼 대령은 뛰어난 기계공이었지만 말에 푹 빠져 있었다. 기분이 좋지 않을 때면 말 이야기를 꺼내기만 해도 금방 기분이 좋아졌다. 피로에 지칠 때면 말의 본고장인 켄터키 주로 가서 쉬곤 했다. 하루는 얼굴 절반에 검은 피멍이 들고, 옷은 찢어지고, 모자는 다 망가진 모습으로 대령이 사무실에 들어왔다. 그리고 손에는 채찍이 들려 있었다. 그는 켄터키에서 온 어린 말을 타다가 말고삐가 끊어져 낙마를 했다고 설명했다.

파이퍼 대령은 훌륭한 사람이기는 했지만 좋고 싫음이 분명한 사람이었다. 그는 내게 호의를 갖고 있었기 때문에 무슨 일이든 내가 하는 일은 다 좋다고 했다. 내가 뉴욕으로 오면서부터 동생 톰을 상당히 귀여워해서 톰이 없으면 아무것도 하지 못할 정도였다. 일에 대해서는 대단히 열정적인 사람이라 경쟁심 또한 강했는데, 우리 회사가 동종 업계에서 1등을 차지하지 못하면 참을 수 없다며 의지에 불타 있었다.

당시 처음으로 각 사업체들을 소개하는 책자가 출판되어 회사들의 순위가 매겨져 있었다. 대령이 우리 회사는 어떤 평가를 받고 있나 살펴보았더니 키스톤 회사는 B급에 들어가 있었는데, 그 이유는 사업부진 때문이라는 것이었다. 그는 단단히 화가 나 당장 명예훼손으로 고소하겠다며 소동을 부렸다. 이 책자는 은행을 주 대상으로 조사를 했고, 키스톤 회사는 어디에서도 돈을 빌리지 않았기 때문에 사업부진이라는 낙인이 찍히게 된 것이다. 대령은 언제나 빚을 져서는 안 된다는 주의였기 때문에 이 설명으로 겨우 납득을 하고 화를 가라앉혔다.

어느 날 나는 업무차 유럽에 가야만 했다. 불경기로 인해 기업들이 심각한 사업부진에 빠져 매일 수많은 회사들이 도산을 할 때였는데, 대령은 내게 이렇게 다짐했다.

"자네가 없는 동안 어음에 서명만 하지 않으면 파산할 일은 없겠지. 안 그런가?"

"맞아요, 절대로 서명을 해서는 안 돼요." 내가 대답했다.

"알았네, 자네가 돌아올 때까지 우리가 회사를 지키겠네."

이즈음 아주 특이했던 인물이 한 명 더 있었는데, 그는 세인트루이스의 이즈 대위이다. 독창성은 대단히 뛰어난 인물이었지만 기계적인 전문 지식은 부족한 사람이었다. 그는 과거의 방식은 모두 거부하고 자신의 독창적인 계획만을 고집했다.

이즈 대위가 세인트루이스 다리의 설계도를 보여주었을 때, 내가 전문가인 린빌에게 보여주자 그는 걱정스럽게 말했다.

"이 설계도로는 안 되겠어. 다리 자체의 하중도 견디지 못할 거야."

"그래요? 대위에게 잘 설명해서 설득을 해주세요. 그리고 다른 사람에게는 말하지 마세요."

린빌은 이즈 대위를 잘 설득해 주었다. 그러나 파이퍼 대령은 공사가 진행되는 내내 이즈 대위의 엉뚱한 요구에 시달려야 했다. 대령은 대규모 공사를 수주한 대위를 극진히 대우하며 '대령'이라고 높여 부르기까지 했다. 그러나 일이 잘 풀리지 않게 되자 대령이 대위를 대하는 태도가 달라졌다. 처음에는 대령, 그다음에는 다시 대위, 그러다가 결국은 그냥 이즈라고 부르기 시작했다. 이즈 대위와 같은 사람들은 타고난 재능을 가지고 있으면서도 다른 사람의 지식과 경험을 제대로 활용하지 못해 대규모의 교량 건설을 포기해야 하는 경우가 많다.

나는 다리가 완성되자 대금을 지불하지 않고 다리를 가로채려는 자들 때문에 파이퍼 대령과 함께 세인트루이스로 갔다. 대령은 피츠버그 고향으로 돌아가고 싶다며 당장 그날 밤 기차로 돌아가겠다고 했다. 나는 대령을 붙잡아두기 위해 동생에게 말을 사주고 싶으니 도와달라고 부탁했다.

작전은 대성공이었다. 그는 자신이 봤던 말들에 대해 설명을 늘어놓기 시작했다. 나는 그에게 말을 살 때까지 함께 있어 달라고 부탁했다. 그리고 훌륭한 말 두 필을 샀는데, 이제는 수송문제가 기다리고 있었다. 그는 철도 수송은 안 된다고 했고 바로 출발하는 배편도 없었다. 하늘이 나를 돕고 있는 것 같았다. 말을 안전하게 배에 태우기 전까지는 떠나지 않을 것이고, 어쩌면 함께 배를 탈지도 몰랐다. 이렇게 해서 우리는 힘들게 다리를 지켜냈다. 파이프는 정말 대단한 인물이었기 때문에 내게 없어서는 안 될 소중한 동업자였다.

키스톤 교량회사는 항상 만족스러운 결과를 냈다. 교량사업에 뛰어든 회사들은 거의 다 실패를 하고 있었다. 그들이 놓은 다리는 대부분 추락을 했는데, 미국에서 일어난 대형 철도 참사는 바로 이런 부실 공사가 원인이었다. 대부분 거센 강풍을 이기지 못했지만 우리 회사에서 건설한 다리는 바람이 제일 강한 곳에서도 끄떡없었다. 단순히 운이 좋아서가 아니다. 우리는 최고의 재료를 최대한으로 활용했던 것이다. 우리는 자신들의 작업을 엄격하게 검사하고 안전한 것을 만들 수 없다면 절대로 손을 대지 않는다는 방침을 고수하고 있었다. 우리 능력 이상의 것을 부탁하거나 과학적으로 절대로 불가능한 디자인의 다리를 건설해 달라고 할 때는 확실하게 거절했다. 어떤 작업이든 키스톤 교량회사의 이름이 붙은 것이라면 모든 책임을 지기로 보증하였다. 그렇게 해서 미합중국의 모든 주에서 우리의 작품을 볼 수 있게 되었다. 영국의 대문호 토마스 칼라일의 아버지가 아난 강에 다리를 놓았는데, 이 유명한 아들이 '정직한 다리'라며 자랑스러워했듯이 우리도 우리의 일에 그런 자부심을 갖고 있었다.

이 영업방침이야말로 성공의 참된 비결이라고 해도 좋을 것이다. 물론 인정을 받을 때까지 오랜 시간이 필요할 수도 있지만 그 뒤로는 순풍에 돛단 듯이 순항을 할 수 있게 된다. 우리는 검사관들을 꺼리기보다는 반갑게 맞이해야 한다. 최고의 수준에 도달하는 것은 그리 어려운 일이 아니다. 인간은 그런 노력을 통해 배우며 성장하게 되는 것이다. 나는 긴 인생을 통해 정직하지 못한 회사가 성공하는 것을 결코 본 적이 없다. 그리고 당시 가장 경쟁이 심한 분야에 있었기에 가격으로 모든 것이 결정된다고 여기기 쉬웠지만, 나는 사업에서 성공을 하기 위한 근본적인 원칙은 그 일의 중요성과 질에 달려 있다고 굳게 믿고 있었다. 위로는 사장에서부터 아래로는 말단 단순 노동자에 이르기까지 사업에 관련된 모든 사람들이 질을 높이기 위해 모든 정력을 집중시키는 것이, 사업을 성공으로 이끌기 위해 그 어떤 것보다 중요한 것이다. 그렇기 때문에 청결한 공장과 도구, 정돈이 잘 된 자재창고와 환경은 일반적으로 생각하는 것보다 훨씬 중요한 문제이다.

피츠버그에서 은행협회의 총회가 열렸을 때 많은 유력한 은행가들이 에드거 톰슨 공장을 방문했다. 이 공장은 내가 경영하고 있던 공장 중 하나였는데, 시찰을 마친 뒤 한 은행가가 공장장에게 "이 공장은 아주 관리가 잘 되어 있군."이라고 말했다고 한다. 나는 이 말을 듣고 대단히 기뻤다. 그는 성공의 비결이 무엇인지 제대로 알고 있는 사람이었다.

한번은 대기업 사장이 자신의 공장에 처음 찾아온 검사관을 부하들이 쫓아버린 덕분에 두 번 다시 찾아오지 않는다며 내게 자랑을 한 적이 있다. 나는 이 말을 듣고 '이 회사는 경쟁에 이길 수 없어. 경기가 나빠지면 반드시 도산하고 말거야.'라고 생각했다. 그리고 내 생각은 적중했다. 제작사들의 가장 중요한 조건은 품질에 있으며 대가는 나중 문제이다.

나는 키스톤 교량회사의 업무에 관해서는 오랫동안 각별한 관심을 기울였다. 그리고 중요한 계약이 있을 때면 항상 거래처로 직접 찾아가 만났다. 그 일례로 1868년에 기술자인 월터 케트를 데리고 아이오와 주의 두뷔크를 방문한 적이 있었다. 당시로서는 대단히 중대한 철교건설에 대한 사안이었기 때문에 팽팽한 긴장감이 감돌고 있었다. 폭이 넓은 미시시피 강에 다리를 놓아야 했는데, 이렇게 긴 다리는 지금까지 세워진 적이 없었다. 그래서 더더욱 중요한 사업이었다. 우리는 얼어붙은 강을 4두마차로 건넜다.

이 여정은 성공이라는 것이 얼마나 사소한 일에 달려 있는가를 입증해 주는 좋은 예이다. 우리는 최저 입찰자가 아니었다. 우리의 경쟁 상대는 시카고에 있는 교량회사였는데 중역회의 결과 이 회사와 계약을 체결하기로 이미 결정이 나 있었다. 나는 한동안 뒤에 남아 몇몇 중역들과 대화를 나누었는데, 그들은 주철과 연철의 차이에 대해 전혀 모르고 있었다. 우리 회사는 철교 상층부는 반드시 연철을 쓰고 있었지만, 경쟁회사는 주철을 사용하고 있었다. 그래서 나는 이렇게 말해 주었다.

"강을 오가는 증기선이 철교 기둥에 부딪혔다고 가정을 해보세요. 연철이라면 휘는 것으로 끝나지만 주철은 부러져서 다리가 무너지고 말 것입니다."

다행히 중역 중 한 사람이 이것을 아주 적절하게 입증해 주었다. 그는 이삼 일 전 마차로 캄캄한 밤길을 달리다가 가로등에 부딪혔는데, 가로등이 주철이었기 때문에 완전히 박살이 난 것이다. 마치 신의 손길이 나를 인도해 주고 있는 것 같았다.

"여러분, 한 번 더 재고해 주셨으면 하는 점이 있습니다. 조금 더 돈이 들더라도 부서지지 않는 연철로 교량을 만든다면 아무리 증기선이 충돌을 한다고 할지라도 다리는 안전합니다. 우리는 지금까지 싸구려 다리를 건설한 적이 없으며 앞으로도 결코 만들지 않을 겁니다. 우리가 만든 다리는 결코 무너지는 일이 없습니다."

순간 회의석상에는 침묵이 흘렀다. 다리를 건설할 새로운 회사의 사장 앨리슨은 유명한 상원의원이었는데 내게 잠시 자리를 피해달라고 부탁을 했다. 나는 잠시 다른 방에서 기다려야 했지만 곧바로 내게 계약을 하자고 말했다. 우리 회사가 입찰했던 것보다 약간 낮은 가격이었지만, 몇 천 달러의 차액이었기에 나는 그 요청을 받아들이기로 했다. 생각지도 못했던 가로등 덕분에 우리는 기록적인 이익을 남겨준 계약을 체결할 수 있었다. 그러나 그 보다 더 중요한 것은 모든 경쟁 상대들을 제치고 두뷔크 철교의 건설 수주를 따냈다는 평가를 얻은 점이다. 또한 이 일을 계기로 미국에서 가장 중요한 인사 중 한 명으로 알려진 앨리슨 상원의원과 평생 친교를 맺을 수 있게 되었다.

이 이야기의 교훈은 두말할 필요가 없다. 계약을 따내고 싶다면 계약을 체결할 때는 절대로 그 자리를 떠나서는 안 된다는 것이다. 완전히 박살이 난 가로등처럼 뭔가 생각지도 못했던 일이 터져, 입찰자가 그 자리에 있으면 생각지도 못했던 소득을 얻을 수도 있다. 또 한 가지, 가능하다면 돌아갈 때까지 계약서를 주머니에 넣고 그곳에 있어야 한다는 것이다. 이제 입찰이 결정되었으니 돌아가도 좋다. 서류는 정리가 되는 대로 보내 주겠다고 했지만, 우리는 두뷔크에 남아 있었다. 두뷔크의 풍경이 너무 아름다워 관광을 하고 싶다는 구실을 댄 것이다.

스튜벤빌 철교가 완성된 뒤에 볼티모어·오하이오 철도회사가 파커스버그와 휠링 두 곳에서 오하이오 강에 다리를 놓을 필요가 있었다. 그렇지 않으면 그들의 경쟁자인 펜실베이니아 철도회사에게 질 수밖에 없었기 때문이다. 배를 타고 강을 건너는 시대는 이미 끝났다. 이 두 개의 철교를 건설하기 위해 나는 볼티모어·오하이오 회사의 가레트 사장을 만나게 되었다.

우리는 이 두 개의 철교와 제반공사들을 모두 맡아서 하고 싶었지만 가레트 사장은 정해진 기일 내에 이런 대규모 공사를 한 회사에서 맡는 것은 무리라고 주장하며 한 치의 양보도 하지 않았다. 그는 진입로 공사와 아치는 자신의 회사에서 하고 싶으니 우리의 특허를 사용해도 되겠냐고 물었다. 나는 볼티모어·오하이오 회사가 우리의 특허를 써준다면 큰 영광으로 생각하겠다고 대답했다. 이 거대 기업이 우리를 인정해 준다는 것은 특허권 사용요금보다 10배 이상의 가치가 있다. 나는 무엇이든 원하신다면 우리가 가지고 있는 것을 모두 사용해도 좋다고 대답했다.

이것이 철도왕이라 불리던 가레트 사장에게 아주 좋은 인상을 남겨 주었다. 그리고 그는 놀랍게도 자신의 개인 사무실로 나를 초대해서 여러 가지 일에 대해 솔직하게 자신의 의견을 말해 주었다. 그는 특히 펜실베이니아 철도회사의 톰슨 사장과 스콧 부사장을 상대로 싸웠던 일에 대해 이야기를 해주었는데, 그는 나와 그 두 사람이 친분이 있다는 사실을 잘 알고 있었다. 나는 이곳으로 올 때 필라델피아를 거쳐 왔는데, 스콧 씨가 내게 어디로 가는 길이냐고 물어서 나는 이렇게 대답했다고 가레트 사장에게 말했다.

"저는 오하이오 강에 놓을 대규모 교량건설의 계약을 체결하기 위해 사장님을 만나러 가는 길이라고 대답했습니다. 그러자 스콧 씨는 제가 거의 허탕을 치는 일이 없지만 이번에는 생고생만 하게 될 것이라고 했습니다. 제가 펜실베이니아 철도회사 출신이고 회사에 대해 여전히 호의를 품고 있기 때문에 가레트 사장님이 제게 일을 맡길 리가 없다고 하시더군요. 하지만 저는 가레트 사장님의 철교를 건설할 겁니다."

가레트 사장은 회사의 이익을 위해서라면 개인적인 관계는 어찌 되었든 간에 최고의 것이 항상 승리하게 되어 있다고 대답했다. 그의 기술자들은 우리 회사의 설계가 가장 뛰어나다고 말해 주었다. 그는 내가 펜실베이니아 철도회사의 직원이었다는 사실을 잘 알고 있지만 이 일을 내게 맡기는 것이 자신의 의무라고 생각한다고 대답했다.

이 절충안을 그대로 받아들이기에는 아직 부족한 점이 있었다. 왜냐하면 우리는 이 공사에서 가장 힘든 부분의 책임을 맡게 되었고, 가레트 씨는 우리의 설계와 특허를 가지고 작으면서도 이윤이 큰 부분만을 자신의 공장에서 만들게 되었기 때문이다. 내가 공사를 이렇게 나누는 이유가 기초공사가 끝나도 우리가 교량공사를 바로 시작하지 못할까봐 그러는 것이냐고 묻자, 그는 그렇다고 대답했다. 나는 그런 이유라면 전혀 걱정할 것이 없다고 말했다. 그리고 만약 우리에게 모든 공사를 맡겨 준다면 기초공사가 완성되자마자 곧바로 교량공사를 할 수 있으며 원한다면 보증금을 걸 수도 있다고 했다.

"만약 기일을 어기면 저희가 손해를 보겠습니다. 기일을 어기면 보증금을 돌려받지 않겠습니다. 보증금을 얼마나 걸면 되겠습니까?"

"음, 10만 달러로 하세." 그가 대답했다.

"잘 알겠습니다. 공사를 진행하기로 하겠습니다. 저희 회사가 10만 달러를 손해 보는 일은 없을 겁니다. 그건 아마 사장님도 잘 알고 계실 겁니다."

"그렇겠지, 10만 달러를 걸면 자네 회사는 밤낮을 가리지 않고 공사를 진행할 테니 철교는 기일 내에 완성이 되겠지." 그가 대답했다.

이렇게 해서 볼티모어·오하이오 철도회사와의 거대한 계약이 체결되었다. 물론 내가 그 보증금을 지불하지 않았다는 것을 새삼스럽게 말할 필요는 없을 것이다. 나의 동료들은 가레트 사장보다 훨씬 더 공사 정황에 대해서 잘 알고 있었다. 오하이오 강은 만만한 상대가 아니었다. 가레트 씨의 기초공사가 끝나기도 훨씬 전에 교량의 상층부가 완성되어 강가로 운반되었고, 아직 완성되지 않은 교각 공사가 끝나기를 따분하게 바라봐야만 했다.

그리고 얼마 지나지 않아 가레트 사장은 강철 레일을 제조하기로 결심하고 영국의 발명가 헨리 베세머의 제강법에 대한 특허를 사용할 수 있는 권리를 얻으려 하고 있었다. 볼티모어·오하이오 철도회사는 우리의 단골 고객이었기 때문에 우리는 어떻게 해서든 강철 레일을 만들기 위한 압연공장의 건설을 막기 위해 최대의 노력을 기울였다. 이것은 볼티모어·오하이오 철도회사가 영리를 목적으로 공장을 돌리는 것은 무모한 도전이었고, 회사에서 쓰는 얼마 안 되는 레일을 만들기 보다는 다른 회사에서 만든 것을 사다가 쓰는 것이 훨씬 경제적이기 때문이었다. 나는 가레트 씨를 설득하기 위해 나섰다. 그는 당시 외국과의 무역에 지대한 관심을 가지고 있었기 때문에 볼티모어 항구가 외국의 선박들로 가득 차 있는 것을 보고 즐거워했다. 그는 직원들 몇 명과 나를 항구로 데리고 가서 철도를 놓아 외국에서 들어오는 화물을 배에서 내려 곧바로 화물열차에 실어 운반할 계획이라고 말했다. 그리고 나를 돌아보면서 이렇게 말했다.

"카네기 씨, 이제 내가 왜 강철 레일은 물론 뭐든 스스로 만들려고 하는지 알겠나? 우리 회사는 엄청나게 큰 조직이지. 우리가 필요로 하는 중요한 자재들을 절대로 다른 회사에 맡겨둘 수 없네. 우리는 하나의 왕국이니까."

"글쎄요, 사장님. 말씀하신 대로 모두가 훌륭합니다. 그러나 사장님께서 말씀하시는 '엄청나게 큰 조직'은 저를 놀라게 할 만한 것이 아닙니다. 저는 사장님 회사의 작년도 연보를 읽고 다른 사람들이 만든 생산물을 운반하여 1400달러의 수입을 거둔 것을 확인했습니다. 제가 경영하고 있는 사업은 산에서 자원을 캐내 여러 가지 물품을 생산하고 그것을 판매하는 것인데 사장님 회사의 몇 배의 수입을 올리고 있습니다. 실제로 카네기 형제상사와 비교한다면 사장님의 회사는 아주 작은 회사입니다."

내가 철도회사를 다녔다는 것이 상당히 많은 도움이 되었다. 그 뒤로 볼티모어·오하이오 철도회사가 우리와 경쟁하려고 하는 일은 두 번 다시 없었고, 가레트 사장과 나는 마지막까지 친교를 유지할 수 있었다. 그는 자신이 키우던 스코틀랜드 산 콜리 종 개 한 마리를 내게 선물하기도 했다. 그도 스코틀랜드인으로 나와 피를 나눈 형제라는 사실이 내가 한때 펜실베이니아 철도회사에 근무했다는 사실을 잊게 해준 것이다.

제10장
제철소

제10장
제철소

*

 키스톤 교량회사는 내가 처음부터 심혈을 기울이던 사업으로 다른 모든 사업의 모체가 되었다. 그러나 교량회사를 설립하고 얼마 되지 않아 주철보다 연철의 성능이 뛰어나다는 사실이 밝혀지기 시작했다. 그래서 더 나은 제품을 위해 당시에는 구하기 힘들었던 형틀을 제작하려 제철사업에 뛰어들기로 결심을 했다. 동생 톰과 나는 토머스 N. 밀러, 헨리 핍스, 앤드류 클로먼과 함께 작은 제철소에 눈독을 들이기 시작했다. 밀러가 가장 먼저 클로먼과 공동으로 참여했으며, 1861년 11월에 그는 핍스에게 800달러를 빌려주고 동참시켰다.

 밀러가 제철사업의 개척자라는 사실을 이 자리를 빌려 기록할 필요가 있다고 생각한다. 우리는 그에게 많은 도움을 받았는데 그는 아주 온화하고 사랑스러운 인물로 세월이 흐를수록 친구로서 무엇과도 바꿀 수 없는 소중한 존재가 되었다. 밀러는 젊은 시절에 신학에 대한 혐오감을 품고 있었기 때문에 가끔씩 걷잡을 수 없을 정도로 폭발을 했지만 어느 정도 나이가 든 당시에는 아주 온화한 성격으로 바뀌었다. 그는 종교와 신학을 완전히 구별해서 생각했는데 그가 혐오했던 것은 바로 신학이었다. 우리는 나이가 들수록 사색적으로 바뀌게 되는데 그것은 정말로 바람직한 일이다.

앤드류 클로먼은 앨러게니 시에서 작은 철공소를 하고 있었다. 나는 펜실베이니아 철도회사의 주임으로 있던 시절에 그가 가장 훌륭한 차축을 만든다는 사실을 알게 되었다. 그는 뛰어난 기술자였는데, 당시 피츠버그에서는 전혀 상상도 하지 못했지만 가치가 있는 일에 최선을 다해 일하지 않으면 아무런 의미가 없다는 사실을 이미 알고 있던 사람이었다. 그의 독일인적인 사고방식은 대충이라는 것을 용납하지 않았다. 그가 만든 것은 엄청나게 비쌌지만 실제로 사용해 보면 몇 년이고 안심하고 사용할 수 있는 것들뿐이었다. 당시에는 자재에 대한 분석도 불가능했고 과학적으로 가공하는 일도 없었기 때문에 차축이 어느 정도의 수명인지 알 수 없어 부서질 때까지 쓰는 것이 일반적이었다.

이 독일인은 천재적인 발명가였다. 철재를 자르는 톱을 발명하기도 했으며, 교량을 건설하는 데 필요한 연결 장치도 고안해 냈다. 그가 만들어 낸 발명품은 셀 수 없을 정도로 많았는데 모두가 우리 철공소에서 만들어 낸 것이다. 이즈 대위가 세인트루이스 철교의 아치를 연결하는 문제 때문에 고생을 할 때도 클로먼은 이 문제를 해결해 주었고, 다른 사람들이 실패한 원인에 대해서도 설명해 주었다. 그렇게 해서 만들어진 아치는 당시로서는 최대 규모였으니 우리가 얼마나 그를 믿고 의지했는지 더 이상 말할 필요는 없을 것이다.

핍스 가족과 우리 가족은 오랫동안 친하게 지내왔는데 처음에 나는 형인 존과 친구사이였다. 헨리는 나보다 훨씬 어렸지만 총명하고 기지에 넘치는 그를 나는 일찍부터 눈여겨보았다. 어느 날 그가 형인 존에게 25센트를 빌려달라고 부탁했다. 존은 동생이 뭔가 중요한 데 쓸 거라 생각하고 두 말없이 반짝이는 25센트 은화를 건네주었다. 다음 날 아침 『피츠버그 디스패치』지의 광고 난에 '근면한 소년이 직장을 구함'이라는 구인 광고가 실렸다.

부지런하고 의지가 강한 헨리 소년은 이 광고를 위해 은화를 사용했는데, 이것은 아마도 그가 난생 처음으로 거금을 손에 넣은 것이자 단번에 써버린 첫 경험일 것이다. 그러자 유명한 딜워스 앤드 비드웰 회사에서 곧바로 연락이 왔다. '근면한 소년'에게 한번 찾아오라는 내용이었고 헨리는 사환으로 채용이 되었다. 그는 당시의 관례에 따라 아침 일찍 출근해서 사무실 청소를 했다. 이렇게 해서 생활전선에 뛰어든 헨리는 얼마 되지 않아 회사에서 없어서는 안 될 중요한 인물이 되었다. 그는 밀러 씨의 눈에 들어 클로먼과의 사업에 동참을 할 수 있게 되었다. 이것이 계기가 되어 시내에 작은 제철소를 세우게 되었는데, 그와 내 동생 톰과는 학교 동기로 어릴 적부터 친한 친구였기 때문에 사업에서도 함께 제휴를 하는 등, 1886년 톰이 죽을 때까지 두 사람은 떼려야 뗄 수 없는 관계를 유지했다.

사환으로 시작한 헨리는 현재 미합중국의 갑부 중 한 사람이 되었는데, 그는 자신의 돈을 어떻게 하면 유용하게 쓸까에 대해 자주 생각했다. 몇 년 전에 그는 앨리게니와 피츠버그의 공원에 훌륭한 식물원을 기증했다. 이 식물원에는 일요일에도 개방을 한다는 조건을 붙였는데, 이것은 그가 얼마나 시대를 앞서가는 뛰어난 인물이었는지를 잘 알 수 있게 해주는 대목이다. 기증에 대한 그의 조건은 당시 떠들썩한 논쟁의 대상이 되었다. 목사들은 교단에서 그에게 격렬한 비난공세를 퍼부었고, 교인들과 의원들은 안식일을 모독했다면서 결의안을 채택하기도 했다. 그러나 대중들이 그런 편협한 태도에 반대하고 일어나 시 의회에서도 어쩔 수 없이 만장일치로 기증을 받아들이기로 결의를 했다. 목사들의 비난에 핍스는 이렇게 말을 했는데, 나는 그의 건전한 양식에 크게 감명을 받앉다.

"당신들처럼 일주일 중에 하루만 일하고 나머지 6일은 마음껏 자연의 아름다움을 만끽할 수 있는 사람들의 입장에서는 그렇게 주장할 수도 있을 겁니다. 여러분에게는 전혀 문제가 되지 않을 테니까요. 하지만 6일 동안 눈코 뜰 새 없이 일하고 단 하루의 자유를 얻어 그날에 아름다운 자연을 접하며, 무엇인가를 배우려는 근로 대중에게 주어진 기회를 빼앗는 것은 부끄러운 일이 아닐까요?"

목사들은 요즘 피츠버그에서 열리고 있는 정기 총회에서, 교회 내에서 악기를 사용하는 것에 대해 논쟁을 벌이고 있다. 그러나 그들이 교회에서 오르간을 사용하는 것이 옳은지에 대해 논쟁을 벌이는 동안 지식인들은 일요일에도 미술관, 식물원, 도서관을 개방하고 있다. 교회가 조금 더 시대의 요구를 반영하려고 노력하지 않는다면 대중들의 지지를 잃어 머지않아 교회는 개점휴업상태에 놓이게 될 것이다.

그런데 얼마 되지 않아 안타깝게도 클로먼과 핍스가 사업상의 의견이 맞지 않는다는 이유로 공동 경영자인 밀러를 몰아내고 말았다. 나는 밀러가 부당한 처사를 당했다고 생각했기 때문에 함께 제휴해서 새로운 사업을 벌이게 되었다. 이 회사는 1864년에 창설한 사이클롭스 제철소였다. 사업이 궤도에 오르게 되자 신구사업을 합칠 수 있으며 또한 그렇게 하는 것이 바람직하다는 사실을 깨달았기에 1867년에 두 회사를 하나로 통합해 유니온 철공소를 만들었다.

밀러가 이전 동업자였던 핍스와 클로먼과 함께 일하는 것을 꺼릴 것이라고 생각한 나는 두 사람이 유니온 제철소에 직접적으로 관여하지 못하게 하였다. 밀러와 나와 동생 톰이 이사가 돼서 지배권을 갖기로 결정했다. 그러나 밀러는 자신의 권리를 내게 팔고 빠지겠다고 하면서 고집을 꺾지 않았다. 과거의 일은 다 지나간 일이니 모두 잊어버리라고 아무리 설득을 해도 들으려 하지 않아 나는 하는 수 없이 그가 원하는 대로 해주었다. 그는 아일랜드 출신이었고, 아일랜드 사람들은 한 번 감정이 상하면 손쓸 방법이 전혀 없다. 그러나 밀러는 나의 진심어린 설득을 받아들이지 않은 것을 후회하게 되었다. 만약 그때 한발 물러섰다면 창업자로서 당연히 받을 수 있었던 막대한 수익을 잃게 되고 만 것이다. 그는 본인은 물론 직원들을 위해서 백만장자가 될 기회를 날려버린 것이다.

당시 우리는 아직 산업계에 첫발을 내디딘 상태였는데 사이클롭스 제철소를 위해 3정보(町步)의 토지를 사들였기에, 모두가 그렇게 넓은 땅을 어디에 쓰냐며 고개를 절레절레 흔들었다. 몇 년 동안 토지의 일부를 다른 회사에 임대했지만 얼마 되지 않아 그렇게 좁은 곳에서는 제철사업을 제대로 할 수 없다는 사실을 깨닫게 되었다. 클로먼이 철골제작에 성공을 해서 우리 회사는 이것을 독점적으로 만들고 있었다. 우리는 적극적이고 끊임없이 새로운 시험을 해서 다른 회사들은 손도 대지 못했던 부분에서도 성공을 거두었다. 동시에 질적으로 최고의 상품이 아니면 절대로 손을 대지 않는다는 원칙을 굳게 지켰다. 언제나 거래처의 요구에 최대한 응하기 위해 노력했으며 그러기 위해 거액을 투자해서 적자를 내는 경우도 왕왕 있었다. 뭔가 문제가 생기고 의심나는 점이 있을 때면 언제나 상대에게 유리하게 해석한다는 방침을 세웠다. 이것이 우리의 변함없는 방침이었기 때문에 단 한 번도 소송에 휘말리는 일이 없었다.

제철사업에 종사를 하면서 나는 온갖 제조과정에서 각각의 작업에 어느 정도의 경비가 드는지, 원가에 대해 전혀 모르고 있었다는 사실을 깨닫고 당혹스러웠다. 피츠버그의 생산 업자들을 조사해 본 결과 모두가 이 점에 대해서 크게 관심을 기울이지 않고 있었다. 사업을 한 덩어리의 유기체라고만 여기고 연말에 재고조사를 해서 장부와 맞기만 하면 그만이라고 생각했기 때문에 경영자들은 사업의 과정에 대해서 아는 것이 전혀 없었다. 사업이 부진하다며 비관을 하던 사람들도 연말이 돼서야 흑자를 보았다는 것을 발견하는 사람이 있는가 하면, 그와 정반대인 사람도 있다. 마치 두더지가 아무것도 보이지 않는 어두운 땅속을 파고 있는 것과 마찬가지였기 때문에 나는 이래서는 절대로 안 된다고 생각했다. 그래서 나는 생산의 각 과정에 얼마의 경비가 드는지 신중히 조사를 하고 그것을 검토할 조직을 고안해서 회사의 모든 조직에 도입하기로 했다. 특히 각각의 직원들이 무엇을 하고 있는지, 누가 자재를 절약하고 누가 낭비를 하고 있는지, 누가 좋은 성적을 거두고 있는지를 면밀하게 조사하기로 했다.

이렇게 하기까지는 상상조차 할 수 없었던 온갖 역경을 헤쳐 나가야 했다. 회사 매니저들은 모두 새로운 제도에 반대를 했는데 어쩌면 당연한 일이었다. 정확한 방법을 찾아내는 데는 몇 년이라는 시간이 걸렸지만 결국에는 사무직원들의 도움과 공장 곳곳에 커다란 저울을 배치함으로써 단순히 각 부서에서 어떤 일을 하고 있는가 하는 것뿐만이 아니라, 용광로에서 일하고 있는 수많은 직원들 한 사람 한 사람이 무엇을 하고 있는지 알 수 있게 되었고, 그것을 기준으로 비교 검토할 수 있게 되었다. 산업계에서 성공할 수 있는 커다란 원인 중 하나는, 종업원들을 확실하게 교육시키고 완벽하다고 해도 좋을 계산의 조직을 만들어 그것을 엄격하게 시행하는 것인데, 그렇게 하면 종업원에게 금전과 자재에 대한 책임을 <u>스스로 깨닫게 하고 체험시킬 수 있게 된다.</u> 사무실에서는 직원 한 사람에게 5달러 지폐를 손에 쥐어주고 그대로 내버려 두기가 불안해서 그 돈을 어떻게 쓸 것인지에 대해 잔소리를 늘어놓는 경영자가,

공장에서 매일 수 톤에 달하는 귀중한 자재들이 어떤 모습으로 가공되고 어떻게 완성되는지를 면밀히 검토하고 관리하지 않는다면 이렇게 황당한 모순이 또 어디에 있겠는가?

　강철과 철을 만들기 위해 지멘스가 발명한 가스 용광로를 영국의 어떤 제조업자가 사용하고 있었지만 그 가격이 대단히 비싸다는 것이었다. 우리가 이 신형 용광로를 쓰기 시작했을 때 피츠버그의 동종업체들이 쓸데없는 자본의 낭비라고 비판했던 것을 생생하게 기억하고 있다. 그러나 대량의 원료를 가열할 때, 새로운 용광로를 사용하면 경우에 따라서는 폐물(廢物)을 절반으로 줄일 수 있다. 따라서 두 배로 경비가 들더라도 이 용광로를 사용하는 것이 득이 될지도 몰랐다. 그러나 수년 동안 아무도 우리의 말을 들어주지 않았다. 이렇게 우리는 오랜 기간 동안 이윤이 크게 오르지 않았기에 원료 절약으로 근근이 사업을 유지할 수 있었다.

　우리가 만들어 낸 원가계산제도는 대량의 철을 용해할 때 상당히 많은 낭비가 있다는 사실을 발견하게 해주었다. 우리는 이것을 개선하다가 사무직원 중에 상당히 유능한 윌리엄 본크레거라는 인물을 발견할 수 있었다. 그는 클로먼과는 먼 친척이 되는 사람으로 독일에서 온 사람이었다. 어느 날 그가 본인이 오랜 시간에 걸쳐서 신중하게 검토한 결과보고서를 제출하였는데, 그것은 정말로 놀라운 것이었기 때문에 우리는 처음에 전혀 믿을 수가 없었다. 그는 특별한 지시를 받은 것도 아니었는데 우리에게는 알리지도 않고 밤을 새워 가면서 이 보고서를 작성한 것이다. 그것은 너무나도 독창적인 것이었다. 당연히 윌리엄은 곧바로 주임으로 승진을 했고, 훗날 그는 이사가 되었다. 이 가난한 독일 출신의 소년은 결국 백만장자가 되었는데 그는 그만한 행운을 누릴 충분한 가치가 있는 인물이었다.

펜실베이니아의 유정(油井)이 주목을 받기 시작한 것은 1862년 무렵이 되어서였다. 친구인 윌리엄 콜먼이 유전발견에 커다란 관심을 보이기 시작하면서 내게도 함께 가자고 자주 권했는데 훗날 그의 딸은 동생 톰의 아내가 되었다. 나는 콜먼과 함께한 여행에서 정말로 유쾌한 시간을 보낼 수 있었다. 석유에는 수많은 사람들이 관심을 쏟고 있었기 때문에 숙박할 만한 집이 없었다. 그러나 그렇다고 해서 꼬리를 내릴 사람들이었다면 처음부터 나서지도 않았을 것이다. 불과 몇 시간도 되지 않아 오두막이 세워졌고 일상생활에 불편이 없을 정도로 모든 것이 갖추어지게 되었다. 그들의 대부분은 평균 이상의 지능을 가진 사람들로 상당한 재산가에다 뭔가 새로운 모험을 통해 행운을 거머쥐려는 것이었다.

내게 가장 강한 인상을 남겨 준 것은 어딜 가나 모두가 쾌활한 성격에 서로 사이좋게 왁자지껄 떠들고 있다는 점이었다. 마치 대규모 피크닉을 보고 있는 것 같았다. 배꼽을 잡고 웃을 만한 일들이 많이 일어났으며 모두 생동감이 넘치고 있었다. 행운이 손만 뻗으면 닿을 곳에 있었고 미래가 약속되어 있었다. 유정의 탑에는 깃발이 펄럭이고 있었는데 우스꽝스럽고 재미있는 표어들로 가득했다. 강 쪽을 바라보니 두 명의 사내들이 유정을 파기 위해 열심히 수차의 페달을 밟고 있었다. 하늘 높이 펄럭이고 있는 깃발에는 '지옥이나 중국까지'라는 글자가 적혀 있었다. 절대로 포기하지 않고 끝까지 파고들어갈 생각인 것이다.

  미국인들의 적응력이 이 지역, 그리고 이 시대만큼 잘 드러난 적은 없다. 심한 혼란도 곧바로 정돈되어 질서가 유지되었다. 그 뒤로 얼마 되지 않아 우리가 다시 찾아갔을 때에는 악단이 우리를 맞이해 주었는데, 강을 따라 들어선 마을의 주민들로 조직된 악단이었다. 지금 여기에 천 명의 미국인들이 모였다고 가정을 하면 그들은 곧바로 조직을 만들고, 학교와 교회를 세우고, 신문을 발행하고, 브라스 밴드를 만드는 것이다. 다시 말해서 자신들의 손으로 그들은 문명을 만들어 내기 위한 온갖 시설을 갖추고 스스로의 발전을 꾀하는 것이다. 가령 같은 수의 영국 사람들을 같은 환경에 데려다 놓았다고 하자. 그들은 일단 자신들 중에서 누가 가장 세습적인 지위가 높은지를 조사한다. 그리고 그 사람의 조상들이 사회적으로 높은 지위라는 것만으로 그를 지도자로 뽑으려 한다. 미국인들에게는 단 한 가지의 약속이 있을 뿐이다. 도구는 그것을 가장 효과적으로 사용할 수 있는 사람에게 줘야 한다―그것뿐이다.

현재 오일 크릭이라는 마을에는 수천에 달하는 사람들이 밀집해서 번영을 하고 있지만 얼마 전까지만 해도 지저분한 촌락에 불과했다. 유정에서 나오는 석유를 바지선에 가득 실어 운반했는데, 열악한 환경 탓에 피츠버그에 도착하면 거의 삼분의 일이 넘쳐서 흘러버렸다. 석유가 귀했던 시대에는 인디언들이 병에 담아 한 병에 1달러씩 팔았다. 류머티즘에 효과가 좋다는 평판을 받았지만 대량으로 생산이 가능해지면서부터 그런 기억들은 사라져 버렸다. 인간이란 정말로 어리석은 존재이다.

가장 유망하게 여겨졌던 유전이 스토리 농장이었기 때문에 우리는 이곳을 4만 달러에 사들였다. 이 투자는 지금까지의 그 어떤 투자보다 훌륭한 것이라는 사실을 곧 알게 되었다. 첫해에 100만 달러의 순이익을 올리게 되자 이 유전은 곧바로 500만 달러의 가치를 평가받았다.

이 수입은 우리에게 있어 대단히 중요했다. 피츠버그에 새로운 공장을 건설하기 위해서 우리는 전 재산을 긁어모았지만 여전히 부족했기 때문에 은행에 대출을 신청해야 했는데, 지금 생각해 보면 젊었던 우리의 신용평가가 꽤나 높았던 것 같다.

이 석유 분야에 대한 모험 때문에 나는 현장에 자주 가야했는데, 1864년에는 오하이오 주에서 석유가 발견되었다는 소식을 듣고 우리는 현장으로 달려갔다. 이 지역의 석유는 다른 곳과 달리 좋은 윤활유가 될 수 있다는 것이었다. 그리고 나는 콜먼, 리치와 함께 나선 여행에서 너무나 독특한 체험을 하게 되었다. 우리는 엄청나게 큰 유전이 있다고 해서 기차를 타고 덕크릭의 작은 강을 따라 아무도 살고 있지 않은 습지 깊은 곳까지 들어갔다. 우리는 출발하기 전에 그곳을 사기로 이미 계약을 한 상태였다.

우리가 그곳으로 갈 때는 쾌청한 날씨에 길도 그리 힘하지 않았지만 유전에 있는 동안 갑자기 비가 쏟아지기 시작했다. 길은 질퍽하고 끈끈한 진흙탕으로 바뀌었고 우리가 탄 마차는 조심스럽게 앞으로 나가고 있었다. 그러는 동안 비는 더욱 세차졌고 날이 저물어 버렸기 때문에 하는 수 없이 그곳에서 하룻밤을 머물러야만 했다. 콜먼이 마차의 한 쪽에 눕고 리치가 반대편에 누웠다. 나는 그 당시 상당히 말라 45킬로그램 정도 밖에 되지 않았기 때문에 뚱뚱한 두 사람 사이에 샌드위치처럼 껴서 잠을 청했다. 마차가 가끔씩 오륙 센티미터 정도 흔들리다가 완전히 진흙탕 속에 빠지고 말았다. 이렇게 우리는 하룻밤을 보냈다.

다음날 저녁, 우리는 초췌한 몰골로 작은 시골 마을에 도착했다. 마을에는 작은 목조 건물의 교회가 있었는데 등불이 켜져 있고 종소리가 울려 퍼지고 있었다. 마을의 한 여관에 간신히 도착했을 때 교회에서 사람들이 찾아와 마을 사람들이 우리가 오기를 기다리며 교회에 모여 있다는 사실을 전했다. 사정을 들어보니 유명한 강연자를 기다리고 있었던 것 같았는데, 그 사람 또한 우리와 마찬가지 사정으로 늦어지고 있는 것 같았다. 나를 그 사람이라고 착각한 것이었다. 그랬기에 집회소로 함께 가자는 것이었다. 두 사람은 재미있을 것 같다며 함께 가자고 했지만 나는 너무 피곤했기에 거절을 할 수밖에 없었다. 이렇게 해서 나는 평생 단 한 번뿐이었던 설교의 기회를 놓치고 말았다.

나는 다방면으로 사업을 확장시키게 되면서 많은 시간과 노력을 기울여야 했기 때문에 철도회사를 그만두고 사업에 전념하기로 했다. 톰슨 사장이 그 전에 알투나로 옮겨 총무차장을 맡아달라고 청했지만 사임을 하기로 했다. 나는 철도회사에서 완전히 몸을 빼고 재산을 모으는 데 전념하기로 했다. 철도회사에서 받는 월급만으로는 한계가 있었고 반드시 정직한 방법으로 꿈을 이루고 싶었다. 밤에 잠자리에 들 때, 내 마음속에 있는 재판관에게 내가 한 일이 올바랐다는 판결을 받아야만 했다.

내가 톰슨 사장에게 이런 내용의 편지와 함께 사직서를 보내자 그는 따뜻하고 친절한 답장을 보내왔다. 그리고 나의 성공을 기원해 주었다. 나는 1865년 3월 28일에 철도회사를 그만두었고 철도회사 종업원 일동으로부터 금시계를 선물로 받았다. 나는 이 시계와 톰슨 사장으로부터 받은 편지를 기념품으로 소중히 간직하고 있다.

나는 철도회사 직원들에게 다음과 같은 감사편지를 보냈다.

펜실베이니아 철도회사 직원 여러분께.

여러분과 작별을 하게 되어 아쉬운 마음 금할 길이 없습니다. 12년 동안 이 회사에 있으면서 열심히 일해 준 여러분 모두와 정이 많이 들었는데 이제 자주 만날 수 없다는 생각을 하게 되니 마음이 아픕니다. 이제 우리는 서로 다른 길을 가야 하지만 펜실베이니아 철도회사 여러분에 대한 각별한 마음은 변하지 않을 것입니다. 여러분은 지금까지 해왔던 것처럼 앞으로도 회사를 위해 열심히 일하시면 회사의 발전과 함께 여러분 각자가 결실을 맺을 수 있을 것이라 믿습니다.

제게 보여준 여러분의 친절과 사랑, 그리고 제 요구에 최선을 다해 노력해 주신 여러분의 노고를 치하하면서 제 후임자에게도 많은 성원을 부탁드립니다. 감사합니다.

1865년 3월 28일

앤드류 카네기 올림

그 뒤로 나는 두 번 다시 월급을 받는 생활을 하지 않았다. 타인의 지시 하에 있다 보면 모든 사람들이 어쩔 수 없이 좁은 세계에 빠질 수밖에 없다. 대기업의 사장이 되었다고 할지라도 스스로 주인공이 되기는 어려운 일이다. 물론 자신이 모든 주식을 독점하고 있다면 별개문제이다. 가장 유능한 사장조차 사업에 대해서는 아무것도 모르는 중역들과 이사회, 주주들에게 얽매여 있는 것이다.

1867년 핍스와 J. W. 벤더보트와 나는 다시 유럽을 방문해 영국과 스코틀랜드 구석구석까지 돌아보았으며 대륙으로까지 발걸음을 옮겼다. 벤더보트는 내가 가장 친하게 지내던 사람이다. 석유로 인해 재계는 들썩거렸고 주가는 천정부지로 뛰어 올랐다. 어느 일요일, 잔디밭에서 뒹굴던 나는 벤더보트에게 이렇게 물었다.

"벤더보트 자네가 지금 3000달러를 벌었다고 가정한다면 그것을 나와 함께 유럽여행을 하는 데 쓸 수 있겠나?"

"그건 오리가 헤엄을 칠 수 있는지, 아니면 아일랜드 사람들이 감자를 먹는지 묻는 것과 같은 것이라네."라고 대답했다.

벤더보트는 모아두었던 몇 백 달러를 석유에 투자했는데 얼마 지나지 않아 3000달러가 되었다. 이렇게 해서 우리는 여행을 떠나게 된 것이다. 우리는 나의 동업자인 핸리 핍스에게 함께 가자고 권했는데, 그는 이미 훌륭한 자본가가 되어 있었다. 우리는 유럽 모든 나라의 수도를 방문하고, 청년들의 들끓는 듯한 열정으로 탑에 오르고, 산 정상에서 밤을 새우고, 짐을 넣은 배낭을 어깨에 메고 걸었다. 베수비오 화산 정상에서 우리의 여행은 끝이 났고 언젠가 세계일주를 떠나자고 다짐했다.

　이 유럽 여행은 아주 많은 도움이 되었다. 나는 그 전까지 회화와 조각에 대해 아무것도 몰랐지만 그 뒤로는 유명한 화가들의 작품을 보는 안목이 생겨났다. 명작을 보고 곧바로 충분히 감상을 할 수는 없을지도 모른다. 그러나 미국으로 돌아온 뒤 이전까지 자신이 아름답다고 여겼던 것들을 무의식중에 버리게 되면서 내 앞에 펼쳐진 것들을 새로운 기준으로 비판하게 되었다. 위대한 작품이 강한 인상을 남겼기 때문에 그렇지 않은 것에는 더 이상 매력을 느낄 수가 없었던 것이다.

　또한 유럽여행은 음악적인 분야에서도 커다란 위안이 되었다. 마침 런던의 크리스털 궁전에서 열린 헨델의 기념제를 보러갔는데, 그렇게 음악의 위대함과 그 위력을 체험하고 느낀 적은 없었다. 그 후 대륙의 수도원과 오페라 극장에서 음악을 들을 기회가 있었는데, 내 음악 감상에 대한 열정은 점점 깊어졌다. 로마에서는 교황청의 성가대를, 크리스마스와 부활절에는 교회에서 아름다운 음악을 들을 수 있었는데 이것은 여행 중에 얻은 큰 수확이었다고 할 수 있다.

　이 여행은 사업적으로도 많은 도움이 되었다. 우리는 가끔 웅대한 공화국에서 벗어나 자국이 세상에 어떤 모습으로 비춰지고 있는지를 생각해 볼 필요가 있다. 산업에 종사하고 있는 우리는, 미국인의 요구에 응하기 위해 아무리 발버둥을 쳐도 부족하다고 여기며 이리저리 바쁘게 뛰어다니고 있지만 외국에 가면 모두가 정지 상태가 된다.

이 여행에서 얻은 또 하나의 커다란 수확은 나의 사촌인 조지 로더를 만난 것이다. 로더 덕분에 우리 공장의 작업공정이 새롭게 바뀌었는데, 이것은 미국에서 처음으로 시도되는 것이었다. 조지는 콜먼을 영국의 위건으로 데려가 광맥에서 나오는 석탄 찌꺼기를 세척하여 코크스로 만드는 작업에 대해 설명을 해주었다. 콜먼은 이전부터 탄광에서 나오는 탄을 버리지 않고 어떻게 해서든 이용할 수 있으면 좋겠다고 생각하고 있었다. 조지는 공학전문 기술자로 글래스고 대학에서 교육을 받았다.

나는 콜먼의 의견에 따라 자본금을 모아 주요 석탄회사들과 10개월간 계약을 체결하고 펜실베이니아 철도회사에 수송을 위탁해 이 새로운 사업에 뛰어들었다. 조지는 피츠버그로 와서 이 작업의 모든 책임을 담당하게 되었다. 그때까지만 해도 전혀 쓸모없는 무용지물로 여겨 강에 버렸던 찌꺼기가 이렇게 해서 중요한 역할을 담당하게 되었고, 내 친척 중 한 사람이 이 일에 공헌할 수 있었다는 점이 나를 기쁘게 해주었다. 무에서 유를 창출해 낸다는 것만으로도 멋진 일이었지만 신대륙에서 이 사업에 처음으로 손을 댄 것이 우리 회사라는 사실은 특기할 만한 것이라 할 수 있다.

나는 또 한 명의 소중한 동업자를 얻게 되었는데 로버트 모리슨이라는 던펌린 출신의 사촌이다. 어느 날 공장을 돌아보는데 계장이 내게, 친척 중 한 명이 일을 하고 있는데 매우 뛰어난 기술자라는 사실을 알고 있냐고 물었다. 나는 모른다고 대답하고 그 기술자가 일하고 있는 곳으로 가서 말을 걸었다.

　그는 "모리슨 로버트의 아들입니다."라고 대답했다. 사촌인 봅의 아들인 것이다.

　"그랬군, 헌데 여긴 어떻게 왔는가?" 나는 다시 물었다.

　"생활이 좀 더 나아질 거라고 생각했습니다."

　"가족은?"

　"아내와 둘입니다."

　"어째서 나를 찾아오지 않았는가? 그랬다면 내가 일자리를 소개시켜 주었을 텐데."

　"저는 일할 기회만 주어진다면 누구의 도움을 받지 않아도 된다고 생각했기 때문입니다."

　이것이 진정한 모리슨 가의 기질이다. 그는 자기 스스로 모든 일을 해결해야 한다고 배우며 자란 것이다. 그리고 얼마 되지 않아 그가 새로 설립한 우리 철공소의 주임으로 승진했다는 소식을 전해 들었다. 그렇게 꾸준히 승진을 거듭해 지금은 백만장자의 반열에 올랐지만 여전히 건전한 사고방식을 가지고 생활하고 있다.

나는 항상 제철업이 확장되어 철강 산업이 새로운 발전을 거듭해야 한다고 강조해 왔다. 당시는 아직 요람기에 불과했기 때문이다. 앞으로의 발전에 대한 모든 불안감이 깨끗이 사라진 것은 미국 정부가 외국으로부터 들어오는 수입품에 대해 관세를 부과하겠다는 결의를 채택했기 때문이다. 남북전쟁은 미국인에게 외국에 의존하지 않는 자급자족 국가가 되어야 한다는 결의를 하게 만들었다. 그 전까지 미국의 강철은 모두 외국, 특히 영국에서 수입을 하고 있었다. 국민들이 국내 공급을 요구하게 되자 의회는 강철 레일에 28%의 관세를 부과하기로 결정했다. 당시에 레일 가격은 1톤에 100달러였으니 관세는 1톤당 28달러가 되는 셈이다. 다른 철강 제품에 대해서도 거의 비슷한 비율의 관세가 부과되었다.

이 보호조치는 합중국의 산업 발전에 대단히 커다란 역할을 했다. 남북전쟁 전에 남부에서는 이 사안을 정당의 문제라 여기고 자유무역을 주장하면서 관세는 북부만을 위한 것이라고 여기고 있었다. 그러나 전쟁이 끝나자 관세에 대해서 정당들이 관심을 갖기 시작했고 국가의 정책으로서 공화당과 민주당 모두 관세를 지지하게 되었다. 국내의 자원을 개발하는 것이 국민의 의무가 된 것이다. 그 후로 철강업이 급속하게 발전하여 미국이 우위를 점하게 됨에 따라 나는 서서히 관세를 내리기 위해 노력을 했고 1톤당 28달러였던 것이 현재는 사분의 일인 7달러까지 내려갔다. 내가 자서전을 쓰고 있는 지금이라면 미국의 철강제품에 대한 관세를 전면 폐지하여도 아무런 문제가 없을 것이다.

  유럽의 생산량은 수요를 충족시킬 수 없는 정도이기 때문에 국내의 철강 업자들은 어느 정도 수입이 이루어진다고 하더라도 거의 타격을 받지 않을 것이다.

제11장
뉴욕에 본사를 설립하다

제11장
뉴욕에 본사를 설립하다

*

 사업이 꾸준히 확장됨에 따라 나는 자주 동부, 그중에서도 뉴욕에 출장을 가야 했다. 미국에서 뉴욕은 모든 것의 중심지로 영국에서 런던이 중요한 것과 마찬가지였다. 미국의 주요 기업들은 모두 뉴욕에 본사를 두고 있었다. 대규모의 상사들은 모두 뉴욕에 누군가 대표를 할 사람이 없으면 상당한 불편을 감수해야 했다. 동생 톰과 핍스가 피츠버그 사업을 잘 운영하고 있었기에 내 임무는 모든 회사들을 총체적으로 지휘하고 중요한 계약의 교섭을 담당하는 것이라고 생각했다.

 동생은 우리가 가장 존경하는 동업자이자 친구인 콜먼의 딸 루시와 결혼을 했다. 가족들이 살고 있던 홈우드의 집은 동생에게 주고, 나는 또 다시 오랜 친구들과 피츠버그와 작별을 하고 1867년에 뉴욕으로 거주지를 옮겨야만 했다. 이것은 내게 있어 너무나도 힘든 일이었지만 어머니는 훨씬 더 힘들어 하셨다. 그러나 어머니는 여전히 건강하셨고 우리는 모자가 함께 할 수만 있다면 언제나 행복했다. 그래도 오랫동안 살던 정든 집을 떠나는 것은 어머니에게 견디기 힘든 일이었다. 우리는 뉴욕에 아는 사람이 전혀 없었다. 그래서 우리는 일단 세인트 니콜라스 호텔에 묵기로 했는데 그곳은 당시 사교계의 중심이 되어 있었다.

한동안 우리에게는 피츠버그의 친구들이 뉴욕에 왔다가 들러 주는 것이 유일한 낙이 되었다. 그리고 피츠버그의 신문은 우리의 생활에 없어서는 안 될 것이었다. 나는 자주 피츠버그로 갔으며 어머니도 함께 동행을 하셨기 때문에 피츠버그와 우리는 떼려야 뗄 수 없는 관계였다. 그러나 시간이 흐름에 따라 새로운 친구들과 새로운 흥밋거리가 생기게 되면서 자연스럽게 뉴욕생활에 익숙해졌다. 세인트 니콜라스의 경영자가 시내에 윈저 호텔을 개업하면서 우리는 그곳으로 옮겼고 1887년까지 우리의 집을 대신해 주었다. 경영자인 호크 씨는 우리의 친한 친구가 되었으며 그의 조카와는 지금까지 교류를 하고 있다.

뉴욕에서는 교양이라는 특전을 누릴 수 있었고 많은 영향을 받았는데, 그중에서도 특히 높이 평가할 만한 것은 코틀런트 파머 부부가 설립한 19세기 클럽이었다. 클럽은 한 달에 한 번 파머 씨의 집에서 모임을 가지면서 여러 가지 정세에 대해 토론을 나누었다. 모임은 얼마 되지 않아 수많은 유능한 남녀들로 넘칠 정도였다. 나를 이 클럽에 추천해 준 사람은 보터 부인이었고 그녀의 남편은 대학 교수였다. 그녀는 아주 훌륭한 여성이었는데 그녀의 응접실은 마치 살롱과도 같았으며 수많은 지식인들이 모여들었다. 나는 어느 날 보터 교수의 저녁 초대를 받았는데 그곳에서 처음 몇몇 유명인사들과 만날 수 있었다. 그 가운데서 내 평생의 친구이자 또한 현명한 조언자로 나를 도와준 코넬 대학의 학장인 앤드루 화이트를 만나게 되었다. 그는 훗날 러시아와 독일의 대사로 임명되는가 하면 헤이그 회의의 미국 대표로 참석하기도 했다.

19세기 클럽은 지성의 경연장과 같았으며 유능한 남녀가 청중들의 참여를 유도하며 주요 시사문제에 대해 토론을 하였다. 모임은 점점 그 규모가 커져 모임장소를 화랑으로 옮기게 되었다.

내가 처음 발표자로 나섰을 때의 주제는 '달러의 귀족화'였다. 이렇게 해서 나는 처음으로 뉴욕의 청중들 앞에 서게 되었고 이후 가끔씩 강연을 하게 되었다. 강연을 위해 미리 많은 것을 공부해야 했기 때문에 내게는 좋은 훈련의 기회가 되었다.

나는 오랫동안 피츠버그에 살았기 때문에 생산자의 기질이 자연스럽게 몸에 배게 되었는데, 이것은 투기적인 사고방식과는 정반대의 것이었다. 전신국의 통신기사로 있으면서 사업에 대해 배울 수 있었는데 피츠버그 사람들과 상사들 중에서 뉴욕의 주식시장과 거래하고 있는 사람들의 행보에 대해 큰 관심을 가지고 지켜보았다. 내게 있어 그들의 거래는 그저 도박의 일종으로밖에 보이지 않았다. 당시 피츠버그에는 주식시장이 없었기 때문에 증권회사와 개인의 거래는 모두 전보로 이루어졌고, 피츠버그는 누가 뭐라고 해도 공업도시였다.

나는 뉴욕에서는 모든 사정이 정반대라는 사실에 큰 충격을 받았다. 실업계의 사람들 중에 얼마가 되었든 주식에 손을 대지 않은 사람은 한 사람도 없을 것이라고 해도 과언이 아닐 정도였다. 나는 철도회사에 관계하고 있었기 때문에 어디를 가나 철도회사에 대한 질문을 받았다. 투자를 위해 자금을 빌려줄 테니 그것을 잘 운영해 달라는 청도 받았다. 아마도 내가 회사의 내막을 잘 알고 있으니 확실하게 투자를 해줄 것이라고 생각했기 때문일 것이다. 파티에 초대를 해놓고 공공연하게 그런 상담을 하는 경우도 있었다. 실제로 투기에 있어 모든 분야가 점점, 그리고 아주 매혹적인 형태로 내 앞에 펼쳐지기 시작한 것이다.

나는 이런 유혹들을 모두 물리쳤다. 내가 뉴욕으로 옮기고 얼마 되지 않은 어느 날 아침에 윈저 호텔로부터 들은 제안은 그중에서도 가장 놀랄만한 제안이었다. 제이 굴드라고 하면 당시 날아가는 새도 떨어뜨릴 정도로 위세가 대단했는데, 만약 내가 전면적으로 경영에 나서 준다면 펜실베이니아 철도회사를 사서 내게 맡기겠다는 것이었다. 나는 그의 호의에 감사를 표하고 스콧 씨와는 업무상으로 각자 다른 길을 가고 있지만 절대로 그를 배신하는 행위는 할 수 없다고 말했다. 그리고 얼마 후 스콧 씨는 내게 뉴욕의 주주들이 나를 내세워서 회사를 합병하려고 한다는 소리를 들었다고 말했다. 나는 굴드 씨와의 이야기를 아무에게도 말 한 적이 없었는데 어떻게 해서 스콧 씨의 귀에 그런 이야기가 들어갔는지는 지금도 알 수 없다. 그러나 내가 사장이 된다면 그것은 내가 소유하고 있는 철도회사에 국한 될 것이며 다른 회사에는 절대로 손을 대지 않을 것이라고 스콧 씨에게 확실하게 약속을 했다.

나는 평생에 단 한 번을 제외하고는 투기적인 목적으로 주식을 매매한 적이 없다. 단 한 번, 펜실베이니아 철도의 주식을 투자 목적으로 조금 산 적이 있었다. 은행이 저금리로 대출을 해준다고 해서 내 돈을 들일 필요가 전혀 없었다. 그러나 이것도 내가 아직 젊었을 때의 일로 그 뒤로는 자신의 돈을 지불하지 않고 주식을 사거나 혹은 가지고 있지 않은 것을 판 적이 없다. 물론 사업상의 거래에서 증권과 주식으로 대금을 받는 경우가 많았는데 그중에는 뉴욕의 주식시장에 상장되어 있던 회사도 있었다. 때문에 아침 일찍 신문을 펼쳐들면 일단 주식 상황을 살펴보고 있는 자신을 발견하게 되었다. 그래서 나는 자신의 피츠버그 공장과 직접적인 관계가 없는 계열사들은 모두 정리를 하고 주식시장에서 매매되고 있는 것들은 절대로 갖고 있지 않기로 결심을 했다. 이렇게 해서 업무상으로 들어오는 약간의 주식을 제외하고 나는 평생 이 원칙을 지켜왔다.

나는 생산업에 관련된 사람들과 전문직에 종사하고 있는 사람들에게 이런 원칙을 추천하고 싶다. 특히 사업을 경영하는 사람에게 이런 마음가짐은 매우 중요하다. 긴 안목으로 봤을 때 정확하게 판단하는 것 이상으로 중요한 것은 없다. 주식 시장의 혼돈 속에 빠져 있는 사람은 건전한 판단력을 잃게 마련이다. 술에 취해 있는 것과 마찬가지로 있지도 않은 것을 있다고 착각하고, 있던 것마저 전부 잃게 된다. 상대적으로 사물을 관찰하지 못하여 미래에 대한 견해가 왜곡되고 마는 것이다. 두더지의 무덤이 산으로 보이고 산이 두더지의 무덤으로 보인다. 이성적인 판단에 의해 내려지지 않은 결론에 아무런 근거도 없이 한달음에 덤벼들고 마는 것이다. 주식시장에 마음을 빼앗기면 냉정하게 생각을 할 수가 없다. 투기라고 하는 것은 기생충과 같아서 그것 자체는 아무런 가치도 없는 것이다.

뉴욕에 살게 되면서부터 내가 손을 대기 시작한 첫 번째 중요한 업무는 키오쿡에서 미시시피 강을 건너는 철교를 건설하는 대공사였다. 펜실베이니아 철도회사 사장인 톰슨 씨와 내가 기초는 물론 모든 공사를 책임졌으며 그 대금으로 주식을 받았다. 이 공사는 모든 점에서 훌륭한 성공을 거두었지만 재정적으로는 크게 성공을 거두지 못했다. 왜냐하면 미국은 불황에 빠져 있어 거래를 하고 있던 철도회사들이 파산을 했기 때문이다. 게다가 경쟁사가 벌링턴에 철교를 놓아 새로운 철도가 미시시피 강을 건너 키오쿡까지 깔리기도 했다. 우리가 기대하던 막대한 이익은 실현되지 않았다. 그래서 톰슨 씨와 나는 손해를 보지는 않았지만 이익도 거의 없었다.

그러나 키오쿡 철교의 평판이 좋았던 덕분에 세인트루이스 시에서 미시시피 강을 건너는 철교에 대한 계획이 우리에게로 돌아왔다. 이 일 때문에 나는 처음으로 막대한 금융거래를 하기로 결정했다. 1869년의 어느 날 맥퍼슨이라는 사람이 뉴욕의 사무실로 나를 찾아와 신설될 철교를 위해 자금을 구하고 있다고 말했다. 그는 내게 동부의 철도회사가 이 계획에 참가하도록 말해주지 않겠냐고 물었다. 계획안을 면밀하게 검토한 결과 나는 키스톤 교량회사에서 이 다리를 건설하기로 결정했다. 나는 이 다리를 건설할 회사의 저당 채권 400만 달러를 인수하고 교섭을 위해 1869년 3월에 런던으로 출발했다.

항해를 하는 동안 나는 설립 취지서를 작성했고 런던에 도착하자마자 그것을 인쇄했다. 그리고 이전에 영국에 왔을 때 가까워졌던 유명한 은행가 주니어스 S. 모건을 찾아가 협상을 시작했다. 나는 취지서를 한 부 두고 돌아왔는데, 다음날 다시 찾아가 보니 모건 씨가 내 제의서에 호의를 품고 있다는 사실을 깨닫고 매우 기뻤다. 그는 채권의 일부를 인수해 주기로 하고 후에 다시 나머지 부분에 대해 고려해 보겠다고 말했다. 그러나 그의 변호사들은 채권을 보고 용어를 일부 수정하고 싶다고 했다. 모건 씨는 내가 스코틀랜드에 가기로 약속이 되어 있다는 사실을 알고 있었기 때문에 예정대로 출발을 하고 세인트루이스의 본사에 편지를 보내 자신들이 제안한 변경 내용에 동의할지 물으면 된다고 했고, 3주 뒤에 내가 돌아왔을 때 계약을 성사시키면 그만이니 아직 시간은 충분하다고 말해 주었다.

그러나 다 잡은 물고기를 그냥 방치해 둘 수는 없었다. 그래서 다음날 아침에 제안서의 변경에 동의한다는 전보를 받아들고 다시 모건 씨를 찾아갔다. 대서양 해저전신은 수년 전에 이미 개통되어 있었지만 그날 내가 타전했던 내용은 아주 긴 문장인데다가 개인적인 통신이 과거에 발송된 적이 있었는지는 아직까지 의문이다. 채권의 줄을 세어 몇 행의 몇 번째 글자를 변경, 삭제, 혹은 첨가할 필요가 있다고 명기하는 것은 간단한 일이었다. 발송하기 전에 내가 전문을 모건 씨에게 보여주자 그는 이렇게 말했다.

"젊은 양반, 만약 당신이 그것을 성공시킨다면 정말 대단한 일이 될 것이오."

 나는 모건 씨의 개인 사무실에 있는 책상을 하나 빌려 쓰고 있었는데, 다음날 아침에 방에 가보니 내 책상 위에 노란 봉투가 하나 놓여 있었다. 그것은 답신이었는데 "어제 이사회가 소집되어 변경 부분을 승인했다."고 적혀 있었다.

 "이제 모건 씨의 변호사들이 원하는 대로 채권의 내용이 변경되었으니 계약을 진행시킬 수 있겠죠?"라고 물었고, 계약은 곧바로 성사되었다.

 내가 사무실에 있는 동안 『타임스』의 재정부장을 맡고 있던 샘프슨이 들어왔다. 나는 그와 이야기를 나누면서 만약 이 사람이 약간의 기사만 써준다면 주식시장에서 채권의 가격이 오르게 될 것이라고 생각했다. 당시 이리 철도회사가 큰 실수를 저질러 영국에서는 미국의 공채와 주식에 대한 평판이 대단히 좋지 않았으며 맹공격을 당하고 있었다. 나는 이것을 빌미로 공격을 당할 것을 잘 알고 있었다. 그래서 나는 선수를 치고 나서서 세인트루이스 교량회사는 미국 정부로부터 설립 허가서를 받았다는 것을 샘프슨에게 알렸다. 따라서 만약 소송이 벌어진다면 미합중국의 대법원에 제소를 할 수도 있으며, 미국의 대법원은 영국에서와 마찬가지로 국가의 최고 법기관이라는 사실을 환기시켜 주었다. 샘프슨은 그 점에 대해 기사로 다루겠다고 말했다. 내가 이 교량이 대륙횡단의 유료관문이 될 것이라고 설명을 해주자 그는 매우 만족스러워했다. 그리고 순조롭게 이야기를 진행시킨 뒤 그는 돌아갔다. 그러자 모건 씨는 내 어깨를 두드리며 이렇게 말했다.

"고맙소, 젊은 양반. 오늘 아침 당신은 채권의 가격을 5% 올려주었소."

그의 입장에서 본다면 나는 정말 애송이에 불과했다.

이 교섭이 성공적으로 끝나 세인트루이스 교량 건설을 위한 비용을 구하게 되었고, 나 또한 큰 이익을 얻을 수 있었다. 이것은 내게 있어 유럽의 은행가와 금융 절충을 한 첫 번째 경험이었다. 며칠이 지난 뒤 풀먼은, 한 만찬회 자리에서 모건 씨가 전보 교섭을 한 내용을 이야기하며 "그 청년은 훗날 반드시 명성을 떨칠 것이다."라고 말했다고 전해 주었다.

모건 씨와의 계약이 성사된 뒤 나는 고향 던펌린을 찾아갔다. 그때 나는 마을 몇 곳에 수영장을 기증했는데, 이것은 나의 첫 선물이라는 것을 기록해 두기로 하겠다. 이보다 훨씬 전에 로더 이모부의 권유에 따라 배녹번의 옛 전쟁터가 한눈에 내려다보이는 스털링 언덕에 월리스 기념탑을 세우기 위해 기부를 한 적이 있었다. 물론 얼마 안 되는 금액이기는 했지만 당시에 나는 전신국에 근무를 하며 한 달에 30달러로 가족들의 생계를 책임지며 힘든 생활을 하고 있었지만, 어머니는 절대로 힘든 내색을 하지 않으셨다. 아니, 오히려 당신의 아들이 기부자 명단에 오른 것을 자랑스럽게 여기셨고, 나 또한 그렇게 해서 당당하게 한 사람 몫을 하는 어른이 된 느낌이 들었다.

1867년 유럽 대륙을 방문했을 때 보고 들은 것에 대해 깊은 흥미를 느꼈지만, 나는 결코 미국에 남겨두고 온 일들을 잊고 있지는 않았다. 빈번하게 편지로 계속해서 연락을 취하고 있었다. 남북전쟁으로 인해 철도에 의한 태평양 연안과의 연락을 시급한 문제로 검토하게 되었고, 의회는 대륙횡단 철도를 놓는 법안을 통과시켰다. 오마하에서 처음으로 착공식이 열렸는데 철도가 샌프란시스코까지 연장될 날도 그리 멀지 않을 것이다.

내가 로마에 있던 어느 날 문득 대륙횡단 철도가 생각했던 것보다 훨씬 빠르게 진행될지도 모른다는 생각이 들었다. 정부가 영토를 밀접하게 이을 결의를 했다면 그것을 실행으로 옮기는 데 시간을 낭비할 필요가 없을 것이다. 나는 친구인 스콧 씨에게 캘리포니아 선로에 침대 열차를 설치할 권리를 획득해야 한다고 써서 편지를 보냈다. 스콧 씨로부터의 답장에는 이런 내용이 적혀 있었다.

"정말 자네는 시대를 앞서 읽어내는 능력을 잃지 않고 있군."

나는 미국으로 돌아오자마자 이 일을 추진했다. 내가 관심을 가지고 있던 침대 열차는 급속도로 발전을 거듭해서 수요를 따라잡을 만큼의 양을 생산하지 못할 정도가 되었다. 그런 이유로 지금의 풀먼 회사가 창설된 것이다. 중앙운송회사는 전 구역에 손길을 뻗을 수가 없었다. 그래서 풀먼 씨는 세계 최대의 철도 연락 기점이 있는 시카고에 새로운 회사를 설립하게 되었다. 그는 태평양 철도가 침대 열차의 세계 최대 수요지가 될 것이라는 사실을 꿰뚫어보고 나보다 한발 앞서 실행에 옮긴 것이다. 나는 강적을 만나고 말았다. 내가 풀먼 씨와 만나게 되면서 이 사건은 크게 발전을 하게 되는데, 또 한 번 인생의 기로에서 아주 작은 것이 결과를 크게 바꿀 수 있다는 사실을 입증하게 된다.

유니온 퍼시픽 철도회사의 사장인 듀란트 씨가 시카고를 지나게 되었을 때 풀먼 씨가 그를 찾아갔다. 테이블 위에는 스콧 씨 앞으로 보낼 전보용지가 놓여 있었다. '귀하의 침대 차량 건을 승인함.'이라는 내용이었다. 풀먼 씨는 그 전보 내용을 읽고 말았는데 완전히 무의식중에 벌어진 일이었다. 듀란트 사장이 방으로 들어오자 나는 이에 대해 설명을 했다.

"제가 한 가지 제안을 할 때까지 이 건에 대한 결정을 보류해 주셨으면 고맙겠습니다."

듀란트 씨는 기다려 주겠다고 말했다. 그리고 얼마 뒤에 뉴욕에서 유니온 퍼시픽 철도회사의 중역회의가 열리게 되었고 나는 풀먼 씨와 함께 출석을 했다. 두 사람이 모두 중요하게 생각하고 있는 특권을 손에 넣기 위해 서로 신중에 신중을 기하고 있었다. 어느 날 저녁 우리는 세인트 니콜라스 호텔의 계단에서 우연히 마주치게 되었다. 이전에도 몇 번인가 만난 적이 있었지만 아직 친근하게 대화를 나눌 정도는 아니었다. 그러나 계단을 오르면서 나는 그에게 이렇게 말했다.

"풀먼 씨, 안녕하세요. 여기서 또 뵙는군요. 생각해보면 우리 두 사람은 솔직히 말해 정말 바보 같은 짓을 하고 있네요."

그는 모르는 체 하면서 "왜지요?"라고 물었다.

나는 자세하게 설명을 해주었다. 우리가 서로 경쟁을 하게 되면 겨우 잡은 먹잇감을 놓치고 말 것이다.

"그렇다면 당신은 어떻게 하는 것이 좋다고 생각합니까?"라고 물었다.

"공동으로 추진하는 것이죠. 당신과 제가 힘을 합쳐 유니온 퍼시픽에 제안을 하는 겁니다."

"회사 이름은 무엇이라고 하죠?"

"풀먼 궁전 열차."라고 대답을 해주었다.

그는 이 이름에 만족스러워하는 눈치였고 나도 만족스러웠다.

"내 방으로 가서 이야기를 합시다."라고 침대 차량의 거물이 말했다.

나는 그의 방으로 갔고 합병 계약서에 사인을 받아냈다. 훗날 이 회사는 풀먼 본사와 합치게 되었는데, 1873년 대공황이 일어나 나는 철강 회사를 지키기 위해 풀먼 사의 주식을 처분하게 될 때까지 풀먼 사의 대주주였다.

이 풀먼이라는 사람의 경력은 하나부터 열까지 모두 다 아메리카드림이었기 때문에 여기서 한마디 덧붙이는 것도 괜찮을 것이라 생각한다. 풀먼 씨는 원래 목수였다. 시카고 시는 토지가 낮아 복토를 해야 했는데, 그는 복토와 가옥의 이전을 하는 일에 손을 대기 시작했다. 그리고 당연히 사업에 성공을 했고 얼마 안 돼서 이 방면에서는 최고가 되었다. 거대한 호텔의 영업에 아무런 지장도 주지 않고, 수백 명의 투숙객들을 그대로 묵게 한 채 호텔을 1피트 올리는 작업을 할 수 있는 사람은 풀먼 씨뿐이었다. 그는 사물의 움직임을 정확하게 꿰뚫어보는 통찰력을 가진 독특한 인물로, 쉽게 말하자면 거친 강을 헤엄쳐 다니며 가장 빠른 물줄기 속에 항상 존재하고 있는 것이다. 그는 나와 마찬가지로 미국 대륙에서는 침대 열차가 없어서는 안 된다는 사실을 간파하고 있었다. 그래서 그는 시카고에서 몇 대의 침대 열차를 만들어 이곳으로 들어오는 철도 선로에 그것을 포함시키는 계약을 따냈다.

동부 회사들은 이렇게 수완이 뛰어난 인물의 적수가 되지 못했다. 나는 그것을 금방 간파할 수 있었다. 우리 회사와 발명가인 우드러프가 특허권을 가지고 있었기 때문에 우리가 풀먼 씨를 특허권 침해로 고소를 하게 된다면 틀림없이 손해배상을 받을 수 있었을 것이다. 그러나 그런 일로 시간을 낭비하고 있는 동안 풀먼 회사는 유유히 미국 전역에 조직망을 확장시킬 수 있을 것이다. 그런 상황에 대해 서로가 너무나도 잘 알고 있었기 때문에 나는 풀먼 씨와의 제휴를 강력히 주장한 것이다. 풀먼 씨와 우리 회사의 중역들과는 사이가 원만하지 못했기 때문에 중요한 교섭에 대해서는 내가 전부 책임을 졌다. 그리고 얼마 되지 않아 우리가 경영하고 있던 중앙운수회사가 풀먼의 회사와 합병을 하게 된 덕분에 풀먼 씨는 서부뿐만 아니라 동부에서도 세력을 확장할 수 있게 되었다. 이렇게 해서 그의 회사는 그 어떤 경쟁자에게도 지지 않게 되었다. 풀먼 씨는 내가 알고 있는 한 아무도 따라올 수 없는 유능한 사업가였다. 나는 그에게서 많은 것을 배울 수 있었는데 그중에서도 특히 내게 큰 교훈을 남겨준 일화가 있다.

풀먼 씨도 다른 사람들과 마찬가지로 고생도 했고 많은 실의를 경험하기도 하는 등 모든 일들이 다 순조롭게 돌아간 것만은 아니다. 인간이라는 동물은 모두 다 똑같다. 침대 열차를 별도의 독자 회사가 운전하면서, 철도회사에게 그 권리를 존중하도록 만들기란 그리 쉬운 일이 아니다. 그가 아니었다면 실제로 불가능한 일이었다. 물론 철도회사 스스로가 침대차를 운행하는 것이 당연히 이치에 맞는다. 어느 날 그는 내게 이런 말을 했다. 서부에 한 노인이 있었는데 그는 불행한 일생을 보내며 온갖 질병을 몸에 지니고 있어 종합병원이라고 해도 좋을 정도였다. 이웃사람들이 그를 동정하면 그는 이렇게 말했다.

"그래요, 여러분들의 말이 다 맞습니다. 내 일생은 정말 가시밭길의 연속이었죠. 그러나 불가사의한 것이 하나 있습니다. 그중에서 십중팔구는 존재하지 않았었습니다."

그렇다. 인간이 느끼는 고뇌의 대부분은 상상 속에만 존재하기 때문에 그저 웃어넘길 수 있는 것들이 대부분이다. 강에 도착하기 전에는 다리를 건널 필요가 없으며 악마를 만나기도 전에 미리 겁을 먹을 필요는 없다. 아직 닥치지도 않은 일에 지레 겁을 먹는 것은 어리석은 짓이다. 쿵 하고 머리를 맞기 전까지는 모두 다 순조롭게 돌아가고 있고, 맞는다 하더라도 십중팔구는 생각했던 것보다 심하지 않을 수도 있다. 진정으로 현명한 사람은 낙천가이다.

이렇게 여러 가지 절충에 성공을 한 나는 뉴욕의 업계에서 인정을 받게 되었고, 나의 중요한 다음 사업은 1871년에 있었던 유니온 퍼시픽 철도회사와의 교섭이었다. 중역 중 한 사람이 나를 찾아와 회사를 위기에서 살리기 위해서는 60만 달러가 필요하다는 사실을 알려왔다. 그는 나를 잘 아는 사람으로 유니온 퍼시픽 회사에 관여를 하고 있었기 때문에 만약 필요한 자금을 구할 수 있다면 펜실베이니아 철도회사가 이 중요한 서부선로를 사실상 지배할 권리를 줄 수 있을 것이라고 말해 주었다. 지금 기억을 더듬어보면 그

중역과 같이 풀먼 씨도 함께 온 것으로 기억을 하고 있는데, 어쩌면 이 이야기는 풀먼 씨에게서 전해들은 것일지도 모른다.

나는 이 문제를 책임지기로 했다. 만약 유니온 퍼시픽이 펜실베이니아 철도회사가 지명한 사람 중 몇 명을 중역진에 더한다면 펜실베이니아 철도는 유니온 퍼시픽의 원조에 나설지도 모른다고 생각을 했다. 그래서 나는 펜실베이니아로 가서 톰슨 사장에게 사정을 이야기 했다. 나는 뉴욕에서 필요한 자금을 조달할 생각인데, 펜실베이니아 철도가 후원을 해준다면 유니온 퍼시픽의 지배권을 갖게 된다는 점도 강조했다. 톰슨 사장은 자신의 돈에 대해서는 아주 여유로웠지만 회사의 돈에 대해서는 대단히 신중을 기하는 보수적인 인물이었다. 그러나 먹잇감이 너무나도 컸다. 게다가 만약 60만 달러를 회수할 수 없다 하더라도 담보물로 유니온 퍼시픽의 주식을 갖게 되기 때문에 위험부담은 전혀 없었다.

톰슨 씨와의 상의는 필라델피아에 있는 그의 집에서 이루어졌는데, 내가 돌아가려 하자 톰슨 씨는 내 어깨에 손을 얹고,

"앤디, 이 건에 대해 내가 자네를 신용하고 있다는 사실을 명심하게. 자네의 신용이 달려 있네. 주식을 손에 넣은 것 때문에 펜실베이니아 철도가 단돈 1달러라도 손해를 보는 일이 있어서는 안 되네."라고 말했다.

나는 모든 책임을 지고 일을 진행시켰고 결과는 대성공이었다.

유니온 퍼시픽 사는 톰슨 씨에게 대표가 되어달라고 강력하게 부탁을 했지만 그는 청을 받아들이지 않았다. 그 대신에 펜실베이니아 철도회사의 부사장이었던 토마스 A. 스콧 씨를 추천해 주었다. 그렇게 해서 1871년에 스콧 씨, 풀먼 씨와 내가 유니온 퍼시픽 철도회사의 중역으로 선출되었다. 나는 담보로 제공받은 유니온 퍼시픽의 주식 300만 주를 금고에 보관했다. 예상했던 대로 새로운 제휴는 유니온 퍼시픽 사를 견고하게 만들어 주었고 주가는 급등하게 되었다. 당시 나는 미주리 강의 오마하에 새로 건설할 철교에 대한 공채를 팔기 위해 런던에서 교섭을 진행하고 있었고, 내가 없는 동안에 혹시 긴박한 사태가 벌어질지도 몰랐기 때문에 공동 출자자인 스콧 씨에게 금고 열쇠를 맡기고 떠났다. 그런데 스콧 씨가 주식을 모두 처분하고 말았다. 스콧 씨가 주식을 처분해 버리고 힘들게 얻은 사장의 지위를 날려 버리는 일을 할 것이라고는 상상조차 하지 못했다.

런던에서 돌아온 나는 유니온 퍼시픽 사의 신뢰를 받는 중역 중 한 사람이 아니라 투기를 목적으로 주식을 이용했다는 오명을 얻게 되었다는 사실을 알게 되었다. 대기업에 참가할 수 있는 기회는 이렇게 해서 수포로 돌아갔다. 풀먼 씨는 나와 마찬가지로 아무 것도 몰랐고 나와 마찬가지로 심하게 분노했다. 그는 이 거래로 얻은 금액을 전부 다시 유니온 퍼시픽에 재투자했다. 나도 풀먼 씨와 같은 방법으로 오명을 씻어 버리고 싶었지만 그렇게 하면 나의 첫 은인이자 친구인 스콧 씨에게 칼을 들이대는 꼴이 되어 은혜를 저버리는 결과가 되고 만다. 나는 주식을 다시 사들이지는 않았다.

그렇게 해서 얼마 되지 않아 스콧 씨와 나는 유니온 퍼시픽 사의 중역 자리에서 헌신짝처럼 내쳐졌지만 그것은 당연한 결과였다. 이것은 아직 젊은 나에게는 너무나도 힘든 경험이었다. 그리고 이로 인해 어린 내게 친절하게 사랑을 베풀어 주었던 토마스 스콧 씨와의 거리가 멀어진 느낌을 받게 되었다는 것은 너무나도 안타까운 일이었다. 톰슨 사장은 이 중대한 문제를 스콧 씨와 내게 일임했으니 자신에게 모든 책임이 있다고 말하며 매우 아쉬워했지만, 내가 이 거래에는 아무런 관계가 없다는 점을 마지막에는 인정해 주었다.

오마하 철교 건설을 위한 공채 200만 달러의 교섭은 성공적이었다. 국내에서 공채는 유니온 퍼시픽에 관계가 있는 사람들이 샀지만, 내가 런던으로 떠나기 전에 아무도 그 사실을 내게 설명해 주지 않았다. 그러나 뉴욕으로 돌아오자 스콧 씨의 사건이 터졌고 회사는 그 손실을 메우기 위해 공채로 벌어들인 나의 이윤을 전부 여기에 투입해야 했기 때문에 나는 이익을 한 푼도 얻지 못했다. 런던으로 가기 위한 경비와 체재비, 그리고 시간과 노력도 모두 허사가 되고 말았다. 이렇게 심한 일을 당한 것은 난생 처음이었다. 나는 아직 젊고 앞으로도 많은 것을 배워야 한다는 것을 뼈저리게 느꼈다. 나는 아무리 신뢰를 하고 있는 사람이라도 엄격하게 감시를 게을리 하지 않으면 안 된다는 사실을 배우게 되었다.

제12장
모건 상회와의 거래

제12장
모건 상회와의 거래

*

 나는 그 무렵 피츠버그의 앨러게니 계곡 철도회사의 사장인 윌리엄 필립스 대령을 위한 협상에서 큰 성과를 올렸다. 어느 날 필립스 대령이 뉴욕의 사무실로 나를 찾아와 당장 돈이 급한데 미국에는 펜실베이니아 철도회사가 보증한 자신의 회사 채권 500만 달러어치를 사주는 은행이 없다고 하소연했다. 그는 은행이 가격을 담합해서 궁지에 몰려 있다고 생각하고 있었다. 그는 1달러당 90센트를 원했지만 은행에서는 불가능하다고 했다. 당시 서부 철도회사들의 채권은 은행에서 80센트에 거래가 되고 있었다.

 필립스 대령은 곤경에서 벗어나기 위해 나를 찾아온 것이었다. 25만 달러의 자금이 필요하지만 펜실베이니아 철도회사의 톰슨 사장은 이를 해결해 줄 수 없다는 것이었다. 앨러게니 회사의 채권 금리는 7%나 되었지만 금이 아닌 미국 달러로만 지불하도록 되어 있어 외국시장에도 내다 팔 수가 없었다.

그러나 나는 펜실베이니아 철도회사의 금고에 금으로 지불되는 금리 6%의 필라델피아·이리 철도회사의 채권이 보관되어 있다는 사실을 알고 있었다. 이 채권을 자사에서 보증한 금리 7%의 앨러게니 철도회사의 채권과 교환하자고 제시한다면 펜실베이니아 철도회사 측에서도 반가워할 것이라고 생각했다.

나는 톰슨에게 전보를 쳐서 채권 25만 달러어치를 좋은 조건으로 인수하고 이를 앨러게니 회사에 대출해 줄 수 없냐고 물었고, 톰슨은 그렇게 하겠다고 대답했다. 필립스 대령은 기뻐하면서 500만 달러의 채권을 1달러당 90센트에 매매할 수 있는 대리인 자격을 주었다. 나는 톰슨에게 채권의 교환을 제안했고, 톰슨은 1% 더 높은 이율을 받을 수 있었기 때문에 기꺼이 동의를 했다.

나는 다시 런던으로 건너가 펜실베이니아 철도회사에서 보증한 필라델피아·이리 철도회사의 저당 채권에 대한 매각 협상에 들어갔다. 나는 이 우량 채권을 좋은 가격에 처리하고 싶었는데 이 일로 인해 금융거래와 관련한 가장 큰 성공과 실패를 동시에 맛보게 되었다.

나는 퀸스타운에서 베어링 회사에 편지를 보내 만족할 만한 채권을 매각할 것이라고 알렸다. 런던에 도착하니 베어링 회사로부터 만나자는 메모가 와 있었다. 다음날 아침에 나는 베어링 회사와 협상을 통해 합의점을 찾아냈다. 그들은 수수료 2.5%를 제한 나머지 채권에 대해 액면가로 매도할 때까지 펜실베이니아 철도회사에 400만 달러와 5%의 이자를 내기로 합의했다. 이로써 나는 50만 달러 이상의 이윤을 보게 되었다.

이제 서류에 사인만 하면 되는 단계에서 러셀 스터지스는 다음날 베어링 씨가 오기로 되어 있으니 그를 만난 뒤에 계약서에 사인하자고 제안했다. 그리고 2시쯤이면 모든 일이 다 마무리 될 것이라고 덧붙였다.

그날 은행에서 나와 톰슨에게 전보를 치러 가는 동안 느꼈던, 무엇인가 내 가슴을 억누르고 있는 것 같은 중압감은 결코 잊을 수가 없다. 나는 하루를 기다렸다가 계약서를 손에 넣은 다음 톰슨에게 연락하기로 했다. 그리고 은행에서 호텔까지 약 4마일을 걸었다. 호텔에 도착하자 베어링 회사에서 보낸 심부름꾼이 헐떡거리며 뛰어와 봉투를 건네주었다. 봉투에는 비스마르크가 마그데부르크에 100만 달러를 봉쇄했다는 소식과 함께 금융계가 공황상태에 빠진 현 시점에서 베어링 씨에게 이 제안을 할 수 없게 되었다는 내용이 적혀 있었다. 비록 구두계약이었지만 베어링 회사에서 계약을 깨는 것은 마른하늘에 벼락이 치는 것만큼 아주 드문 일이었다. 나는

모건

너무 큰 충격 때문에 화를 낼 수조차 없었다. 단지 톰슨에게 전보를 치는 것을 하루 미룬 것이 불행 중 다행이었다.

나는 베어링 회사를 다시 찾지 않고 모건 회사로 찾아가 베어링 회사에 제시했던 금액보다 약간 싼 가격에 증권을 모건 씨에게 넘겼다.

필립스 대령이 모건 회사의 미국 지사에 채권을 매도하려 했다가 실패했다는 소식을 들었기 때문에 런던 본사에도 이미 연락이 되었을 것이라는 생각이 들어 처음에는 그리 내키지 않았다. 그러나 이 협상을 통해 향후 모든 협상거리가 있을 때마다 일단 주니어스 S. 모건에게 제안을 하겠다는 원칙이 새롭게 생기게 되었다. 모건은 내 제안을 거의 다 받아들였다. 그리고 본인이 불가능할 때는 반드시 신뢰할 만한 다른 회사를 소개해 주기도 했다. 이런 거래관계는 언제나 상대에게 유리한 결과를 가져다준다는 사실이 내게도 즐거운 추억으로 남아 있다.

어느 날 나는 모건 씨에게 이렇게 말했다.

"모건 씨 제가 제안을 하면 당신이 사업을 추진하시죠. 그리고 이윤의 사분의 일을 제게 주신다면 이것저것 괜찮은 제안을 해드릴 수 있는데요."

그는 웃으며 말했다.

"그거 괜찮은 거래군요. 당신의 제안을 받아들일지 말지의 선택권은 제게 있으니 이익의 사분의 일을 제공하는 것은 당연한 거겠죠."

그래서 나는 펜실베이니아 철도회사가 보증을 하고 있는 앨러게니 계곡 철도회사의 공채를 제시하게 될지도 모르겠다고 말했다. 철도회사들은 항상 확장을 하려고 노력하고 있기 때문에 언제나 자본 부족으로 허덕이고 있었다. 그리고 유럽에서는 미국 철도회사들의 채권에 상당한 관심을 갖고 있었기 때문에 좋은 가격에 대량으로 사들여 유럽에서 팔 수 있을 것이라고 생각을 했다. 모건 씨는 늘 그랬듯이 제안서를 자세히 검토한 뒤에 받아들이겠다고 말했다.

당시 톰슨 사장이 파리에 체류하고 있었기 때문에 나는 곧바로 그에게 달려갔다. 모건 씨와 있었던 일들을 설명하고 만약 대략적인 가격을 말해 준다면 곧바로 절충에 들어가겠다고 말했다. 톰슨 씨가 부른 가격은 상당히 높았지만 얼마 안 돼 갑자기 폭등을 한 것을 감안한다면 오히려 싼 편이었다. 모건 씨는 곧바로 그중의 일부를 사고 나머지 권리는 보류해 달라고 말했다. 이렇게 해서 9백만 달러에서 1억 달러에 달하는 앨러게니 채권을 모두 다 처분할 수 있게 되었고 펜실베이니아 철도회사는 자금을 회전시킬 수 있게 되었다.

채권의 매매가 채 완료되기 전에 우리는 1873년의 대공황에 당면하게 되었다. 내 수입 중의 하나는 당시 피어폰트 모건에게 맡겨둔 채권이었다. 어느 날 그는 내게 이렇게 말했다.

"아버지가 런던에서 무선전신을 보내왔는데, 당신이 맡겨둔 채권을 팔아도 되냐고 물으셨습니다."

"네, 괜찮습니다. 요즘 같아서는 제가 가지고 있는 건 다 팔아서 현금으로 만들어야 할 상황입니다."라고 대답했다.

"그래요, 그럼 얼마에 파시겠습니까?"라고 젊은 모건이 물었다.

얼마 전에 내가 받았던 계산서에 의하면 내가 모건 사에 맡겨둔 채권의 총액이 5만 달러였던 것을 기억하고 있었다. 나는 그것을 6만 달러에 팔고 싶다고 대답했다. 다음날 아침에 모건은 수표로 7만 달러를 내게 건네주었다.

"카네기 씨, 당신은 착각을 하셨습니다. 당신은 1만 달러 싸게 파셨습니다. 당신이 맡긴 금액은 5만 달러가 아니라 6만 달러였습니다. 그리고 약속했던 수수료를 더하면 7만 달러가 됩니다."라고 말했다.

수표는 6만 달러와 1만 달러 두 장이었는데, 1만 달러는 이익분의 사분의 일에 해당하는 수수료라는 것이었다. 나는 이 수수료를 돌려주며 말했다.

"그렇군요. 정말 대단하십니다. 하지만 이건 제 감사의 표시로 받아주시기 바랍니다."

"정말 감사합니다. 하지만 그럴 수는 없습니다." 그가 대답했다.

이렇게 법률적인 권리와 의무를 배제하고 진정으로 이해하고 배려해 주는 마음은 실업계에서도 그리 보기 드문 것은 아니지만 세상 사람들은 잘 모르고 있는 것 같다. 그리고 그들의 호의에 깊은 감동을 받은 나는 이후로 모건 부자와 이 회사에 관한 일이라면 절대로 손해가 되는 일을 해서는 안 되겠다고 굳게 다짐했다. 그들은 나의 진정한 친구가 되어 주었다.

커다란 사업이라는 것은 엄격한 성실함을 기반으로 이루어지기 때문에 그 이외의 것은 더 이상 필요하지 않다. 요령이 좋다거나 약삭빠른 거래를 한다는 평판이 퍼지면 큰 사업을 하는 데 치명타가 될 수 있다. 법률적인 문구가 아니라 반드시 정신이 모든 거래의 규칙이 되어야 한다. 사업적 도덕의 기준은 현재 매우 높은 수준에까지 도달했다. 어떤 실수로 부당한 이익을 얻은 경우에 그 회사는 상대가 손해를 입지 않도록 곧바로 수정을 하고 있다. 어떤 기업이 그저 법이 정한 대로 따르는 것이 아니라 상대방에게 공평하고 정의롭게 대처하고 있다는 평판은 그 회사에게 지속적인 번영의 기틀을 가져다준다. 우리가 채택하고 준수해 온 '의문이 생겼을 때는 항상 상대방을 먼저 생각하라.'는 방침이 상상했던 것 이상으로 많은 대가를 가져다주는 것이다. 이런 것들은 절대로 투기의 세계에서는 적용되지 않는다. 그런 세상에서는 전혀 다른 기운이 감돌고 있다. 그들은 도박꾼들이다. 주식투기와 진정한 기업행위는 절대로 양립할 수 없다. 최근에는 런던의 주니어스 S. 모건과 같은 고상한 은행가들이 매우 적다는 것을 인정할 수밖에 없다.

 유니온 퍼시픽 사에서 해임되고 얼마 안 지나, 스콧 씨는 텍사스 퍼시픽 철도회사의 사장으로 취임을 했고 이 선로의 개척에 모든 정력을 쏟아 부었다. 어느 날 그가 뉴욕에 있던 내게 전보를 보내 필라델피아에서 꼭 한번 만나달라고 했다. 약속장소로 가보니 나의 옛 친구들이 모두 모여 있었다. 문제는 텍사스 퍼시픽 사가 런던에서 발행한 채권의 만기일이 가까워졌고 내가 보증을 선다면 모건 사가 재발행을 하겠다는 것이었다. 만약 내가 이를 거절해 버리면 회사는 도산을 하고 만다. 나는 매우 입장이 난처했는데, 위험한 사업에 손을 대면 나는 물론이고 회사와 가족들의 생계에도 위험이 닥치게 된다. 내 의무는 과연 무엇일까? 나는 곰곰이 생각을 한 끝에 스콧 씨의 부탁을 거절했다. 나는 모든 자금을 제조업에 쏟아 부었기 때문에 돈이 한 푼이라도 생기면 회사를 위해 투자를 할 것이다. 자본가라고는 하지만 나는 이제 겨우 가장자리에 매달려 있는 것에 불과한 회사를 경영하고 있을 뿐이다. 동생과 제수 씨, 핍스 씨와 그의 가정, 클로먼과 그의 가족들이 내 눈앞에 아른거렸다. 나는 무슨 일이 있어도 그들을 반드시 지켜내야 한다.

나는 다시 스콧 씨에게 대규모 철도를 건설하기 위해서는 필요한 자본을 확보한 다음에 일을 추진해야 하니 이 사업을 단념하라고 권했지만, 결국 실패로 끝났다는 것을 명기하지 않으면 안 되겠다. 수천 마일의 철도 선로를 기한이 정해진 빌린 돈으로 짓기란 불가능한 일이다. 스콧 씨는 내가 유럽에 가 있는 동안 이 사업을 추진하기 시작했는데, 내 몫으로 남겨 두었던 25만 달러를 나는 현금으로 지불하여 뒤탈이 없도록 해두었다. 이렇듯이 시종일관 신중하게 행동해 왔던 내가 이제 와서 위험을 동반해야 하는 모험에 뛰어드는 것은 그 누구를 위한 일이라 할지라도 불가능한 일이었기 때문에 이 제안을 단호하게 거절했다. 이렇게 해서 스콧 씨와 나와의 사업상 관계는 끊어지고 말았고 정말로 마음이 아팠다. 이렇게 힘들었던 기억은 평생 다시 없었다.

 이 일이 있고 얼마 되지 않아 스콧 씨의 회사는 도산하고 말았다. 미국은 당시 금융계의 거물이라 불리던 사람들이 연속해서 쓰러져 나갔기에 매우 놀랐다. 1881년 5월 21일에 스콧 씨는 갑자기 숨을 거두었는데, 아마도 이 일이 어느 정도 죽음의 원인이 되었을 것이다. 그는 다시는 일어설 수 없을 정도로 망가지고 말았던 것이다. 이 사업에 참가했던 맥머너스와 베어드도 씨도 얼마 뒤에 세상을 떠났는데, 그들은 나와 마찬가지로 생산 공업에 종사하던 사람들로 철도건설에는 손을 대지 말았어야 했다.

사업을 하다보면 온갖 문제들을 만나게 되지만 상업상의 계약서류에 보증을 서는 것만큼 위험한 일은 없다고 해도 과언이 아니다. 그러나 그럴 경우 스스로에게 두 가지 자문을 해보고 그 질문에 솔직하게 대답을 할 수 있다면 위험한 상황에서 의외로 쉽게 벗어날 수 있다. 첫째, 서류에 사인을 하면서 발생할 수 있는 최대 손실액을 감당할 만큼의 재정적 여유가 있는가. 둘째, 보증을 서도 좋을 만큼 상대에게 모든 것을 다 준다고 해도 아깝지 않다고 여겨지는가. 이 두 가지 질문에 대답을 한 다음에 행동을 결정하면 된다. 만약 첫 번째 질문에 대한 대답이 긍정적이라면 보증을 서는 것이 아니라 필요한 만큼을 상대에게 빌려주는 것이 좋다. 자신의 이름을 빌려주는 것은 최후의 수단이며 현명한 사람은 자신의 이름을 소중히 여길 줄 아는 사람이다.

이 필라델피아 회의에서 나는 상대의 요청을 거절했지만, 다음 날 아침 초청된 사람들을 뉴욕으로 데려다줄 특별 열차에 초청을 받았고 기꺼이 그 일행에 합류했다. 열차 안에서 자본가로서의 중후함을 갖추고 있던 매컬로 씨가 내게 말을 걸어왔다. 그는 열차 안을 유심히 둘러보았지만 이 안에 제대로 된 사람은 오직 한 사람뿐이고 다른 사람들은 모두 '정신 나간 사람들'이라는 결론을 내렸다며, "여기 앤디는 자신의 책임 분을 다 지불하고 단돈 1달러의 빚도 없다. 그래서 이 일에 대해서는 아무런 책임도 없다. 여기 있는 사람들도 모두 그렇게 해야 할 것이다."라고 말했다.

그리고 그는 내가 어떻게 이렇게 위험하고 번거로운 일에서 쉽게 벗어날 수 있었는지를 물었다. 나는 내가 모든 책임을 지고 지불할 수 없는 일에는 사인을 하지 않겠다는 것을 원칙으로 삼고 있으며 지금까지 충실하게 지켜왔다고 말했고, 서부 개척자 중 한 사람이었던 내 친구가 했던 말을 덧붙였다. "건널 수 없는 곳에 발을 디뎌서는 안 된다." 이번 강은 내게는 너무나 깊고도 넓었다.

이 원칙에 대해서는 나뿐만이 아니라 사업상으로 나와 관련된 모든 사람들에게도 강조를 했고 덕분에 수많은 역경을 이겨낼 수 있었다. 사업상의 문제는 별개의 문제이지만 나는 무슨 일이 있어도 섣부르게 사인을 하거나 보증을 서지 않겠다고 굳게 결심을 한 것이다. 이것이 앞서 말한 회담에서도 많은 도움이 된 것이다.

당시 나는 자주 유럽으로 가서 여러 가지 채권을 거래했는데 모두 합치면 3천만 달러 정도의 금액을 거래했다. 당시에는 아직 대서양 해저전보가 좋지 않아 런던의 금융시장과 뉴욕이 연결되지 않았던 시대였기 때문에 런던의 은행가들은 여윳돈이 있으면 그것을 약간의 이자 차액을 위해 파리, 빈, 베를린으로 돌리기는 했지만 아무리 높은 이자를 받을 수 있다 하더라도 미국에는 빌려주려 하지 않았다. 그들의 눈에는 유럽보다 미합중국이 훨씬 불안정하게 비친 것이다.

동생 톰과 핍스 씨가 제철 사업을 안정적으로 운영해 준 덕분에 나는 아무런 걱정도 하지 않고 몇 주 동안씩 자리를 비울 수 있었다. 이런 식으로 내가 점점 제조업에서 벗어나 금융계와 은행계 쪽으로 빠져들지 않을까 하는 걱정이 들기도 했다. 나의 해외에서의 성공은 여러 모로 유리한 기회를 제공해 주었다. 그러나 나는 언제나 생산 사업에 관심을 기울이고 있었다. 나는 뭔가 유형의 것을 만들어 내서 그것을 판매하는 데 힘을 쏟고 있었기 때문에 금융 사업으로 얻은 이익을 여전히 피츠버그 공장을 확장하는 데 쏟아 부었다.

처음에 키스톤 교량회사를 위해 세운 작은 공장은 이미 다른 일을 위해 쓰고 있었고, 로런스빌에 10에이커의 넓은 땅을 사들여 새로 대규모의 공장을 세우고 있었다. 합동 제철소는 그 뒤로도 계속 확장을 거듭해서 지금은 미국 제일의 제철소로 성장을 하였다. 나는 한때 펜실베이니아 철도회사의 친구들과 서부의 모든 주에 철도를 건설하는 일에 어느 정도 관심을 가지고 있었다. 그러나 점점 그런 것에서 손을 떼고 "가지고 있는 달걀을 한 바구니에 모두 담아 놓아서는 안 된다."는 격언과는 정반대가 되는 방침을 따르기로 했다. "좋은 달걀은 모두 한 바구니에 담아 두고 그곳에서 눈길을 떼지 않는다."는 것이 옳은 방침이라고 굳게 믿었기 때문이다.

나는 어떤 일에도 흔들리지 않고 큰 성공을 거둘 수 있는 진정한 길은 스스로 그 길을 완벽하게 습득하는 것이라는 소신을 가지고 있다. 나는 여기저기로 정력을 분산시키는 것은 현명한 방법이 아니라고 생각한다. 내 경험에 의하면 여러 가지 사업에 관여해 재정적으로 성공을 거둔 사람은 만난 적이 거의 없다. 제조업에 있어서는 더욱더 그렇다. 성공한 사람들은 한 가지 길을 선택하고 그 길을 끝까지 걸어간 사람들이다. 자신의 사업에 투자하고 그것에 전념한다면 막대한 이익을 창출해 낼 수 있다는 진리를 깨닫고 있는 사람이 너무나 적다는 사실이 놀라울 정도다. 어떤 공장이든 그곳에 있는 기계 중 하나를 치워버리고 능률적인 기계를 새로 들여놓는 것이 좋은 경우가 반드시 있다. 또한 기계의 증설이나 새로운 작업의 연구를 통해 훨씬 많은 이익을 창출해 낼 수 있음에도 불구하고, 그 일은 게을리 한 채 자신의 영역 이외의 것에 투자를 하는 사람이 많다. 그런 투자를 통해 아무리 많은 수익이 들어온다 하더라도 자신의 사업을 게을리 해서 발생한 손실을 메우기에는 역부족이다. 그럼에도 불구하고 내가 아는 많은 사업가들의 대부분은 은행의 주식이나 자신의 사업과는 아무런 관계도 없는 사업에 투자를 할 뿐, 진정한 광맥이 자신의 공장에서 잠이 들어 있다는 사실은 잊고 있다. 나는 평생 이 원칙을 굳게 지키며 곁눈질을 하지 않으려고 노력했다. 나는 그 누구보다도 자신의 자본을 어떻게 써야 하는지를 잘 알고 있다. 중역진들보다도 훨씬 잘 알고 있다. 그러므로 젊은이들에게 내가 해주고 싶은 말은 평생의 직업이라고 정한 일에 대해서는 시간과 정성을 다하는 것은 물론이고, 자신이 가지고 있는 마지막 1달러까지 쏟아 부으라는 것이다. 나는 젊은 시절에 이미 그렇게 결심을 했다. 철강 생산에 전력을 집중시켜 그 길의 최고가 되겠다고 결정한 것이다.

나의 잦은 영국 방문은 철강업계에서 명성을 날리고 있는 사람들과 만나 그들과 친교를 쌓을 수 있는 절호의 기회를 만들어 주었다. 그런 사람들 중에서 가장 유명한 사람인 베세머를 시작으로 로디언 벨 경, 버나드 새뮤엘슨 경, 윈저 리처즈 경 등 모두가 업계의 거물들이었다. 나는 영국 철강협회의 평회원에서 시작해서 회장으로까지 선출이 되었는데, 영국 시민이 아닌 사람이 회장으로 선출된 것은 내가 처음이었다. 이 명예를 나는 매우 기쁘게 생각했지만 미국에 거주하고 있었기 때문에 충분히 제 의무와 책임을 다할 수 없다는 이유로 완강하게 거절했다.

우리는 교량을 비롯해서 모든 건조물을 만들기 위해 필요한 연철을 제조해야 했으며 선철(銑鐵)도 직접 생산하는 것이 바람직하다는 생각을 하게 되었다. 그래서 1870년에 루시 용광로를 건설하게 되었다. 만약 처음부터 이 작업이 그렇게까지 어려운 작업이라는 사실을 알았다면 이 일을 뒤로 미루었을지도 모른다. 우리는 가끔 업계의 선배들로부터 우리와 같은 신생 회사가 급속하게 확장하는 것에 대한 경고를 받아왔지만 전혀 굴하지 않았다. 우리에게는 충분한 자본력이 있었고 사회적인 신용도 높았기 때문에 반사로를 만들 만한 실력이 충분하다고 생각했다.

건설비에 대한 견적은 실제로 들어간 비용의 반도 되지 않았다. 그것은 우리에게 있어 하나의 모험이기도 했다. 클로먼은 용광로의 운영에 대해 아는 것이 전혀 없었다. 하지만 상세한 지식이 없었음에도 불구하고 큰 사고 없이 일을 마칠 수 있었다. 그리고 완성이 됐을 때 루시 용광로의 생산량은 우리가 기대했던 것을 훨씬 웃돌아 당시로서는 그 예를 찾아볼 수 없는, 하루 100톤이라는 막대한 양을 한 용광로에서 일주일 내내 지속적으로 생산할 수 있게 되었다. 세상을 통틀어 어디서도 들어보지 못한 생산량이었다. 우리는 기록을 세웠고 수많은 사람들이 그 모습을 보고 혀를 내두를 정도였다.

그러나 우리의 제철사업이 모두 순조롭게 진행된 것만은 아니었다. 가끔씩 불경기가 찾아왔다. 남북전쟁 이후 철의 가격이 1파운드당 9센트에서 3센트로 폭락을 했지만, 우리는 그런 역경도 힘겹게 버텨낼 수 있었다. 당시에는 파산하는 기업들도 많았고 우리의 금융담당자는 위기에 대처하기 위한 자금을 조달하기 위해 정신이 없었다. 그리고 그렇게 해서 우리 회사는 신용에 타격을 입지 않고 버텨냈다. 그러나 선철의 제조는 다른 부분보다 훨씬 우리의 골칫

거리였다. 때마침 영국의 유명한 제철업자인 휘트웰 씨가 찾아왔다. 나는 그에게 우리가 당면한 기술적인 난관에 대해 털어놓았다. 친절하고 후덕하며 그릇이 큰 인물이었던 휘트웰 씨는 업자들 간의 시기 따위는 전혀 개의치 않고 자신의 지식과 경험으로 우리가 안고 있던 문제들을 깔끔하게 해결해 주었다. 그리고 훗날 나는 새로운 공법을 그에게 제공해서 은혜에 보답할 수 있었다.

제13장
강철시대

제13장
강철시대

*

 지금 생각해보면 믿기 어려운 일이지만 40년 전인 1870년대에는 선철의 제조에 화학적 지식이 필요하다는 사실을 미국에서는 전혀 상상도 하지 못했다. 제철에 있어서 화학만큼 중요한 것도 없다. 당시 용광로의 주임기사들은 대부분 거친 성격의 외국인들이 많았는데, 기술적인 부분 이외에도 부하들의 기강을 바로잡는다는 이유에서 때로는 폭력을 휘두르기까지 했다. 그들은 감으로 용광로의 상태를 진단했으며 자신들의 기술에는 뭔가 초자연적인 정신력이 있다고 믿고 있었다. 그것은 수맥과 석유 등을 찾아내기 위해 오리나무 막대기를 들고 걸어 다니는 것과 마찬가지였다. 그것은 또한 환자의 상태보다는 자신의 그때그때 감정에 따라 약을 조제

하는 돌팔이 무당과도 같은 것이었다.

루시 용광로는 한 가지 문제를 해결하면 곧바로 다음 문제가 발생하는 경우가 잦았다. 그것은 여러 종류의 철광석과 석회석, 코크스 등 서로 성질이 다른 것들을 일정하게 유지하 위한 노력은 전혀 하지 않고 그저 적당량을 사용했기 때문이었다. 그리고 우리는 그저 애만 태울 뿐이었다. 하는 수 없이 그저 감으로 모든 것을 처리하는 담당자를 해고하고 젊은 사람에게 용광로를 맡기기로 결정했다. 우리는 헨리 M. 커리라는 젊은 운송담당자에게 이전부터 관심을 갖고 있다가 그를 담당자로 결정했다.

핍스 씨는 용광로에 대한 책임이 자신에게 있다고 여기고 감독을 하고 있었다. 매일 빠지지 않고 점검을 한 덕분에 큰 실수는 피할 수 있었다. 서부에 있는 다른 회사들의 용광로와 비교해서 이 용광로의 생산량이 떨어지는 것은 아니었지만, 다른 곳의 용광로와 비교할 때 훨씬 더 컸기 때문에 자연히 그 차이는 중대한 결과를 초래하게 되었다.

이제 남은 일은 커리를 도와줄 화학자를 찾아내는 것이었다. 우리는 다행히 프리케라는 독일 출신의 화학자를 찾아냈고, 그는 우리를 위해 매우 중요한 비밀의 문을 열어주었다. 산에서 운반되어 온 광석 중 그때까지 성능이 좋다고 평가를 받았던 것이 실제로는 소정의 함유량의 20%, 15%, 더 나쁜 경우에는 10%도 채 되지 않는다는 사실을 알게 되었다. 그리고 그와 반대로 지금까지 함유량이 적고 질이 떨어진다고 여겼던 산에서 나온 것이 훨씬 품질이 좋은 등 모두가 엉망진창이었던 것이다. 그때까지 선철제조 과정에서 불안정한 것이라 여겨졌던 원인의 십중팔구가 화학적 지식이라는 빛 덕분에 깨끗이 사라지고 말았다.

그런데 이제야말로 용광로가 최고의 제품을 생산해 낼 수 있을 것이라고 큰 기대를 품게 된 순간에 고장을 일으키고 만 것이다. 원인은 지금까지의 질이 나쁜 광석을 순도가 높은 광석으로 바꾸었기 때문이었다. 양질의 철광석을 용해하기 위해 너무 많은 석회석을 투입했기 때문에 용광로가 버티지 못했던 것이다. 다시 말해 재료가 너무 좋아 우리는 큰 손실을 입어야 했다.

우리는 정말로 바보였다. 그래도 다행히 위안이 될 만한 일도 있었다. 그것은 우리의 경쟁자들과 비교해보면 그렇게 바보는 아니었다는 점이다. 우리가 화학자를 고용해 제품을 생산하게 된 지 몇 년이 지난 뒤에도 다른 제철소의 경영자들은 화학자를 고용할 여유가 없다고 말했다. 그들이 진실이 무엇인지를 알고 있었다면 화학자를 고용하지 않으면 손해라고 여겼을 것이다. 되돌아보면 용광로에 처음으로 화학자를 고용한 우리의 공적은 자부를 해도 좋을 것이라고 생각한다. 우리의 경쟁자들이 쓸데없는 낭비라고 말했던 그것을!

루시 용광로는 우리의 사업에서 가장 큰 수익을 창출해 주는 것이었는데 그것은 화학을 이용한 생산을 독점할 수 있었기 때문이었다. 이 비밀의 문이 열린 덕분에 1872년에 또 하나의 용광로를 건설하기로 결심했다. 최초의 모험과 비교하자면 이것은 매우 경제적으로 건설할 수 있었다. 그리고 다른 회사에서는 모두 거절을 당한 질이 나쁜 광석들은 우리의 훌륭한 선물이 되어 주었다. 질이 좋다며 광석을 높은 가격에 팔던 광산들과는 전혀 상대를 하지 않았다. 그 일례가 미주리 주의 유명한 파일럿 놉 광산이었다. 그곳에서 생산되는 광석은 마치 수수께끼와도 같았다. 용광로를 고장 나지 않게 하기 위해서는 아주 소량을 써야 한다고 했다. 화학적으로 조사를 해보니 그것은 유황성분이 적고 실리콘 함유량이 매우 높다는 것을 알 수 있었다. 만약 그것을 적당히 용해할 수만 있다면 이보다 더 좋은 광석도 없었으며 또한 매장량도 풍부했다. 그래서 우리는 그곳에서 생산된 것들을 사들였고 광산의 주인은 생각지도 못했던 돈이 들어오자 대단히 고마워했다.

몇 년 동안에 걸쳐 우리는 교련로(攪鍊爐)에서 나온 유황 성분이 많은 철 찌꺼기를 비싼 값에 팔고 그 대신에 경쟁회사들에서 나오는 순수한 철 찌꺼기를 싸게 사들이는 놀라운 경험을 했다. 우리 것과 비교하면 경쟁회사의 것에는 철분이 많고 유황성분은 적었다. 용광로로 철 찌꺼기를 녹이는 것은 성분이 너무 순수해서 쉽지가 않았다. 그래서 아무런 도움도 되지 않는다고 여겨 피츠버그의 강둑에 버리고 있었다. 우리는 상대의 좋은 철과 우리의 질 나쁜 철을 바꾸면서 고맙다는 말까지 듣고 있었다.

그리고 그보다 더 우스운 사실로 하나의 편견이 있었는데, 그 또한 아무런 근거도 없는 것으로 제철소에서 나오는 찌꺼기를 용광로에 넣으면 안 된다는 것이었다. 그러나 그 찌꺼기는 순수한 산화철이었다. 어느 날 내가 클리블랜드 시의 경쟁업체를 방문했을 때, 직원들이 이 귀중한 산화철을 손수레에 싣고 있는 모습을 발견했다. 그곳의 사장에게 저걸 어떻게 할 생각이냐고 묻자 그는 이렇게 대답했다.

"강가에 버립니다. 용광로 담당자가 아무리 녹이려 해도 잘 되지 않는다고 합니다."

나는 그때 아무 말도 하지 않았지만 피츠버그로 돌아와서 회사의 담당 기사와 상담을 했다. 그리고 그를 클리블랜드로 보내 버리는 찌꺼기를 1톤당 50센트에 사오라고 부탁했다. 이 거래는 상당히 오랫동안 진행되었고 언젠가 그 제철소 사장도 깨달을 것이라고 생각했지만 그 전에 먼저 사망을 했고, 그의 뒤를 이은 후계자가 이 사실을 발견하게 되었다.

나는 베세머 제강법의 발달을 유심히 지켜보고 있었다. 만약 이 방법이 성공한다면 강철이 철의 자리를 차지할 운명이라는 것을 알고 있었기 때문이다. 왜냐하면 철의 시대는 끝나고 강철의 시대가 도래할 것이 확실하기 때문이다. 내 친구 중에 프리덤 제철소의 사장인 존 A. 라이트는 이 새로운 제조법을 시찰하기 위해 영국으로 건너갔다. 그는 제철업계에서 최고의 경험을 쌓은 전문가였는데, 결국 베세머 제강법이 좋다는 결론에 도달했고 주주들을 설득해서 베세머 공장을 세우기로 결정했다. 그것은 올바른 판단이었지만 시기상조였다. 건설비는 그가 예상했던 것보다 훨씬 더 많이 들어갔다. 게다가 당시 영국에서조차 시험 중이었던 방법을 새로운 나라로 옮겨 처음부터 잘 된다는 것은 기대할 수가 없었다. 그 경험은 당연히 오랜 세월과 비싼 대가를 치러야만 했다. 그러나 나의 친구는 이것에 대해 충분한 준비를 하지 못했다.

그리고 얼마 되지 않아 영국에서 이 제조법이 확립되면서 자본가들은 현재 해리스버그에 있는 펜실베이니아 제강소를 세우기 시작했다. 이 또한 시험기간을 거쳐야 했기 때문에 일시적으로는 위기가 닥쳐 완전히 도산해 버리는 것이 아닐까 생각했지만, 펜실베이니아 철도회사의 톰슨 사장이 도움의 손길을 내밀어 주었다. 톰슨 씨처럼 도량이 넓고 앞을 내다볼 줄 아는 사람 덕분에 회사의 중역진들을 잘 설득해서 60만 달러라는 막대한 자금을 개발도상에 있는 제조회사에 융자해서 자신들의 회사를 위한 강철 레일을 확보할 수 있었다. 결과적으로 볼 때 아주 현명한 결단이었음을 입증해 주었다.

펜실베이니아 철도뿐만이 아니라 다른 주요 철도회사들도 철을 대신할 레일을 찾아야 하는 문제에 직면해 있었다. 피츠버그의 굴곡진 선로의 레일은 거의 두 달에 한 번씩 교체를 해야만 했다. 베세머 제강법이 보급되기 전에 영국에서 도즈라고 하는 사람이 레일의 끝부분을 탄화시켜서 좋은 효과를 냈다는 사실을 알고 톰슨 사장에게 알려준 적이 있다. 나는 영국으로 건너가 도즈의 특허권을 샀고 톰슨 사장에게 2만 달러를 출자시켜 피츠버그에서 시험을 했다. 우리의 공장 내에 별도의 용광로를 만들어 펜실베이니아 철도회사의 수백 톤에 달하는 레일을 탄소 처리하여 일반 철 레일과 비교하면 훨씬 성능이 좋은 레일을 만드는 데 성공을 했다. 이것이 미국에서 처음 사용된 경화 레일이었다. 우리는 그 레일을 가장 커브가 심한 곳에 설치해서 내구성을 시험했고, 톰슨 씨의 투자금은 충분히 회수하고도 남았다. 베세머 철강법이 기대했던 성과를 거두지 못했다면 우리는 도즈의 방법을 더욱 발전시키고 개량해서 대처했을 것이라고 생각한다. 그러나 베세머 제강법으로 생산한 단단한 강철제품과 비교한다면 전혀 비교대상이 될 수 없는 것이었다.

피츠버그 시 부근의 존스타운에 있는 캠브리아 제철소는 미국에서 최고의 레일을 생산하는 곳이었는데, 그곳에 있는 내 친구도 베세머 제강소를 세우기로 결심했다. 나는 베세머 제강법을 견학하기 위해 영국으로 자주 건너갔는데, 그 방법은 불필요한 경비를 들이지 않고 큰 위험 없이 성공을 거둘 수 있다고 예견하고 있었다. 끊임없이 새로운 방법에 주의를 게을리 하지 않았던 윌리엄 콜먼도 나와 같은 결론에 도달했다. 그래서 우리는 피츠버그 시에서 강철 레일을 만들자는 데 의견의 일치를 보았다. 펜실베이니아 철도회사의 사장 톰슨 씨, 콜먼 씨 그리고 아버지가 돌아가셨을 때 어머니에게 도움의 손길을 내밀어주셨던 데이비드 매캔들리스 씨가 힘을 합쳐 1873년 1월 6일에 강철 레일회사를 설립했다. 공장을 어디에 세워야 하는지에 대한 선택은 큰 문제였다. 나는 물망에 오른 장소가 마음에 들지 않아 동업자들과 상담을 하기 위해 결국 피츠버그로 달려갔다. 이 문제는 왠지 내 머릿속에서 끊임없이 맴돌았는데, 일요일 아침 잠자리에 누워 있다가 문득 한 곳이 떠올랐다. 나는 잠자리에서 일어나 동생 톰을 불렀다.

"톰, 너와 콜먼 씨의 공장부지에 대한 안은 타당했구나. 펜실베이니아 철도와 볼티모어·오하이오 철도의 강 사이에 있는 브래독 말이다. 미국에서는 그곳이 최적의 장소야. 회사는 우리가 존경하는 사람인 에드가 톰슨 제강회사라고 부르기로 하자. 그럼 이제 콜먼 씨에게 가서 함께 브래독에 가보기로 하자."

그날 우리는 곧바로 브래독을 방문했고, 다음날 아침 콜먼 씨는 공장 부지를 구입하기 위한 협상으로 고생을 했다. 땅 주인인 매키니는 자신의 농장을 터무니없게 높이 평가하고 있었다. 우리는 1에이커를 오륙백 달러 정도에 생각하고 있었지만 결국 2천 달러를 지불하고 말았다. 그러나 그 뒤로 공장을 확장하게 됨에 따라 공장 부지가 더 필요하게 되어 1에이커당 5천 달러를 지불할 수밖에 없었다.

제강회사는 펜실베이니아 철도회사의 사장을 존경하는 의미에서 에드거 톰슨 제강회사라고 하려 했지만, 내가 허락을 받기 위해 톰슨 사장을 찾아가자 그는 당시의 생각을 반영해서 의미심장한 대답을 했다. 미국의 강철 레일에 관한 한 자신의 이름을 붙이는 것은 현명한 처사가 아니라는 것이었다. 물론 시험단계에서는 착오를 피할 수 없을 것이다. 그러나 나는 외국의 제품과 비교해도 전혀 손색이 없는 최고의 강철 레일을 만들 자신이 있다고 말했다. 그리고 키스톤 철교와 클로먼 차축처럼 최고의 평가를 받을 수 있다고 확신하며 그를 설득했다.

공장 건설이 상당히 진척되고 모든 일이 순조롭게 돌아가고 있던 1873년 9월에 금융공황이 닥치고 말았다. 이것은 내가 사업을 하면서 겪은 가장 큰 시련의 시기였다. 모든 것이 다 순조롭게 진행되고 있는 것처럼 보이던 어느 날 아침, 앨러게니 산맥의 여름

별장으로 전보가 날아와 제이쿡 회사가 파산했다는 소식이 전해졌다. 그리고 시시각각 손가락에 꼽히는 회사들의 파산 뉴스가 전달되었다. 연쇄부도가 일어난 것이다. 매일 아침 눈을 뜨자마자 오늘은 어떤 회사가 파산했는지 확인을 해야 했다. 한 회사의 파산은 다른 회사의 자본상태를 악화시켰다. 하나의 결손은 또 다른 결손으로 이어져 경제계는 완전히 마비상태에 빠져들고 말았다. 매주 어딘가 약점이 발견되어 평소 같으면 아무런 문제도 없이 건실했을 기업들이 쓰러져 나갔는데, 그 이유는 미국에 아직 확고한 은행 기구가 없었기 때문이었다.

우리는 부채로 인한 걱정은 전혀 없었다. 우리가 빌린 것을 지불하는 것뿐이라면 아무런 문제도 되지 않았지만, 자칫 잘못하다가는 내게 빚이 있는 사람의 몫까지 떠안아야 할 위험성도 충분히 있었다. 방심을 하다가는 그 모든 빚을 갚아야 하는 상황이 벌어질 수도 있었던 것이다. 우리가 거래하던 은행에서도 예금을 빼내지 말아달라고 부탁을 해왔다. 당시의 통화 상태가 어땠는지는 다음의 실례를 보면 잘 알 수 있다. 회사의 봉급 날짜가 다가왔다. 무슨 일이 있어도 소액권 수표로 10만 1천 달러가 반드시 필요했다. 그것을 만들어 내기 위해 우리는 뉴욕에서 2천 4백 달러의 프리미엄을 지불하면서까지 피츠버그로 송금해야 했다. 아무리 최고의 담보물건을 맡겨도 돈을 빌릴 수가 없었다. 그러나 나는 예비로 가지고 있던 증권을 팔아 상당한 액수의 현금으로 바꾸었고, 회사는 나중에 그 비용을 지불해 주었다.

피츠버그 시를 중심으로 운영되고 있는 철도회사 중 몇몇 회사들은 우리에게 자재를 구입하고 있었기 때문에 공황이 닥치자 부채가 눈덩이처럼 불어났다. 그 중에서도 포트웨인 회사가 최고의 채무자였다. 나는 부사장인 서 씨를 찾아가서 제발 대금을 지불해 달라고 부탁했던 것을 기억하고 있다.

"대금을 지불해야 하는 것은 잘 알고 있습니다. 하지만 현 상태에서는 꼭 필요한 상황이 아니면 모든 지불을 정지하고 있습니다."라고 그는 대답했다.

"그런가요? 잘 알았습니다. 우리가 사용하고 있는 운임도 마찬가지일 테니 포트웨인 회사에는 단 한 푼도 지불하지 않겠습니다."라고 내가 대답했다.

"글쎄요, 만약 그렇게 된다면 더 이상 화물을 수송해 드릴 수 없습니다."라고 그는 말했다.

나는 그 정도의 손실은 각오하고 있다고 말했고, 철도회사의 입장에서는 언제까지나 버티고 있을 수만은 없었다. 이렇게 해서 우리는 운임을 지불하지 않고 상당히 오랫동안 화물을 운반할 수 있었다.

피츠버그의 모든 제조회사들은 대금 지불이 끊기자 은행의 빚을 갚을 수 없었고, 은행들은 만기가 되어 돌아온 어음의 기한을 연장해 주지 않았다. 우리 회사는 신용이 상당히 높았기 때문에 힘든 시기를 무사히 넘길 수 있었다.

그러나 이 같은 위기를 겪으면서 어떤 위기 상황에서도 흔들리지 않기 위해서는 보다 많은 자본의 축척이 필요하다는 사실을 절실하게 통감했다.

내 개인적인 심정을 털어놓자면, 이런 대공황을 겪으면서 나는 처음에는 너무나 당혹스러웠으며 동업자들에 대한 걱정 때문에 마음을 진정시킬 수 없었다. 그러나 얼마 뒤 우리의 재정상태가 아주 견실하다는 것을 확인하면서부터 정신적인 평정심을 되찾았고 필요하다면 거래처 은행의 중역실로 찾아가 중역회의 자리에서 우리 회사의 상태를 모두 다 내보여줄 수도 있다는 마음의 준비가 되어 있었다. 회사의 모든 실정을 다 드러낸다 해도 전혀 문제될 것이 없었다. 우리의 사업에 연관이 되어 있는 사람들은 단 한 사람도 사치를 누리고 있는 사람이 없었다. 우리의 생활은 너무나도 근검했다. 회사의 돈을 유용해 웅장한 대저택을 짓거나 주식투기를 하는 사람도 없었으며, 또한 사업의 본질과 상관이 없는 일에 투자를 하는 사람도 없었다. 다른 사람들의 채무에 대해 연대보증을 선 사람도 없었다. 게다가 우리는 매년 상당한 수익을 올리면서 끊임없이 번영을 이어가고 있었다.

이렇게 해서 나는 동업자들의 불안을 웃음으로 바꿀 수 있었다. 그러나 다른 사람에게 돈을 빌리러 가지 않아도 된 것을 나만큼 기뻐한 사람은 없었다. 친구인 콜먼 씨는 자산가에다 사람들의 신뢰도 두터웠기 때문에 언제든지 필요하면 자발적으로 돈을 투자하겠다고 말해 주었다. 윌리엄 콜먼은 정말로 의지가 되는 사람이었고 모든 유혹을 물리치고 우리의 사업에만 전력을 기울여준 존경스러운 인물이었다.

콜먼 씨는 또한 진정한 애국자였다. 7월 4일의 독립 기념일에는 항상 모든 회사들이 기계를 멈추고 쉬었는데, 콜먼 씨가 여느 때처럼 공장 주변을 둘러보다가 한 무리의 직원들이 용광로를 수리하고 있는 모습을 발견하고 담당자를 불러 대체 무슨 일이냐고 물었다. 그리고 즉각 중지 명령을 내렸다.

"7월 4일에 일을 하다니! 수리는 일요일에 해도 되지 않나?"라고 화를 내며 꾸중을 했다.

1873년의 이 대공황을 이겨내면서 우리는 즉시 각 부분의 구조 조정에 들어갔다. 너무나도 아쉬웠지만 새로운 제강소의 건설은 당분간 뒤로 미루기로 했다. 이 사업에 투자를 약속했던 몇몇 주요 인사들도 지불이 불가능한 심각한 상태에 빠졌기 때문에 나는 그들의 주식을 사들였고, 이미 지불을 마친 사람들은 내가 책임을 지고 다시 되돌려 주었다. 이렇게 해서 회사의 경영권이 내 손으로 들어오게 되었다.

당시 나는 사업에 있어서 너무나도 대담하고 무서운 게 없었기 때문에 오히려 사려가 깊지 못한 청년이라는 비평을 받고 있었다. 우리의 사업은 광범위하게 퍼져나가 급속도로 성장을 하여 젊은 나이에도 불구하고 수백만 달러를 운영하게 되었다. 피츠버그 시의 노장들의 눈에는 내 사업방식이 거창해 보이기는 하지만 왠지 미덥지 않게 여겨졌던 것이다. 어느 노련한 사람은 "앤드루 카네기의 두뇌가 그를 성공으로 인도하지 못한다면 운이 이끌어 줄 것이다."라고 말한 것을 나는 알고 있다. 그러나 나에 대한 이런 평가는 완전히 과녁에서 벗어난 것이다. 나는 나 자신을 위해서는 물론 동업자들을 위해서도 아무리 작은 위험이라도 피했다는 점을 나를 정말 잘 아는 사람이라면 모두가 아는 사실일 것이며, 또한 그 사실을 잘 몰랐던 사람들은 깜짝 놀랄 것이다. 내가 어떤 큰 사업을 벌일 때는 반드시 펜실베이니아 철도회사처럼 거대 조직들이 배후에 있었다. 스코틀랜드 사람들 특유의 조심성이 항상 큰 역할을 하고 있었다. 그러나 피츠버그의 업계 장로들에게 내가 때로는 주변을 둘러보지 않고 죽음도 두려워하지 않는 것처럼 비춰진 것도 사실이다. 그들은 연로했고 나는 젊다는 것이 이렇게 큰 견해의 차를 만들어낸 것이다.

피츠버그의 금융기관이 나 자신과 내 사업에 대해 품고 있던 의혹들이 사라지자 의혹은 두터운 신뢰로 급속히 발전하게 되었다. 우리 회사가 견실하다는 것을 파악하고는 서로 앞 다투어 융자를 해주겠다고 나섰다.

  나는 친구인 스콧 씨와 톰슨 씨, 그 밖의 문제들로 꽤나 난처한 처지에 놓인 적이 있었지만 이번에는 내 협력자인 클로먼 씨의 일로 더욱 커다란 문제에 직면하게 되었다. 그가 투기로 유혹하는 사람들의 꼬임에 넘어가 에스커너버 제철소에 관계를 하고 있다는 사실이 폭로되었다. 그는 이 회사를 주식회사로 만들것이라는 굳은 다짐을 받고 들어간 것이었지만, 설립될 때까지 발기인들은 70만 달러에 달하는 부채를 떠안고 말았다. 클로먼 씨를 우리 회사의 원래 지위로 되돌리기 위해서는 일단 그가 파산선고를 하는 것 이외에는 다른 방법이 없었다.

  이것은 우리에게 너무나도 큰 충격이었다. 왜냐하면 클로먼 씨는 공동투자자 중 한 사람으로서 다른 회사와의 동업에 투자할 권리가 없었으며, 또한 다른 출자자들에게 알리지 않고 다른 회사에서 개인적인 부채를 떠안아서는 안 되었기 때문이다. 이 규정을 무시한 클로먼 씨 자신은 물론 우리 회사까지 위험에 빠뜨리고만 것이다. 게다가 이 일은 경제상황이 험악하게 돌아가던 경제 대공황 직후에 터져 버렸다. 한동안은 대체 이 세상에서 누구를 믿고 의지할 수 있을까 회의가 들 정도였다. 우리가 안심하고 서 있을 수 있는 기반이라는 것이 과연 있단 말인가?

이 사건이 발각된 뒤에도 만약 클로먼 씨가 여전히 실업계에 남아 있었다면 과연 우리의 동업자로 받아들일 수 있었을지 의문이다. 그러나 그는 그렇게 하지 않았다. 그는 얼마간의 사업수완이 있기는 했지만 실제로는 기술자였으며 게다가 그 부분에서는 최고의 능력을 가진 사람이었다. 그러나 안타깝게도 클로먼 씨의 야심은 사무실 책상 앞에 앉아 있는 것이었다. 그리고 그것은 다른 사람들의 방해만 될 뿐 아무런 도움도 되지 않는 일이었지만, 공장에서 새로운 기계를 고안하거나 시운전을 한다면 커다란 도움이 될 존재였다. 우리는 그를 적당한 직장에 배치하고 그곳에서 안정을 취하게 하기 위해 온갖 노력을 기울였다. 그것이 그를 다른 곳으로 눈길을 돌리게 한 원인이 되었을지도 모른다. 그는 아마도 사회적으로 잘 알려진 사람들의 꼬임에 넘어갔을 것이다. 특히 이 경우에는, 기술적 능력과 함께 그가 훌륭한 사무적 능력을 가진 사람이라고 치켜세우기만 하면 금방 우쭐해지는 성격의 소유자라는 사실을 잘 알고 있던 사람임에 틀림이 없을 것이다. 우리는 그 능력을 어느 정도 인정은 했지만 앞서 말했던 것처럼 지나치게 높이 평가하지는 않았다.

클로먼 씨가 파산선고를 당하고 다시 자유롭게 되었을 때, 우리는 그에게 회사 주식의 10%를 인정해 주고 시가에 상관없이 액면

가만을 그에게서 징수하기로 하였다. 그리고 그가 가지고 있던 주식에 대한 이익배당이 생길 때까지 회수를 기다려 주기로 했다. 단, 그는 다른 어떤 사업에도 관여를 하지 않고, 타인의 채무를 보증하지 않고, 모든 시간과 노력을 회사의 사무와 경영을 제외한 기술부분에만 힘을 쏟아야 한다는 조건을 붙였다. 그러나 그의 자존심, 특히 집안에 대한 긍지 같은 것이 그것을 용납하지 않았다. 그는 막무가내로 자신의 사업을 벌이겠다며 우리의 조건을 받아들이지 않았다. 그리고 내가 온갖 수단을 총동원해서 막으려 했지만 결국은 아들을 사무 담당에 앉히고 새로운 경쟁회사를 설립했다. 그 결과는 참담했으며 그의 죽음을 재촉하게 되었다.

무엇이 자신에게 가장 잘 맞는지 그리고 무엇을 할 수 있는지를 모르는 채, 자신의 재능을 믿고 즐겁게 그 길을 가지 않는 것은 어리석을 뿐만 아니라 너무나도 안타까운 일이다. 나는 실제로 너무나 뛰어난 기술적인 능력을 가지고 있으면서도 그것에 만족을 하지 못하고 사무적인 일에 뛰어들어 스스로 불안과 초조함으로 정신적인 압박을 받아 결국 실의에 빠진 채 죽음을 맞이한 사람들을 수도 없이 보았다. 클로먼 씨와의 이별만큼 나를 힘들고 애석하게 했던 일도 없었다. 그는 훌륭하면서도 선량한 사람으로 뛰어난 기술적 재능을 타고 났다. 만약 아무도 그를 부추기지 않았다면 우리와 함께 회사에 남아 있었을 것이다. 다른 곳으로부터의 투자 제안-실제로 이루어지지 않았던-에 현혹되어 위대한 기술자였지만 곧바로 너무나도 무능한 사업가였다는 점이 밝혀지고 만 것이다.

제14장
세계일주여행

제14장
세계일주 여행

*

 클로먼 씨가 우리와 인연을 끊은 뒤 나는 주저 없이 공장을 윌리엄 본트레거에게 맡겼다. 그의 경력을 생각할 때마다 나는 늘 마음이 즐거워졌다. 그는 독일에서 곧장 우리 회사로 들어왔다. 영어를 전혀 할 줄 몰랐지만 클로먼 씨의 먼 친척이었기 때문에 그 자리에서 고용을 하여 밑바닥부터 일을 하게 했다. 그는 얼마 안 돼서 조금씩 영어를 배웠고 주당 6달러의 급여를 받으며 수송을 담당하게 되었다. 처음에는 기계에 대한 지식이 전혀 없었지만 회사에 대한 열의와 부지런함만은 타의 추종을 불허하는 것이라 공장 어디를 가나 그의 얼굴이 보이지 않는 곳이 없었으며, 회사가 돌아가는 세세한 부분까지 살펴 곳곳에서 많은 도움을 주며 성실하게 일하는 친구였다.

윌리엄은 정말 재미있는 친구였다. 독일 말투가 고쳐지지 않아 영어 문장도 독일식으로 바꾸어 말하다 보니 앞뒤가 뒤엉킨 말투가 오히려 강한 인상을 남겼다. 그의 지휘 하에 합동제철소는 우리의 많은 사업들 중에서도 최고의 수익을 올려주고 있었다. 수년 동안 이 일에 종사하면서 그는 과로가 많이 누적되어 있었다. 그래서 우리는 유럽으로 여행을 보내기로 결정했다. 그는 워싱턴을 둘러보고 뉴욕에 도착했다. 뉴욕에서 나를 만나자마자 독일에 가기보다는 최대한 빨리 피츠버그로 돌아가고 싶다고 말했다. 워싱턴 기념비로 오르는 계단에서 카네기 제철소가 만든 철제 빔을 보았고, 다른 공공건물들의 곳곳에서도 우리가 만든 철제들을 보았다. 이에 그는 이렇게 말했다.

"저는 너무나 자랑스럽습니다. 그래서 당장 공장으로 돌아가 모든 일이 잘 돌아가고 있는지 살펴보고 싶습니다."

아침 일찍부터 밤늦게까지 윌리엄은 공장에 있었다. 그의 삶은 모두 공장에 있었다. 우리는 오랜 세월에 걸쳐 몇 명의 젊은이들을 중역의 자리에 앉혔는데, 윌리엄이 그 첫 번째 인물이 되었다. 그리고 이 가난한 독일 청년이 세상을 떠나기 전에 받은 연봉은 5만 달러에 달하였다. 단 돈 1센트조차 그가 땀을 흘려 벌지 않은 돈은 없었다. 그와 관련된 재미있는 일화들이 아주 많다. 1년의 사업성과를 치하하는 중역들의 만찬자리에서 각자가 한 마디씩 이야기를 하기로 되어 있었다. 윌리엄의 마지막 한 마디는 이랬다.

"우리가 해야 할 일은 가격을 올리고 생산비를 줄여 모든 직원들이 자신의 엉덩이로 스스로 일어서는 것입니다."

자신의 '다리'라고 해야 할 것을 윌리엄은 엉덩이라고 말한 것이다. 우리는 모두 아주 오랫동안 폭소를 터뜨리고 말았다.

에번스 대위는 한때 정부의 감시관으로 공장에 근무하고 있었다. 그는 대단히 엄격한 성격이라 모두가 무서워했다. 윌리엄은 가끔 심하게 곤혹을 치러야 했는데 결국 대위의 비위를 건드렸고, 대위는 윌리엄을 용서할 수 없다며 우리에게 항의를 했다. 우리는 정부 관리인의 비위를 건드려서는 안 된다는 사실을 윌리엄에게 이해시키려 했다. 하지만 윌리엄의 대답은 다음과 같았다.

"그는 내게로 와서 내 담배를 맘대로 피웁니다. 그리고 공장 안으로 들어가 우리 제품을 헐뜯습니다. 제가 어떻게 해야 하는 거죠? 하지만 내일 제가 사과를 하고 정중하게 인사를 하겠습니다."

대위는 윌리엄이 태도를 고치겠다고 했다는 말을 듣고 일단 진정을 했지만 나중에 윌리엄이 어떻게 사과를 했는지 웃으며 내게 말해주었다.

"대위님, 오늘은 기분이 어떠신가요? 저는 당신에게 불만이 전혀 없습니다."라고 말하면서 손을 내밀었고 대위가 악수를 해서 그걸로 화해를 하게 된 것이다.

윌리엄은 어느 날 피츠버그 시에서 강철제조의 선구자였던 제임스 파크 씨에게 우리가 쓸 수 없는 대량의 낡은 레일을 팔았다. 파크 씨는 그것이 대단히 조악하다는 사실을 발견했다. 그가 손해배상을 청구해 왔기 때문에 윌리엄은 핍스와 함께 파크 씨를 만나 문제를 해결하려고 했다. 핍스는 파크 씨의 사무실로 들어갔고 윌리엄은 그 동안 공장을 둘러보며 문제의 조악한 레일을 찾아보았지만 어디에도 없었다. 윌리엄은 그것이 어디에 있는지 잘 알고 있었다. 그는 사무실로 들어가 파크 씨가 입을 열기도 전에 단호하게 말했다.

"파크 씨, 당신에게 판 중고 레일이 강철이 아니라 맘에 들지 않는다고 하시니 우리로서는 천만다행한 일입니다. 전부 다시 사들이겠습니다. 1톤에 5달러씩 이자를 쳐서 다시 사겠습니다."

윌리엄은 철재를 이미 써버렸다는 사실을 알고 있었다. 파크 씨는 완전히 할 말을 잃었고 문제는 그 자리에서 해결되었다. 승리는 윌리엄의 것이었다.

어느 날 내가 피츠버그의 공장으로 가니 윌리엄은 아무에게도 하지 않은 말을 내게만 '특별히' 하고 싶다고 했다. 이것은 그가 독일에서 돌아온 지 얼마 되지 않았을 때의 일이었다. 고향에서 그의 친구인 대학교수를 찾아가 며칠 동안 그의 집에 머무르게 되었다고 한다.

"그런데 카네기 씨. 그 친구의 여동생이 집안일을 돌보고 있었는데 제게 아주 친절하게 대해 줘서 함부르크에 도착하자마자 아주 작은 선물이라도 해야겠다고 생각했죠. 그녀가 제게 편지를 보냈습니다. 저도 답장을 보냈습니다. 그녀가 다시 편지를 보내왔습니다. 제가 답장을 썼습니다. 그래서 저는 저와 결혼해 주지 않겠냐고 물었습니다. 그녀는 교육을 많이 받았지만 좋다고 했습니다. 그래서 저는 뉴욕으로 오지 않겠냐고 편지를 보냈습니다. 그런데 카네기 씨, 그녀는 일과 공장에 대해 아무것도 모릅니다. 오빠는 저보고 다시 독일로 와서 결혼을 하라고 합니다. 저는 다시 자리를 비워야 합니다. 그래서 카네기 씨에게 어떻게 하는 것이 좋을지 묻고 싶습니다."

"당연히 다녀와야지. 윌리엄 군, 다녀오게. 가족들이 그렇게 생각하는 것은 당연한 일이고 나도 그 점이 맘에 드는군. 당장 가서 그녀를 데리고 오게. 내가 모든 준비를 해주겠네."라고 나는 말했다. 그리고 독일로 떠날 때 이렇게 물었다.

"윌리엄 군, 자네 아내가 될 여자는 상당한 미인이겠지? 키도 크고 복숭아처럼 혈색도 좋은 젊고 아름다운 독일 처녀겠지?"

"카네기 씨, 그렇지 않습니다. 오히려 좀 뚱뚱한 편입니다. 만약 롤러기에 넣을 수만 있다면 그렇게 하고 싶습니다."라고 윌리엄이 대답했다.

윌리엄이 뭔가 인용을 할 때는 늘 제철소에 있는 작업기에 비유를 했다.

핍스는 제철소의 판매부장으로 있었지만 사업이 확장됨에 따라 강철 사업에 없어서는 안 될 인물이 되었다. 그래서 젊은 윌리엄 L. 애벗이 그의 후임자가 되었다. 그의 경력은 윌리엄 본트레거와 비슷했다. 그는 낮은 월급의 사무원으로 우리 회사에 들어왔지만 얼마 되지 않아 제철소의 중요한 사무를 맡아보게 되었다. 그는 훗날 중역으로 승진했고 마지막에는 사장의 자리에까지 올랐다.

루시 용광로를 책임지고 있던 커리도 이때까지 훌륭한 성적을 올리고 있었기 때문에 이 두 사람과 마찬가지로 중역의 자리에 오르게 되었다. 사업을 성공으로 이끌기 위해서는 훌륭한 성과를 올린 사람들을 승진시켜 주는 방침 이상 효과적인 것이 없다. 우리는 카네기 매캔들리스 회사를 에드거 톰슨 회사와 통합해서 동생인 톰과 핍스를 중역진에 참가시켰다. 두 사람은 처음에는 이 제안을 거절했지만 첫 연도의 수익을 제시하며 만약 지금 강철 사업에 뛰어들지 않으면 훗날 후회하게 될 것이라고 설득했다. 그렇게 해서 그들은 생각을 고쳐먹고 우리와 함께 일을 하게 되었다. 이것은 내게도 물론 반가운 일이었다.

내 경험에 의하면 새로운 회사를 조직할 때, 여러 분야에서 새로운 사람들을 많이 불러들인다고 해서 활발하고 효과적인 기업 체제를 갖출 수 있는 것은 아니기 때문에 몇 가지 재편성이 필요하다. 에드거 톰슨 회사도 결코 예외는 아니었다. 레일 생산에 손을 대기 훨씬 전부터 콜먼 씨는 경영 능력과 경영방침에 뛰어난 수완을 가졌다며 철도회사가 계속해서 보내오는 사람들 때문에 불만을 품고 있었다. 그리고 실제로 일을 시작해보니 그의 판단이 틀리지 않았다는 것을 알 수 있었다. 예를 들어 철도회사의 감사역이었던 사람이 우리 회사에 들어온 적이 있었다. 경리에 관해서는 전문가였을지 모르지만 생산에 대해서는 아무것도 몰랐으니 불가능한 요구를 한 우리에게 잘못이 있었던 것이다.

  강철회사는 드디어 사업을 시작하게 되었다. 감사역이 제안한 기구의 시안이 승인을 얻기 위해 내게로 왔다. 회사를 크게 두 부분으로 나누어 일부를 스코틀랜드인인 스티븐슨이, 나머지를 존스가 담당하는 것으로 되어 있었다. 이 일에 대해 내가 내린 결정만큼 훗날 이 회사의 성공을 크게 좌우한 것도 없을 것이다. 무슨 일이 있어도 한 조직에서 두 사람의 인물이 동등한 위치를 점유하는 것은 있을 수 없는 일이다. 두 명의 사령관이 있는 군대나 두 명의 선장이 조종하는 배는 생각조차 할 수 없는 것과 마찬가지로, 설령 각자가 맡은 분야가 다르다고 할지라도 하나의 기업에 두 명의 지휘자가 공존하는 것은 치명적인 것이다.

나는 "이건 있을 수 없어. 스티븐슨이라는 사람은 물론 존스라는 사람도 모르는 사람이네. 하지만 어느 한 사람을 정해서 그 사람이 대표가 되어 모든 책임을 져야 하네."라고 말했다.

결국 대표로 존스가 선정되었고 우리는 그를 책임자로 정하게 되었다. 훗날 그는 베세머 강철 제조에 대해서는 최고의 권위자가 되어 널리 알려지게 되었다.

당시 존스는 젊고 마른 체격에 동작이 민첩한 웨일스계 사람으로 키는 작은 편이었다. 그는 근처 존스타운에서 하루 2달러의 공원으로 우리 회사에 입사했다. 우리는 그가 평범하지 않은 인물이라는 것을 금방 알아차릴 수 있었다. 남북전쟁 중에 일개 병사로 출전해 대단한 전공을 세워 대위로 진급을 하기도 했다. 에드거 톰슨 제강회사의 성공 중 대부분은 그의 수완 덕분이었다.

훗날 우리가 그에게 회사의 주주가 되어달라고 말했을 때 그는 딱 잘라 거절했다. 만약 그때 이 제안을 받아들였더라면 그는 백만장자가 될 수 있었다. 어느 날 나는 당시 주주로 추대된 젊은이들이 존스보다 훨씬 많은 수입을 올리고 있다고 말하며 그를 중역의 자리에 앉히고 싶다고 말했다. 물론 재정상의 책임은 전혀 없었다.

"아니오, 사양하겠습니다. 저는 회사를 운영하는 것만으로도 벅찹니다. 더 이상 골치 아픈 일은 사양하겠습니다. 만약 제가 조금이나마 도움이 된다고 생각하신다면 월급이나 많이 주십시오."라고 말하며 거절했다.

"그러지, 캡틴. 미합중국 대통령의 봉급이 자네 것일세."라고 내가 대답했다.

"좋습니다." 이것이 이 왜소한 체구의 웨일스인의 대답이었다.

처음에 강철업계에서 우리의 경쟁 회사들은 모두 다 우리를 무시했다. 자신들이 제철소를 차리면서 얼마나 많은 고생을 했는지 잘 알고 있었기 때문에, 우리가 앞으로 1년 동안은 철도 레일을 만들고 공급하는 것이 불가능할 것이라고 여기며 우리를 경쟁상대로 인정하려 하지 않은 것이다. 우리가 사업을 개시했을 때 강철 레일은 1톤에 약 70달러 정도였다. 우리는 전국 각지에 영업사원을 파견해 가능한 좋은 가격에 주문을 받아왔다. 그렇게 해서 경쟁 상대들이 알아차리기 전에 대량의 주문을 따내게 되었다. 사업을 개시하기에 충분한 물량이었다.

기계는 완전하였고, 계획은 완벽했으며, 존스 대위가 선별한 기술자들의 실력 또한 뛰어났고 존스 역시 훌륭한 경영자였기 때문에 우리의 성공은 눈부실 정도였다. 사업을 개시한 첫 달의 순이익이 1만 1천 달러였는데 이런 기록은 보기 드문 것이었다. 게다가 특히 주목을 해야 할 것은 우리의 원가계산이 그야말로 완벽에 가까웠기 때문에 순이익을 정확하게 산출해 낼 수 있었다는 사실이다. 우리는 이전의 제조 경험을 통해 정확한 계산이 얼마나 큰 의미가 있는지를 잘 알고 있었다. 사무 담당자가 제조공정의 일부분에서 다른 공정으로 자재를 보낼 때, 그것을 일일이 체크하는 것만큼 중요하고 유익한 것이 없는 것이다.

제강업으로의 새로운 모험이 매우 순조롭게 돌아가자 나는 휴가를 떠나야겠다고 생각했고, 오랜 동안의 꿈이었던 세계일주를 구체화하기 시작했다. 그래서 내가 '벤더'라고 부르던 J. W. 벤더보트와 나는 1878년 가을, 여행길에 올랐다. 나는 메모를 하기 위한 수첩을 잔뜩 준비하여 매일 메모를 하였다. 한 권의 책으로 만들겠다는 생각은 전혀 없었지만 이 메모를 정리하여 자비출판을 한 뒤 지인들에게 배포를 해도 좋을 것 같았다. 그런데 내가 쓴 글을 한 권의 정리된 책으로 보게 된 순간 너무나 감격스러웠다. 인쇄소에서 책이 도착하자 나는 지인들에게 배포할 만한 가치가 있을지 한 번 더 읽어보았다. 그리고 일단 책을 선물한 뒤에 그들의 평가를 기다리는 것이 좋겠다는 결론에 도달하게 되었다.

친구들에게 배포하기 위해 쓴 책이, 혹평을 받을 이유는 없다 할지라도 입에 발린 공치사만 받고 끝나 버릴 염려는 언제든지 있다. 그러나 내가 걱정했던 것 이상으로 지인들은 성의를 가지고 즐겁게 읽어주었다. 그리고 나는 그런 그들의 말을 진심으로 고맙게 받아들였다. 그렇게 몇 달 동안은 마치 뭔가에 취한 듯이 지냈다. 책은 몇 번의 재판을 찍게 되었고 서평과 신문 등에도 인용되었다.

그러다가 찰스 스크라이브너즈 출판사에서 출판계약에 관한 의뢰가 들어왔다. 이렇게 해서 『세계일주』를 대중들에게도 소개하게 되었고, 나는 결국 '작가'의 반열에 들어서게 되었다.

이 여행 덕에 내게는 새로운 지평이 열렸다. 그리고 나의 지적 시야를 크게 확대시켜 주었다. 당시 스펜서와 다윈에 대한 연구가 왕성했었기 때문에 나는 그들의 저서에 깊은 관심을 가지게 되었다. 나는 진화론의 입장에 서서 인류의 생활상을 바라보게 되었다. 중국에서는 공자를 읽었고, 인도에서는 불경과 힌두교의 성전을 읽었고, 봄베이에서는 배화교도들과 가깝게 지내며 조로아스터교를 배웠다. 나는 이 여행의 수확으로 정신적인 안정을 얻을 수 있었다. 이전까지는 혼란스러웠던 정신이 질서가 잡히게 되면서 마음이 차분하게 가라앉았다. 나는 결국 하나의 기본적인 사고방식을 완성시키게 되었다. '신의 나라는 그대들 속에 있다.'라고 한 예수의 말이 내게 참된 의의를 가져다주었다. 천국은 과거에도 없었고, 미래에도 없을 것이며, 현재 우리 자신에게 있는 것이다. 우리가 지켜야 할 모든 의무는 내가 지금 있는 이 자리, 그리고 현재에 있는 것이기 때문에 미래의 것을 바라며 그것을 잡으려 발버둥치는 것은 헛수고이고 아무런 수확도 없는 것이다.

내가 태어나서 지금까지 접해온 온갖 신학의 잔해, 스베덴보리가 내 마음속에 심어준 인상 등에 대해서는 더 이상 매력을 느낄 수 없었으며 내 사고 속에서 그 자취를 감추게 되었다. 어떤 한 나라가 신의 계시를 독점하는 것이 아니며, 또한 그 어떤 민족도 진리의 틀에서 벗어나 있는 것은 아니다. 모든 사람들은 자신들의 위대한 교리를 가지고 있다. 부처가 그랬고 공자, 조로아스터, 예수가 그들의 스승이었다. 그들의 가르침은 윤리적으로 닮아 있고 본질적으로 같다는 사실을 발견하게 된 것이다.

사람의 자식들이여!
언제나 우리와 함께하지만
눈에 보이지 않는 신은
사람들이 믿는 모든 종교를
경멸하지 않는다.
어떤 종교가 강한 신념을 불어넣어주지 않으며
어떤 종교가 메마른 가슴을 적셔주지 않으며
어떤 종교가 지치고 곤경에 빠진 사람에게
정신적 지주가 되어주지 않겠는가?

그 무렵 에드윈 아널드의 『아시아의 빛』이 출판되었는데, 지금까지 내가 읽었던 시 중에서 이렇게 내 마음을 기쁘게 해준 시는 없었다. 나는 인도에서 막 돌아온 직후였는데 이 책이 나를 정신적으로 다시 그곳으로 인도해 주었다. 내가 이 시를 애독하고 있다는 소식이 작가의 귀에 들어가게 되었고 훗날 런던에서 만나게 되었으며 친분을 쌓게 되자, 저자는 친필 원고를 내게 선물해 주었다. 그것은 내가 제일 아끼는 보물 중 하나가 되었다.

세계를 여행하는 사람들이 동양의 온갖 종교의 가르침에 대해 자세히 연구한다면 많은 가르침을 받을 수 있을 것이다. 그 연구를 통해 얻을 수 있는 결론은, 각국의 국민들이 모두 자신들이 믿고 있는 종교가 최선이라고 여기고 있다는 사실이다. 그들은 자신이 태어난 장소를 운명적인 장소로 믿으며 그 이외의 곳에 사는 사람들은 불행하다고 여기는 경향이 있다. 그들은 대부분 행복하다고 생각하며,

동쪽은 동쪽, 서쪽은 서쪽
그 중에서 우리나라가 최고

라고 굳게 믿고 있다.

여기서 잠깐 『세계일주』에서 들었던 두 가지 예를 잠시 소개하기로 하겠다.

싱가포르 근처 숲에서 타피오카(열대작물인 카사바의 뿌리에서 채취한 식용 녹말)를 채집하고 있는 사람들을 방문했을 때, 아이들

은 벌거벗은 채로 뛰어다니고 어른들은 헐렁한 누더기 같은 옷을 걸친 채 일하는 모습을 보았다. 그들은 우리를 호기심어린 눈길로 바라보았다. 안내원에게 우리는 아주 먼 나라에서 왔으며 우리나라에서는 지금쯤이면 호수가 얼어붙어 그 위를 말이나 자동차까지 건널 수 있다고 말해달라고 부탁했다. 그러자 그들은 깜짝 놀라며 어째서 이곳에 와서 함께 살지 않느냐고 물었다. 그들은 정말로 행복해 보였다.

그리고 이런 일도 있었다.

북극권에 들어가서 북쪽 해안으로 가는 도중에 우리는 라플란드(스칸디나비아의 북부 지역)인들이 순록을 사육하고 있는 마을을 방문했는데, 그곳 출신의 어부가 우리를 안내해 주었다. 나는 그와 함께 절벽으로 올라가 바다 건너편의 한 가난한 마을을 내려다보았다. 드문드문 작은 오두막이 서 있는 속에 2층 집 한 채가 서 있었다. 나는 저 집은 뭐냐고 안내인에게 물었다.

"저건 이곳 트롬소 출신으로 외지에서 돈을 벌어 노후를 보내기 위해 고향으로 돌아온 사람의 집입니다. 대단한 부자죠."라고 안내인이 말했다.

"자네는 전 세계를 돌아다녔다고 했지? 런던, 뉴욕, 캘커타, 멜버른은 물론 다른 곳도 가봤겠지? 자네가 저 사람처럼 부자가 된다면 어디서 살고 싶은가?"라고 물었다.

그러자 그는 눈을 반짝이며 이렇게 대답했다.

"당연히 트롬소만한 곳이 없지요."

이곳은 북극권으로 1년 중에 6개월은 밤이다. 그리고 그는 이곳에서 태어났다. 우리 집, 즐거운 우리 집인 것이다.

생활환경이나 자연법칙 중에는 우리가 보기에 뭔가 잘못되었다거나, 혹은 불합리하고 무자비하다고 여겨지는 것들이 있다. 그러나 그럼에도 불구하고 그 대부분이 아름다움과 평온함을 가지고 있다. 우리 집이라는 것도 틀림없이 그중 하나로 그 모습과 장소는 문제가 될 수 없다. 신은 자신의 계시를 한 민족이나 국가에만 국한시키지는 않았다. 모든 민족은 그 성장의 현재 단계에 합당한 신의 사명을 받은 것이다. 우리가 알 수 없는 위대한 힘은 어떤 사람도 잊지 않고 평등하게 작용한다.

제15장
마차 여행과 결혼

제15장
마차 여행과 결혼

*

내가 태어난 고향인 던펌린의 시민권이 주어진 것은 1877년 7월 12일의 일이다. 이것은 내게 있어 최고의 영예였다. 그 답례로 어떤 연설을 해야 할지 상당히 고민이 많았다. 그래서 나는 모리슨 외삼촌을 만나 고민을 털어 놓았다. 외삼촌은 훌륭한 웅변가였는데 내게 다음과 같은 충고를 해주었다.

"있는 그대로를 말하면 된다. 앤드류, 네가 생각하고 있는 것을 그대로 말하는 것이 제일 좋은 거야."

이후로 대중들 앞에서 이야기를 할 때면 외삼촌의 충고를 항상 염두에 두고 있다. 젊은 웅변가들에게도 나는 이 원칙을 강조하고 싶다. 청중들 앞에 설 때 자신의 앞에는 아주 평범한 남녀들이 있다는 사실을 마음속에 새겨두는 것이다. 매일 일상 속에서 접하는 사람들인 것이다. 뭔가 본인 이상의 사람이 되려고 과시를 하는 것이 아니라면 당혹스러워할 필요가 없다. 본인 이외의 사람이 되려고 하기 때문에 부자연스럽게 되는 것이다. 있는 그대로 행동하고 이야기를 진행시키면 된다. 잉거솔 대령은 내가 아는 최고의 연설가였는데 "웅변가를 뱀이나 전갈처럼 미워하라. 본인의 있는 그대로를 말하라."라고 말하기도 했다.

나는 1881년 7월 27일에 다시 연설할 기회가 있었다. 이때는 어머니도 함께 하셨는데, 마을의 공공 도서관의 기공식을 위한 것으로 이것은 내가 처음 기증한 도서관이었다. 우리 아버지는 5명의 직물업자들과 함께 고향에 처음으로 도서관을 세우셨다. 이 새로운 건물은 '카네기 도서관'이라 불렸다. 건축가는 우리 집안의 문장을 새겨 넣자고 말했지만 우리 집안에는 문장이 없었기 때문에 입구의 문 위에 아침 햇빛이 비치는 문양을 새겨 넣고 '빛이 있으라'라는 현판을 거는 것이 어떻겠냐고 물었고, 그는 그렇게 해 주었다.

이때의 방문 목적이 또 하나 있었다. 그것은 마차로 영국을 여행하겠다는 나의 오랜 꿈을 현실로 옮기는 것이었다. 우리는 총 12명이었다. 나는 사무실에서 완전히 해방되어 정말로 즐거운 여행을 할 수 있었다. 세계일주 때와 마찬가지로 나는 여행의 상세한 기록을 남겨 출간했다. 지인들은 이 책을 받아보고 『세계일주』 때와 마찬가지로 즐거워했다. 그리고 어느 날 챔플린이 찾아와 스크라이브너가 일반 독자용으로 책을 출판하고 싶어 한다는 말을 전해 주었다. 이 책이 출판되어 많은 독자들로부터 감동적인 편지를 받았다.

영국에서도 반응이 좋아 『스펙테이터』 지에 호의적인 서평이 실리기도 했다. 만약 이 책에 가치가 있다면 그것은 독자들에게 감동을 주고자 하는 의도가 전혀 없었다는 것이다. 나는 지인들을 위해 이 책을 썼고 글을 쓰는 것도 여행만큼이나 즐거운 경험이었다.

1886년은 내게 있어 우울한 한 해로 끝이 났다. 즐겁고 여유롭던 청년시대, 신변의 복잡한 문제들을 모두 타인들이 처리해 주던 시대는 끝이 나고 말았다. 나는 가족을 전부 잃고 만 것이다. 그해 11월, 불과 이삼 일 간격으로 어머니와 동생 톰이 세상을 뜨고 말았다. 게다가 나는 당시 티푸스에 걸려 고열에 시달리며 병상에 누워 있었다. 나는 생사를 넘나드는 열병에 시달리고 있었기 때문에 가족들에게 닥친 재난에 대해 전혀 알지 못했던 것을 어쩌면 행운이라고 여겨야 할지도 모르겠다.

동부 지방을 방문하고 돌아와서 앨러게니 정상에 있는 크레슨 스프링스의 별장에 머무르고 있을 때의 일이었다. 이 별장에서 어

아내 휫필드와 함께

머니와 함께 매해 즐거운 여름을 보내고 있었다. 내가 제일 먼저 발병을 하였다. 나는 뉴욕을 떠나기 며칠 전부터 몸 상태가 상당히 좋지 않았다. 별장으로 왕진을 온 의사는 티푸스라고 진단을 내렸다. 뉴욕에서 데니스 교수를 불러 왔지만 같은 진단을 내렸다. 곧 내 곁에서 나를 보살펴줄 의사와 간호사가 와 주었다. 그리고 얼마 되지 않아 어머니가 쓰러졌고 피츠버그에 있던 동생 톰의 발병 소식도 전해졌다.

나는 대단히 쇠약해져 있었기 때문에 주변 사람들은 모두 가망이 없다고 생각했다. 그런데 갑자기 내 병세가 호전되었다. 나는 완전히 포기한 상태로 멍하니 사색에 잠겨 있었다. 아픈 곳이 전혀 없었다. 나는 어머니와 동생이 위독하다는 소식을 전해 듣지 못했다. 그리고 두 사람 모두 세상을 떠났고 나만 홀로 남겨졌다는 소식을 전해 들었을 때, 나는 두 사람 뒤를 따르는 것이 당연하다고 생각했다. 우리는 평생을 함께 해왔기 때문에 이렇게 헤어질 수가 없었다. 그러나 신의 뜻은 그렇지 않았다.

나는 서서히 회복됨과 동시에 장래에 대해 생각하기 시작했다. 내게는 단 하나의 희망과 위안이 있었다. 그리고 내 생각은 항상 그곳을 향해 움직이고 있었다. 수년 전부터 나는 루이즈 휫필드 양과 알고 지냈다. 그녀의 어머니는 우리 두 사람이 뉴욕의 센트럴파크에서 말을 타고 산책하는 것을 허락해 주었다. 우리는 승마를 좋아했으며 그녀 외에도 다른 젊은 여성들을 잘 알고 있었다. 내게는 훌륭한 말이 있었는데 내가 알고 있던 여성들을 초대해서 공원이나 교외로 말을 타고 산책에 나서곤 했다. 그러나 그 사람들과는 결국 인연이 닿지 않은 채 끝나고 말았다. 그리고 단 한 명 휫필드 양만이 이 시대의 아름다운 여성으로서 엄격한 테스트를 통과하여 내 마음속에 남게 되었다. 그 테스트란 셰익스피어의 「폭풍우」에 나오는 구절을 만족시키는가 하는 것이었다.

많은 여인들이
내 눈길을 사로잡았네.
나는 그녀들의 아름다움에 끌려
몇몇 여인을 사랑하게 되었지.
하지만 아무리 아름다운 여인도
단점이 있다네.
그러나 그대는
누구도 따를 수 없는
가장 완벽한 피조물이라네.

나는 진심으로 이렇게 생각했고 그녀와 함께한 20년 동안 이 보다 더 나은 표현을 찾을 수만 있다면 그렇게 했을 것이다.

그러나 나의 사랑고백에 그녀는 전혀 귀를 기울여 주지 않았다. 그녀에게는 나보다 훨씬 젊은 숭배자들이 너무나도 많았다. 내 재산과 장래에 대한 계획이 오히려 불리하게 작용을 했다. 나는 부자인 데다가 없는 것이 없었기 때문에 그녀는 내게 아무 것도 해줄 것이 없으며 그저 행복을 조금 더해주는 데 불과하다고 여겼던 것이다. 그녀의 이상은 자신의 어머니가 아버지에게 했듯이 젊고 열심히 노력하는 남자를 위한 진정한 반려자 되고 없어서는 안 될 존재가 되는 것이었다. 21살 때 아버지를 여읜 그녀는 가족에 대한 모든 책임을 떠안고 있었다. 그녀는 이미 28살로 인생에 대한 생각이 확고했다. 때로는 내게 호의를 품고 있는 것처럼 보이며 서로 편지를 주고받기도 했다. 그러나 어느 날 그녀는 내 편지를 전부 돌려보내고 나와는 장래를 약속할 수 없다고 전해왔다.

내가 몸을 추스르게 되자 데니스 교수 부부는 나를 크레슨에서 뉴욕에 있는 자신의 집으로 데려 갔고, 나는 교수의 친절한 도움을 받으며 요양을 하게 되었다. 그리고 펜을 들 수 있게 되자마자 휫필드 양에게 편지를 보냈는데, 뉴욕으로 옮기자마자 그녀가 찾아와 주었다. 그녀는 내가 자신을 필요로 하고 있다는 것을 느꼈다. 나는 이 넓은 세상에 홀로 남겨져 버렸다. 지금이라면 그녀는 모든 의미에서 훌륭한 '내조자'가 될 수 있었다. 그녀의 감정과 지성이 이것을 느낀 덕분에 우리는 결혼 날짜를 잡았다. 우리는 1887년 4

월 21일 뉴욕에서 결혼을 하고 영국의 남부 해안에 있는 와이트 섬으로 몇 주간의 신혼여행을 떠났다.

섬의 들판에 핀 야생초의 꽃을 보고 그녀는 매우 기뻐했다. 그 전까지 이름만 알고 있던 수많은 풀과 꽃들을 직접 눈으로 볼 수 있었기 때문이었다. 달개비, 물망초, 앵초, 백리향 등 모두가 책에서 보았던 것들이었기 때문에 모든 것들이 매력적이었다. 로더 이모부와 사촌 한 명이 스코틀랜드에서 만나러 와 주었다. 그리고 우리는 그들을 따라 스코틀랜드로 가서 여름을 보내기 위해 마련해 두었던 킬크래스튼에 있는 별장으로 갔다. 스코틀랜드는 그녀의 마음을 사로잡았다. 어릴 적 그녀는 스코틀랜드의 옛 이야기를 즐겨 읽었던 덕분에 스코틀랜드 소설에 대해 잘 알고 있었다. 그녀는 나보다 훨씬 더 스코틀랜드에 매료되어 있었다. 그런 것들은 모두 다 내가 오랫동안 열망해 오던 꿈이 실현된 것이었다.

우리는 던펌린에서 며칠을 보냈는데, 이것은 이전과는 전혀 다른 느낌이었다. 내가 어릴 적에 놀던 곳과 살던 곳을 찾아가자 여러 사람들이 과거의 추억에 대해 그녀에게 이야기해 주었다. 그녀는 남편에 대한 칭찬만을 들을 수 있었는데, 그것은 내게 있어 새로운 생활의 좋은 출발점이 되었다.

우리가 북쪽으로 여행을 떠났을 때, 에든버러 시를 지나다가 명예 시민권과 함께 시장의 환영 인사말을 듣게 되었다. 에든버러에서는 수많은 사람들이 마중을 나왔고, 나는 시의 가장 큰 홀에서 노동자들을 위해 연설을 하고 선물을 받았다. 아내도 브로치를 선물로 받았는데 지금까지도 소중하게 간직하고 있다. 그녀는 스코틀랜드의 명물인 백파이프 연주를 하는 사람들을 보고 특히 마음에 들어했다. 연주자 중 한 사람을 집으로 초대해 아침에 우리를 깨우기 위해 연주를 하고 저녁 식사 때도 연주를 하게 해주었으면 좋겠다는 것이었다.

우리가 뉴욕으로 돌아왔을 때는 백파이프 연주자와 가정부, 그리고 몇 명의 하인을 고용했다. 가정부인 니콜 부인은 지금까지도 우리와 함께 하고 있으며 20년 동안 성실하게 일하면서 가족의 일원이 되어 주었다. 집사인 조지 어빈은 다음 해에 우리 집에 왔는데 지금까지도 가족의 일원으로서 없어서는 안 될 사람이다. 하녀인 메기 앤더슨도 마찬가지며 그들은 모두 훌륭하고 성실한 사람들이다.

1897년 3월 30일에 우리는 딸을 낳았다. 내가 갓 태어난 딸을 들여다 보고 있자 아내는 이렇게 말했다.

"당신 어머니의 이름을 따서 마가렛이라 부르기로 해요. 그리고 또 하나 부탁이 있어요."

"뭔지 말해 보시오."라고 내가 말했다.

"아이가 태어났으니 여름을 보낼 별장을 구해야 해요. 빌린 곳은 정해진 시간에 갔다가 다시 정해진 시간에 비워줘야 하니 이제 불편할 거예요. 우리 것이 아니면 안 돼요."

"그렇군."

"그런데 한 가지 조건을 붙이고 싶어요."

"그게 뭐요?"

"스코틀랜드의 고원지대였으면 좋겠어요."

"아주 멋지군."이라고 외친 뒤, "내가 바라는 바요. 나는 직사광선을 피해야 하니 금작화가 무성한 스코틀랜드의 고원만큼 좋은 곳이 없지. 내가 적당한 곳을 한 번 알아보리다."

그녀가 카네기 부인이 된 지 올해(1907년)로 20년이 되었다. 내가 어머니와 동생의 죽음 이후 이 세상에 홀로 남겨진 수개월 뒤에 아내는 내 삶 속에 들어와 내 삶을 완전히 바꾸어 주었다. 내 생활은 아내 덕분에 즐겁고 행복하게, 그녀의 도움이 없으면 살아갈 수 없을 것이라 여겨지게 된 것이다. 나는 결혼 전에는 아내를 잘 안다고 생각했었다. 그러나 그것은 겉모습일 뿐이며 내가 보고 느낀 것에 불과했다. 그녀의 내면에 있는 순결함과 겸손한 태도, 그리고 지혜 등은 상상을 초월하는 것이었다. 우리의 활동적이고 변화무쌍한 삶이 모든 긴장상태에 놓여 있을 때, 그리고 훗날 공직생활을 해야 했을 때, 아내는 나와 자신의 친척들 사이에서 언제나 외교관의 역할을 훌륭하게 해주었다. 언제나 그녀가 있는 곳에서는 아내의 풍부한 영향력이 널리 퍼졌다. 가끔 결단력이 필요할 때에는 언제나 그녀가 먼저 깨닫고 앞장서서 그 역할을 맡아 주었다.

  평화의 사자였던 아내는 평생 타인과 다투는 일이 없었다. 교우들과도 다툼이 전혀 없었는데 이 세상에서 아내와 단 한 번이라도 만난 적이 있는 사람들 중에는 그녀에게 불평불만을 품은 사람이 없었다. 선량한 사람들은 기꺼이 받아들였고 바람직하지 않은 사람들은 조심스럽게 피했다. 그녀는 이런 점에서 있어 결벽증에 가까웠다. 그러나 위계, 부, 사회적 지위 등은 그녀에게 전혀 걸림돌이 되지 않았다. 조잡하고 거친 언행을 그녀 앞에서는 절대로 할 수 없었다. 모든 것에 있어 예의를 벗어나는 일이 없었다. 그렇다고 해서 자신이 세운 고귀한 기준을 남에게 강요하지도 않았다. 그녀가 친하게 지내고 있는 사람들은 모두 다 선량한 사람들뿐이었다. 항상 그녀의 마음에서 떠나지 않는 것 중에 하나는 어떻게 하면 주변 사람들에게 선행을 베풀까 하는 것이었다. 필요에 따라 이 사람 저 사람에게 좋을 것이라고 판단하고 계획을 세웠고, 또한 선물을 보내 주었다.

  이 20년 동안 아내 없이 산다는 것은 내게 상상도 할 수 없는 일이었다. 그리고 그녀가 없는 미래는 내게 있어 생각조차 할 수 없는 일이다. 아마도 자연의 섭리를 따른다면 그런 일은 없을 것이다. 그러나 내가 없이 홀로 남겨진 아내는 어떻게 한단 말인가? 남자의 도움과 판단과 결단을 필요로 하는 일들이 많이 일어날 것이다. 그것을 생각하면 나는 가슴이 아파온다. 그리고 가끔은 내가 그 고통을 떠안을 수 있다면 얼마나 좋을까 생각하기도 했다. 그래도 다행스러운 것은 아내에게는 삶의 동반자로 신이 내려주신 딸이 있다. 딸이 아내의 짐을 가볍게 해주고 버티게 해줄 것이다. 딸 마가렛에게도 아버지보다는 어머니가 더 필요하다.

그러나 어째서, 아아, 어째서 우리는 지상에서 발견한 천국을 버리고 어딘지 모를 곳으로 여행을 떠나야 한단 말인가? 나는 「베니스의 상인」에 나오는 제시카의 말을 인용해 이렇게 말하고 싶다.

"바사니오 님이 올바른 삶을 사는 것은 너무나 당연합니다.

이렇게 고귀한 아내를 얻으셨으니 지상에서 천국의 기쁨을 만끽할 것입니다."

제16장

제철소와 노동자들

제16장
제철소와 노동자들

*

철과 강철에 대해 내가 영국에서 배운 중요한 한 가지 교훈은 원료를 조달하고 제품을 그 목적에 맞게 완성품으로 만들어 내는 것이 필요조건이라는 사실이다. 에드거 톰슨 제강회사에서 강철 레일에 대한 문제를 해결할 수 있었기 때문에 나는 곧바로 다음 작업에 착수했다. 선철의 공급이 원활하지 않은 것과 불안정성이 우리로 하여금 용광로를 만들게 했다. 그래서 우리는 세 개의 용광로를 건설하게 되었는데, 그 중 하나는 클로먼 씨와 연관이 있던 에스커너버 제철소에서 사들인 것을 개조한 것이었다. 하지만 이런 경우에는 거의 예외 없이 새로 짓는 것보다 개조하는 데 훨씬 더 많은 돈이 드는 데다가 만족스러운 성과를 거두기가 힘들다. 나쁜 것을 살수록 손해는 더 커진다.

그러나 이 중고 용광로가 당장은 실패로 끝났지만 훗날 큰 이익을 가져다주었다. 왜냐하면 경철이라 불리는 망간 백철을 만들 수 있었고 나중에는 망간철을 만들기 위한 소형 용광로의 역할을 충분히 해주었기 때문이다. 미국에서는 우리가 경철과 강철을 만드는 첫 번째 공장이었고, 망간철을 만든 것도 첫 번째이자 아주 오랫동안 유일한 공장이었다. 우리는 꼭 필요했던 이 제품을 외국에 의존하고 있었고 게다가 1톤에 80달러나 하는 비싼 값을 치러야 했다. 우리 용광로의 주임인 줄리언 케네디가 곳곳에 광물이 널려 있으며 우리는 작은 용광로로 망간철을 만들 수 있다고 말해 주었기 때문에 모든 영광은 그에게 돌려야 마땅할 것이다. 이 시험은 해볼 만한 가치가 있었으며 결과는 대단히 성공적이었다. 우리는 전 미국의 수요를 충족시킬 수 있었고 덕분에 가격이 1톤당 50달러로 내려갔다.

버지니아의 원석을 시험하는 동안 우리는 이 산물이 망간철을 만들기 위해 유럽으로 몰래 팔려나가고 있다는 사실을 알게 되었다. 광산의 주인은 그것을 다른 용도로 사용한다고 들었다며 그 말을 굳게 믿고 있었다. 우리는 당장 이 광산을 사들이기로 했다. 광산의 소유주는 높은 가격을 불렀는데, 그는 자본은 물론 광산을 효율적으로 관리할 능력도 없었다. 우리는 비싼 값을 치러야 했지만 결국 이 광산을 손에 넣고야 말았다. 물론 이 거래가 이루어지는 동안 광석을 신중하게 시험해서 망간성분의 함유량이 충분하다는 사실을 알 수 있었다. 이 모든 과정은 대단히 신속하게 이루어졌으며 단 하루의 시간도 헛되이 흘려보내지 않았다. 바로 이런 점에 우리와 같은 조직의 장점이 있는 것이다. 만약 주식회사였다면 사장이 중역들과 회의해야 하기 때문에 몇 주, 혹은 몇 달이 지나도 결론을 내지 못할지도 모른다. 그러는 사이 광산은 다른 사람의 손에 넘어가 버릴지도 모른다.

우리는 계속해서 용광로의 개량을 추진했고 새로 만든 용광로는 이전의 것보다 훨씬 많은 성능의 개선을 통해 드디어 기준이라고 해도 좋을 만큼의 용광로를 만들 수 있게 되었다. 그 뒤로도 사소한 개선이 필요했지만 내가 생각하기에는 거의 완벽하다고 여겨지는 공장을 만들어 냈다. 그리고 우리의 선철 생산능력은 한 달에 5만 톤에 육박했다.

용광로가 추가되고 얼마 되지 않아 우리의 독립과 성공을 위해 또 한 번의 전진이 필요했다. 품질이 좋은 코크스는 코넬스빌 탄광에 의존하고 있었는데, 거기에는 한도가 있었기 때문에 공급받을 수 있는 물량이 정해져 있었다. 선철을 만들기 위해 반드시 필요한 연료가 없이는 아무것도 할 수 없었다. 그래서 이 문제를 상세하게 검토한 결과 프릭 코크스 회사에서 최상의 코크스를 생산하고 있으며, 그 광산의 주인이자 사장인 프릭 씨가 천재적인 경영자라는 사실을 알게 되었다. 그는 가난한 철도회사의 사환으로 시작해 성공을 거둔 사람이었다. 1882년에 우리는 이 회사의 주식 절반을 사들였다. 그리고 소주주들의 주식도 모두 사들여 대부분의 주식을 소유한 대주주가 되었다.

이렇게 해서 이제 남은 것은 철광석뿐이었다. 만약 철광석 광산만 손에 넣을 수 있다면 우리는 유럽 굴지의 철강회사와 어깨를 나란히 할 수 있었다. 당시 우리는 잠시나마 펜실베이니아에서 이 모든 고리를 이어줄 연결고리를 찾아냈다고 착각하고 있었다. 그러나 너무나 성급한 판단으로 인해 우리는 막대한 금전적 손실을 입고 말았다. 이 광산의 노출된 일부분에서 양질의 것이 발견되었는데, 그것은 시간과 비바람이 불순물을 씻어주었기 때문에 함유량이 높게 나타난 것에 지나지 않았다. 그러나 조금 더 파고 들어가자 전혀 채굴 가치가 없을 만큼 함유량이 빈약했다.

회사는 화학자에게 우리가 빌린 펜실베이니아 산간의 용광로로 가서 부근에서 채굴된 재료들을 분석하라고 지시했다. 그리고 지역 주민에게도 광석의 샘플을 가져오라고 선전했다. 그런데 당시 화학자들이 두려움의 대상이었다는 사실의 좋은 일례가 되는 셈인데, 실험을 도와줄 사람을 전혀 찾을 수가 없었다. 화학자들이 악마의 하수인이라는 소문이 퍼졌고 광산을 수상한 도구로 조사한다며 의심의 눈초리로 바라보고 있었다. 우리는 결국 피츠버그의 본사에서 사람을 보내야만 했던 기억을 떠올리면 지금도 허탈한 웃음이 나온다.

어느 날 이 화학자가 유황성분이 없는 진귀한 광석을 분석한 자료를 보내왔다. 그것은 베세머 강철에 아주 적절한 광석이었다. 그런 발견은 우리에게 용기를 북돋워주었다. 산의 소유주는 모지스 톰프슨이라는 부농으로 펜실베이니아 주 센터카운티에 아주 비옥한 토지 7천 에이커를 가지고 있었다. 우리는 광석이 나온 현장에서 그와 만나기로 약속을 했다. 우리는 이 산에서 오륙 년 전에 목탄을 사용하던 용광로에 광석을 보낸 적이 있었다는 사실을 알게 되었다. 그러나 평판은 그다지 좋지 않았다. 왜냐하면 광석이 다른 것과 비교해서 너무나 순수했기 때문에 다른 것과 같은 양의 매용제를 사용하게 되면 제련에 장애를 일으켰기 때문일 것이다. 당시로서는 너무 질이 좋았기 때문에 오히려 맞지 않았던 것이다.

우리는 결국 6개월 동안 시험적으로 채굴을 한 뒤 산을 샀다. 광산을 매입할 사람이라면 누구나 당장 면밀한 시험을 하는 것이 중요한 과제이다. 50피트 간격으로 산에 구멍을 뚫고, 100피트 전진하면 갱을 팠다. 두 지점이 교차하는 곳에다 파이프를 박기 시작했다. 파이프는 총 80개였던 것으로 기억하고 있다. 일정 깊이마다 광맥의 광석을 상세히 조사해서 10만 달러의 토지대금을 지불하기 전에 이미 어떤 광물들을 얻을 수 있는지 자세하게 알 수 있었다. 그 결과는 기대 이상의 것이었다. 내 사촌이자 공동 투자자였던 로더 덕분에 채굴과 세척에 들어가는 경비를 크게 줄일 수 있었기에 이전에 다른 광산에서 입은 손실을 채우고도 남을 만큼의 이익을 얻을 수 있었다. 이렇게 화학자들은 보다 확실한 길로 우리를 안내해 줄 수 있었다.

이렇게 처음에는 손해를 입은 것 같았지만 결과적으로는 이득을 보았다. 그러나 사업을 하다보면 때로는 위험한 상황이 많이 일어나 위기일발의 상황에 처하는 경우가 자주 있다. 어느 날 제철소에서 돌아오는 도중에 핍스와 나는 피츠버그 시의 펜 거리에서 내셔널 신탁회사 앞을 지나게 되었다. 나는 창에 금색 대문자로 큼지막하게 '주주는 개인적으로 책임이 있다.' 라고 적혀 있는 것을 발견했다. 마침 그날 아침에 회사의 사업실적을 조사하다가 이 신탁회사의 주식 20주를 가지고 있다는 사실을 알게 되었다.

나는 "만약 이 회사의 주식을 가지고 있다면 오늘 오후 사무실로 돌아가기 전에 당장 처분하고 싶소." 라고 핍스에게 말했다.

그는 그렇게 급하게 서두를 필요는 없으며 천천히 해도 괜찮다고 대답했다.

"아니, 부탁이니 당장 처분해 주시오." 내가 대답했다.

핍스는 내 부탁대로 주식을 처분해 주었다. 그리고 정말 운이 좋게도 이 회사는 그로부터 얼마 지나지 않아 도산하고 말았다. 내 사촌 모리스는 주주의 한 사람으로 거액의 부채를 떠안게 되었는데 그것은 비단 모리스뿐만이 아니었다. 수많은 사람들이 똑같은 불행을 당해야만 했다. 그리고 나는 극적으로 위기를 모면할 수 있었다. 고작해야 20주로 2천 달러에 불과했는데 아마도 친구에게 경의를 표하기 위해 샀던 것으로 기억하고 있다. 이윤을 얻었으면 깔끔하게 정리를 하는 것이 좋다. 이름만 빌려주고 미심쩍은 사업에 끼는 것은 위험천만한 일이다. 우리는 아무리 작은 것이라 할지라도 엄청난 폭발력을 품고 있는 것에는 손을 대서는 안 된다는 교훈을 얻었다.

가까운 시일 내에 강철이 철을 대신할 것이라는 점은 거의 확실시 되고 있었다. 키스톤 교량회사조차 철 대신에 강철을 쓰기 시작했다. 철 만능시대가 강철에게 자리를 내어주기 시작했기 때문에 우리는 더욱더 강철에 의존해야만 했다. 그래서 우리는 에드거 톰슨 제강회사와 병행해서 여러 가지 모양의 강철을 제조하기 위해 새로운 공장을 설립할 필요가 있다고 생각하게 되었다. 그렇게 결심하고 있던 찰라 피츠버그의 주요 제강소 대여섯 곳이 합동으로 건설한 홈스테드 공장을 우리에게 팔겠다는 제안이 들어왔다.

이들의 공장은 원래 제조업자들의 연합체로 창설되었는데 그들의 사업에 필요한 모든 강철 제품들을 충당하기 위한 것이었다. 그

홈스테드 공장 전경

러나 당시 강철 레일 붐을 타고 갑자기 강철 레일 제작소로 변경을 한 것이었다. 레일의 가격이 오르고 있을 때는 괜찮은 사업으로 유지를 할 수 있었지만 처음부터 강철 레일을 만들기 위해 설립한 공장이 아니었기 때문에 선철을 만들기 위한 용광로도 없었고 연료를 얻을 수 있는 코크스의 원천도 없었다. 그런 이유로 도저히 우리와는 경쟁상대가 될 수 없는 상황이었다.

이 공장을 사들이는 것은 우리에게 매우 유리했다. 처음에 우리는 이것을 카네기 형제상사와 합치려고 했고 소유자들은 이 제안을 받아들였다. 평등한 자격으로, 다시 말해 같은 투자 금액을 내기로 한 것이다. 그리고 권리를 이양하고 싶은 사람이 있으면 현금으로 사들이겠다고 공표했다. 그러자 한 사람도 남김없이 이 제안을 받아들였다. 그렇게 해서 새로운 공장은 카네기 상사의 홈스테드 제강소로 발족을 하게 되었다.

잠시 1888년부터 1897년까지 10년 동안 우리 사업의 발전과정을 기록하는 것도 흥미가 있을 것이라고 생각한다. 1888년에 우리는 2천만 달러를 투자했다. 1897년에는 그 두 배 이상 즉, 4천 5백만 달러를 넘었다. 1888년에 연간 60만 톤이었던 선철 생산량은 10년 사이에 세 배로 늘어 거의 2백만 톤에 육박했다. 1888년 우리의 철과 강철 생산량은 하루에 2천 톤이었지만 10년 후에는 6천 톤을 넘어섰다. 코크스 공장은 시작 당시 5천 개의 화덕이 있었지만 이 또한 세 배로 늘어나 생산 능력이 하루에 6천 톤에서 1만 8천 톤을 뛰어넘었다. 프릭 코크스 회사는 1897년에 4만 2천 에이커의 광산을 소유하게 되었다. 향후 10년이 지나 지금을 되돌아보아도 이와 같은 발전 상황을 계속해서 기록할 수 있을 것이다.

미합중국과 같이 발전을 거듭하는 국가에서 제조 공업은, 확장이 멈추는 순간 쇠락하게 된다는 견해는 옳은 것 같다.

1톤의 강철을 생산하기 위해 1톤 반의 철광석을 채굴하여 그것을 레일로 호수까지 약 100마일을 운반하고, 다시 배로 수백 마일을 운반해 화차에 싣고 또 다시 피츠버그 시까지 150마일을 운반하는 것이다. 1톤 반의 석탄을 캐내서 코크스를 제조하여 50마일의 거리를 레일로 운반한다. 1톤의 석회석을 캐서 피츠버그까지 150마일의 거리를 운반한다. 그렇게 해서 만들어진 강철 3파운드를 2센트에 팔면서 어떻게 손해를 보지 않을 수 있었을까? 솔직히 말하자면 나 또한 이 사실이 믿기지가 않는다. 기적이라고밖에 볼 수가 없다. 그러나 실제로는 그것이 가능했다.

미국은 얼마 되지 않아 강철이 가장 비싼 나라에서 가장 싼 나라로 바뀌게 될 것이다. 이미 영국의 벨파스트 조선소는 우리의 훌륭한 거래처가 되었다. 이것은 단지 시작에 불과하다. 지금도 여전히 임금이 비싸지만 다른 나라보다 훨씬 싸게 강철을 생산할 수 있다. 기계의 노동력이 비싸다면 인간의 노동력은 그보다 훨씬 싸지게 된다. 물론 그러기 위해서는 노동자들이 자유롭고 만족스러워하며, 열의를 가지고 자신들이 하는 일에 합당한 보수를 충분히 받아야 한다는 조건이 필요하다. 그런 점에서 미국은 전 세계를 이끌어 가고 있다.

미국이 세계 시장에서 경쟁할 때 하나의 가장 큰 이점은 미국의 제조업자가 최고의 내수시장을 가지고 있다는 점이다. 그 덕분에 그들은 빠른 자본의 회수가 가능하며 잉여 생산품을 유리한 가격에 수출할 수 있다. 수출 가격이 원가를 조금 넘는 금액이라도 아무런 지장을 초래하지 않는다. 최고의 내수시장에다 제품의 규격화가 이루어진 나라는 결국 해외의 경쟁자들을 물리칠 수가 있다. 이 관계를 명확하게 밝히기 위해 나는 영국에서 '잉여의 법칙'이라는 말을 이용했다. 이 말은 훗날 상업계에서 논의를 할 때 일반적으로 쓰이게 되었다.

제17장
홈스테드 공장의 파업

제17장
홈스테드 공장의 파업

*

　회사의 생산 과정에 대한 이야기가 나온 김에 1892년 7월 1일에 내가 스코틀랜드 고원으로 피서를 갔을 때 일어났던 종업원들의 노조 분규에 대해 잠시 이야기하기로 하겠다. 이것은 회사의 역사를 통틀어 유례가 없는 안타까운 일이었다. 26년 동안 나는 회사와 종업원의 관계를 직접 나서서 통솔해 왔고, 그것은 정말로 순조로우면서도 서로가 만족스러운 것이었다는 점이 내 평생의 자랑거리였다. 홈스테드 공장에서 분규가 계속되고 있을 때 외국에 있던 내가 수뇌부에 힘을 보태기 위해 서둘러 회사로 돌아오지 않았던 것에 대해 동료이자 최고 책임자였던 픕스는 『뉴욕 헤럴드』 기자의 질문에 다음과 같은 편지를 보냈다. 그는 '종업원들의 요구가 아무리 억지스러운 것이라 할지라도 항상 그 요구에 굴복하는' 경향이 있었기 때문에 동료들은 그가 돌아오는 것을 바라지 않았다,고. 나는 이런 말을 들을 만한 자격이 있는 사람이 되고자 염원했고 지금도 여전히 그러길 바라고 있다. 당신과 당신의 종업원들이 우호적인 관계를 유지하면서 생성해 내는, 그 무엇과도 바꿀 수 없는 보수와 그 경제적 성과를 제외하더라도 일하는 사람들에게 가능한 최고의 대우를 해주는 것은 훌륭한 투자이며, 또한 진정한 의미에서 최고의 효율성을 창출해 내는 길이라고 나는 굳게 믿고 있다.

강철 생산에는 베세머식 개방 용광로와 여러 가지 기초적인 발명에 의해 커다란 혁명이 일어났다. 이전까지 사용하고 있던 기계는 시대에 뒤떨어졌기 때문에 우리 회사도 그 모든 사실을 인정하고 홈스테드 공장에 수백만 달러를 투자해 공장의 확장을 결정했다. 새로운 기계로 이전에 비해서 약 60%의 생산량이 증가했다. 직원들은 생산하는 강철의 톤수에 따라 급여를 받기로 3년 계약을 하고 작업을 하고 있었는데, 마지막 몇 달은 새로운 기계로 작업을 하게 되었다. 따라서 그들의 수입은 계약 기간이 끝나기 전에 약 60%가 증가했다.

회사는 향후 계약을 갱신할 때도 이 60%를 직원들에게 배당하기로 결정했다. 다시 말해 직원들의 수입이 이전보다 30% 증가하게 되었고 나머지 30%는 회사의 수익으로 돌려 설비비를 충당하도록 한 것이다. 개선된 기계가 많은 일을 해내는 것이기 때문에 특별히 직원들이 더 많은 노동을 해야 하는 것은 아니었다. 그러므로 회사의 제안은 아주 파격적이고 관대한 것이라 할 수 있는 것이었기 때문에 상식적으로 생각해 보면 직원들은 회사에 감사를 해야 할 입장이었다.

홈스테드 공장의 파업

회사는 당시 미합중국 정부를 위해 무기를 제조하고 있었다. 이것은 회사의 입장에서 두 번이나 거절을 했던 일이었지만 정부의 간절하고 긴급한 요구 때문에 거절을 하기 힘이 들었다. 그밖에 시카고 만국박람회에 자료를 제공하기로 한 계약도 있었다. 직원들을 선동한 자들은 이 사실을 잘 알고 있었기 때문에 앞서 말했던 60%를 전부 요구하고 나선 것이다. 그들은 회사가 양보를 할 수밖에 없을 것이라고 생각한 것이다. 그런 요구를 회사의 입장에서는 받아들일 수 없었으며 그들이 목숨줄을 부여잡고 "다 내놔!"라고 도전하는 데는 더 이상 승복할 수가 없었다. 물론 회사는 이것을 거절했다. 그것은 정당하고 당연한 것이라고 생각한다. 만약 내가 현장에 있었다고 하더라도 이런 협박에 가까운 요구는 절대로 받아들이지 않았을 것이다.

여기까지는 어느 면으로 보나 충분히 일리가 있고 타당했다. 나는 종업원과의 의견대립이 있을 때면 항상 긴 시간을 두고 그들과 충분히 논의를 하여 그들의 요구가 공정하지 않다는 것을 깨닫게 하겠다는 방침을 세워왔다. 그리고 그들을 대신해서 다른 사람을 대신 고용한 적이 없었다. 그런 일은 절대로 하지 않았다. 그런데 홈스테드 공장장은 분규에 가담하지 않은 3천 명의 직원들만은 아무런 문제도 일으키기 않고 작업에 복귀할 것이라고 믿고 있었다. 이 3천 명의 직원들은 분규에 가담한 218명을 몰아내기 위해 혈안이 되어 있었다. 왜냐하면 그들은 강철부의 예열 직원들과 압연을 담당하는 직원들만을 노조에 가입시키고 다른 부서에서 일하는 3천 명은 노조에 참여시키지 않았기 때문이다.

공동 출자자들은 이 공장장의 보고 때문에 판단이 흐려졌는데 공장장 또한 상황을 제대로 파악하지 못한 것이다. 그는 최근 공장장으로 승진했기 때문에 이런 사태를 처리한 경험이 거의 없었다. 소수 노조원들의 부당한 요구와 3천 명의 비조합원들의 그릇된 생각 때문에 공장장의 능력으로는 사태를 해결할 수 없는 상황에 이르게 된 것은 당연한 일이었다. 그는 3천 명의 직원들은 아무런 문제도 일으키지 않고 일을 할 것이라고 생각했던 것이다. 3천 명 중에는 218명의 일을 대신 할 수 있는 사람들이 있었고 게다가 그 일을 하길 원하던 사람들이 많이 있었다. 적어도 나는 그렇게 보고를 받았다.

지금 되돌아보면 공장을 개방해서 다른 직원들에게 맡긴 것이 실수였다는 점을 쉽게 알 수 있다. 회사는 직원들에게 이렇게 말했어야 했다.

"지금 노동문제로 논쟁이 일어났는데, 그것은 여러분들끼리 해결해야 할 문제다. 회사는 여러분에게 다른 회사보다 훨씬 관대한 제안을 했다. 논쟁이 해결되면 공장은 다시 기계를 돌리겠지만 그 전까지는 공장을 폐쇄하겠다. 그동안 여러분의 회사는 그대로 두겠다."

아니면 공장장이 3천 명의 직원들에게 이렇게 말했으면 좋았을 지도 모른다.

"좋아, 자네들이 출근해서 다른 문제를 일으키지 않고 기계를 가동시킬 수 있다면 그렇게 해도 좋다."고. 이렇게 했다면 218명을 적으로 돌리고 3천 명의 직원들이 자신을 지킬 책임이 자신들에게 있는 것이 된다. 그러나 그렇게 하기도 전에 치안부대가 군인들을 인솔해서 218명에게서 3천 명의 사람들을 지키기 위해 나서게 된 것이다. 나는 이것이 주의 공무원들이 만일의 사태에 대비하기 위한 것이었다는 사실을 나중에 알게 되었다. 그러나 노조의 조합장은 난폭하고 대단히 공격적이었다. 그들은 총을 들고 3천 명의 직원들을 공포에 떨게 만들었다. 여기서 잠시 내가 과거에 직접 쓴 회사의 규칙을 잠시 인용하기로 하겠다.

"내 생각에, 회사의 각 공장에 소속되어 있는 직원들은 파업을 할 수 있다는 것을 명백하게 밝혀 둔다. 회사는 그들과 자유롭고 허심탄회하게 대화를 나누며 그들이 스스로 다시 작업에 복귀할 때까지 인내하며 기다릴 것. 새로운 직원을 뽑지 않을 것-이상이다."

인간으로서 최고의 인물, 그리고 가장 뛰어난 직원은 직장을 찾아 거리를 헤매는 사람이 아니다. 일반적으로 말하자면 능력이 떨어지는 사람만이 직업을 찾아 헤매는 법이다. 우리가 바라는 사람은 불황 속에서도 자신의 자리를 굳게 지키는 사람이다. 새로운 사람을 뽑아 현대 시설이 들어선 제강소의 복잡한 기계를 제대로 다루게 하기란 거의 불가능에 가깝다. 새로운 사원을 뽑으려 했기 때문에, 일하고자 하는 숙련공들의 사기를 떨어뜨리고 말았다. 직원들은 새로 온 기술자들을 그리 달가워하지 않는다. 그들을 어떻게 비난할 수 있겠는가?

그러나 내가 현장에 있었다고 하더라도 어쩌면 공장장의 보고에 따라 공장 문을 열도록 허락했을지도 모른다. 그리고 우리의 옛 종업원들이 계약했던 대로 자신의 자리로 돌아갈지 확인해 봤을 수도 있다. 여기서 주목해야 할 중요한 사안은 공장을 개방한 것은 신입사원을 들이기 위한 것이 아니라는 사실이다. 그와 정반대로 내가 귀국하자마자 보고를 받은 대로 수천 명의 숙련된 기술자들의 요청에 의해 공장 문을 연 것이었다. 이것은 아주 중요한 사실이다. 나의 동업자들이 공장장의 보고에 따라 시험을 한 것은 절대로 비난을 할 수 있는 일이 아니다. 신입사원을 들이는 것이 아니라 숙련된 기능공들의 복귀를 기다린다는 내 규칙은 아직까지 깨지지 않은 것이다.

투쟁에 나선 직원들이 치안대를 향해 총을 발사한 뒤에 두 번째로 공장 문을 연 것에 대해 다시 한 번 되돌아보며, "선배 직원들이 자발적으로 복귀를 결심할 때까지 공장 문을 닫아 두었다면 얼마나 좋았을까?"라고 비판하는 것은 아주 간단한 일이다. 그러나 그 사이 펜실베이니아 주지사가 8천 명의 병력을 동원해서 모든 상황을 자신의 관리하에 넣어버린 것이다.

이러한 불상사가 일어나고 있을 때 나는 스코틀랜드의 고원을 여행하고 있었기 때문에 이틀이 지나서야 이 사실을 알게 되었다. 내 평생을 통틀어 이전에도 그리고 이후에도 이렇게 내게 깊은 상처를 남긴 사건은 없었다. 내가 사업을 통해 경험한 것 중에서 이 홈스테드 공장 문제로 입게 된 상처만큼 가슴 아프고 뼈저리게 오래 남은 일은 없었다. 이 사건은 전혀 일어나지 않아도 될 사건이었다. 직원들은 완전히 착각을 하고 있었다. 분규를 일으킨 직원들은 새로운 기계를 도입하게 되면서 하루에 4달러에서 9달러의 수입을 얻게 되었다. 이것은 낡은 기계를 사용했을 때와 비교하면

30%나 수입이 증가된 것이다. 스코틀랜드에 있던 나는 직원들과 노조로부터 다음과 같은 전보를 받았다.

"친절하신 사장님. 사장님은 저희가 어떻게 하기 바라시는지 말씀해 주십시오. 저희는 사장님의 뜻에 따르겠습니다."

이것은 강하게 내 가슴을 때렸다. 그러나 애석하게도 이미 때는 늦고 말았다. 최악의 사태로 돌입하고 만 것이다. 공장은 주지사의 손에 넘어가고 말았다. 이미 때를 놓치고 만 것이다.

외국에 있던 나는 사태를 제대로 파악하고 있는 지인들에게 수도 없이 전보를 쳤고, 그들은 내가 얼마나 비통해 하고 있는지를 알고 위로해 주었다. 그중에서도 나를 제일 감동하게 한 것은 영국의 수상 글래드스턴이 보낸 편지였다.

친애하는 카네기 씨.

오래 전 우리 부부는 당신의 따뜻한 축하 편지에 대한 감사의 답장을 보낸 적이 있습니다. 그런데 지금 당신은 곤경에 처해 있고 부유층의 사회 환원문제로 비난을 받고 있다는 사실도 잘 알고 있습니다. 기자들은 가끔 너무나 악의적인 기사를 쓰기도 합니다. 당신을 너무나 돕고 싶지만 제가 할 수 있는 것이라고는 단지 위로의 말을 전하는 것뿐입니다. 당신을 잘 아는 사람이라면 미국에서 벌어진 불행한 사태로 당신의 관대함과 그 동안 베푼 선행에 흠집을 내려 하지 않을 것입니다.

 부는 마치 인간의 모든 도덕성을 삼켜버리려는 괴물처럼 느껴집니다. 하지만 당신은 그 괴물을 어떻게 다루어야 하는지에 대한 본보기를 보여주었습니다. 정말로 감사합니다.

당신의 친구

글래드스턴

 물론 일반 사람들은 내가 스코틀랜드에 있었다는 사실과 홈스테드 공장 사태가 어떻게 일어났는지에 대해 아무것도 모르고 있었다. 내가 경영권을 가지고 있는 카네기 공장에서 몇 명의 직원들이 살해당했다는 사실만을 알고 있었다. 그것만으로도 몇 년에 걸쳐 쌓아온 나의 명성은 세계적인 조롱거리가 되기에 충분했다. 그러다 겨우 나를 만족시켜줄 만한 일이 찾아왔다. 맥 해너 상원의원은 전국 시민연맹의 의장이었고, 오스카 스트라우스 씨는 부의장이었다. 이 단체는 자본가와 노동자로 이루어졌으며 고용주와 종업원 쌍방에 큰 영향력을 행사할 수 있는 단체였다. 해너 씨는 자택의 만찬회에 나를 초대해 연맹의 임원들과 함께 해결책을 모색하자고 했다. 그런데 오랜 벗이자 클리블랜드 시의 우리 회사 대리인이었던 해너 씨가 갑작스럽게 죽고 말았다.

 나는 만찬회에 참석했다. 식사가 끝나자 스트라우스 씨가 일어나 해너 씨의 후임자 문제로 고민한 끝에, 전국의 노동기관들의 추천을 통해 그 자리에 나를 추대하겠다는 연락이 왔다는 사실을 통보해 주었다. 그 자리에는 몇 명의 노동계 지도자들이 있었는데 한 사람씩 일어서서 스트라우스 씨의 의견을 지지해 주었다.

나는 이때만큼 깜짝 놀란 적이 단 한 번도 없었고, 솔직히 말해 그렇게 감격스러웠던 때도 없었다. 노동계가 이렇게 호의적인 태도를 보이는 것은 어쩌면 당연한 일일지도 모른다. 나는 노동자들에게 언제나 따뜻한 애정의 눈길을 보냈으며 우리 회사의 종업원들도 항상 경의의 눈길을 보내 주었다. 그러나 홈스테드 분쟁이 있은 후로 전 국민의 감정은 완전히 반대가 되어 버렸다. 대중들에게 카네기 회사는, 노동의 정당한 보수에 대한 카네기의 도전을 의미하고 있었기 때문이었다.

나는 일어서서 왜 내가 이렇게 큰 영예를 받아들일 수 없는지 설명했다. 나는 여름의 자외선을 피해야 했고, 연맹의 의장은 1년 내내 그 어떤 돌발 상황이 벌어지더라도 대처할 수 있는 자리에 있어야 하기 때문에 이들의 제안을 받아들일 수 없었다. 나는 너무나도 당혹스러웠지만 결국 이 추대가 내게 주어진 최고의 영예이자 상처 입은 마음을 치료해줄 묘약이라는 것을 그 자리에 모여 있던 모든 사람들 속에서 깨달았다. 만약 애석하게 죽은 벗을 대신해서 집행위원회에 이름을 올릴 수 있다면, 나는 기꺼이 그 영광을 받아들이겠다고 말했다. 나는 만장일치로 집행위원에 추대되었다. 이렇게 해서 나는 홈스테드의 불상사와 직원들을 죽였다는 비난을 받고 있을 것이라는 생각에서 벗어날 수 있었다.

나의 오명을 씻어준 오스카 스트라우스 씨는 내가 노동문제에 대해 쓴 글과 연설에 대해 잘 이해하고 있었다. 그리고 기회가 있을 때마다 그것들을 인용해서 노동자들을 설득하기 위해 노력해왔기 때문에 나는 그의 도움을 많이 받았다. 이 만찬회에는 피츠버그시의 노동운동가 두 명이 함께 하고 있었는데 그들도 열심히 내 업적에 대해 이야기해 주었다.

그 뒤로 피츠버그 도서관의 홀에서 나를 환영하는 노동자들과 가족들의 모임이 열리게 되었는데, 나는 성심성의껏 그들에게 인사를 했다. 그날 내가 강조했던 것 중에 하나는 자본과 노동자와 고용주는 삼위일체로 누가 먼저고, 누가 위에 있어서는 안 된다는 것이었다. 삼위일체로 셋 다 없어서는 안 된다는 것을 강조했다. 그리고 우리는 서로에 대해 존중한다는 의미의 악수를 나누었고, 이로써 모든 일이 원만하게 해결되었다. 이렇게 해서 나와 종업원과 그들의 가족들이 단단한 인연을 맺게 되었기 때문에 나는 정신적으로 큰 짐을 덜 수 있게 되면서 긴 한숨을 내쉴 수 있었다. 그러나 사건 현장에서 몇 천 마일 떨어진 곳에 있었다고는 하나 내게는 너무나도 끔찍한 경험이었다.

이 홈스테드 사태로 비롯된 한 이야기를 내 친구인 루트거스 대학의 존. C. 반 다이크 교수는 이렇게 전하고 있다.

'1900년 봄, 나는 캘리포니아 만에 접해 있는 과이마스 시에서 라노리아베르데에 있는 친구의 목장으로 걸어갔다. 소노라 산에서 일주일 정도 사냥이라도 하면서 보내려 했기 때문이다. 목장은 문명세계에서 멀리 떨어져 있었으며 그곳에는 두세 명의 멕시코인과 수많은 야키족 인디언밖에 없을 것이라고 생각했다. 그런데 놀랍게도 나는 그곳에서 영어를 하는 미국인과 만나게 되었다. 그가 어떻게 이곳에 와 있었는지를 아는 데는 그리 긴 시간이 걸리지 않았다. 그는 외로움에 지쳐 누군가 말할 수 있는 상대를 간절히 바라고 있었기 때문이었다. 그의 이름은 맥루키며 1892년까지 카네기 상사의 홈스테드 제강소에서 일하던 숙련공이었다. 그는 흔히 장인이라 불릴 정도로 뛰어난 기술을 가졌던 한 사람으로 당시 높은 봉급과 가정이 있었으며 집과 재산이 상당히 많아 편안한 생활을 하고 있었다. 게다가 이웃들에게 신용도 높아 홈스테드 지역장으로 선발되기도 했다.

1892년에 있었던 파업에서 맥루키는 필연적으로 노조 측에 설 수밖에 없었다. 그때 공장을 지키고 질서를 유지하기 위해 배로 홈스테드에 들어온 사설탐정 단원들을 지역장의 자격으로 체포하라는 명령을 내렸다. 그는 그것을 당연한 행위라고 생각하고 있었다.

그가 내게 설명한 바에 의하면 사설탐정들은 자신들의 영역 안에 들어온 무장집단이었기 때문에 그들을 체포하고 무장을 해제시키는 것은 당연한 일이라고 생각했다. 그런데 그 지시가 유혈사태를 초래하고 말았다. 그리고 투쟁이 본격적으로 확산되고 말았다.

파업의 경과는 물론 모든 사람들에게 널리 잘 알려져 있기 때문에 다시 설명할 필요는 없을 것이다. 파업을 이끌던 사람들은 결국 패배하고 말았다. 맥루키는 살인, 폭동, 반역 등 셀 수 없이 많은 죄목으로 기소를 당했다. 그는 결국 외국으로 도망을 치는 신세가 되어 상처를 입고, 굶주리고, 쫓기면서 폭풍이 잠잠해질 때까지 몸을 숨겨야만 했다. 그리고 그 뒤로 블랙리스트에 올라 미국의 모든 제철소에 알려졌기 때문에 어디서도 직장을 구할 수 없었다. 가지고 있던 재산을 다 탕진하고 아내가 죽게 되자 가정은 산산이 깨지고 말았다. 온갖 불행을 겪은 그는 멕시코로 떠나기로 결심을 하게 되었는데, 내가 그를 만났을 때는 라노리아베르데에서 15마일 정도 떨어진 광산에서 일자리를 구하려고 했다. 그러나 멕시코인들과 비교해서 그는 너무나도 능숙한 장인이었다. 광산에서 필요로 하는 사람은 농장 노예처럼 값싼 노동자였다. 그는 일자리도 찾지 못하고 돈도 없는 상태였다. 말 그대로 한 푼도 없는 거지가 되고 만 것이다. 그의 불행한 이야기를 들으며 나는 시종 안타까운 생각을 금할수가 없었다. 특히 그는 대단히 총명한 사람으로 자신의 불행에 대해 쓸데없는 넋두리를 하지 않았기 때문에 나는 더욱 그를 동정하게 되었다.

그때 나는 자신이 카네기를 잘 알고 있다는 사실과 홈스테드 분규가 일어나고 얼마 되지 않아 스코틀랜드에서 카네기와 함께 있었고, 카네기를 통해 홈스테드의 상황에 대해 들었다는 사실을 맥루키에게 말하지 않았던 것으로 기억한다. 어쨌거나 그는 카네기를 비난하는 말을 삼가고 몇 번이고 반복해서 만약 '앤디'가 있었다면 그런 사태는 일어나지 않았을 것이라고 말했다. 그는 노동자들은 앤디와 사이가 좋았지만 중역들 중에는 그렇지 않은 사람이 있었다고 여기는 것 같았다.

목장에 일주일을 머무는 동안 나는 밤마다 맥루키와 만났다. 나는 그곳을 떠나 곧바로 애리조나 주의 투손으로 가서 카네기에게 편지를 쓸 일이 있었기 때문에 맥루키라는 사람을 만난 것에 대해서도 덧붙였다. 내가 그를 안타깝게 생각하고 있다는 것과 그가 부당한 대우를 받은 것 같다는 생각도 덧붙였다. 카네기로부터의 답장에는 '맥루키가 원하는 만큼의 돈을 주게. 하지만 내 이름은 말하지 말아 주게.'라고 적혀 있었다. 나는 곧바로 맥루키에게 편지를 보내 원하는 만큼의 돈을 보내 주겠다고 했지만 금액은 적지 않았다. 그러나 그가 재기하는 데 필요한 만큼의 돈이라는 점은 확실하게 명기했다. 그러나 그는 그것을 거절했다. 그는 죽든 살든 간에 스스로 남은 인생을 개척해 나가겠다고 했다. 그것이 미국인의 기질이었기 때문에 나는 그의 마음자세에 경의를 표할 수밖에 없었다.

나는 친구이자 소노라 철도회사의 총책임자인 I. A. 너글에게 맥루키를 부탁했다. 그렇게 해서 맥루키는 이 회사에 다닐 수 있게 되었고 인정을 받는 기술자가 되었다. 1년이 지난 뒤였는지 아니면 그해 가을이었는지 확실하지는 않지만 내가 다시 과이마스를 방문했을 때 그는 철도회사의 수리공장에서 감독으로 일하고 있었다. 그의 삶은 훨씬 좋아져 행복해 보였는데, 아마도 멕시코 여성을 아내로 얻었기 때문일 것이다. 그리고 이제 어두운 먹구름이 걷혀버렸기 때문에 도움을 주려고 했던 사람이 누구였는지를 알려주어 그와 싸우지 않으면 안 되었던 입장에 있었던 사람을 나쁘게 생각하지 않기를 바랐다. 그래서 그와 작별을 하기 전에 '맥루키 군, 자네에게 돈을 주겠다고 한 사람은 사실 내가 아니었네. 그건 바로 앤드류 카네기였네. 그는 나를 통해 자네를 도와주려고 했다네.' 라고 말했다.'

맥루키는 깜짝 놀라 넋이 나간 것처럼 보였다. 그리고 겨우 정신을 가다듬고 '그랬군요. 앤디는 무지하게 좋은 분입니다. 안 그런가요?' 라고만 말했을 뿐이다.

맥루키가 나에게 내린 판결을 나는 천국으로 가는 여권으로 사용하려 생각하고 있다. 그것은 인간이 생각해 낸 온갖 신학의 교리보다도 훨씬 도움이 되는 것이었다. 맥루키가 선한 사람이라는 사실을 나는 잘 알고 있다. 홈스테드에서 그의 총 재산은 3만 달러가 넘었다고 한다. 그는 지구장이었기 때문에 경찰을 쏜 죄에 대한 책임을 져야 했던 것이며, 또한 홈스테드 노동조합의 회장이었기 때문이기도 하다. 그랬기 때문에 그는 모든 것을 뒤로 한 채 도망자가 되어야만 했던 것이다.

이 이야기가 신문지면을 통해 알려지게 되었는데, 그것은 내가 맥루키가 한 말을 내 묘비명으로 삼겠다고 했기 때문이다. 맥루키가 한 말은 내가 적어도 한 기술자에게 친절을 베풀어 주었다는 것을 시사하고 있다.

제18장
노동의 모든 문제

제18장
노동의 모든 문제

*

　여기서 잠깐 내가 관여했던 노사분쟁에 대해서 몇 가지만 기록으로 남기고 싶다. 그것은 자본가와 노동자 양측에 서로 도움이 될 수도 있을 것이라고 생각하기 때문이다.

　우리의 강철 레일 제작소 용광로에서 일하고 있는 직원들이 어느 날 갑자기 회사에서 월급을 올려주지 않으면 월요일 오후 4시부터 파업에 들어가겠다고 통보를 해왔다. 그러나 직원들이 인정을 하고 사인한 계약서에는 그해 말까지가 계약기간이었고 아직 몇 달이 더 남아 있었다. 만약 그들이 이런 식으로 멋대로 계약을 파기하려고 한다면 향후 모든 계약이 아무런 의미도 없을 것이라고 생각했다. 그러나 나는 일단 뉴욕에서 밤기차를 타고 출발해 아침 일찍 피츠버그 공장에 도착했다.

나는 공장장에게 공장을 점령하고 있는 세 명의 노조 위원을 소집하라고 명령했다. 파업에 동의한 노조 위원들은 물론 제련부와 압연부의 위원들도 모두 소집시켰다. 나는 당연히 정중하게 예의를 갖추어 그들을 맞이했는데, 그것은 예의를 갖추는 것이 정략적으로 유리했기 때문이 아니라 종업원들과 만나는 것은 항상 즐겁고 반가운 일이었기 때문이다. 직원들에 대해 알면 알수록 나는 그들의 덕망을 높이 평가하게 된다는 점을 일단 확실하게 못 박아 두고 싶다. 그러나 영국의 작가 베리는 여성에 대해 "신은 아주 많은 것들을 훌륭하게 창조하셨다. 이 점에 대해서는 전혀 의심의 여지가 없지만, 여성에 대해서는 어딘가 묘하게 왜곡된 점을 남기셨다."라고 말했는데, 노동자들 또한 이와 마찬가지이다. 그들은 그들만의 독특한 편견을 가지고 있고 그것은 단단한 혹과 같기 때문에 우리는 그것을 조심스럽게 다뤄야만 한다. 왜냐하면 그 모든 원인이 무지에 있는 것이지 적개심에 있는 것은 아니기 때문이다.

노조 위원들은 내 앞의 반원형 테이블 앞에 앉았다. 그들은 당연히 모자를 벗었고 나도 모자를 벗었다. 그렇게 이 회합은 아주 모범적으로 보였다.

일단 나는 제련부의 위원장에게 말을 걸었다. 그는 안경을 쓴 노인이었다.

"매케이 씨, 회사와 당신 사이에는 이미 올해 말까지 계약이 되어 있죠?"

그는 천천히 안경을 벗어 손에 쥔 채 이렇게 말했다.

"네, 그렇습니다. 카네기 씨, 그리고 우리가 그 계약을 지키지 않는다면 회사의 입장이 난처해질 겁니다."

"과연 진정한 미국 노동자다운 말이군요. 나는 당신과 같은 사람들이 정말 자랑스럽습니다."라고 대답했다.

다음으로 레일 제작부의 위원장에게 "존슨 씨, 당신도 똑같은 계약을 하셨죠?"라고 물었다.

그는 작은 체격에 마른 남자로 신중하게 입을 열었다.

"카네기 씨, 저는 계약서를 받으면 그것을 신중히 검토하고 괜찮다는 생각이 들여야 사인을 합니다. 만약 맘에 들지 않으면 사인을 하지 않습니다. 그리고 일단 사인을 하면 그것을 지킵니다."

"당신은 자존심이 강한 미국의 기술잡니다."

그리고 용광로를 담당하고 있는 위원장인 아일랜드인 켈리에게도 똑같은 질문을 했다.

"켈리 씨, 회사는 당신과 올해 말까지 유효한 계약을 했지요?"

켈리는 확실한 답변을 할 수 없다고 대답했다. 서류를 받았기 때문에 사인을 하기는 했지만 자세하게 읽어보지 않았기 때문에 무슨 내용인지 확실하지 않다고 했다. 그때 갑자기 공장장인 존스 대위가 소리를 질렀다. 그는 뛰어난 관리자였지만 성격이 급하고 충동적이었다.

"이봐, 켈리! 내가 두 번이나 읽어주면서 자네에게 자세하게 설명해 줬잖나. 안 그런가?"

"조용! 공장장 조용히 하게. 켈리 씨는 자신의 입장을 해명할 권리가 있네. 나도 회사의 변호사와 중역들이 가져온 서류들을 일일이 다 읽어보지 않고 사인을 하는 경우가 자주 있네. 켈리 씨는 그런 것과 마찬가지 상황에서 사인을 했다고 말하고 있는 것이네. 하지만 켈리 씨, 나의 지금까지 경험으로 미루어볼 때 아무리 경솔하게 사인을 한 계약서라고 할지라도 서명을 한 이상은 그것을 이행하고 다음에 계약을 할 때는 신중하게 검토하고 사인을 하는 것이 가장 현명한 방법이었소. 당신의 경우에도 이 계약서대로 남은 4개월 동안 계약 내용을 이행하고 다음 계약을 할 때는 당신이 납득할 수 있을 때까지 검토하는 것이 좋을 것 같소."

내 말에 아무도 이의를 달지 않았기 때문에 나는 일어서서 이렇게 말했다.

"노조 위원 여러분. 당신들은 회사를 위협하면서 계약을 파기하고 용광로의 불을 꺼서 막대한 손실을 입히겠다고 말하며 오늘 4시까지 당신들의 위협에 대한 내 대답을 재촉하고 있소. 아직 3시가 되지 않았지만 당신들에게 해줄 답변은 이미 정해져 있소. 용광로를 포기하기로 하겠소. 당신들의 위협에 굴하기 보다는 용광로 주변에 잡초가 자라는 것을 보는 것이 훨씬 낫소. 노조가 생겨난 이래 최악의 날은 자신들 스스로 사인한 계약을 파기하여 본인들 스스로를 모독하는 날이 될 것이오. 이것이 당신들에게 해줄 내 답변이오."

노조위원들은 조용히 자리에서 일어났고 중역들은 아무 말도 하지 않았다. 업무 차 회사를 방문했던 한 사람이 복도에서 노조위원들과 이야기를 나누었다고 하면서 내게 이렇게 말했다.

"내가 들어왔을 때 안경을 쓴 남자가 켈리라고 하는 아일랜드 사람을 불러 '자네들, 이제 꿈을 깨는 것이 좋을 거야. 시간이 지난 뒤에 후회해도 소용없다고. 이 회사에서 위협 따위는 통하지 않는다고.'라고 하는 말을 들었습니다."

그것은 두 말할 필요도 없이 직원들이 자신의 자리로 돌아갔다는 뜻이었다. 우리는 나중에 용광로에서 어떤 일이 있었는지 사무직원 중 한 명에게서 들을 수 있었는데, 켈리와 노조위원들이 곧장 돌아가 직원들이 모여 있는 곳으로 갔다. 당연히 직원들은 목이 빠져라 기다리고 있었기 때문에 그들은 순식간에 직원들에게 둘러싸였다. 켈리는 직원들을 이끌고 용광로로 돌아갔다. 그리고 큰 소리로 이렇게 외쳤다.

"자, 어서 자리로 돌아들 가! 일들 안하고 여기서 뭘 어슬렁대고 있는 거야. 우리는 왕초에게 완전히 한 방 먹었다고. 왕초는 전혀 싸울 생각이 없어. 공장을 그냥 내버리겠대. 왕초가 한 번 마음을 먹은 걸 바꾸지 않는다는 것은 자네들도 잘 알거야. 이제 알았으면 돌아가서 일들이나 하라고!"

아일랜드인과 스코틀랜드와 아일랜드의 혼혈들은 정말 종잡을 수 없는 친구들이다. 그러나 어디로 튈지 모르는 그들도 어떻게 다뤄야 할지를 깨닫기만 한다면 아주 단순하면서도 훌륭한 인물들이라는 사실을 알 수 있다. 이 켈리라고 하는 남자는 훗날 내가 가장 의지하는 인물이 되었고, 그 또한 나의 숭배자가 되었다. 이 사건이 일어나기 전까지 그는 가장 과격한 골칫덩어리 중 한 사람이었다. 내 경험으로 미루어 볼 때 대규모의 노동자 집단은 언제나 올바른 것을 지지하고 올바르게 행동한다고 확실하게 단언할 수 있다. 물론 그들이 한 가지 입장을 고수하면서 자신들의 지도자를 끝까지 다르겠다고 결심을 했을 때는 별개의 문제이다. 그러나 설령 그것이 잘못되었다고 하더라도 자신들의 지도자에 대한 충성심은 칭찬할 만한 것으로 그 점은 높이 평가해야 한다. 자신들 서로에게 충성심을 가지고 있는 사람들이라면 어떻게든 지휘를 할 수 있다. 그들을 항상 공평하게 대하기만 하면 충분한 것이다.

또 한 가지 우리 강철 레일 제작소에서의 파업을 미연에 방지했던 흥미로운 사건도 있었다. 이 경우에도 한 부서 134명의 직원들이 비밀리에 단결하여 몇 달 뒤인 연말부터는 월급을 올려달라고 요구하자는 서약을 했다. 그해는 연초부터 불경기에 빠져 전국적으로 제철소와 제강소들이 모두 임금 삭감을 단행했다. 그러나 우리 회사의 이 무리들은 이미 월급을 올려 주지 않으면 파업을 하겠다고 서약했기 때문에 이 요구를 철회할 수 없다고 생각했다. 다른 회사들이 모두 월급을 삭감하고 있을 때 우리 회사만 월급을 올려 줄 수는 없다. 따라서 회사는 모든 업무를 정지해야만 했다. 이들의 파업으로 인해 용광로도 모두 불을 끄고 제철소의 모든 것이 정지상태가 되었기 때문에 상당히 난처한 상황에 빠지게 되었다.

나는 서둘러 피츠버그로 달려가 용광로의 불이 꺼져 있는 것을 보고 너무나도 당혹스러웠다. 이것은 계약 위반행위였다. 나는 피츠버그에 도착한 날 아침에 곧바로 직원들과 만나기로 되어 있었다. 그런데 공장에서 직원들은 용광로를 떠나고 없으니 내일 만나기로 하자는 연락이 들어왔다. 너무나도 무례한 태도에 나는 이렇게 답변을 했다.

"아니, 그건 안 돼. 나는 내일 여기에 없을 거라고 말해 주게. 누구라도 직장을 떠나는 것은 간단하네. 문제는 폐쇄된 직장을 다시 여는 것이네. 언젠가 직원들이 다시 일을 하고 싶다며 공장 주변을 어슬렁거리게 되겠지. 그렇게 돼도 나는 지금처럼 할 걸세. 그건 지금 내가 하는 행동과 똑같을 걸세. 그것은 회사 제품의 가격을 기초로 해서 물가변동에 따른 임금제가 아니면 절대로 공장을 다시 가동시키지 않을 것이라는 거지. 이 비율제는 3년 동안 변동이 없을 것이며 직원들이 정하는 것이 아니네. 지금까지는 몇 번이고 직원들로부터 임금 제안을 받았지만 이번에는 내 차례야. 회사에서 그들에게 원하는 것을 제시하겠네."

나는 다시 중역들에게 "나는 오후에 뉴욕으로 돌아가겠네. 더 이상 내가 할 일은 없는 것 같군."이라고 말했다.

직원들은 내 말을 전해 듣고 내가 떠나기 전에 면담이 가능한지 물어왔다.

"기꺼이 만나지."라고 나는 대답했다.

그들이 찾아오자 나는 이렇게 말했다.

"여러분, 여기 여러분들의 대표인 베넷 씨가 여러분들에게 전한 바와 같이, 나는 언제나 그랬던 것처럼 여러분과의 대화를 통해 어떻게 해서든 문제를 해결하고 싶소. 그건 틀림없는 사실이오. 그리고 그는 내가 싸울 의사가 없다는 것도 당신들에게 말했을 것이고 그 또한 사실이오. 그는 정말 예언자 같소. 그러나 여러분에게 전달 된 내용 중에 한 가지 잘못된 것이 있소. 그는 내가 싸울 수 없다고 말했소."라고 말한 뒤 베넷 씨를 노려보며 주먹을 쥐어 들고 이야기를 이어갔다.

"그는 내가 스코틀랜드인이라는 사실을 간과했소. 그리고 이제 분명하게 말해주겠소. 나는 당신들과 절대로 싸우지 않을 것이오. 노조와 등을 돌리고 싸우는 어리석은 짓은 하지 않겠소. 싸우지는 않고 그저 앉아서 기다리는 전술로 그 어떤 노조라도 이겨내겠소. 그리고 이제 그 전술을 쓰기로 하겠소. 이 제철소의 직원 3분의 2 이상이 작업 재기를 결의하지 않는다면 절대로 공장 문을 열지 않겠소. 그리고 그때는 내가 오늘 아침에 여러분에게 말했던 것처럼 내가 제시한 비율제를 적용하겠소. 내가 할 말은 이게 전부입니다."

그들은 자리에서 일어났다.

그리고 2주 정도가 지나 내가 뉴욕의 서재에 있을 때 하인 한 명이 명함 한 장을 들고 들어왔다. 거기에는 회사 직원 두 명과 목사의 이름이 적혀 있었다. 피츠버그 공장에서 왔고 나를 만나고 싶다는 것이었다.

"이 두 사람 중에 계약을 위반하고 용광로 불을 끄는 데 동의한 사람이 있는지 확인해 주게."

그는 다시 내려가서 그렇지 않다는 것을 확인해 주었다.

"그럼 다시 내려가서 만날 테니 2층으로 올라오라고 전해주게."

물론 나는 그들을 예의를 갖춰 따뜻하게 맞이했다. 모두가 자리에 앉아 한동안 난생처음 방문한 뉴욕에 대해 이야기를 나누었다.

"카네기 씨, 실은 제철소의 분규에 대해 상담을 하고 싶어서 찾아왔습니다."라고 목사가 조심스럽게 말문을 열었다.

"그런가요? 직원들이 결론을 내렸나요?"라고 내가 물었다.

"아니오."

그래서 나는 이렇게 말했다.

"그렇다면 그 문제에 대해서는 더 이상 할 말이 없습니다. 직원 3분의 2 이상이 작업 재개에 동의할 때까지 저는 할말이 없다고 분명하게 전했습니다. 여러분은 뉴욕이 처음이라고 하니 제가 안내를 해서 5번가와 센트럴파크를 구경시켜 드리겠습니다. 1시 반에 집에서 점심을 준비할 테니 그때까지는 돌아오기로 하죠."

우리는 그렇게 뉴욕 구경을 하고 여러 가지 이야기를 나누었지만 그들이 정작 하고 싶었던 말은 일부러 피했다. 우리는 유쾌하게 구경을 했고, 손님들은 점심을 맛있게 먹었다는 것을 느낄 수 있었다. 이런 점에서 미국의 노동자들과 외국인과는 상당한 차이가 있다. 미국인들은 인간적으로 완성도가 높다. 그들은 다른 사람들과 식사를 할 때면 마치 태어나면서부터 신사였던 것처럼 행동을 한다. 그것은 정말 훌륭한 태도이다.

그들은 공장에 대해 한 마디도 하지 못한 채 피츠버그로 돌아갔다. 그러나 얼마 뒤 직원들은 표결을 했고 공장의 재개를 반대하는 표는 얼마 되지 않았다. 그렇게 해서 나는 다시 피츠버그로 갔다. 나는 노조위원들에게 앞서 말했던 임금을 제시했다. 그것은 제품의 가격을 기준으로 산출하여 물가비율을 적용한 것이었다. 이 제안은 자본과 노동을 공동체로 만드는 것으로 번영과 불황을 함께하는 운명공동체가 되는 것이다. 물론 거기에는 마지노선이 있어서 직원들의 생계에 지장을 주지 않을 것을 보장하였다. 직원들은 이미 내가 제시한 내용을 알고 있었기 때문에 다시 검토할 필요는 없었다.

위원장은 머뭇거리며 이렇게 말했다. "카네기 씨, 우리는 전부다 받아들이겠습니다. 그리고……, 한 가지 청이 있는데 이것만은 거절하지 말아주십시오."

"그래요. 여러분, 뭐든 이치에 어긋나지만 않는다면 얼마든지 들어 드리겠습니다."

"다름이 아니라 노조 위원들이 직원들을 위해 대신 이 계약서에 사인하는 것을 인정해 달라는 것입니다."

"아, 물론 인정하겠습니다. 그럼 나도 한 가지 부탁이 있는데 여러분의 부탁을 인정했으니 내 부탁도 들어주기 바랍니다. 노조 위원들이 사인을 한 다음 나를 위해 직원들이 한 사람씩 스스로 사인을 해주었으면 합니다. 베넷 씨도 잘 알다시피 내가 제시한 계약서는 3년 동안 유지됩니다. 계약기간이 길기 때문에 직원이나 직원들의 한 무리가, 조합장에게 그렇게 오랫동안 자신들을 구속할 권한이 있는지 의문을 품을 수도 있습니다. 하지만 만약 개개인이 모두 서명을 하게 된다면 그런 오해는 생기지 않을 것입니다."

순간 아무도 입을 열지 못했다. 그리고 나는 베넷 씨 옆에 앉아 있던 남자가 그의 귀에 속삭이는 소리를 들었다.

"이거, 완벽한 패배군요."

그랬다. 그러나 그것은 정면 공격이 아니라 측면으로 우회하는 공격법이었다. 만약 내가 조합장의 사인을 거절하면 그것을 또다시 분쟁의 구실로 삼았을 것이다. 그러나 내가 그 조건을 승낙하게 되면 그들로서도 나의 너무나도 간단명료한 요구를 거절할 수 없게 되는 것이다. 자유롭고 독립적인 미국 시민 각자가 본인 스스로 사인을 하는 것은 당연한 일이다. 내가 기억하고 있는 한 조합의 위원들은 결국 사인을 하지 않았다. 승낙을 받았지만 하지 않은 것이다. 각 개인의 사인을 요구한 이상 사인을 해도 아무런 도움이 되지 않기 때문이었다. 게다가 비율제 임금제도가 채용된 이상 조합이 더는 자신들을 위해 아무것도 해줄 것이 없다는 사실을 깨닫고 직원들이 조합비를 지불하지 않게 되어 조직은 허울만 남게 되었다. 그 뒤로 조합에 대한 이야기는 들을 수 없게 되었다. 아무리 바꾸라고 해도 직원들은 바꾸지 않을 것이다. 내가 처음부터 말한 바와 같이 이 제도는 자신들에게 이익이 되기 때문이다.

내가 노동계에 공헌한 몇 가지 일 중에서 이 임금 비율제가 가장 컸다고 생각한다. 그것은 자본과 노동문제를 해결해주는 열쇠였다. 좋을 때나 어려울 때나 노사가 공동으로 투자를 하는 셈이다.

피츠버그 지구에는 처음에 1년 단위의 임금제도가 있었지만 그것은 좋은 제도가 아니었다. 직원은 물론 기업의 입장에서도 임금 계약이 체결되자마자 당장 다음 해의 분쟁 방침을 준비해야 하기 때문이다. 언제 계약이 끝나는지 확실하게 기한을 정하지 않는 것이 노사 모두에게 좋다. 6개월이든 1년이든 상관없으니 서로 미리 예고를 한 다음 다시 개선을 한다고 해 두면 몇 년이고 그것을 유지할 수 있게 된다.

노사분쟁이 얼마나 사소한 일에서 비롯되어 어떤 방향으로 흘러가는지 두 가지 예를 들어보기로 하겠다. 이것은 언뜻 보기에 정말로 사소한 일에서 해결된 예이다. 어느 날 나는 직원들의 모임에 참석해 그들과 회견을 하였는데 내 생각으로는 그들이 부당한 요구를 하고 있었다. 나는 직원들이 한 사람의 꼬임에 넘어갔다는 사실을 알게 되었다. 이 남자는 제강소에 근무를 하면서 몰래 술집을 운영하고 있었다. 그는 완전히 건달이었다. 성실하고 착실한 직원들은 그를 무서워했으며 술을 마시는 사람들은 그에게 모두 빚을 지고 있었기 때문에 그의 말을 거역할 수 없었다. 그가 이 분쟁을 일으킨 주범이었던 것이다.

우리는 늘 그랬듯이 우호적인 태도로 회견에 임했다. 나는 이 사람들과 만나는 것이 항상 즐거웠다. 왜냐하면 그들 대부분이 오랜 친분을 쌓아 편하게 이름을 부르는 사이였기 때문이다. 회의 자리에 도착해 주동자인 이 남자가 테이블의 한 쪽 끝에 앉고 나는 그 반대편 끝에 앉았다. 그렇게 우리는 서로를 마주보고 앉아 있었다. 내가 회사의 제시안을 설명해주자 이 남자가 테이블 위에 놓아두었던 모자를 집어 들고 천천히 머리에 쓰는 모습을 볼 수 있었다. 자리를 뜨겠다는 신호였다. 나는 이 기회를 놓치지 않았다.

"이봐, 자네는 지금 신사들의 모임에 참석하고 있네. 부디 모자를 벗어주게. 그렇지 않으면 방을 나가주게."

나는 그를 뚫어져라 바라보았다. 일순 방 안이 조용해지면서 팽팽한 긴장감이 맴돌았다. 이 건방진 친구는 순간 허를 찔렸다는 듯 움찔 했지만 그가 다음에 어떤 행동을 하든 이미 패배자에 불과하다는 것을 나는 잘 알고 있었다. 만약 그가 자리에서 일어나 방을 나선다면 모자를 써서 회의에 무례를 범했으니 스스로 신사가 아니라는 사실을 증명하는 셈이 된다. 또한 그가 모자를 벗고 방에 머무르게 된다면 나의 엄한 꾸짖음에 굴복을 하는 셈이 된다. 어떻게 하든 내게는 상관없는 일이다. 그는 두 가지 선택의 길이 있었지만 어느 쪽을 취하든 그에게는 치명타가 되는 것이다. 그는 내 손아귀에 들어오고 말았다. 그는 다시 아주 천천히 모자를 벗어 바닥에 놓았다. 그리고 회의가 진행되는 동안 단 한마디도 하지 못했다. 나는 나중에 그 사내가 회사를 그만 두었다는 소식을 전해 들었다. 직원들은 당시의 사건에 대해 대단히 통쾌해 했다. 그리고 사건은 모두 원만하게 해결 되었다.

 3년간의 임금 계약이 직원들에게 제안 되었을 때 16명의 위원들이 선발되어 우리와 교섭을 하게 되었다. 처음에는 교섭이 원만하게 이루어지지 않았다. 그래서 나는 약속 때문에 다음 날 뉴욕으로 돌아가야 한다고 했다. 그러자 그들은 다른 직원들을 위원에 포함시키고 싶으며 그렇게 되면 32명이 되는데 그래도 괜찮겠냐고 물었다. 그러나 그것은 그들이 서로 편이 갈라져 있다는 것을 말해주는 확실한 증거였다. 물론 우리는 승낙을 해주었다. 위원들은 제강소에서 피츠버그 시의 본사로 나를 찾아왔다. 회의의 물꼬를 튼 사람은 빌리 에드워즈라는 회사 최고의 직원 중 한 사람이었다. 나는 이 남자를 잘 알고 있었으며 훗날 높은 지위에까지 오르게 되었다. 빌리의 생각에 의하면 제공된 총액은 공정하지만 모두에게 나눠지는 비율이 불공평하다는 것이었다. 한 부서만이라면 그것으로 충분하지만 다른 부서의 누가 제대로 임금을 받지 못했는지를 지적하게 되면 자연스럽게 의견이 갈라지고 마는 것이다. 각각의 부서를 대표하는 사람들의 의견은 일치되기 쉽지 않은 법이다.
 빌리는 이렇게 말했다.
 "카네기 씨, 저희는 1톤당 지불되는 전체 금액이 공정하다는 데는 의견의 일치를 보았습니다. 그것에 대해서는 아무런 불만도 없습니다. 하지만 각각의 부서에 분배를 하는 방식에는 문제가 있습니다. 그래서 가령 카네기 씨가 제 일을 한다고 한다면……."

"잠깐, 기다리게."라고 소리치며 그의 말을 가로막았다. "빌리, 그건 말도 안 되네. 카네기는 그게 누구든 간에 남의 일을 빼앗지 않네. 남의 일을 빼앗는 것은 숙련공들 사이에서는 용납할 수 없는 위법일세."

모두가 박장대소했으며, 또 배를 움켜잡고 웃었다. 나도 그들과 함께 웃었다. 우리는 빌리에게 이겼다. 물론 문제점은 곧바로 해결되었다. 직원들에게 있어서 이런 종류의 문제는 단지 금전적인 문제로 끝나지 않는다. 그들의 입장을 잘 이해하고 친절하게 대하고 공정하게 절충을 하는 것이야말로 미국 노동자들을 움직이게 하는 큰 원동력인 것이다.

고용주는 자신의 종업원에 대해 아주 적은 비용만으로도 많은 것을 해줄 수가 있다. 어느 모임에 참석해서 내가 해줄 일이 없냐고 묻자 이 빌리 에드워즈가 일어서서 직원들 거의 대부분이 일상용품을 파는 가게에 외상을 지고 있는데, 그것은 급여가 월급으로 지불되기 때문이라고 했던 것을 생생하게 기억하고 있다. 빌리의 말은 내 뇌리에 또렷하게 각인되어 있다.

"저는 현명한 아내가 있기 때문에 가정을 잘 꾸려주고 있습니다.

우리는 매달 네 번째 토요일 오후에 항상 피츠버그 시로 가서 다음 달에 필요한 물건을 싼 값에 사오기 때문에 3분의 1 정도를 절약하고 있습니다. 우리 직원들 중에 그렇게 할 수 있는 사람은 몇 안 됩니다. 이 주변 가게들의 물건 가격은 매우 비쌉니다. 그리고 또 한 가지가 있는데 석탄 가격이 너무 비싸다는 겁니다. 만약 회사에서 월급이 아니라 2주로 나누어 급여를 계산해 주신다면 월급이 10%나 그보다 좀 더 오른 것만큼 고마워할 사람도 있을 겁니다."

"에드워즈 군, 자네가 원하는 대로 해주겠네."

그것을 실행하기 위해 사무직원을 몇 명 더 늘려야 했지만 그런 일은 아주 사소한 것이었다. 일상 필수품의 가격이 비싸다는 빌리의 말을 듣고 어째서 종업원들이 소비조합을 열지 않는 것인지 의아해했다. 그리고 이것도 실행하기로 했다. 회사가 건물 임대료를 지불하기로 결정했는데, 나는 직원들이 주식을 가지고 그곳을 직접 운영하기를 강요했다. 이 조직을 계기로 브래독 소비조합이 탄생하게 되었다. 이것은 여러 가지 의미에서 중요한 기관이 되었는데, 그중에서도 특히 유익한 점은 직원들이 사업을 하는 데는 온갖 어려운 일이 있다는 것을 배울 수 있게 되었다는 점이다.

석탄에 대한 문제는 회사가 사들이는 원가로 모든 직원에게 제공하겠다는 협정서를 채결하여 쉽게 해결되었다. 나는 그것이 일반 소비가의 절반이라고 알고 있다. 그리고 사는 사람이 운반비용만 지불하면 각 가정에 언제든지 배달할 수 있도록 해 주었다.

그밖에 또 한 가지 문제가 있었다. 우리는 종업원들이 저금한 돈에 대해 불안해 한다는 사실을 알게 되었다. 왜냐하면 의심이 많은 사람들은 은행에 저금하기를 꺼렸기 때문이다. 불행하게도 당시 미국 정부는 영국의 우편예금 제도를 채택하고 있지 않았다. 우리는 각 직원의 예금을 2천 달러까지 맡아서 각각 6%의 이자를 주기로 결정했다. 이것은 근면함을 장려하기 위한 것이었다. 그들의 예금은 회사 돈과 별도로 신탁기금으로 하여 집을 짓고자 하는 사람이 있으면 돈을 빌려 주었다. 이것은 열심히 일하는 사람들을 위해 우리가 해줄 수 있는 가장 좋은 제도 중 하나라고 생각하고 있다.

이런 배려는 우리 회사가 했던 가장 유익한 투자라는 사실이 나중에 입증되었다. 경제적인 견해에서 볼 때도 그것은 마찬가지였다. 직원들에게 투자하는 것은 다른 계약이나 문서를 능가할 만큼 훨씬 큰 대가를 얻을 수 있는 것이다. 동업자인 중역들은 '아무리 억지라 할지라도 노동자들의 요구라면 뭐든지 받아들여주는 극단적인 태도'라며 비난했지만 지금 와서 회상해 보면 이런 나의 약점이 훨씬 더 컸어도 좋을 것이라고 생각한다. 우리 종업원들의 우정만큼 좋은 이익을 가져다주는 투자는 없기 때문이다.

이렇게 해서 우리는 다른 경쟁사들은 상상할 수 없을 만큼 뛰어난 기술자들을 보유하게 되었다. 최고의 기술자에 인간적으로도 흠잡을 데가 없는 뛰어난 인물들의 집합이라고 나는 믿고 있으며 분쟁과 파업은 이미 옛날이야기가 되고 말았다. 만약 홈스테드 제강소의 직원들이 처음부터 우리와 함께 일을 해온 선참 직원들이었다면 1892년의 분쟁은 절대로 일어나지 않았을 것이라고 생각한다. 그러나 그곳 직원들은 당시 급하게 주변에서 불러 모은 사람들이 대부분이었다. 강철 레일 제작소의 비율제 임금제도는 1889년에 채택되어 현재(1914년)까지 계속 유지되었고, 그 이후로 단 한 번도 노사 분쟁이 일어난 적이 없었다. 앞서 말한 바와 같이 직원들은 자신들의 낡은 조합을 스스로 해산시켜 버렸다. 자신들이 3년의 계약을 체결한 이상 조합에 회비를 낼 필요가 없다고 여겼기 때문이다. 그들의 노동조합은 해산되었지만 그것을 대신해서 경영진과 종업원들 사이에 서로를 진심으로 아끼는 조합이 만들어졌고, 이것이야말로 쌍방에게 최고의 조합이 된 것이다.

고용주에게 있어 자기 밑에서 일하는 사람들이 충분한 수입을 올리면서 확실한 일자리를 유지할 수 있다는 것은 대단히 중요하고 고용주에게도 이익이 된다. 비율제 임금제도로 회사는 시장에서도 경쟁력을 갖추게 되었다. 주문을 받아 공장에서 작업을 계속할 수 있도록 노력하는데, 그것은 노동자에게 있어 중요한 일이다. 높은 급여를 받는 것도 중요하지만 안정적인 직장과는 비교도 할 수 없다. 에드거 톰슨 제강회사는 노사문제에 관해서는 가장 이상적인 곳이라고 생각한다. 과거에는 물론 지금도 직원들은 3교대보다는 2교대를 선호한다. 그러나 3교대의 시대가 올 것이라는 것은 의심의 여지가 없다. 우리의 진보에 따라 노동시간은 단축되어야 한다. 언젠가 8시간만 근무하게 되는 날이 올 것이다. 8시간을 일하고, 8시간을 자고, 8시간을 휴식과 오락을 위해 활용하는 것이 가장 이상적이다.

나는 사업가로 살면서 여러 가지 사건을 접할 수 있었는데, 노사 문제의 발단이 반드시 임금 때문이라고는 단정할 수 없다는 점은 분명하다. 분쟁을 방지하는 가장 좋은 방법은 종업원의 존재를 인정하고, 그들의 복지에 깊은 관심을 가지고, 진심으로 그들을 생각하고 있다는 사실을 알려주고, 그들의 성공을 함께 기뻐하는 것이다. 이것은 내가 솔직하게 말할 수 있는 것인데, 나는 언제나 노동자들과 이야기 나누기를 진심으로 즐겼고 화제는 언제나 임금 문제가 아니었다. 그리고 나는 직원들에 대해 깊이 알면 알수록 그들에게 애정을 쏟게 되었다. 고용주가 하나의 덕만 가지고 있다면 그들은 대부분 둘 이상의 덕을 가지고 있었다. 그들은 서로에게 관대하고 동정을 하고 있었다.

노동자들은 대부분의 경우 자본가에게 무력하다. 고용주들이 갑자기 공장을 폐쇄하겠다고 전할지도 모른다. 사업가는 한동안 수익이 없어도 생활에 전혀 불편함을 느끼지 않는다. 물론 심신을 해치는 결핍에 대한 공포도 없다. 그런 그들의 생활과 노동자들의 생활을 비교해 보면 좋을 것이다. 노동자들은 곧바로 곤경에 처하게 된다. 그들은 생활을 즐길 여유가 없어지는 것은 물론이고 처자식을 건강하게 부양하기 위한 필수품이 부족해지며 병든 자식조차 제대로 치료를 하지 못하게 된다. 우리가 지켜야 하는 것은 자본가가 아니라 힘없는 노동자들이다. 만약 내가 내일 사업에 복귀한다고 하더라도 노사분쟁의 걱정 따위는 내 머릿속에 전혀 떠오르지 않을 것이다. 그리고 가난한 사람에 대한 배려와, 선한 사람이지만 잠깐의 유혹에 넘어가 잘못을 저지른 사람 등이 내 관심사가 되어 내 관용을 키워줄 것이다. 그렇게 함으로써 그들의 마음을 어루만져주는 것이다.

1892년 홈스테드 분쟁이 있은 뒤 내가 피츠버그에 돌아왔을 때, 나는 공장으로 가서 파업에 참가하지 않은 오래된 선참 직원들과 만났다. 그들은 만약 내가 미국에 있었다면 그런 사태는 벌어지지 않았을 것이라고 말했다. 나는 회사가 정말로 관대한 조건을 제시했으며 내가 있었더라도 그 이상을 제시할 수는 없었을 것이라고 말해 주었다. 그리고 그들의 무선전보가 스코틀랜드에 있는 내게 도착했을 때는 이미 주지사가 군대를 현장에 파견해서 법적 조치를 취한 뒤라는 사실을 그들에게 말해주었다. 따라서 문제는 이미 내 손에서 벗어났던 것이다. 나는 계속해서 이야기를 이어갔다.

"여러분은 나쁜 유혹에 흔들렸던 겁니다. 회사 중역들의 제안을 수락했어야 합니다. 그 제안은 상당히 관대한 조건이었습니다. 나도 그렇게 좋은 조건을 제안할 수 있었으리라고는 장담할 수 없습니다."

내 말에 압연부서의 한 사람이 이렇게 대답했다.

"아니, 카네기 씨. 그건 금전적인 문제가 아니었습니다. 직원들은 당신에게는 어떤 꾸지람을 들어도 할말이 없습니다. 하지만 다른 사람들은 털끝 하나도 건드릴 수 없습니다."

노동자들 사이에서조차 인생의 현실적인 문제가 벌어지면 감정이 생각했던 것 이상으로 크게 작용을 한다. 그들을 잘 모르는 사람들은 대체로 그러한 점을 믿지 않는다. 그러나 자본가와 노동자 사이에서 일어나는 분쟁 중에 임금으로 인한 문제는 반도 되지 않는다는 것을 나는 믿어 의심치 않는다. 고용주 측이 종업원을 제대로 이해하고 그들의 노고에 감사하며 친절하게 대하지 않는 것이 바로 원인인 것이다.

그 대규모 파업 사태가 일어난 뒤, 주동자들을 상대로 소송이 제기되어 있었다. 그러나 나는 귀국하자마자 모든 소송을 취하시켰다. 그리고 오래된 선참들 중 폭력행위에 가담하지 않은 사람들은 모두 회사로 복귀시켰다.

제19장
『부의 복음』

제19장
『부의 복음』

*

  1900년에 나는 『부의 복음』이라는 제목의 책을 출간했다. 이것은 1886년까지 내가 여러 잡지에 실었던 글들을 한 권으로 정리한 것이다. 이 책이 간행된 뒤로 내가 부의 축적을 그만두고 이 책의 가르침에 따라 살기로 마음먹는 것은 당연한 일이었다. 이제 세속적인 부를 쌓는 일에는 종지부를 찍고 그보다 훨씬 중요하고 너무나도 어렵지만, 현명한 부의 배분에 전력을 다하기로 결심한 것이다. 회사의 수익은 연간 4천만 달러에 육박했으며 향후 훨씬 더 많은 돈이 들어올 것이라는 예측에 나는 깜짝 놀랐다. 나는 지금까지 여러 사업을 경영해 왔는데 그것을 전부 모건을 통해 US스틸회사에 5억 달러에 처분했다. 우리의 후계자들은 회사를 매입하자마자 연간 6천만 달러의 이익을 올렸다. 만약 우리가 사업을 계속하면서 지속적으로 확장했다면 같은 해에 7천만 달러의 수익을 올릴 수 있었을 것이다.

강철은 질이 떨어지는 다른 모든 금속들을 시장에서 몰아내고 왕좌를 차지하게 되었다. 강철 사업의 전망이 밝다는 것은 불을 보듯 뻔한 일이었다. 그러나 나는 내 눈앞에 놓여 있는 부의 분배라는 대사업이 이미 노년에 들어선 나의 모든 기력을 다 짜내야 하는 일이라는 사실을 잘 알고 있었다.

1901년 3월의 일이었다. 내가 앞서 말했던 일을 생각하고 있을 때, 모건 씨가 내 친구를 통해 내가 정말로 사업에서 손을 떼는 것인지 알고 싶다고 물었다. 만약 그것이 사실이라면 자신이 주선을 할 수 있다는 것이었다. 그는 또한 회사의 중역들과 이야기를 나누었는데 조건에 따라서는 사업에서 손을 뗄 수도 있다는 뜻을 내비쳤다고 말했다. 모건 씨는 매력적인 조건을 제시했다고 한다. 그래서 나는 친구에게 만약 동업자들이 회사를 매각하는 데 동의한다면 나도 아무런 이의가 없다고 대답했고, 그렇게 회사의 매각이 결정되었다.

당시 투기꾼들이 오래된 제철소와 제강소를 싼 값에 사들여서 아무것도 모르는 사람들에게 비싼 가격에 팔아넘기고 있었다. 100달러의 주식이 때로는 아주 헐값에 거래되기도 했다. 그렇기 때문에 나는 그런 식으로 회사를 팔기가 싫었다. 만약 그랬다면 1억 달러 정도는 더 받을 수 있었을 것이라고 훗날 모건 씨가 내게 말해 주었다. 당시 강철 사업은 번영의 최고조에 달해 있었기 때문에 그만큼 우리의 강철 사업은 높은 평가를 받고 있었다. 따라서 매매 이후에도 그 금액을 요구할 수 있었다. 그러나 나는 이미 충분한 재산을 가지고 있었고 그것을 분배하기에 여념이 없었다.

나의 첫 배분은 공장 직원들을 위해서였다. 다음의 편지는 기부의 요지를 설명한 것이다.

나는 은퇴를 하면서 잉여 재산 중에서 5% 금리의 저당 회사채권 4백만 달러를 성공에 크게 기여를 해준 종업원들에 대한 심심한 감사의 표시로 기부하기로 했다. 이것은 사고로 재해를 입은 사람들을 돕고, 또한 노후 생활에 곤란을 겪고 있는 사람들에게 조금이나마 연금을 제공하기 위한 자금으로 쓰기 위한 것이다.

그리고 이와 별도로 회사채권 1백만 달러를 기부하여 그 이자로 내가 종업원들을 위해 설립한 도서관과 회관 등의 유지비로 쓰고자 한다.

1901년 3월 12일 뉴욕에서

이것은 '앤드류 카네기 구제기금'이라 명명하였고, 종업원들 중에서 선출된 관리 위원회는 1903년 2월 23일에 1년차 회기보고서와 감사장을, 루시 용광로 직원들은 감사의 글을 새긴 커다란 은접시를 선물해 주었다.

그들이 보내온 글의 내용은 다음과 같다.

앤드류 카네기 귀하

홈스테드 제강소 직원 일동은 이 글을 통해 '앤드류 카네기 구제기금'을 설립한 귀하에게 감사를 전하고자 합니다. 지난달에 이 기금의 1년차 회기보고서가 제시되었습니다. 항상 직원들을 가족처럼 보살펴 주신 귀하의 고마움은 말로 형언할 수 없는 것입니다. 귀하가 설립하신 '앤드류 카네기 구제기금'은 암담한 절망에 빠져 있는 사람들에게 삶의 희망이 될 것입니다.

압연부서 핸리 F. 로즈

철공부서 존 벨 2세 외

루시 용광로

앤드류 카네기 씨는 위대한 박애정신을 발휘해 '앤드류 카네기 구제기금'을 설립하였습니다. 이에 루시 용광로 직원 일동은 특별히 모임을 갖고 유례없는 거액의 기부금을 쾌척한 앤드류 카네기 씨에게 진심으로 감사를 전합니다. 또한 앞으로 오랫동안 이 사업의 결실을 지켜보기를 진심으로 기원합니다.

직원대표 제임스 스콧

루이스 A. 허친슨 외

 그리고 얼마 되지 않아 나는 유럽여행을 떠났다. 언제나 그랬듯이 나의 동료인 회사 중역들이 배까지 나를 배웅하면서 작별을 아쉬워했다. 그러나 이제 우리는 서로 다른 길을 가야 한다. 입으로 무슨 말을 하든, 또한 어떤 행동을 하든 상황은 완전히 바뀌고 말았다. 나는 이것을 통감하지 않을 수 없었다. 지금까지의 모든 인연을 끊어야 하는 이 작별은 영원한 이별이기도 했기 때문에 너무나도 가슴이 아팠다.

 몇 달 뒤 다시 뉴욕으로 돌아왔을 때는 더 이상 내가 있을 곳이 없는 것처럼 느껴졌다. 그러나 나를 위해 항구로 마중을 나와 준 옛 친구 몇 명을 발견하고 겨우 기운을 차릴 수 있었다. 똑같은 사람들이었지만 왠지 이전과는 전혀 다른 느낌이었다. 나는 동료를 잃기는 했지만 친구들은 여전히 많았다. 이것은 너무나도 행복하고 고마운 일이다. 그럼에도 불구하고 왠지 공허한 느낌은 지울 수가 없었다. 나는 이제 축적한 부를 현명하게 나누겠다고 스스로 결정한 사업에 전념하지 않으면 안 되었다. 그것은 나의 모든 관심사였다.

어느 날 내 눈에 『스코티시 아메리카』라는, 스코틀랜드에서 미국으로 이주한 사람들을 위해 간행되고 있는 신문의 한 구절이 들어왔다. 나는 이 신문의 애독자이기도 했다. 나는 그 신문에서 보석처럼 소중한 글을 발견한 것이다. 그것은 '신들은 집을 짓기 위한 거미줄을 주셨다.' 라는 글이었다.

그것은 마치 내게 보내온 선물과도 같은 말이었다. 이것은 내 마음속 깊이 각인되었다. 그리고 나는 곧바로 첫 집을 짓기 위한 일에 착수하기로 했다. 신이 보내준 실은 뉴욕 시의 공공도서관을 대표하는 J. S. 빌링스 박사라는 인물이었다. 나는 단번에 625만 달러를 제공해서 뉴욕 시에 68개 공공 도서관의 분관을 세우기로 약속했다. 그 후 얼마 되지 않아 브루클린에 20개의 분관을 건설하기로 결정했다.

우리 아버지는 이미 이 책의 필두에서 말했던 바와 같이 고향 던펌린 마을의 5명의 선구자 중 한 사람이었고, 자신의 수중에 있던 몇 권 안 되는 책을 모아 책을 읽을 수 없는 이웃들이 읽을 수 있게 해주셨다. 나는 아버지의 발자취를 따라 고향에 도서관을 기부했다. 그 초석이 되었던 것은 어머니였고, 실제로 이 공공 도서관이 나의 첫 기부였다. 그리고 그 다음에 미국에서 우리의 첫 번째 거주지였던 앨러게니 시에 공공 도서관과 구민회관을 기부했다. 해리슨 대통령은 워싱턴 시에서 일부러 찾아와서 개관식에 참석했

벤자민 해리슨 대통령

다. 그 후 얼마 되지 않아 피츠버그 시에서도 도서관이 필요하다고 해서 나는 기꺼이 도서관을 기부했다. 이것을 계기로 시간이 갈수록 기부의 내용이 점점 발전을 해서 박물관, 미술관, 공업학교, 여학교 등이 더해졌고 그 지역은 이들 건물들이 차지하게 되었다. 이 건물은 모두 1895년 11월 5일에 공공을 위해 제공되었다. 나는 피츠버그에서 부를 축적할 수 있었다. 이 모든 건물들을 세우는 데 2천 4백만 달러를 썼지만, 그것은 피츠버그 시가 내게 해준 것의 아주 작은 일부만을 돌려준 것에 불과하다. 피츠버그 시는 더 많은 것을 받을 자격이 있다.

두 번째로 큰 기부는 워싱턴 시에 카네기 협회를 창설하기 위한 것이었다. 나는 1902년 1월 28일에 5%의 금리 채권으로 1천만 달러를 기부하였고, 사업의 진행 상황을 생각해서 다시 1천 5백만 달러를 추가 기부해서 합계 2천 5백만 달러의 금액을 지출하였다. 나는 이 문제에 대해 루즈벨트 대통령과 상의를 해서 만약 가능하다면 당시의 국무장관인 존 헤이 씨가 회장직을 맡아주길 바랐는데 그는 흔쾌히 내 제안을 받아주었다. 이사진은 나의 가장 친한 벗들에게 부탁을 했다. 그들은 어브램 S. 휴잇, 빌링즈 박사, 윌리엄 E. 돗지, 엘리후 룻, 히긴슨 대령, D. O. 밀즈, S. W. 미첼 박사 등이었다.

내가 루즈벨트 대통령에게 이사가 되기를 수락해 준 저명인사들의 명단을 보여주자 대단히 흡족해 하였다. 그는 협회의 창설에 호의적이었으며 이 조직은 1904년 4월 28일에 미합중국 연방의회의 결의에 따라 법인 조직으로 발족하게 되었다.

이 협회는 조사, 연구, 발명 등을 보다 광범위하고 보다 자유로운 체제하에서 할 수 있도록 장려하고, 또한 지식을 응용해서 인류의 향상에 이바지 하기 위한 재단이다. 특히 과학과 문학, 미술 등의 부문에 대한 조사를 하고 그것을 재정적으로 지원하기 위한 것으로 그러한 목적을 수행하기 위해 정부, 대학, 전문학교, 공업학교, 학계, 개인은 물론 그 밖의 모든 것과 협력을 하게 되어 있다.

이 협회의 가장 위대한 업적은 출판물을 통해 널리 알려져 있기 때문에 여기서 자세히 말할 필요는 없을 것이다. 그러나 그중에서도 정말 훌륭했던 업적을 두 가지만 들어보기로 하겠다. 그 하나는 목재와 청동으로 만든 요트 '카네기 호'인데, 그것은 세계 곳곳의 바다를 항해하면서 이미 작성되어 있던 항해지도의 오류를 수정함으로써 전 인류에 크게 공헌하였다. 이전까지의 해양 측정은 나침반의 편차 때문에 오류가 많았다. 청동은 자력의 영향을 받지 않지만 철과 강철은 많은 자력의 영향을 받기 때문에 편차가 생기는 것이다. 그 실례로 큐나드 회사의 기선이 아조레스 제도 부근에서 좌초한 것을 들 수 있다. 카네기 호의 피터즈 선장은 이 사건에 대해 한번 검토해볼 필요가 있다고 생각했다. 그 결과 조난당한 기선의 선장은 영국 해군이 작성한 해양지도를 따라 항해를 했기 때문에 전혀 실수를 발견할 수 없었다. 이전의 측정방법이 잘못된 것이다. 편차에 의한 오류는 곧바로 수정이 되었다.

이것은 배로 대양을 오가는 모든 나라들에게 알려준 수많은 수정 내용의 일부에 지나지 않는다. 그들의 감사 인사는 우리에게 충분한 보상이 되었다. 이 협회를 설립했을 때 나는 이 젊은 공화국이 언젠가는 어떤 의미로든 구대륙에 진 빚을 갚을 수 있으면 좋겠다고 생각했었는데, 얼마간의 빚을 갚을 수 있었다는 사실이 내게 말로는 형언할 수 없을 만큼의 만족감을 선물해 주었다.

카네기 호가 바다를 항해 하면서 많은 실적을 남긴 것과 견줄만한 일은 천문관측소이다. 천문대는 해발 5886피트 높이의 캘리포니아 주 윌슨 산에 세워졌다. 헤일 박사는 이곳의 소장으로 지상 72피트의 높이에서 새로운 별의 사진을 찍었다. 첫 번째 사진을 현상하자 16개의 새로운 신세계를 발견할 수 있었다. 두 번째 건판사진에서는 60개, 그리고 세 번째 건판사진에서는 100여 종의 새로운 우주가 발견되었고, 그 중에 몇몇은 태양보다도 컸다. 그리고 그것들 중에는 광선이 8년이나 걸려야 지구에 도착할 수 있을 정도로 먼 거리에 있는 것도 있었다. 이런 말을 들을 때마다 저절로 고개가 숙여지며 "우리가 알고 있는 것은 모르는 것에 비교해 본다면 극히 일부에 지나지 않는다."라고 중얼거리게 된다. 현재 있는 것 중에 가장 큰 것의 세 배나 되는 괴물처럼 생긴 새로운 망원경을 사용하게 되면 또 어떤 새로운 것들이 발견 될지? 만약 달에 생명체가 살고 있다면 확실하게 그 모습을 관찰 할 수 있을 것이다.

세 번째 회심의 사업은 선행기금의 창설로 이것은 내가 가장 혼신의 힘을 기울인 사업이기도 했다. 나는 피츠버그 시 인근의 탄광에서 일어난 비극을 접하게 되었는데, 탄광 감독이었던 테일러에 관한 이야기를 듣고 강한 충격을 받았다. 테일러는 그때 다른 일을 하고 있었지만 사고 소식을 전해 듣자마자 뭔가 도움이 되기 위해 현장으로 곧바로 달려갔다. 그는 구조대를 편성하였고 수많은 사람들이 자원을 했다. 그는 앞장 서서 갱내로 들어가 구출작업을 감행했다. 그러나 안타깝게도 이 용감한 지도자는 자신의 목숨을 잃어야만 했다. 나는 이 사건을 내 가슴속에서 평생 지울 수 없었다. 그리고 이전에 친구인 리처드 왓슨 길더가 보내준 시가 떠올라 선행기금을 창설하겠다고 마음을 굳혔다.

이런 말이 있습니다.
"북소리와 전쟁터의 함성소리가 사라지면
더 이상 영웅은 없을 것이다."라는 말이요.

하지만 그 말이 끝나기도 전에
작은 손 하나가 잘못을 지적해 줍니다.
오랫동안 희생자들을 짓밟아온 우리의 악행을.

여인들의 수척하고 겁먹은 얼굴은
남자들의 모욕으로 검게 굳어갑니다.

어린아이는 어머니가 힘들어할까봐
끔찍한 고통을 견뎌야만 합니다.

어떤 학자는 시련에 굴하지 않고
진리를 위해 종교에 도전합니다.

한 시민 영웅이 법의 범위 안에서
조용히 자신이 선택한 길을 갔습니다.

또 어떤 사람은 흑사병에 자신의 몸을 던져
수천 수만의 목숨을 구했습니다.

그래서 나는 5백만 달러의 기금을 설정했다. 그 목적은 용감한 사람들의 선행에 대한 보답과 희생된 사람들, 다시 말해서 자신의 이웃을 돕거나 구하려다 목숨을 잃은 사람들의 유가족을 돕기 위해, 그리고 갑작스러운 재난으로 인해 가장을 잃고 고용주나 이웃의 도움으로 근근이 살아가고 있는 사람들을 돕기 위해 쓰이는 것이다. 이 기금은 1904년 4월 15일에 마련되었고 창설 이래 여러모로 볼 때 상당히 성공적이었다. 이것은 다른 사람의 생각이 아니라 내 스스로 생각해낸 것이기 때문에 나는 부모로서의 애정을 갖고 있다. 내가 알고 있는 한 이 일을 생각하고 행한 사람이 없었기 때문에 이것이야말로 '친자식'과도 같았다. 나중에 이 기금을 내가 태어난 영국에도 창설하여 그 본부를 던펌린에 두었다. 그리고 얼마 후에 이 제도는 프랑스, 독일, 이탈리아, 벨기에, 네덜란드, 노르웨이, 스웨덴, 스위스 그리고 덴마크로까지 널리 퍼졌다.

독일에서 이 기금이 어떤 성과를 거두고 있는지에 대해 나는 베를린 주재 미국 대사인 J. 힐 씨로부터 편지를 받았는데, 그 내용의 일부를 소개하기로 하겠다.

'제가 이 편지를 보내는 이유는 독일 선행기금의 운영에 대해 황제가 얼마나 기뻐하고 있는지를 당신에게 알려드리기 위해서입니다. 폐하께서는 이 사업에 깊은 관심을 표명하시면서, 당신이 이 기금을 설립했다는 사실을 아시고 깊은 통찰력과 자비로운 마음에 감명을 받아 칭찬을 아끼지 않으셨습니다. 폐하께서는 이 기금이 이렇게까지 중요한 역할을 할 것이라고는 생각지 않으셨지만, 진심으로 가슴을 적시게 하는 수많은 예를 들으시면서 이 기금이 없었다면 그토록 적절한 조치를 취할 수는 없었을 것이라고 말씀하셨습니다. 그 한 예로 물에 빠진 아이를 구한 젊은이의 이야기입니다. 아이를 살려 배 위로 올려 주었지만 그는 기력이 다해 살아나지 못했습니다. 사내 아이 한 명을 돌봐야 하는 그의 아름다운 아내는 선행기금 덕분에 작은 가게를 열어 생활할 수 있게 되었습니다. 아이의 교육 수당도 보장되었습니다. 이것은 아주 작은 일례에 불과합니다.

발렌티니도 처음에는 이 기금에 대해 회의적이었지만 지금은 열렬한 지지자가 되었습니다. 그의 말에 의하면 기금을 적재적소에 활용하여 낭비가 없도록 많은 시간을 할애하고 있다고 합니다.

그들은 영국과 프랑스의 위원들과 서로 보고서를 교환하며 긴밀하게 협조가 이루어지도록 계획을 세우고 있습니다. 그들은 미국의 사례에도 커다란 관심을 가지고 있으며, 또 많은 것을 배웠다고 합니다.'

영국의 에드워드 국왕도 이 기금의 취지에 깊은 감명을 받아 친필 편지를 내게 보내 감사의 마음을 전달했으며 초상화도 하사하셨다.

친애하는 카네기 씨

당신이 고국 영국에 위대한 공공재산을 선물해 주신 친절에 대해 감사의 표시를 하고 싶었습니다. 그리고 그와 함께 이 선물이 남용되지 않도록 부단한 노력을 기울이고 있는 데 대해 감탄을 금할 길이 없습니다. 내가 당신의 선물과 그것이 이 나라에 가져다줄 유익한 영향에 대해 얼마나 고마워하고 있는지를 알아주시기 바랍니다. 감사의 표시로 내 초상화를 보내니 받아주시기 바랍니다.

1908년 11월 21일
국왕 에드워드

미국의 일부 신문들은 선행기금의 취지에 의혹을 품고 1년차 회계보고 때는 비판의 목소리를 올리기도 했지만, 그것은 이미 과거의 일들로 현재 기금의 성과는 대중들의 칭송을 받고 있다. 이제 이 기금이 사라지는 것은 사회가 용납하지 않을 것이다. 과거의 야만적인 시대에 영웅적 행동이라고 하면 동포에게 상처를 입히거나 죽이는 행위였다. 그러나 문명사회인 오늘 날의 진정한 영웅은 동포에게 봉사하고 그들을 돕는 사람들이다.

선행기금은 결국 연금형태를 취하게 되기 때문에 이미 많은 사람들이 그 연금의 혜택을 누리고 있다. 선행을 베푼 사람들, 혹은 그들의 미망인이나 자식들이 그 대상인 것이다. 처음에는 이에 대해 터무니없는 오해가 일어나기도 했다. 일부 사람들은 이 기금이 영웅적 행위를 장려하기 위해 세워진 것이라고 착각하고 그 보수를 목적으로 영웅적인 행위를 하는 사람이 생겨나는 것이 아닐까 걱정을 하기도 했다. 정말 어처구니가 없는 이야기다. 그런 일은 상상조차 할 수 없는 일들이었다. 진정한 영웅은 보수 따위는 생각하지도 않는다. 그들은 의협심으로 불타고 있으며 자신의 안위는 잊은 채 이웃의 위기만을 생각한다. 그러므로 이 기금은, 만약 그들이 사람을 구하려다가 불구의 몸이 되거나 안타깝게도 목숨을 잃게 되었을 때, 그 유족들이 길거리로 내몰리지 않도록 하여 선행에 대한 충분한 보답을 하기 위한 것이다. 기금은 순조롭게 확산되어 그 목적과 성과가 널리 이해를 받으며 그 명성을 높여갈 것이다. 현재 미국에서는 이미 1,430명이 이 기금에서 나오는 연금으로 생활을 유지하고 있다.

제20장
교육진흥기금

제20장
교육진흥 기금

*

고령의 대학교수들을 위한 1500만 달러의 연금 기금은 나의 네 번째 기부였다. 훗날 이것은 카네기 교육진흥재단이라 불리게 되었다. 1905년 6월에 설립된 이 기금의 운영을 위해 미합중국 교육기관의 총장들 중에서 25명의 위원을 선별해야만 했다.

이 기금은 내가 아주 가까이서 정성을 다하였다. 왜냐하면 얼마 뒤 이 기금의 혜택을 받을 수많은 학자들과 나는 이미 가까운 사이가 되었고, 게다가 나는 그들의 위대한 가치와 그들이 사회에 공헌한 업적의 진가를 잘 알고 있었기 때문이다. 모든 직업 중에서 교직은 최고의 지위에 있으면서도 그에 걸맞은 대우와 보수를 받지 못하고 있었다. 높은 교육을 받고 젊은이들을 가르치기 위해 평생을 다 바친 사람들이 얼마 안 되는 보수에 만족해야 했다. 내가 처음 코넬 대학의 이사가 되었을 때, 나는 교수들의 박봉에 깜짝 놀랐다. 그들의 대부분은 내 회사에 근무하고 있던 사무직원들보다도 낮은 봉급을 받고 있었다. 그들이 노후를 대비해서 저축을 한다는 것은 거의 불가능한 일이었다. 따라서 연금제도가 없는 대학에는 더 이상 교직에 몸을 담고 있을 수 없었으며, 또 그럴 필요가 없는 교수들만을 현직에 둘 수밖에 없었던 것이다. 때문에 이 기금이 얼마나 유용할지는 의심의 여지가 없다(1919년까지 이 기금은 2,985만 달러가 되었다). 처음에 발표된 수혜자 명단은 이론의 여지없이 이러한 문제점을 명백하게 밝혀 주었다. 그들의 대부분은 국제적으로 명성이 높은 학자들이었고, 또한 인류의 지식에 막대한 기여를 한 사람들이었다. 그들과 수많은 학자들의 미망인들은 내게 감격에 겨운 편지를 보내 주었다. 나는 이 편지들을 결코 버릴 수가 없다. 왜냐하면 만약 내가 외롭고 우울함을 느끼게 될 때 이 편지들을 다시 읽으면 유일하고도 확실한 치료약이 되어 줄 것임을 확신하고 있기 때문이다.

던펌린의 내 친구 토머스 쇼는 영국의 평론지에 스코틀랜드의 가난한 사람들의 대부분은 자식들에게 대학교육을 받게 하기 위해 허리띠를 졸라매고 생활하고 있지만 여전히 수업료를 낼 수 없는 형편이라고 썼다. 쇼의 기사를 읽은 나는 한 가지 좋은 생각이 떠올랐다. 그것은 5% 금리의 채권으로 1천만 달러를 기부하여 거기서 생기는 이자의 반을 가난한 아이들의 수업료로 충당하고, 나머지 반을 스코틀랜드의 대학들을 개선하는 데 쓰는 것이었다.

이 기금은 스코틀랜드 대학 카네기 기금이라고 부르게 되었는데, 그 첫 이사회는 1902년에 에든버러의 외무부에서 스코틀랜드의 저명인사들을 모아놓고 열리게 되었다. 사회자는 수상인 벌포르 경이었다. 나는 어째서 각 대학에서 선별된 사람들에게 이 기금을 위탁하지 않는지를 설명했다. 그들에게는 아직 사회를 바라보는 안목이 부족했기 때문이었다. 수상은 이에 동의했다. 내가 기금의 취지를 설명했을 때, 그들은 일단 내 뜻에 동의를 해주었지만 아무래도 내용이 막연해서 이사인 자신들의 의무와 책임이 어떤 것인지에 대해 구체적으로 설명해 주지 않으면 운영이 힘들다고 말했다. 벌포르 경도 기부자에게 신뢰를 받는다는 것은 고마운 일이지만 우리가 이렇게 막중한 임무를 수행할 수 있을지 모르겠다고 말했다.

나는 이렇게 말했다. "그래서 말인데요. 벌포르 씨, 나는 아직까지 다음 세대를 위한 입법을 제정할 수 있는 정치가를 본 적이 없습니다. 솔직히 말하자면 자신들의 세대를 위해 입법을 하고자 하는 의원조차 성공했다고 할 수 있는 경우가 그리 많지 않습니다."

영국 최고의 정치가들이 모인 이 모임의 자리는 웃음바다가 되었고, 벌포르 수상도 이들과 함께 웃음을 터뜨렸다. 그런 다음 수상은 이렇게 말했다.

"그건 맞는 말입니다. 그러나 내가 알고 있는 한 그런 견해를 가질 만큼 총명한 자선 사업가는 당신이 처음이라고 해도 과언이 아닐 겁니다."

앞으로 일어날 일에 대해서는 아무도 장담할 수가 없다. 만약 내가 그 자리에서 이 기금에 대해 이러쿵저러쿵 조건을 단다면 먼 미래에 사정이 바뀌었을 때 오히려 그것이 방해가 되어 원래의 취지에서 벗어나게 될 수도 있다. 현명한 방법은 큰 틀을 세우고 그 내용에 대해서는 미래의 사람들에게 맡기자는 것이 내 생각이었으며, 이사들은 이것에 모두 동의를 해 주었다.

1902년에 나는 세인트앤드루스 대학의 명예 총장이 되었는데, 이것은 내 인생에 있어 너무나 큰 사건이었다. 이전까지 나와는 전혀 인연이 없었던 학교라는 세계에 발을 디딜 수 있게 된 것이다. 처음 교수회의에 출석해서 창립 이래 역대의 저명한 총장들이 앉았던 낡은 의자에 앉자마자 마음속 깊은 곳에서부터 벅찬 감격이 솟아 올랐다.

나는 취임 연설을 위해 명예총장들의 연설문을 모아놓은 책자를 읽어보았다. 그중에서 가장 기억에 남는 구절은 스탠리가 학생들에게 충고한 것으로 "신학을 공부하려면 번즈에게로 회귀하라."는 말이었다. 고위 성직자로 빅토리아 여왕의 총애를 받던 그가 학생들에게 이런 말을 했다는 것은 세월과 더불어 신학도 변했다는 사실을 시사해 주었다. 로버트 번즈의 시에는 최고의 행동규범이 담겨 있다. 우선 내가 젊었을 때부터 원칙으로 삼았던 "오직 자신으로부터의 비난만을 두려워하라."라는 구절이 있고, 두 번째로는 다음과 같은 구절이 있다.

비참한 인간들을 줄 세우는
사형 집행인의 채찍은 지옥의 공포.
그러나 그대의 명예가 그대를 붙잡는 곳
그 안에 머물도록 하라.

세인트앤드루스 대학 학생들에 대한 존 스튜어트 밀의 연설은 정말 훌륭한 것이었다. 아마도 그는 자신이 알고 있는 최고의 것을 주려 한 것 같다. 그리고 음악이 삶의 활력이 되는 순수한 즐거움을 준다는 말도 주목할 만하다. 나 또한 그런 경험을 한 적이 있었다.

스코틀랜드에는 네 개의 대학이 있었고 우리 부부는 네 명의 총장과 그들의 가족을 우리 집이 있는 스키보로 초대해 일주일 동안 함께 보내기로 했는데, 벌포르 경 부부와 엘긴 백작 부부도 함께 했다. 이것을 계기로 매년 스키보에서 '총장 주간'을 여는 것이 관

스키보의 저택

례가 되었다. 우리가 친밀해지게 된 것은 물론이었고 대학 간의 상호 교류도 활발해져서 협력 정신이 고취되었다. 첫 일주일이 끝날 무렵 랭 총장이 내 손을 잡으며 이렇게 말했다.

"스코틀랜드의 대학 총장들은 500년이라는 세월을 보내고서야 함께 손을 잡고 걷는 법을 배웠습니다. 일주일을 함께 보낸다는 것이 문제의 올바른 해결책을 제시해 주었습니다."

1906년의 '총장 주간'에는 래드클리프 대학의 학장이자 벤저민 프랭클린의 증손녀인 아그네스 어윈도 참석을 했는데 모두들 그녀에게 매료되었다. 프랭클린은 약 150년 전에 스코틀랜드 세인트앤드루스 대학에서 첫 박사학위를 받았다. 그의 탄생 200주년 기념식이 필라델피아에서 성대하게 거행되었는데, 전 세계의 모든 대학과 함께 세인트앤드루스 대학에서도 축사를 보냈다. 세인트앤드루스 대학에서는 그의 증손녀에게도 명예 박사학위를 수여했다. 명예총장인 내가 대학을 대신하여 그녀에게 학위를 전달하고 망토를 둘러주었다.

프랭클린에게 최초의 학위를 수여한 세인트앤드루스 대학이 147년이 지나 대서양 건너편에 살고 있는 증손녀에게 같은 학위를 수여한 모습에 사람들은 감격에 사로잡혔다.

나는 세인트앤드루스 대학 학생들의 만장일치로 제2기 명예총장직을 맡게 되었다. 이것은 내게 있어 너무나도 감격스러운 일이었다. 대학에는 '총장과의 밤'이라는 것이 있었는데 학생들이 총장을 독점한 채 다른 교수들은 전혀 초대를 하지 않는다. 이것은 언제나 유쾌한 모임이었다. 첫 회합이 끝나고 학생들이 이렇게 말했다고 한다.

"어떤 총장은 우리에게 설교를 했다. 또 어떤 총장은 훈시를 했다. 그것도 모두 연단에서, 그런데 카네기 총장은 우리들 사이에 섞여서 함께 이야기를 나누었다."

나는 외국의 대학만이 아니라 자국의 고등교육 기관에도 경우에 따라 원조를 했다. 그러나 하버드 대학과 콜롬비아 대학 등 5천에서 1만 명의 학생을 수용하고 있는 곳에는 더 이상 사업을 확장할 필요가 없을 것이라고 생각하게 되었다. 오히려 작은 전문학교인 단과대학이야말로 원조가 시급하기 때문에 금전적 도움이 절실하다고 생각했다. 그래서 나는 원조 범위에 제한을 두게 되었는데, 이것은 현명한 판단이었다고 생각한다.

그리고 훗날 록펠러가 '일반 교육재단'이라는 훌륭한 교육기금을 운영하고 있다는 사실을 알게 되었다. 우리는 서로가 각자 이 일을 했기 때문에 때로는 바람직하지 않은 상황을 초래하기도 했다. 그러던 어느 날 록펠러가 함께 일을 하자는 제안을 했고 덕분에 서로에게 좋은 결과로 이어지게 되었다.

나는 대학에 건물을 기증할 때면 찰리 테일러의 경우처럼 친구들의 이름을 따서 건물을 지을 때가 많았는데, 디킨슨 대학의 콘웨이 홀은 몬큐어 D. 콘웨이의 이름을 딴 것이다. 최근에 그의 자서전이 출간 되었는데, 『아테나움』 지에 "탁자 위에 놓인 이 책은 수없이 많은 자서전 속에서 보석처럼 빛을 발하고 있다."라는 서평이 실렸다. 이것은 또 한 권의 자서전을 보태게 될 내게 많은 것을 시사해 주었다.

그의 자서전은 이렇게 끝을 맺고 있었다.

독자들이여, 평화를 구하십시오. 천둥번개를 동반하며 모습을 드러내는 신이 아니라 일상에서 만나는 모든 사람들에게서 평화를 구하십시오. '우리에게 평화를 주소서.'라고 기도하지 말고 당신 스스로 그 기도에 답하기 위해 노력하십시오. 그러면 비록 세상은 고통에 싸여 있을지라도 당신 안에는 평화가 자리할 것입니다.

오하이오 주에 있는 캐년 대학에는 '스탠튼 기념 경제학 강좌'가 개설되었는데, 에드윈 스탠튼 씨는 필라델피아에서 내가 전보 배달부로 그의 집에 전보를 배달해 주면 항상 친절하게 말을 걸어 주던 사람이다. 그리고 스콧 씨의 조수로 워싱턴에서 근무하고 있을 때도 그는 정말로 친절하게 대해 주었다. 이 밖에도 대학 도서관을 세우거나 강좌를 개설하여 소규모 대학들을 지원하였다.

내가 해밀턴 대학에 기증한 첫 번째 선물은 원래 엘리후 룻 재단이라고 이름을 붙이려 했지만, 루즈벨트 대통령의 말에 의하면 '내가 아는 가장 현명한 사람'인 룻이 이런 사실을 대학에 알리지 않았다는 것이다. 내가 나무라자 그는 웃으면서 대답했다.

"좋아 다음엔 안 그러기로 약속을 하겠네."

결국 이 실수는 두 번째 선물로 만회가 되었다. 그러나 이번에는 일의 진행을 그에게 일임하지 않았기 때문에 '해밀턴 대학 룻 기금'이라는 명칭을 어떻게 하지는 못했다. 룻은 위대한 인물이었는데 그의 단순성과 심오함은 무엇과도 비교를 할 수가 없었다. 루즈벨트 대통령은 룻의 대통령 후보 지명을 위해서라면 백악관을 네 발로 기어 다니겠다고 공언을 할 정도였다. 그러나 룻은 선동가가 아니었기 때문에 안타깝게도 대통령 후보로 지명되지 못했다. 당의 입장에서는 룻을 후보로 내세우는 모험을 하지 않았는데 참으로 어리석은 판단이었다.

흑인들을 교육하는 햄프턴 학교와 터스키기 학교와 나의 인연은 끊으려야 끊을 수 없을 정도로 깊고 또한 그 가치가 큰 것이었다. 우리가 이전에 노예로 부리던 흑인들의 지위를 높이기 위해 이런 교육기관이 큰 역할을 해주고 있다는 것이 내게는 너무나도 만족스러웠으며 기쁨의 원천이었다. 특히 브커 T. 워싱턴과 친교를 맺게 된 것은 내게 더 없는 특권으로 여겨졌다. 스스로 노예의 지위

브커 T. 워싱턴

에서 벗어났을 뿐만 아니라 수백만의 자기 동족들의 문명 수준을 높이기 위해 혼신의 힘을 기울이고 있는 인물에게 나는 경의를 표하지 않을 수 없었다. 내가 6만 달러를 터스키기 학교에 기부하고 며칠이 지난 뒤 워싱턴 씨가 찾아왔다. 그리고 한 가지 제안을 해도 되겠냐고 물어서 나는 흔쾌히 허락을 했다.

"당신은 친절하게도 이 기금의 일부를 우리 부부의 노후 생활을 보장하는 데 쓴다는 조건을 다셨습니다. 저희 부부는 너무나도 고맙게 생각하고 있습니다. 하지만 카네기 씨, 그 금액은 우리가 필요로 하는 금액보다 훨씬 많은 금액이고 우리 동포들에게는 너무나도 소중한 금액입니다. 만약 이의가 없으시다면 그 조항을 빼고 단지 '적당하다고 여겨지는 배려'라고 바꿔 줄 수 없을까요? 저는 이사진들을 믿습니다. 아내나 저나 아주 적은 돈이면 충분합니다."라고 워싱턴은 말했다.

나는 그의 말에 동의하였고 지금의 기금에 대한 규약으로 바뀌게 되었다. 그리고 이사장이 서류정리를 하기 위해 내가 워싱턴 앞으로 보낸 서류 원본을 요구하자, 그는 정정된 규약을 건네주었을 뿐 원문은 주지 않았다. 정말로 고결하고 결백한 인물이었다. 이렇게 성실하고 자신을 희생하면서까지 남을 위해 노력하는 인물이 또 있을까? 인류 최고의 인물이자 지상에 살고 있지만 신에 가까운 존재라고 느껴졌다.

내가 교회에 오르간을 기부하는 것은 젊었을 때부터의 습관이었다. 아버지가 스베덴보리 교회에 열심히 다니던 신자이셨기 때문에 나는 앨러게니 시의 교회에 한 대를 기증했다. 교인 수가 100명이 채 되지 않는 교회였다. 처음에는 교회를 새로 짓기 위해 필요한 기부를 해달라고 청해 왔지만, 얼마 안 되는 교인들을 위해 거액을 기부하는 것은 그다지 바람직하지 않다고 여겨졌기 때문에 오르간을 기부한 것이다. 그러자 대규모의 가톨릭 성당에서부터 시골의 작은 예배당에 이르기까지 셀 수 없을 정도의 요청이 쇄도해서, 나는 그 처리방안으로 정신을 차릴 수 없었다. 모든 교회들이 다 새 오르간을 원했으며, 낡은 오르간을 팔아 교회의 재원으로 쓰겠다는 경우도 있었다. 아주 작은 교회이면서도 거대한 오르간을 주문한 탓에 건물 안으로 들이다가 대들보에 걸려 오르간을 교회 안으로 넣지 못한 경우도 있었다. 게다가 내게 요청을 하기도 전에 이미 오르간을 주문해 놓고 수표를 보내 주면 고맙겠다고 하는 교회까지 있었다. 그래서 결국 기부에 엄격한 제한을 두기로 하였다. 많은 질문 내용이 적힌 질문지를 인쇄해서 그것에 상세한 답변을 적어 보내오지 않으면 기부를 하지 않기로 정한 것이다. 이것은 이제 완전한 틀을 갖추게 되었고 제대로 운영이 되고 있는데,

교회의 규모에 따라 오르간을 결정하게 되어 있다.

한번은 교회에 오르간을 기부해서 기독교도들의 정신을 추락시킨다는 호된 비난을 받은 적도 있었다. 스코틀랜드 고원지대에 있는 한 장로교회에서는 지금도 "신이 인간에게 선물한 목소리를 이용하지 않고 파이프를 늘어놓은 악기로 신을 찬미해서는 안 된다."고 말한다. 나는 이 비난을 받은 이후로 그것이 죄라면 공범자를 만드는 것이 좋겠다는 생각이 들어, 새 오르간을 원한다고 하면 그 절반의 돈만 보내고 나머지 절반은 교회에서 부담하게 하였다. 이 오르간 기부 담당부서에는 지금도 새로운 요청이 쇄도하고 있다.

자선적인 성격을 띤 모든 사업 중에서 공개하지 않고 내가 개인적으로 충당하고 있는 연금이 내게는 최고로, 그리고 가장 고귀한 대가라고 해도 과언이 아니다. 지금 가령 당신이 가장 오랜 친분을 맺고 있는 친절하고 선량한 사람이 있다고 하자. 그런데 그 사람이 본인에게는 아무런 잘못도 없는데 노후에 스스로 생계를 꾸려갈 수 없는 상황에 처해 있다고 가정하고, 그 사람이 구걸을 하지 않고 제대로 된 삶을 살 수 있게 돌봐 줄 수 있다는 것은 당신에게 그 무엇과도 비교할 수 없는 만족감을 선사해 줄 것이다. 물론 당신에게는 그럴 만한 능력이 충분히 있다. 그것은 아주 적은 돈으로도 가능한 것이다. 아주 작은 도움으로 비참한 노후의 삶을 행복으로 바꿀 수 있는 사람이 얼마나 많은지를 발견하고 나는 너무나도 충격을 받았다. 내가 사업가에서 은퇴하기 전에도 이런 사람들을 만나고 그들에게 도움의 손길을 내밀어 줄 수 있어서 너무나도 큰 만족감을 맛볼 수 있었다. 내 연금 명부에 이름이 올라가 있는 사람들 중에 그럴 만한 가치가 없는 사람은 한 사람도 없다. 이 명부야말로 진정으로 명예로운 사람들의 기록이자 서로의 마음을 통하게 해준 것이다. 모두가 정말로 훌륭한 사람들이다. 이 명부에 대해서는 절대로 공개를 하지 않을 것이다. 누가 이 명부에 이름이 올랐는지는 아무도 모른다. 단 한 마디도 남에게 이 사실을 말한 적이 없다.

'신이 내게 보여준 이 자비에 보답할 만한 일을 과연 나는 하고 있을까?'라는 의문은 언제나 내 마음속에서 지워지지 않고 있는데, 연금 명부에 이름이 오른 사람들은 나의 가장 현명한 대답이다. 또한 그것은 내게 만족감을 주는 대답이기도 하다. 나는 인생의 행복, 내가 정당하게 받아야 할 것 이상의 것을 누리며 살아왔다. 따라서 나는 신에게 아무것도 바라고 기원하지 않았다. 우리는 우주의 법칙 아래에 있기 때문에 묵묵히 머리를 숙이고 자기 내면의 판단에 따라야 하며, 아무것도 바라지 말고 아무것도 두려워하지 말고 단지 자신의 책임을 다하며 현재는 물론 죽어서도 아무런 대가를 바라서는 안 된다.

받는 것보다는 주는 것이 더 행복하다. 만약 우리의 입장이 뒤바

뀐다면 사랑하는 선량한 벗들이 나와 내 가족을 위해 내가 그들에게 했던 것과 같은 일을 해줄 것이다. 나는 그것을 굳게 믿어 의심치 않는다. 나는 소중한 감사의 말을 많이 듣고 있다. 어떤 사람들은 매일 밤 그들이 기도를 할 때마다 나를 위해 모든 신들에게 기도한다고 말해 주었다. 나는 그들에게 내 본심을 털어놓지 않을 수가 없었다.

"제발 그러지 말아 주십시오. 더 이상 나를 위해 기도하지 말아 주십시오. 나를 심판하는 공정한 심판관이라면 이미 내게 주어진 은혜의 반 이상을 다시 가져가고 말 것입니다."

이렇게 말하는 것이다.

철도 연금재단도 이와 비슷한 성격의 것이다. 피츠버그 지역의 옛 동료들 대부분과 미망인들이 이 혜택을 받고 있다. 그것은 수년 전에 설립돼서 현재 대규모로 발전하게 되었다. 그것은 내가 펜실베이니아 철도의 피츠버그 지역 감독으로 있을 때, 내 밑에서 성실하게 일해 준 사람들과 미망인들 중에 도움이 필요한 사람들에게 나눠주고 있다. 이 철도 종업원들의 동료가 되었을 때 나는 아직 어린아이에 불과했다. 우리는 서로를 성이 아닌 이름으로 불렀다. 그들은 내게 정말로 친절했다. 나는 혜택을 받는 대부분의 사람들을 개인적으로 알고 있다. 그들은 나의 절친한 친구들이다.

강철업 종업원 연금으로 내가 공장에서 일하는 사람들을 위해 기부한 4백만 달러의 기금은, 현재 내가 만난 적이 없는 수백 명의 사람들에게 돌아가고 있다. 그러나 그 혜택을 받고 있는 사람들 중에는 내가 또렷하게 기억하고 있는 사람들도 포함되어 있기 때문에 이 또한 내게는 아주 가깝게 느껴진다.

제21장
평화를 위해

앤드류 카네기 노년의 모습

제21장
평화를 위해

*

 나는 어렸을 때부터 적어도 영어를 쓰는 사람들끼리라도 평화롭게 지내기를 염원하고 있었다. 1869년에 영국제국은 거대한 군함 마너크 호를 진수시켰는데, 이전까지는 이렇게 거대한 군함을 건조한 적이 없었다. 어쨌거나 지금은 그 이유를 완전히 잊어버렸지만, 이 군함이 영국과 미국 두 나라의 친선을 유지해 줄 것이라며 영국에서 선전을 하고 있었기 때문에 미국은 이 군함을 맞이하고 싶어 했다. 나는 당시 영국 정부의 각료였던 존 브라이트 씨에게 전보를 쳤다. 당시는 해외 전신 서비스가 막 시작됐을 무렵이었다.
 "마너크 호가 할 수 있는 최고의 친선은 피버디의 유해를 조국으로 보내 주는 것이다."

존 피버디는 미국의 사업가이자 자선 사업가였는데, 1865년 런던에서 객사를 했다.

이 전보에 보낸 사람은 밝히지 않았다. 그러나 뜻밖에도 영국 정부는 이 제안을 검토하고 실행으로 옮겼다. 이렇게 해서 마너크 호는 평화의 사절단이 되었다. 그리고 수십 년이 흐른 뒤에 나는 버밍엄의 조촐한 저녁 모임에서 브라이트 씨를 만났는데 예전에 그 전문은 내가 젊었을 때 보낸 것이라고 털어놓았다. 브라이트 씨는 전보에 이름이 없는 것을 보고 놀라기는 했지만 자신의 신념에 따라 행동했다고 말했다.

브라이트 씨는 미합중국의 친구로 남북전쟁 중에도 미국이 도움을 필요로 할 때면 언제나 힘이 되어주었다. 그는 우리 아버지의 영웅이기도 했으며, 내가 항상 공직자로서 숭배하고 있던 살아 있는 영웅이었다. 처음에는 거친 과격주의자로 심한 비난을 받았지만 자신의 신념을 굽히지 않고 꾸준히 관철시켜 결국은 정부도 그의 견해를 받아들이게 되었다. 언제나 평화를 염원하던 사람으로 만약 그의 뜻이 관철되었다면 크림 전쟁은 터지지 않았을 것이다. 로즈베리 경이 훗날 인정을 했듯이 영국은 이 전쟁에서 잘못된 선택을 한 것이다. 그를 흉하게 묘사했던 흉상이 영국의 의사당에 놓여 있었는데, 나는 브라이트 씨의 가족들에게 허락을 받아 훌륭한 모습의 흉상으로 바꾸어 놓을 수 있었기 때문에 친구로서 대단히 자랑스럽게 생각하고 있다.

내가 아직 젊었던 시절에 영국을 방문했을 때 영국 평화협회에 깊은 관심을 갖고 정기 모임에 자주 참석을 했다. 훗날 영국의회의 유명한 노동자 대표인 크레머 씨가 의회연맹을 결성했을 때, 나는 특별히 이 조직에 강하게 매료되었다. 현재 살아 있는 사람 중에 크레머 씨에 필적할 만한 사람은 아마 없을 것이다. 그해 평화에 가장 많은 기여를 한 인물로 선정되어 그는 노벨 평화상을 받았다. 그런데 상금 8천 파운드 중에 꼭 필요한 1천 파운드만을 받고 나머지는 전부 중재위원회에 기부한 것이다. 너무나도 훌륭한 자기희생의 표본이라고 할 수 있다. 진정한 위인에게 돈이란 무거운 짐에 불과할 뿐이다. 크레머 씨는 자신이 일하면서 일주일에 5, 6달러씩 번 돈을 가지고 런던에서 의원활동을 하면서 근근이 생활하고 있었다. 그런 상황에서 막대한 금액의 상금이 굴러들어왔는데도 그것을 평화를 위해 쾌척한 것이다. 이것은 가장 용감하면서도 고귀한 행위이다.

1887년 국제 중재위원회의 위원들이 미국에 왔을 때, 내게 그들을 워싱턴 시에서 클리블랜드 대통령에게 소개할 수 있는 영광이 주어졌다. 대통령은 예의를 갖추어 그들을 맞이해 주었고 진심어린 협력을 약속하였다. 그날 이후로 내 머릿속에는 전쟁을 막아야 한다는 일념만이 가득 차버려 다른 일들은 안중에도 없게 되었다.

제1회 헤이그 회의는 급물살을 타고 새로운 국면으로 움직였고 나는 뛸 듯이 기뻤다. 회의의 주요 내용은 군축 문제를 위한 것이었는데, 회의는 이것을 시급한 현실적 문제로 받아들이고 국제분쟁을 해결할 영구적인 국제 재판소를 창설하게 되었다. 이것은 인류가 이뤄낸 업적 중에 가장 확실하게 평화로 한걸음 다가가는 것으로 내게 큰 기대감을 안겨주었다. 제2회 헤이그 회의가 개최되기 전에 의장인 홀스 씨가 헤이그에서 돌아오자마자 헤이그 시에 평화의 전당을 세우는 데 필요한 비용을 제공해 주지 않겠냐고 부탁을 해왔다. 나는 그렇게 주제넘은 일은 절대로 불가능하지만, 만약 네덜란드 정부가 평화의 전당을 건설하기를 바라고 내게 그 비용을 부담해 달라고 한다면 다시 생각해 보겠다고 전했다. 그들은 그 어떤 나라의 정부도 그런 청을 하는 것은 기대하기 힘들 것이라며 주저했다. 나는 그렇다면 이 문제에 대해서는 아무런 도움도 될 수 없다고 말했다.

그런데 생각과는 달리 네덜란드 정부는 워싱턴 주재 공사관을 통해 내게 제안을 해왔다. 나는 대단히 기뻤다. 그러나 나는 신중을 기하여 네덜란드 정부가 견적서를 보내 준다면 검토해 보겠다는 서면 회답만 보내왔고 돈은 보내지 않았다. 그리고 네덜란드에서 견적서를 보내와 나는 150만 달러의 수표를 보내 주었다. 내게는 한 개인이 평화의 전당을 건설하기 위한 경비를 제공할 수 있는 영광을 전부 누려서는 안 된다는 생각이 아주 강했던 것이다. 그 목적이 너무나도 고귀하고 성스러운 것이기 때문에 이것이야말로 세상에서 가장 신성한 건물인 것이다. 우리가 신을 도울 수는 없다. 평화를 가져다주는 전당을 사람의 손으로 지을 수는 없다고 생각한 것이다.

1907년에 몇 명의 친구가 찾아와서 뉴욕에 평화협회를 조직하기 위해 노력을 하고 있으니 내게 회장직을 맡아 달라고 했다. 나는 이미 많은 사업에 관여를 하고 있었기 때문에 너무나 바쁘다는 이유로 정중하게 거절을 했다. 물론 모든 것이 사실이었지만 이 청을 거절한 것 때문에 나중에 양심의 가책을 느끼기도 했다. 만약 평화를 위해 기꺼이 자신을 희생할 수 없다면 어떤 일에 자신을 희생할 생각인가? 나는 무엇을 위해 살고 있는 것일까? 이렇게 고민하면서 힘든 나날을 보내고 있을 때, 목사와 평화를 위해 헌신적으로 노력하고 있는 사람들이 내게 다시 한 번 생각해 달라며 찾아와 주었다. 나는 그들의 뜻을 이해하고 더 이상 아무 말도 하지 않아도 좋다, 나는 양심의 가책으로 고민을 하고 있으니 회장의 중임을 수락하며 최선을 다하겠다고 말했다. 그해 4월에 평화협회의 전국대회가 열렸는데 35개 주의 대표는 물론 수많은 외국의 저명인사들도 참가해 협회는 역사적인 한 획을 긋게 되었다.

그로부터 얼마 되지 않아 나는 상상도 하지 못했던 훈장을 받게 되었다. 프랑스 정부에서 레지옹도뇌르 훈장을 수여한 것이다. 뉴욕 평화협회의 모임에서 에스투르넬 드 콩스탕 경이 연단에 올라 연설을 한 뒤 군중의 환호 속에서 훈장을 수여했다. 나로서는 이 이상의 영광이 없었고, 세계 평화를 위해 노력했다는 이유로 훈장을 받게 된 것에 너무나도 감사했다. 이러한 영광은 사람을 오만하게 하기 보다는 겸손하게 해준다. 훈장을 받을 때마다 훈장을 수여한 사람들의 기대에 부응하기 위해 더 많은 노력을 기울여야겠다는 생각이 들게 된다.

나의 어릴 적 첫 기억은 고향 던펌린의 수도원 안에 있는 폐허가 된 궁전을 시와 시민의 것으로서 보존할 권리를 얻기 위한 운동에 대해서이다. 외할아버지 모리슨은 이 운동을 주동한 사람들 중 한 분이셨다. 외삼촌들이 그 뒤를 이었고 이 지역을 소유하고 있던 사람들과의 분쟁은 끝날 줄 몰랐다. 우리 일가는 고적지 보존 운동의 장본인이었기 때문에 이 지역의 출입이 금지 되었다. 외삼촌들은 어린 내게 자주 네가 커서 부자가 되면 이 지역을 전부 사들여 모든 사람들을 위한 공원으로 시에 선물하라고 말했다. 나는 이 일에 대해 강한 의욕이 생겼으며, 소년 시절의 낙원이었던 이 아름다운 수도원 경내의 낡은 궁전을 언젠가 손에 넣고야 말겠다고 결심을 했다.

이 지역은 피텐크리프라 불렸는데 내 마음속에는 언제나 그리운 추억의 장소로 남아 있다. 피텐크리프 계곡은 너무나도 아름다운 곳으로, 계곡은 수도원과 궁전에 인접해 있고 북쪽과 서쪽으로 시의 주요 도로가 지나고 있다. 60~70에이커에 달하는 영지 내의 수목들은 잘 보호를 받고 있었다. 던펌린의 아이들에게 이곳은 천국과도 같은 곳이었다. 적어도 내게는 그랬다. 나는 천국이라는 말을 들을 때마다 이곳을 떠올리곤 한다. 피텐크리프야 말로 내가 상상할 수 있는 천국에 가장 가까운 곳이었다.

한 번은 이 땅을 팔겠다는 뜻을 비치기도 했지만 터무니없이 비싼 가격을 불러 친구들의 만류로 포기하고 말았다. 그런데 1902년의 가을 나는 건강이 악화되어 런던에서 요양을 하게 되었다. 나는 온통 고향 피텐크리프의 생각으로 머릿속이 꽉 차 있어 친구 중에 이 문제에 깊은 관심을 갖고 있던 로스 박사에게 전보를 쳐서 부를 생각까지 했었다. 그러던 어느 날 아내가 내 방으로 들어와 누가 왔는지 맞춰보라고 해서 나는 곧바로 '로스 박사'라고 말했다. 그랬다, 이심전심이라고 해야 하는가? 그가 나를 찾아와 주었다. 우리는 피텐크리프에 대해 이야기를 나누며 당시 에든버러에 살고 있던 쇼 헌트 대령을 통해 땅 주인에게 만약 적당한 가격에 넘기지 않는다면 기회를 놓칠 수도 있다고 전하기로 했다.

며칠 뒤에 나는 뉴욕으로 향했다. 그리고 얼마 뒤에 쇼 대령으로부터 전보가 왔는데, 땅 주인이 4만 5천 파운드에 팔겠다고 하는

데 계약을 해도 되느냐고 묻는 것이었다. 나는 "잘 알았다. 단, 로스 박사와 상담하길 바람."이라고 답전을 쳤다.

1902년 크리스마스이브에 나는 쇼 대령으로부터 다시 전보를 받았는데, 거기에는 "만세, 피텐크리프의 성주여"라고만 적혀 있었다. 내게 있어 이런 칭호를 받는 것은 너무나도 큰 명예였다. 나는 이것을 고향에 기증하고 아름다운 공원으로 만들기 위해 그 어떤 희생과 노력도 아끼지 않겠다고 결심했다. 출입을 금지 당했던 가난한 소년이 이제는 수많은 아이들이 자유롭게 놀 수 있는 광장을 제공할 수 있게 된 것이다. 나는 5% 금리의 채권으로 5십만 달러를 공원의 유지비로 시에 기부했다.

이 공원의 관리를 재단에 맡긴 지도 벌써 12년이 되어간다. 해마다 어린이들을 위한 축제와 꽃 전시회가 열렸고, 시민들은 매일 공원을 자유롭게 이용하게 되었다. 재단은 다음과 같은 기증 증서의 지침을 성공적으로 수행해냈다.

'재단의 목적은 던펌린 시민들의 단조로운 일상에 아름다움과 빛을 선물하고, 특히 젊은이들에게 다른 것에서 맛볼 수 없는 기쁨과 행복을 주어 삶을 고양시키는 요소를 마련해 줌으로써, 훗날 던펌린을 회상하며 행복하고 풍요로운 삶을 살았다는 것을 기억할 수 있게 해주기 위한 것이다. 이것이 가능하다면 재단의 사업은 성공을 한 것이고, 그렇지 않다면 실패를 한 것이다.'

타임스에 실린 이 글 덕분에 전 캐나다 총독을 지낸 얼 그레이와 친분을 맺을 수 있었다. 나는 런던에서 얼 그레이를 만났다. 우리는 만나자마자 마음이 통했다. 그는 사업의 핵심을 짚어낼 줄 아는 뛰어난 인물로 1천만 달러 규모의 '카네기 영국 재단'의 이사가 되었다.

피텐크리프 계곡은 내가 공공에 기부한 그 어떤 것보다도 개인적으로 만족스러운 선물이었다. 급진적 지도자였던 외할아버지 모리슨의 손자이자, 그의 뒤를 이은 외삼촌들의 조카이며, 성인군자였던 아버지와 용감한 어머니의 아들인 내가 영주의 소유지였던 계곡을 공원으로 만들어 시민들에게 돌려주었다는 것만으로도 큰 의미가 있었다.

내가 부의 축적을 멈추고 그 부를 분배하는 일을 시작한 지 벌써 13년(1914년)이라는 세월이 흘렀다. 만약 내가 노후생활에 필요한 만큼의 재산만을 축적한 채 은퇴하였다면 그것은 아무런 의미도 없는 일로 쓸쓸한 노후를 보내야만 했을 것이다. 그러나 내게는 독서의 습관이라는 즐거움이 남아 있었다. 나는 글쓰기를 좋아했고 가끔씩 강연을 하는 것도 즐거웠다. 또한 사업에서 은퇴하기 전에 수많은 지식인들을 만났고 그들과 친분을 맺었다. 은퇴하고 수 년 동안은 제강소를 찾아갈 마음이 들지 않았다. 만약 그곳을 찾아가면 안타깝게도 수많은 옛 동료들의 추억만 떠오르게 될 것이기 때문이었다. 손을 마주 잡고 이야기를 나눌 수 있는 옛 동료들은 이제 거의 남아 있지 않았다. 물론 회사에는 한두 명의 선참 직원들이 남아 있는데, 그들은 여전히 나를 '앤디'라고 불러 준다.

그렇다고 해서 내가 젊은 동료들을 완전히 잊었다고 생각하지는 않았으면 한다. 그들 또한 내가 새로운 생활에 익숙해질 수 있도록 지지해주는 중요한 역할을 해주었다. 내가 회사를 은퇴하고 얼마 되지 않아 그들은 '카네기 퇴직자 협회'를 결성했으며 마지막 한 사람이 남을 때까지 이 모임이 지속되었는데, 특히 이 모임은 내게 큰 위안이 되었다. 해마다 한 번씩 우리는 뉴욕에 있는 우리 집에서 만찬회를 열기로 되어 있었는데, 이것은 내게 있어 최고의 기쁨이었고 그 즐거웠던 여운은 1년 내내 이어졌다. 그들 중에는 아주 먼 곳에서부터 달려와 준 사람들도 있다. 우리의 동료애는 날이 갈수록 깊어졌다. 그리고 내가 고민을 하고 있을 때면 나를 위로해주고 재기할 수 있게 용기를 북돋워 준 것도 그들의 우정이었다.

나와 아내에게는 수많은 친구들이 있었는데 그중에는 유명 인사들도 많았다. 그러나 젊었을 때부터의 동료들에 대한 우정은 조금도 변함이 없다. 아내는 첫 퇴직자 모임에서 '옛 동료들을 최우선으로'라고 말하며 이 모임과 회원들을 최고로 대우하겠다고 약속하기도 했는데, 이것은 단순히 말뿐만이 아니라 아내의 마음속 깊은 곳에서부터 우러난 선언이었다. 아내는 최초의 명예 회원이 되었고 딸이 두 번째로 추대되었다. 내가 가장 연장자였지만 우리는 모두 동료일 뿐이다. 완전한 신뢰와 공공의 목적이 우리를 굳게 결속시켜 주었다. 이 모임의 목적은 우리 자신들만을 위한 것이 아니라 널리 이웃들에게도 영향을 끼치는 사회적인 것이었다. 우리는 가장 먼저 친구이고 그 다음이 직장의 동료이자 상하관계였다. 45명의 동료들 중 43명은 이렇게 해서 평생 함께 하기를 맹세했다.

우리의 연례행사 중에 또 하나 기록으로 남겨야 할 것은 '문학 만찬회'라는 동호회였다. 이 또한 해마다 우리 집에서 열렸는데, 『센추리』지의 편집장이자 나의 친구인 리처드 W. 길더가 회장을 맡아 주었다. 길더 씨는 해마다 주빈의 작품 중에서 짧은 문장과 문구를 찾아내 카드에 적어 테이블 위에 올려놓았다. 그는 이런 일에 정말로 뛰어난 인물이었는데, 그 문장과 인물이 딱 맞아 떨어지게 만들어 놓아 만찬회는 금방 화기애애해져 손님들도 쉽게 가까워질 수 있었다.

어느 해의 만찬회 날, 초저녁 일찍 길더가 찾아와 손님들의 자리를 보고 싶다고 했다. 테이블을 둘러본 그는 미리 와서 자리를 확인하기 잘했다고 했다. 그는 존 버로스와 어니스트 톰프슨 시턴의 자리가 나란히 되어 있는 것을 발견한 것이다. 이 두 사람은 모두 유명한 박물학자로 특히 시턴은 『동물기』로 유명한 인물이었다. 당시 두 사람은 동물과 조류의 습성에 대해 격렬한 논쟁을 펼쳐 왔는데, 서로 한 치의 양보도 하지 않으며 천적으로까지 발전하고 말았다. 두 사람을 함께 앉히는 것은 상상도 할 수 없는 일이기에 길더 씨는 자리를 떨어뜨려 놓았다고 했다.

나는 아무 말도 하지 않았지만 몰래 식당으로 들어가서 테이블 위의 카드를 원래 자리로 돌려놓았다. 식사가 시작되자 이 두 사람의 자리가 붙어 있는 것을 보고 놀란 표정을 짓던 길더 씨의 얼굴은 정말로 볼만했다. 그러나 그 결과는 내가 예상했던 대로 두 사람은 서로 화해를 하고 집으로 돌아가기 전에 이미 친구가 되었다. 여기서의 교훈은 만약 평화를 꾀하려 한다면 화해시키고자 하는 사람들을 정중한 자리에서 옆자리에 앉히는 것이다.

버로스와 시턴은 내가 놓은 덫에 보기 좋게 걸려들었는데, 두 사람은 그런 줄도 모르고 만찬회를 즐겁게 보냈다. 우리가 누군가를 싫어하게 되는 것은 대부분 상대방에 대해 잘 모르기 때문이다. 모든 싸움이나 논쟁 등은 서로 만나서 대화를 하면 풀 수 있는 것인데 그렇게 하지 않고 여러 사람이나 매체를 통해서 서로의 차이에 대해서만을 듣는다면 점점 더 멀어지게 될 뿐이다. 싸우고 있는 장본인들도 누군가가 중재역할을 해준다면 그것을 흔쾌히 받아들여야 한다. 만약 그것을 거부한다면 그 사람은 평생 불쾌한 생각을 가지고 살아야만 한다. 한번 친해진 친구와 싸우거나 멀어지는 것은 인생에 있어 크나큰 손실이다. 안 그래도 인간은 나이를 먹으면서 하나둘씩 친구들이 떠나 본인 혼자 남겨진 것 같다는 생각이 들게 되는 법이다.

내가 사업에서 은퇴를 한 것을 진심으로 기뻐해 준 친구들이 아주 많았는데, 그중에서도 가장 기뻐해 준 사람은 마크 트웨인이었다. 신문에서 내 재산에 대해 대서특필을 하고 있을 때, 나는 그에게서 이런 편지를 받았다.

친애하는 친구여

요즘 자네 경기가 좋은 것 같군. 자네를 숭배하는 내게 1달러 50센트만 빌려주지 않겠나? 찬송가를 좀 사야겠는데. 만약 빌려 준다면 신께서 자네를 축복할 걸세. 나는 그렇게 확신하고 있고 당연히 그렇게 해주실 것이라고 믿네. 물론 나는 대단히 고마워할 걸세. 만약 다른 데서 도움을 청해 온다면 내 부탁은 잊어주게.

자네의 친구 마크

추신

찬송가가 아니라 돈을 보내 주게. 내가 직접 고르고 싶으니까.

마크 트웨인이 뉴욕의 병상에 누워 있을 때, 나는 자주 그의 병문안을 갔다. 병상에서 일어설 수 없을 만큼 중병을 앓고 있으면서도 그는 언제나처럼 명랑하게 농담을 해서 우리는 유쾌한 시간을 보낼 수 있었다. 어느 날 나는 스코틀랜드로 가야 했기 때문에 작별 인사를 하러 갔다. 내가 떠나고 얼마 되지 않아 뉴욕에서 내가 대학교수들을 위한 재단을 설립했다는 것이 발표되었다. 나는 스코틀랜드에서 마크의 편지를 받았는데, 봉투에는 '성 앤드류' 앞이라고 적혀 있었다. 그리고 편지의 내용은 다음과 같았다.

'내 후광을 자네에게 선물하겠네. 나를 문병 와주었을 때 자네의 선행에 대해 말해 주었다면 그 자리에서 선물할 수 있었을 텐데 정말 아쉽군. 이 후광은 순수한 양철로 만들어진 것으로 하늘에서 내려 왔을 때 이미 내가 '관세'를 냈으니 그 점은 염려하지 않아도 되네.'

미국이 낳은 이 유쾌한 작가의 본명은 사무엘 클리멘스였는데, 세상 사람들은 그의 일면밖에 모르고 있다. 마크 트웨인의 해학적

마크 트웨인

인 모습만을 알고 있는데, 사실은 인간적인 매력이 넘치는 훌륭한 인물이었다. 정치와 사회의 여러 문제에 대해 확고한 신념을 가지고 있음과 동시에 고귀한 덕망을 갖춘 인물이었다.

마크 트웨인의 70세 생일을 축하하기 위해 수많은 사람들이 모였다. 문학자들이 압도적으로 많았지만 마크는 자신이 힘들 때 많은 도움을 준 H. H. 로저스를 불러 자신의 곁에 앉히는 것을 잊지 않았다. 저명한 작가들이 일어나서 그의 문학적 업적에 대해 칭송을 했다. 내 차례가 되었을 때 나는 다른 면의 그에 대해 이야기를 했다. 해학 작가로 재산을 모으면서 그는 출판업에 투자를 했는데, 1895년에 이 회사는 파산을 하고 말았다. 이것은 마크의 책임이 아니라 동료들의 판단이 잘못되었기 때문이었다. 그에게 있어 가장 간단하면서도 정당한 절차는 파산 선고를 하여 남은 채무를 깨끗이 청산해 주는 법적 절차를 밟는 것이었다. 그러나 그는 그 길을 선택하지 않았다. 그는 전 재산을 내던지고 5년 동안 미국은 물론 전 세계를 돌아다니며 강연을 하여 남아 있던 모든 빚을 청산하였다.

위기가 닥치면 인간의 진가를 알 수 있다고 흔히들 말하는데, 마크 트웨인은 이렇듯 훌륭한 인물이었다. 대중들은 그의 이야기를 즐겁게 읽으면서 '재미있는 친구군.' 이라고 말하지만 정작 그 뒤에 숨어 있는 그의 진가는 알지 못하고 있다.

마크의 아내도 훌륭한 여성으로 여걸이라고 부르는 것이 어울리는 인물이었다. 고난의 시절에 그를 지지해 준 것은 그녀였으며 마크의 수호천사라고 불러도 좋을 것이다. 힘든 강연 여행길을 그림자처럼 함께 하며 그를 도와준 것이다. 마크는 친한 친구들에게 이 일을 항상 이야기하며 아내에 대해 고마워했다. 그녀가 세상을 떴다는 소식을 듣고 문상을 갔는데 그는 혼자서 멍하니 앉아 있었다. 우리가 서로 입을 열기도 전에 그는 내 손을 꽉 잡고 잠시 눈을 감았다가 뜨면서, "가정의 파산, 가정이 파멸되고 말았네."라고 중얼거렸다. 나는 위로의 말을 찾지 못한 채 오랫동안 침묵을 지켜야만 했다. 나는 많은 시간이 흐른 지금까지도 그의 말을 떠올릴 때마다 가슴이 저려온다.

자기 자신에게 가장 충실하는 것, 이것이 결국 우리에게 도움의 손길이 되는 것이다. 「햄릿」 속에서 폴로니어스는 이렇게 말했다.

'가장 중요한 것은 자신에게 충실하는 것이다.
이것만 지킨다면 나머지는 낮 다음에 밤이 이어지듯이
모든 일이 자연스럽게 흘러가 남을 대할 때 역시
싫어도 충실해질 수밖에 없을 것이다.'

제22장
M. 아널드와 다른 친구들

M. 아널드

제22장
M. 아널드와 다른 친구들

※

 나는 평생을 살면서 수많은 저명인사들과 만났는데, 매슈 아널드는 정말로 매력적인 사람이다. 이 사람과 함께 하면서 대화를 나눌 때마나 내가 느끼는 강한 영향력은 그저 매력적이라고 표현할 밖에 달리 방법이 없다. 그런 그의 모습은 물론 그냥 묵묵히 앉아 있을 때조차 매력이 물신 풍기고 있었다. 그는 시인이자 평론가였고 위대한 사상가이기도 했다.

 1880년에 우리는 함께 마차로 영국 남부를 여행했다. 아름다운 마을에 다다르자 아널드는 내게 잠시 마차를 세워달라고 했다. 그곳에 그의 대부인 케블 주교의 묘소가 있으니 잠시 성묘를 가고 싶다고 했다.

"아, 다정하셨던 케블 주교님." 그는 잠시 깊은 회상에 잠겼다가 말을 이었다.

"나는 신학적인 문제 때문에 주교님께 많은 심려를 끼쳐드렸습니다. 주교님은 당혹스러워하며 탄식을 하셨지만 내가 옥스퍼드 대학에서 시문학의 강좌를 맡게 되었을 때는 일부러 대학에까지 오셔서 저를 응원해 주셨습니다."

우리는 한적한 묘지로 들어섰다. 은사의 무덤 앞에서 머리를 숙이고 서 있던 그의 모습은 내 머릿속에 강한 인상으로 남아 있다. 성묘가 끝난 뒤 그는 자신의 신학에 관한 견해에 대해 이야기를 하면서, 그로 인해 자신의 부모님께 얼마나 많은 걱정을 끼쳤는지 이야기해 주었다. 시대를 너무 앞서갔기 때문에 학계로부터 받아들여지지 않고 결국은 대학에서도 쫓겨나고 만 것이다. 그러나 여전히 자신의 신념을 굽히지 않고 정직하게 자신의 글을 써나갈 수밖에 없었다. 현재는 그의 그런 글들이 대중들에게 마음의 양식이 되고 있다. 그는 성경에 적혀 있는 기적들을 부정하였다. 초자연적인 기적은 이 세상에서 결코 일어날 수 없다는 아주 단순명료한 사실이 엄청난 파장을 불러일으킨 것이다. 당시의 수상이었던 글래드스턴은 강경하게 반대론을 주장하면서 아널드에게 맹렬한 비난을 퍼부었다.

아널드와 그의 딸이 1883년에 미국에 왔을 때 뉴욕의 우리 집에서 머물렀고, 또한 앨러게니 산장의 손님으로 머물렀던 덕분에 나와는 아주 가까워질 수 있었다. 뉴욕에서 첫 강연회를 열었을 때 나는 어머니와 함께 마차를 타고 강연장으로 달려갔다. 강연장에는 당대의 저명한 인사들이 모두 모여 있었다. 그러나 그는 공개석상에서의 강연에 익숙하지 않은 탓에 이 강연회는 실패로 끝나고 말았다. 대단히 훌륭한 내용이었지만 청중들을 사로잡지 못했던 것이다. 우리 집으로 돌아오자마자 내게 한 첫 마디는 이랬다.

"이제, 여러분들의 소감을 한 마디씩 들어보기로 하죠. 제가 강연자가 되기 위한 시험에 과연 통과할지 솔직히 말씀해 주십시오."

나는 진심으로 그의 성공을 기원하고 있었기 때문에 화술에 대해 공부하고 익히지 않는다면 절대로 성공할 수 없을 것이라고 꾸밈없이 말해 주었다. 전문가에게 배우지 않으면 안 된다고 강력하게 주장을 했고, 그는 그렇게 하겠다고 대답했다. 우리가 모두 한 마디씩 의견을 제시한 뒤, 그는 어머니에게 다시 물었다.

"여러분들의 진심어린 충고는 잘 들었고, 이제는 카네기 부인께 미국에서의 제 첫 강연이 어땠는지 한말씀 부탁드리겠습니다."

"아널드 씨, 너무 설교를 하는 것 같았어요." 어머니는 천천히 온화한 말투로 대답하셨다. 그야말로 정곡을 찌르는 것이었기 때문에 이후로도 자주 어머니의 적확한 비판에 대해 칭찬을 아끼지 않았다. 서부지방의 강연을 끝내고 뉴욕으로 돌아왔을 때 그의 화술은 이미 완벽하고 최고 수준에 달하게 되어 브루클린 음악당에서의 강연은 대성공을 거두게 되었다. 그는 내 충고에 따라 보스턴에서 전문가의 지도를 받았고, 그 후로는 모든 강연회가 순조롭게 진행될 수 있었다.

그리고 어느 일요일 아침에 아널드가 유명한 강연자인 비처의 강연회에 가고 싶다고 해서 우리는 함께 브루클린으로 출발했다. 나는 비처에게 우리가 가는 것을 미리 알려 두었고, 그는 우리를 반갑게 맞아 주었다. 오랫동안 책으로만 알고 있던 사람을 직접 만나게 돼서 기쁘다며 아널드의 손을 잡고 이렇게 말했다.

"당신 책은 하나도 빠짐없이 다 읽었습니다. 대부분 한 번 이상 읽었고 읽을 때마다 많은 감동을 받았습니다."

"그렇다면 당신에 대한 언급에 마음이 상하셨겠습니다." 아널드가 말했다.

"아니오, 그 대목들이 오히려 저에게는 유익했습니다."

비처가 웃으며 이렇게 말하자 두 사람 모두 웃음을 터뜨렸다.

비처는 결코 당황하는 법이 없는 사람이었다. 아널드를 소개시켜준 뒤 얼마 되지 않아 다시 잉거솔 대령의 딸을 소개해 주었다.

"비처 씨, 잉거솔 양이 교회에 나온 건 이번이 처음입니다."

그러자 비처는 두 손을 내밀어 그녀의 손을 잡고 천천히 이렇게 말했다.

"그랬군요. 당신처럼 아름다운 이교도는 처음이군요. 아버님은 잘 계신가요? 아버님과 나는 함께 연단에 선 적이 많았습니다. 다행히도 우리는 서로 견해가 비슷했으니까요."

비처는 아량이 넓은 사람이었다. 그는 다른 사람의 장점을 그대로 흡수하였다. 스펜서의 철학과 아널드의 상식에 기초를 둔 통찰력, 잉거솔의 정치적 이상 등은 모두 미공화국에 좋은 영향을 끼쳤다. 비처는 이러한 것들을 기쁘게 받아들였다.

1887년 아널드가 스코틀랜드에 있던 우리를 찾아 왔다. 어느 날 스포츠에 대해 이야기를 나누다가 자신은 사냥을 하지 않는다고 말했다. 날개를 쫙 펴고 푸른 하늘을 높이 날고 있는 새들을 향해 총을 쏠 수가 없다고 했다. 그러나 낚시는 그만둘 수가 없다고 덧붙였다. 낚시에 관련된 액세서리가 너무 마음에 든다는 것이었다. 한 공작이 해마다 두세 번 낚시에 초대를 해주는데 그것이 너무나도 즐겁다고 했다. 그 친절한 공작이 누구였는지는 잊어버리고 말았지만, 그 인물은 당시 별로 평판이 좋지 않았기 때문에 그 문제가 화제로 떠올랐다. 내가 대체 어떻게 하다가 그런 사람과 어울리게 되었냐고 묻자 아널드는 이렇게 말했다.

"그런데 말이지요, 우리에게 있어 공작은 역시 사회적으로 대단한 존재지요. 머리가 나쁘든 문제를 일으키든 공작은 역시 공작입니다. 우리는 모두 어쩔 수 없이 고개를 숙이게 되는 속물일 뿐이지요. 수백 년의 역사가 그렇게 만들고 만 겁니다. 어쩔 수 없는 일이지요. 우리의 핏속에 그런 자세가 흐르고 있으니까요."

그는 약간 조소적인 말투로 결코 자신이 속물적으로 그에게 빠져 있지 않다는 것을 확실하게 표현했다. 물론 아널드는 속물적인 인물이 아니다. 그러나 오랜 전통을 자랑하는 명성을 외면할 수는 없었던 것이다. 그는 부와 지위를 갖춘 인물에 흥미를 갖고 있었다. 나는 그가 뉴욕에 있을 때 밴더빌트를 만나고 싶어 하던 것을 떠올리게 되었다. 나는 그 사람도 평범한 다른 사람들과 아무런 차이가 없다고 말했다. 그러자 그는 이렇게 대답했다.

"물론 그건 잘 알고 있습니다. 하지만 세계 제일의 갑부를 알고 있다는 것은 의미가 있는 일이지요. 자신의 손으로 거대한 부를 쌓아올린 인물은 선조로부터 작위를 물려받은 사람들과는 다릅니다."

어느 날은 그에게 왜 셰익스피어에 대한 비평은 쓰지 않느냐고 물었다. 그는 셰익스피어에 대해서는 비평은커녕 작품에 대한 감상을 쓰기에도 자신의 능력이 부족하게 느껴진다고 말했다. 셰익스피어의 작품은 즐겨 읽지만 작품에 대해 논하는 것은 피해왔다는 것이다. 나는 셰익스피어에 대해 지은 이 시를 보고 그의 말을 짐작할 수 있었다.

셰익스피어

다른 시인들과 달리 그대는 우리의 질문으로부터 자유롭다.
우리는 끝없이 질문을 하지만 그대는 지식의 영역 저편에서
조용히 미소 지을 뿐이다.

가장 높은 산은 그 장엄한 모습을 별들에게 드러내고
부동의 발자국을 바다 속 깊이 새기고
하늘 위의 더 높은 곳을 거처로 삼아
구름 덮인 산기슭만을
탐색에 실패한 인간에게 보여줄 뿐이다.

별들과 태양빛을 벗하는 그대여,
스스로 배우고 시를 지어
독보적인 지위와 영예를 차지한 그대는
세상 사람들의 상상을 초월하여 이 지상에 우뚝 서 있다.

정말 다행스럽게도 불멸의 영혼이 견뎌야 하는
모든 고통과 연약함과 슬픔을
그대의 고귀한 이마에서 하나의 목소리로 발견한다.

당시 미국에서 상당히 인기를 끌고 있던 유머 작가 조시 빌링스

의 본명은 헨리 휠러 쇼였다. 나는 쇼를 잘 알고 있었으며 또한 그의 팬이기도 했다. 그래서 언젠가 아널드와 조시를 만나게 해주고 싶었다. 최고의 문화인인 아널드와 거친 다이아 원석인 조시가 잘 어울리는 한 쌍이 될 것이라고 여겼기 때문이다. 그러던 어느 날 내가 머물고 있던 윈저 호텔로 조시가 찾아왔다. 이야기를 나누다 보니 그가 아널드의 숭배자라는 사실을 알게 되었고 나는 그에게 이렇게 말했다.

"자네는 오늘 밤 그와 함께 식사를 하게 될 걸세. 집안의 여자들이 모두 외출을 하기로 해서 아널드와 집에서 식사를 하기로 했네. 자네가 온다면 금상첨화일 걸세."

조시는 겸손한 친구였기 때문에 주저하면서 쉽게 승낙을 하지 않았지만, 나는 어떤 변명도 통하지 않으니 나를 위해 와달라며 억지로 승낙을 받아냈다. 나는 두 사람 사이에 앉아 즐겁게 식사를 했다. 아널드는 조시의 표현 방식에 깊은 흥미를 갖고 있었는데, 특히 서부에 대한 재미있는 이야기들을 해주자 폭소를 터뜨렸다. 조시는 미합중국에서 인구가 1만여 명에 달하는 도시 곳곳에서 15년 동안에 걸쳐 강연을 했기 때문에 화젯거리가 끊이지 않았다.

아널드가 어떻게 해야 청중들의 마음을 사로잡을 수 있을지에 대해 묻자 쇼는 이렇게 말했다.

"글쎄요, 너무 오래 웃게 해서는 안 됩니다. 너무 웃다보면 자신들이 웃음거리가 된 게 아닐까 하는 생각이 들게 되니까요. 뭔가 한 마디 재미있는 이야기를 던진 다음 진지한 표정을 짓는 겁니다. 예를 들어 '인간의 삶에는 전혀 예상할 수 없는 두 가지 일이 생기게 마련인데, 그게 뭔지 아시는 분 없나요?' 라고 묻습니다. 여러 가지 답변이 나오다가 결국 누군가가 '죽음' 이라고 합니다. '맞습니다. 그럼 나머지 하나는 뭘까요?' 라고 하면 재산, 행복, 권력, 결혼, 세금 등 온갖 것들이 튀어나오게 되지요."

그러더니 조시는 갑자기 진지한 표정으로 이렇게 말했다.

"이 세상에 아무도 예상하지 못하는 것이 두 가지 튀어나오게 되는데, 그것은 바로 쌍둥이들입니다 라고 말하는 겁니다. 그러면 강연장이 떠나가라 웃음바다가 되죠."

아널드도 웃음을 터뜨리고 말았다.

"당신은 항상 새로운 이야깃거리를 만들어내시나요?"

"물론이죠, 새로운 소재가 없으면 계속해서 강연회를 할 수 없으니까요. 하지만 항상 성공을 하는 것은 아닙니다. 한번은 아주 기발한 이야기를 생각해 냈는데 별로 반응이 신통하지 않았습니다. 원인은 적당한 단어를 찾아내지 못했기 때문이었죠. 그러던 어느 날 밤에 난롯가에 앉아 있는데 문득 한 단어가 뇌리를 스치고 지나갔습니다. 그래서 그 단어를 넣어 이야기를 해보니 반응이 아주 좋았습니다. 그래서 저는 이렇게 말했습니다. '요즘 사람들은 따지기를 좋아해서 완전히 이해가 되지 않으면 좀처럼 믿으려 하지 않죠. 그럼 요나와 고래의 이야기를 예로 들어보기로 하겠습니다. 사람들은 이 이야기에 대해 자세히 알고 싶어 합니다. 정작 요나와 고래도 무슨 일이 있었는지 잘 모르는데도 말이죠. 그런데도 사람들은 요나에게 고래 뱃속에서 무슨 일이 있었냐고 묻습니다. 대체 무슨 일이 있었던 걸까요? 그건 바로 고래 협회의 발족식이었다고 합니다."

그리고 이런 이야기도 해주었다. 쇼가 어느 날 브로드웨이를 걷고 있는데 서부출신의 사내가 다가와 이렇게 말했다고 한다.

"조시 빌링스 씨 아닌가요?"

"남들이 그렇게 부르기도 하지요."

"당신에게 줄 5천 달러가 제 주머니 안에 있습니다."

"마침 잘 됐네요. 여기 식당이 있으니 들어가서 무슨 뜻인지 말씀해 주시겠습니까?"

그 남자는 자신을 캘리포니아의 금광 주인들 중 한 명이라고 소개하고 이렇게 말했다.

"동업자들끼리 소유권 논쟁이 벌어지게 되었는데 결국 해결책을 찾지 못해서 쇠뿔을 붙잡는 심정으로 모든 걸 법으로 처리하겠다고 하고 자리를 박차고 일어났습니다. 다음 날 아침에 '조시 빌링스의 달력'을 보니 오늘의 교훈으로 다음과 같은 말이 적혀 있더군요. '소를 잡으려면 뿔이 아니라 꼬리를 잡아라. 쥐기도 편하고 놓아 버리기도 쉬워 언제든지 잡을 수도 놓을 수도 있다.' 저는 회의에 참석해서 이 이야기를 들려주었습니다. 우리는 당신의 충고 덕분에 원만하게 문제를 해결할 수 있었습니다. 그리고 우리는 당신에게 5천 달러를 드리자고 제안을 했습니다."

이날 밤은 평생 잊지 못할 즐거운 날이었다. 그리고 아널드는 이렇게 말했다.

"조시 씨, 언젠가 영국에서 강연을 하신다면 저는 언제든지 환영하겠습니다. 그리고 첫 강연회 때 제게 소개를 할 영광을 주십시오. 형편없는 공작나부랭이가 당신을 소개하는 것이 제가 소개하는 것보다는 훨씬 당신에게 도움이 되겠죠. 하지만 그래도 제가 꼭 그 역할을 하고 싶습니다."

문화의 사도로 자타가 인정하는 매슈 아널드가 미국 최고의 어릿광대를 영국의 세련된 청중들에게 소개하고 있는 광경을 상상하는 것만으로도 웃음이 저절로 나왔다. 그 뒤로 아널드는 나를 만날 때마다 재미있는 조시의 안부를 묻는 것을 잊지 않았다.

나는 아널드에게 시카고에서 있었던 일을 이야기해 주었다. 보스턴 사교계의 한 부인이 시카고에 살고 있는 동창을 만나러 왔다가 주위 사람들의 시선을 끌었다. 그녀는 어떤 사람에게 시카고의 어떤 점이 가장 마음에 드느냐는 질문을 받고 이렇게 대답했다.

"저를 놀라게 한 것은 활발한 기업 활동을 통한 물질적인 발전이나 훌륭한 저택들이 아닙니다. 저는 세련된 문화적 취향에 감탄했습니다."

그러자 누군가가 다시 이렇게 말했다.

"우리도 시카고의 변화에 눈이 어지러울 지경입니다."

아널드는 시카고가 교양이 없는 속물들이 사는 곳이라고 생각했기 때문에 별다른 기대를 하지 않았다. 그러나 뜻밖에도 세련된 문화를 접하게 되면서 즐거워했다. 시카고로 출발하기 전에 가장 흥미로운 곳이 어딘지를 궁금해 했다. 나는 웃으면서 시카고에서 가장 경이로운 곳으로 가게 될 것이라고 말해주었다. 그곳은 바로 도축장이었는데 최신식 기계 설비를 갖춘 곳에서 돼지의 비명소리가 채 귓가를 떠나기도 전에 햄으로 만들어져 나오는 곳이라고 설명을 해주자, 그는 한동안 묵묵히 생각에 잠겼다가 이렇게 물었다.

"그런데 왜 그 도축장엘 가야 하나요? 왜 돼지의 울부짖는 소리를 들어야 하나요?"

나는 할말을 잃은 채 결국 도축장 방문을 취소하기로 했다.

아널드가 가장 좋아하는 성경 구절은 이사야서였다. 그것은 그가 위대한 시인 이사야라며 자주 인용하는 것만 보아도 쉽게 알 수 있었다. 공자는 물론 다른 성현들의 말씀들은 가히 엄선된 선집이라고 할 만하다. 그리고 그 제자들은 무지로 인해 불필요한 경험을 하지 않아도 되는 것이다.

  이 문제를 깊이 생각해 볼수록 성경이나 동양의 모든 경전들처럼 불필요한 부분은 제거해 내야 한다는 확신이 들게 된다. 어쩌면 불필요 이상을 넘어 독이 될 수도 있다. 우리는 성경의 본문을 충분히 이해하고 신중하게 가려서 사용해야 한다. 이런 점에서 아널드는 시대를 초월한 진정한 선각자였다. 나는 오랫동안 그와 친구가 될 수 있었던 것에 대해 고맙게 생각한다.

  어느 날 나는 앨러게니 산맥의 크레슨에 있는 내 별장에서 함께 지내고 있던 아널드를 데리고 검은 연기가 자욱한 피츠버그 시를 구경하러 나섰다. 에드거 톰슨 제강회사에서 정거장으로 가기 위해서는 긴 계단을 오르내리지 않으면 안 되었다. 계단의 3분의 2 지점까지 오른 순간 아널드는 갑자기 걸음을 멈추었다. 갑자기 숨이 가빠졌기에 난간에 기댄 채 손을 심장으로 가져다 대고 이렇게 중얼거렸다.

  "아, 언젠가 이것 때문에 목숨을 잃게 될 겁니다. 아버지도 이것 때문에 쓰러졌으니까요."

  나는 그때까지 아널드의 심장이 약하다는 사실을 알지 못했다. 그러나 이 사실을 알게 된 지 얼마 되지 않아 런던에서 그가 급사했다는 소식을 접하게 되었다. 그는 자신의 죽음을 예측하고 있었던 것 같았는데, 내게 있어 그의 죽음은 크나큰 손실이었다.

제23장
영국의 정치 지도자들

# 제23장
영국의 정치 지도자들

*

　로즈베리 경이 런던에서 글래드스턴 수상에게 나를 소개시켜주기 위해 저녁식사에 초대한 적이 있었다. 로즈베리 경은 글래드스턴 내각의 각료 중 한 사람이자 정계의 신예로서 주목을 받던 인물이었다. 나는 세계의 일인자로 알려진 영국의 재상과 만날 수 있는 기회를 갖게 된 것을 대단히 기쁘게 생각했다. 이것은 아마도 1885년의 일로 기억하고 있다. 왜냐하면 내가 쓴 책『민주주의의 승리─공화국 50년의 발자취』가 출판된 것이 다음 해였고, 나는 그 준비를 위해 수집했던 통계들에 대해 글래드스턴 수상에게 이야기했던 것을 기억하고 있기 때문이다.

　그리고 얼마 뒤에 글래드스턴 수상으로부터 처음으로 만찬회에 초대를 받았지만 이미 선약이 있었던 탓에 참석을 할 수가 없었다. 비록 국왕의 초대는 아니었지만 왕후로부터의 초대는 반강제적인 것으로 무슨 일이 있어도 반드시 참석을 해야 했었고 게다가 대영제국의 실권을 쥐고 있던 재상의 초대였다. 나는 모든 유혹을 뿌리치고 선약을 존중하기 위해 거절해야만 했다. 약속을 지키는 것이 사교계의 예의라고 알고 있었기 때문이었는데, 이때만큼 자신의 욕구를 억누르기 힘들었던 적이 없었다. 왜냐하면 내가 가장 만나서 이야기를 나누고 싶었던 인물이었기 때문이다. 그러나 다행히도 내게 다시 만날 기회가 주어져 만날 수 있었다.

로즈베리 경은 내가 고향에 기증한 도서관의 개관식에 참석해 주었는데, 이것은 내가 기증한 수많은 도서관들 중 1호다. 그는 1905년 스토르노웨이에 기증한 도서관의 개관식에도 참석해 주었다. 그가 뉴욕을 방문했을 때 나는 마차로 허드슨 강변도로를 안내해 주었는데, 세상에서 이렇게 아름다운 도시는 없을 것이라며 감탄을 했다. 그는 정말로 유능하고 재능이 뛰어난 인물이었지만 과거에 집착하는 경향이 있었다. 그가 만약 귀족의 아들로 태어나 아무런 고생도 하지 않고 수월하게 상원의석을 차지하는 대신에 노동계급의 자식으로 태어나 젊은 나이에 하원의석을 차지하였다면, 인생의 거친 파도를 이겨낸 강인한 남자로 성장했을지도 모른다. 그러나 그렇지 않았기 때문에 사소한 일로 인해 쉽게 상처를 받았고, 정치가에게 없어서는 안 될 인내심이 부족했다. 그는 우아한 말씨의 웅변가였다.

어느 날 나는 미리 약속했던 대로 그를 찾아갔다. 인사를 마치자 그가 내게 봉투를 내밀었다. 나는 방에 들어서자마자 그 봉투가 눈에 잘 띄는 곳에 있었다는 사실을 놓치지 않았다.

그리고 내게 갑자기 이렇게 말했다.

"당신의 비서를 해고해야겠군요."

"그건 쉽지 않은 주문이네요. 비서는 내게 없어서는 안 될 사람인데다가 그 또한 스코틀랜드 사람입니다. 비서가 무슨 실수라도 저질렀나요?" 나는 깜짝 놀라며 물었다.

"이건 당신의 필체가 아닙니다. 아마 비서가 썼겠죠. 로즈베리라는 글씨를 잘못 쓴 비서를 당신은 어떻게 생각하십니까?"

만약 그런 일에 일일이 신경을 썼다면 사는 게 지금보다 훨씬 힘들었을 것이라며 이렇게 대답했다.

"우리 집에는 수많은 우편물이 옵니다. 매일 오는 편지들 중 20~30%는 카네기라는 철자가 틀려 있습니다. 카라네기라고 되어 있는 게 있는가 하면 카나게, 카란기 등 별의별 게 다 있지요."

그러나 로즈베리 경은 여전히 심각한 표정을 하고 있었다. 그는 이런 작은 일들에 기분이 상하곤 했는데, 활동가로서 이런 사소한 일들은 웃어 넘기는 법을 배워야 할 것이다. 그렇게 하지 않으면 본인 스스로 작아지고 만다. 내면적 매력을 갖춘 사람이기는 하지만 대인관계가 원만하지 않고 감정적이고 변덕스러워 거리감을 느끼게 하고 만다. 이런 성격은 하원에서 몇 년 동안 단련되었다면 모두 고쳐졌을 것들이라 개인적으로 안타깝다고 느꼈다.

혁명적인 성격이라 상원의원들을 깜짝 놀라게 하는 소동을 일으켰던 인물이었기 때문에, 나는 어느 날 민주적으로 내 생각을 이야기하여 그 스스로가 깨닫길 바란 적이 있었다.

"용기를 내서 하원의원으로 입후보해 보십시오. 당신의 세속적 계급을 버리고 모든 국민들과 다른 특권을 누리고 있는 것을 비난한다고 선언하는 겁니다. 그렇게 해야만이 진정한 대중의 지도자가 될 수 있습니다. 귀족으로 남아 있는 이상 당신은 지도자가 될 수 없습니다. 당신은 아직 젊은 데다가 선천적으로 사람들을 사로잡는 능력이 있는 달변가입니다. 그렇게 한다면 당신은 틀림없이 수상이 될 겁니다."

그러나 놀랍게도 내 말에 상당한 감명을 받은 것 같았던 그는 조용히 이렇게 말했다.

"그러나 하원은 내가 귀족이라는 이유로 나를 받아주지 않을 겁니다."

"바로 그겁니다. 만약 내가 당신 입장이라면 그것을 문제로 삼아 도전할 겁니다. 아무리 거부를 당하더라도 끝까지 출마할 겁니다.

세속적인 특권을 반납하고 일개 시민으로 돌아가는 것은 선거로 선출되는 모든 지위에 오를 수 있다는 것을 주장하는 것입니다. 민주주의는 바람직하지 않은 것들을 무너뜨리고 새로운 제도를 확립하는 사람을 중시하게 마련입니다."

우리는 더 이상 이 문제에 대해 이야기하지 않았다.

로즈베리 경은 훌륭한 인물이었지만 귀족으로 태어난 것이 그의 인생을 방해하고 있었다. 그와 달리 내 친한 벗인 존 몰리는 서민 출신인데 외과의사였던 그의 아버지는 가난했기 때문에 아들을 대학에 보내기 위해 온갖 고생을 다했다. 그러나 그는 현재 남작의 작위와 명예 훈장을 수여받았다. 그것은 그의 위대한 공적 덕분이었는데, 그는 그 전과 전혀 변함없이 소박한 생활을 이어가고 있다. 밥 리드는 오랫동안 하원의원을 지내왔는데, 그는 현재 로번 백작이 되었다. 우리는 로이드 조지 수상 등 서민 계급에서 성공을 거둔 사람들을 많이 알고 있다. 그들은 모두 대중들의 대표자이자 가장 민주적인 인물들이다.

최고의 시민으로 알려져 있던 글래드스턴 수상이 서거하자 누가 그의 뒤를 이어야 하는가 하는 문제가 대두되었다. 하코트일까, 아니면 캠벨베너먼일까? 하코트의 치명적인 단점은 성질이 급해 자신을 자제할 수 없다는 것이다. 이것은 지도자로서 가장 바람직하지 않은 성격이었기에 영국은 냉정하고 침착하게 제대로 된 판단을 내릴 수 있는 인물을 바라고 있었다.

나는 하코트와도 친분이 있었는데 그 또한 열렬한 미합중국의 예찬론자였다. 그러나 나와 같은 고향 출신인 캠벨베너먼이 1898년 12월에 자유당의 당수로 선출되었을 때, 나는 진심으로 기뻐했다. 그는 당선사례에서 이렇게 말했다.

"이번에 내가 당선된 것은 보좌관인 베일리 모리슨의 노력 덕분입니다."

베일리는 내 외삼촌으로 고향 던펌린의 진보당 지도자이다. 당시 우리 가족들은 모두 진보파였다. 친가는 물론 외가도 새로운 공화국에 대한 열렬한 추종자였다. 그들은 워싱턴과 내 동료들을 숭배하였다. 나는 영국과 미국은 혁명이 아니라 혁신에 의해 진보하고 발전해야 한다는 것을 금과옥조로 여기며 법과 질서를 존중하는 나라로 흔들림 없는 동맹관계라는 것에는 의심의 여지가 없다. 이런 사고방식은 널리 미국의 모든 식민지에까지 전파되어 있다. 사랑하는 옛 조국인 암탉은 자신의 병아리로 착각하고 오리 새끼를 키운다. 오리 새끼들이 거친 파도를 넘어 먼 바다로 나가자 암탉은 걱정을 한다. 암탉은 너무 걱정이 돼서 언덕 위에 올라가 울부짖는다. 그러다 결국 암탉도 수영하는 법을 배워 파도를 넘는 방법을 배우게 될 것이다.

1905년 우리 부부는 친구인 존 로스 박사의 명예 시민권 수여식에 참석을 했다. 그는 던펌린 시를 위해 열심히 일한 덕분에 명예 시민권을 받게 되었다. 맥베스 시장은 수여식에서 던펌린의 명예 시민권은 극소수의 사람들에게만 수여되었으며, 현재 살아 있는 사람들 중에는 단 세 사람에게만 명예 시민권이 주어졌다고 했다. 그 세 사람이란 나를 포함해서 당시 수상이 되었던 캠벨베너먼, 그리고 인도의 총독으로 있다가 식민지 총독이 된 엘긴 백작이었다. 관직으로 따지자면 이 두 사람은 나와 비교도 할 수 없을 만큼 높은 사람들이었다.

엘긴 백작은 브루스 왕의 후손이다. 브루스 왕은 던펌린 수도원 종루 아래에 잠들어 있다. 엘긴 백작의 집안 묘지 또한 수도원 내에 있었다. 앞에서 나는 스탠튼 장관이 그랜트 장군을 알아보지 못한 것에 대해 이야기를 했는데, 엘긴 백작 역시 사람을 잘 알아보지 못했다. 엘긴 백작은 보수당 정권이 보어 전쟁에 대한 의회를 구성했을 때 자유당원으로 임명이 되었고, 상원의 결정으로 인해 스코틀랜드의 교회들이 혼란에 빠졌을 때도 위원장이 되어 이 문제를 해결하기 위해 활약을 했다. 스코틀랜드 대학의 카네기재단 이사진을 선임할 당시, 내가 이사장으로 엘긴 백작을 생각하고 있다고 하자 벌포르 수상은 그만한 인물도 없을 것이라며 찬성을 했다. 그리고 훗날 존 몰리는 던펌린 재단 이사의 한 사람으로서 이렇게 말했다.

"나는 엘긴 백작이 문제가 많은 고위 공직자라고 생각했었지만, 지금은 가장 유능한 인물이라고 생각합니다. 그는 말보다 행동을 중시하는 사람이니까요."

엘긴 백작은 브루스 왕의 후손답게 지혜와 덕을 겸비한 인물이었다.

한번 명예 시민권을 받고 나니 자동적으로 다른 도시들의 명예 시민권이 따라오는 것 같았다. 1906년에 나는 본거지를 런던으로 옮겼는데 6일 동안 6개의 도시에서 명예 시민권이 주어졌고, 그 다음 주에는 2곳에서 명예 시민권을 받았다. 대부분 하루가 걸리는 행사로 아침 일찍 기차를 타고 갔다가 저녁에 돌아와야 했다. 이런 의식은 너무나 단순해서 쉽게 질릴 것 같지만, 실제로는 각 도시들이 서로 다른 특징을 가지고 있는 데다 상황도 각각 다르기 때문에 결코 그렇지가 않았다. 나는 시정을 운영하는 시장, 시의회와 유력인사들 중에 정말로 뛰어난 인물들이 많다는 것을 느낄 수 있었다. 각 도시마다 개성이 뚜렷했으며 독자적으로 문제에 대한 해결책을 강구하여 성공하기도 하고 실패로 끝나기도 했다. 문제는 끝도 없이 많지만, 그 가운데 다른 모든 문제들에 우선해서 시민들의 관심을 불러일으켜 개선했으면 하는 것이 있다. 영국의 도시들은 각자 하나의 완전한 독립세계를 이루고 있다. 시의회는 소형 내각이며, 시장은 총리이다. 내각문제에 대해 시민은 왕성하게 토론을 벌이고 있다. 외교적인 부분도 간과해서는 안 된다. 주변 도시들 사이에서 수도, 가스, 전기 등의 공공사업에 관해서는 서로 연락을 주고받지만 아직 복지에 관해서는 충분히 제휴가 이루어져 있지 않은 것처럼 보인다.

각 도시들의 정치 상황을 둘러보면 구시대와 신시대의 차이가 또렷하게 드러난다. 구시대의 도시에서는 가족들이 몇 대에 걸쳐 태어난 곳에서 살며 그 지역에 애착심을 가지고 있다. 아버지가 시장이었다면 그 자식도 그 영광을 누리기 위해 노력한다. 이것이 자신이 태어난 고향에 대한 애정이 되어 자부심을 키워나가게 된다. 시의원이 되는 것은 자신이 살면서 고향을 위해 무엇인가 봉사를 하여 자손들을 위해 좋은 도시를 남겨주고 싶기 때문이다. 따라서 시의 가장 훌륭한 인물이 시정에 참여하게 된다. 이것이 그들이 바라는 것이며 더 이상의 것은 바라지 않는다. 왜냐하면 국회의원이 되면 아무런 보수도 없이 런던에 주재해야 하니 대부분 재산이 있는 사람들로 한정되기 때문이다. 그러나 이런 것들도 시간이 다 해결해줄 문제들로, 영국도 다른 나라를 본받아 입법부 의원들에게 적당한 활동비를 지불하게 될 테니 상황은 완전히 달라지게 될 것이다(1908년 실제로 시행이 되어 의원들은 연간 400파운드를 받게 되었다).

그렇게 된다면 아마 영국 의회도 다른 나라들처럼 하루 종일 의회가 열리게 될 것이다. 지금까지 선출된 의원들은 각자 자신의 일에 종사하다가 피로에 지쳐 집으로 돌아와 저녁 식사를 마친 뒤에 나라의 일을 처리했는데, 아침의 맑은 정신으로 국사를 돌보는 것이 얼마나 중요한지는 두말할 필요가 없을 것이다.

영국의 시의회에는 정말로 훌륭한 인물들이 선출되었는데, 그들은 고결하고 애향심이 두터운 사람들이며 자신의 가정을 자랑스럽게 여기는 충실한 가장들이다. 미합중국에서도 최근에는 이런 방향으로 움직이고 있지만, 영국과 비교해 보면 이런 점에서 조금 뒤쳐져 있다. 그러나 점점 인구가 밀집되면서 국민들이 한곳에 정착을 하게 될 것이다. 그렇게 되면 우리도 애향심을 가지게 돼서 자신이 태어난 곳을 좀 더 나은 곳으로 만들어 후세에 남기길 바라게 될 것이다. 나는 오래된 도시들을 많이 방문했는데, 대부분의 시장들은 서민 출신으로 자신의 이마에 땀을 흘려가며 일을 해온 사람들이었다. 시의회의 사람들도 대부분 다 비슷하다. 그들은 무보수로 최선을 다해서 고향을 위해 봉사하고 있다. 그들과 만나 이야기를 나누는 것은 내게 있어 대단히 즐겁고도 명예로운 일이다.

그러므로 한 도시의 명예시민이 된다는 것이 영국의 지방자치에 대한 참된 이해를 내게 주었으며, 또한 영국의 애국심을 깊이 느낄 수 있는 계기가 되어주었다. 따라서 온갖 의식적인 것들조차 내게는 따분한 것들이 아니었다. 나는 시장들과 함께 시간을 보내는 것이 즐거우면서도 감격스러웠기 때문에, 우리가 지나는 길목마다 군중들이 몰리고 창가에서 깃발을 흔들며 맞이해 주는 것이 전혀 불편하지 않았다. 시장의 인사를 통해서도 그 지역 사람들이 어떤 생각을 하고 무엇을 하고자 하는지를 알 수 있었기에 커다란 공부가 되었다.

　결론적으로 말하자면 영국의 지방자치는 매우 건전하며 또한 최고의 인물들에 의해 시정이 운영되고 있다는 것이다. 일반 대중들의 투표가 이렇게 현명하고 양식적으로 이용되고 있는 나라는 아마도 영국뿐이라고 해도 과언이 아닐 것이다. 유권자들의 건전한 사고방식이 영국의 기반을 이루고 있는 것이다. 시 의원들을 그대로 국회에 옮겨 놓아도 능률적이고 훌륭하게 국정을 행할 수 있을 것이다. 나는 앞으로 국회의원들이 적당한 보수를 받게 된다면 이 사람들이 웨스트민스터 의사당의 자리를 차지하게 될 것이고, 이것은 영국에 크게 공헌을 하게 될 것이라고 생각한다.

제24장
글래드스턴과 몰리

24장
글래드스턴과 몰리

*

　1892년 4월, 우리 부부가 글래드스턴 씨의 사택에 갔을 때, 9년 전에 내가 쓴 『미국인의 마차 여행』이라는 제목의 영국 견문기에 대해 많은 칭찬을 들었다. 어느 날 그는 새로 지은 도서실의 책을 정리해야 하는데 함께 가지 않겠냐고 청했다. 그곳에 가면 다른 사람의 방해를 받지 않고 이야기를 나눌 수 있다는 것이었다. 진열된 책들을 보며 걷다가 진귀한 책을 한 권 발견한 나는 글래드스턴에게 소리를 쳤다. 그는 도서실 사다리 꼭대기에 올라가 무거운 책들을 이리저리로 옮기고 있었기 때문에 큰소리로 불러야만 했다.
　"글래드스턴 씨, 여기에 『던펌린의 인물들』이라는 책이 있는데 이 책의 저자는 제 아버지의 친구입니다. 여기 실려 있는 사람들은 대부분 제가 어릴 적부터 알던 사람들입니다."

"그런가요? 거기서 왼쪽으로 세 번째 책을 한번 보세요. 던펌린 출신이 쓴 책이 한 권 더 있을 겁니다." 그는 이렇게 말했다.

그의 말대로 살펴보니 내가 쓴 『미국인의 마차 여행』이 있었다. 그런데 내 손이 이 책에 닿기도 전에 사다리 꼭대기에서 마치 오르간처럼 장엄한 목소리가 울려 퍼졌다.

"마호메트 교도들에게는 메카가 있고, 힌두교 신자들에게는 바라나시가, 기독교도들에게는 예루살렘이 성지인 것처럼 던펌린은 내게 전부이다."

내 귀에는 확실하게 이 목소리가 들렸지만, 이것이 내가 쓴 책 속에 나오는 글귀라는 사실을 깨닫는 데는 한참의 시간이 걸렸다. 영국 남부 여행을 끝내고 마차로 고향 던펌린에 가까이 갔을 때 고향을 바라본 느낌을 그대로 적은 것이었다.

"대체 이 책을 어디서 구하셨나요? 이 책을 출판하기 전에는 만나 뵙지 못했기 때문에 드릴 수가 없었는데요."

그러자 그는 이렇게 대답했다.

"그래요, 당시에는 만날 기회가 없었죠. 아마 로즈베리라고 기억하고 있는데, 그가 이 책에 대해 말해 주어 사서 읽었습니다. 아주 감명 깊게 읽었는데, 특히 당신의 던펌린에 대한 애정이 강하게 인상에 남았습니다. 평생 잊을 수 없을 겁니다."

책이 출판된 지 벌써 8년, 글래드스턴이 이 책을 읽은 지도 8년이 되었을 것이다. 그의 뛰어난 기억력에 대해서는 가히 짐작하고도 남음이 있다. 내가 지금 이 이야기를 쓰는 이유를 저자의 허영심이라고 치부하지 않기 바란다. 물론 나는 대단히 고맙게 생각했지만 동시에 이 위대한 인물의 조국에 대한 사랑의 단편적 예를 들고 싶었기 때문이다.

공직에 몸담고 있으면서 끊임없이 세상 사람들의 이목을 받는 정치가의 종교적 행각에 대중들은 의심의 눈초리를 보내게 마련이다. 일요일에 교회에 가는 것도 다른 목적이 있다는 의심을 받기 십상이다. 솔직히 말하자면 글래드스턴 씨를 알기 전까지는 나 또한 이 노신사가 표를 잃지 않기 위한 심산으로 교회에 나가는 것일 수도 있다고 의심했던 것을 고백하겠다. 그러나 그의 진가를 알게 되면서 이런 의혹은 말끔히 사라졌다. 글래드스턴처럼 경건하고 성실한 인물은 보기 드물다. 그는 하원에 예산을 제출할 때면 수상으로서 장시간에 걸쳐 진지하고 최선을 다하는 모습을 보여 주는데, 항상 '성령의 힘'이 도와주길 기도한다고 자신의 일기에 적고 있다. 혹은 천지우주의 창조주가 지상의 작은 점에 불과한 글래드스턴의 예산 따위에는 신경조차 쓰지 않을 것이라고 하는 사람이 있을지도 모른다. 그러나 존경스러운 점은 그 마음가짐에 있으며 그런 경건한 태도야말로 인간에게 위대한 업적을 달성하게 해주는 것 아닐까?

  1887년 6월, 빅토리아 여왕의 즉위 50주년을 기념하는 축제 때, 우리는 피커딜리 거리에 있는 월버튼 경의 저택에서 글래드스턴 부부를 주객으로 한 만찬회에 참석하기로 되어 있었다. 우리는 충분한 시간적 여유를 두고 마차로 메트로폴 호텔을 나섰지만 밀집한 군중들 때문에 전혀 앞으로 나갈 수가 없어 마차에서 내려 걷기 시작했다. 그러나 그도 여의치 않아 경찰에게 우리가 어디로 가고 있는지를 설명하고 길을 터달라고 부탁했다. 경관은 군중들을 헤치며 앞으로 나갔고, 우리는 그의 뒤를 따랐다. 그럼에도 불구하고 우리가 월버튼 경의 저택에 도착한 것은 이미 9시가 넘은 시간이었다. 축하연은 11시까지 계속 되었다.

  글래드스턴 씨는 하이드파크를 지나 뒷길로 해서 겨우 왔다고 했다. 당시 글래드스턴 부부는 칼튼 테라스에서 살고 있었는데 왔던 길로 해서 다시 돌아갈 것이라고 했다. 나는 미국 하원의장을 역임했던 블레인 씨와 함께 거리의 축제를 구경하며 호텔까지 걸어서 돌아가기로 했다. 거리로 나와 군중들의 물결을 따라 천천히 이동했는데, 리홈 클럽 가까이 왔을 때 오른쪽 건물 근처에서 귀에 익은 목소리가 들렸다.

  나는 블레인에게 "저건 글래드스턴 씨의 목소리입니다."라고 말했다.

"그럴 리가요. 좀 전에 집으로 가신다며 떠나지 않으셨습니까."

"그런 건 아무런 상관이 없습니다. 나는 얼굴보다 목소리를 더 잘 기억하고 있으니까요. 저 목소리는 틀림없이 글래드스턴 씨의 목소리입니다."

그리고 우리는 두세 걸음 뒤로 물러서 건물로 다가갔다. 나는 얼굴을 완전히 가리고 있는 사람에게 이렇게 물었다.

"이런 한밤중에 대체 무얼 하고 계시는 겁니까?"

글래드스턴이었다. 나는 그가 함께 있는 사람에게 작은 목소리로 속삭이는 소리를 들었다고 했다. 그는 이렇게 말했었다.

"어린 나이에 이런 시간에 거리를 배회하면 위험하니 어서 돌아가시오."

우리는 잠시 함께 있었는데, 그는 얼굴을 가리고 있던 망토에 상당히 신경을 쓰고 있었다. 이미 자정을 넘은 시간이었지만 80살이 다 된 수상은 마치 어린아이처럼 아내를 집에까지 무사히 보낸 뒤에 몰래 거리를 살펴보러 나온 것이다.

만찬회 자리에서 글래드스턴 씨는 블레인 씨와 의회의 운영에 관한 영국과 미국의 차이점에 대해 토론을 하고 있었다. 그는 특히 하원의 의사진행과정 중, 미국이 불필요한 논의를 계속하지 못하도록 제한을 둔 것에 관심을 표하며 자세하게 물었다. 물론 노수상은 그것뿐만이 아니라 일반적인 세상사에도 관심이 많았기 때문에 이것저것을 꼬치꼬치 물었다. 예를 들어 미국에서는 철근 콘크리트 건물을 세울 때 3, 4층의 공사를 중지시킨 채 5, 6층을 먼저 쓸 수 있게 하는데, 어떻게 그런 일이 가능한지와 같은 것들이다. 내가 설명을 해주자 꽤 만족스러워했다. 대상에 대해 철저하게 파고드는 것이 그의 방식이다.

몰리는 그 당시 작위를 수여받았는데, 그는 언제나 내게 있어 '정식한 존'이었다. 우리는 오랜 친분을 쌓아왔고, 그는 『포트나이틀리 리뷰』지의 편집장으로 내 글을 실어주기도 했다. 이것은 내가 영국 잡지에 처음으로 등장하게 된 기념비적인 일이었고, 그 후로 우리 두 사람의 친분은 더욱 두터워졌다. 오랜 세월 동안 우리는 일요일 오후에 서로 짧은 통신문을 주고받았다. 물론 가끔은 긴 글도 있었다.

성격적으로 우리는 조금도 닮은 점이 없었다. 아니, 오히려 완전히 반대라고 해도 좋을 것이다. 우리가 서로에게 강하게 끌린 이유는 서로의 다른 점이 많은 도움이 되었기 때문이다. 나는 낙천적인 성격이었고 내 병아리들은 모두 백조였다. 그러나 존 몰리는 비관적이어서 장래를 걱정하며 그것을 신중하게 검토하고 어두운 면만을 부각시켰다. 때로는 닥치지도 않은 위험을 떠올리며 걱정하기도 했다. 내게 있어 세상은 밝은 낙원처럼 여겨졌다. 따라서 나는 언제나 유쾌했으며 자신의 행복에 늘 감사했다. 몰리는 그와 정반대로 펄쩍 뛰며 기뻐하는 일이 전혀 없었다. 그는 항상 신중하게 판단했고, 그의 눈은 언제나 태양의 흑점을 보고 있었다.

어느 날 나는 아무 생각 없이 항상 불만이 가득한 비관론자와 무슨 일이든 항상 즐거워하는 낙관론자에 대해 이야기를 한 적이 있었다. 이 두 사람이 천국으로 들어갈 수 있게 되어 천사가 축하 인사를 해주었다. 그런데 비관론자는 이렇게 대답했다.

"맞아요, 정말 좋은 곳이죠. 하지만 왠지 마음이 확 끌리지는 않네요."

그러자 낙관론자가 그에게 지옥에 간 남자에 대해 이야기를 해주었다.

악마가 한 남자를 지옥으로 데려가는 도중에 잠시 뜨거운 김이 나는 강둑에 세워놓고 혼자 샘물을 마시러 갔다. 잠시 후 남자의 오랜 친구가 다가와 이렇게 말했다.

"이봐, 짐. 어떻게 된 거야? 이제 어떻게 할 방법이 없어, 가망이 없단 말이야."

그러자 낙관론자는 이렇게 말했다.

"쉿! 이보다 더 나쁠 수도 있었다고."

"그게 무슨 소리야! 자넨 지옥으로 가고 있다고."

낙관론자는 악마를 가리키며 이렇게 말했다.

"쉿! 저 악마가 내게 자기를 업고 가라고 할 수도 있었다고."

이 이야기에 몰리는 상당한 관심을 보이기는 했지만 여전히 자신의 인생관을 바꾸지는 않았다.

나는 오랫동안 몰리에게 미국여행을 가자고 설득한 끝에 1904년, 드디어 미국 전역을 여행하게 되었다. 나는 미국의 저명한 인사들을 가능한 한 많이 만날 수 있도록 배려했다. 어느 날 나는 엘리후 룻 상원의원에게 부탁을 해서 몰리와 만나게 했다. 두 사람의 만남은 오랜 시간 동안 이어졌다. 몰리는 상당히 기뻐하며 룻 씨가 돌아간 뒤에 이렇게 훌륭한 미국 정치가를 만날 수 있어 행복했다고 말했다. 건실한 판단력은 물론 미합중국의 정치에 대해 이 사람만큼 잘 알고 있는 사람도 많지 않았기 때문에 나 또한 상당히 기뻤다.

몰리는 화이트하우스로 루즈벨트 대통령을 방문해서 이 훌륭한 인물과 함께 며칠을 보냈다. 우리 집으로 돌아온 몰리는 이렇게 말했다.

"나는 미국의 2대 불가사의를 보았네. 그것은 바로 루즈벨트와 나이아가라 폭포네."

정말로 그럴 듯하면서도 기가 막힌 표현이었다. 둘 다 굉음과 성난 물결, 거품이 튀기는 불가사의한 존재로 절대로 쉬는 일이 없이 하늘이 부여한 사명을 다하고 있는 것이다.

몰리는 액튼 도서관을 소유하기에 가장 적합한 인물이었다. 내가 그에게 이 도서관을 선물하게 된 경위는 이러했다.

글래드스턴이 액튼 경의 딱한 사정을 논의하고 제안을 해왔을 때, 나는 그의 제안을 받아들여 액튼 도서관을 사면서 그가 살아 있는 동안은 언제든지 도서관을 자유롭게 이용하도록 허락했다. 그러나 액튼 경은 오래 살지 못했고, 나는 몰리가 이 도서관을 사용하면 좋을 것이라고 생각했다. 몰리라면 이 도서관을 적절하게 사용한 뒤에 적당한 기관에 기증할 것이라고 생각했기 때문이었다. 내가 몰리에게 액튼 도서관을 구입했다는 말을 하려 하자 그는 내 말을 가로막고 이렇게 말했다.

"실은 자네가 도서관을 구입한 날부터 이미 알고 있었네. 글래드스턴 씨가 액튼 경이 평생 도서관을 이용할 수 있게 되었다고 기뻐하며 내게 말해 주었네."

우리는 그렇게 친한 사이였으면서도 서로에게 이 사실을 말하지 않았다. 그러나 몰리가 놀라지 않은 것은 전혀 뜻밖이었다. 이것은 몰리와 글래드스턴 씨가 얼마나 친분이 두터운지를 입증해 준다. 그러나 신학적인 견해에 있어서는 완전히 달랐다.

내가 스코틀랜드 대학에 카네기재단을 설립한 이듬해에 몰리는 에드워드 왕의 수행원으로 발모럴에 갔다. 그는 그곳에서 내가 미국으로 가기 전에 한번 보고 싶다고 전보를 보내왔다. 그는 에드워드 왕이 대학에 재단을 설립하는 등 많은 기부를 해준 것에 대해 감사하며 내가 원하는 것이 있으면 들어주겠다고 했다는 것이다.

"그래서 뭐라고 대답했나?"

"아마 없을 것이라고 대답했지."

"맞는 말이네. 하지만 단 한 가지 왕께서 자네에게 그랬듯이 내게도 만족을 표하는 글을 써 주신다면 가보로 자손에게 물려주고 싶네."

몰리의 요양을 위해 스키보의 별장은 최적의 장소였다. 이것은 우리 부부에게도 매우 반가운 일이었으며 해마다 여름이면 우리 가족과 함께 해주었다. 물론 몰리 부인도 함께 했다. 그는 나와 마찬가지로 요트를 좋아 했는데 이것은 우리 두 사람에게 최고의 명약이었다. 그가 아무리 높은 사람이 되었다고 할지라도 그는 우리에게 있어서는 그저 '정식한 존'이었으며, 그와 함께 있으면 튼튼한 초석 위에 서 있는 것 같은 기분이 들었다. 신중한 성격에 전후좌우를 잘 살피면서 일을 진행함과 동시에 대범하고 느긋했다. 그의 마음속 깊이 존재하고 있는 자비심이 있는 그대로 드러나는 일은 거의 없었다. 아주 드문 일이기는 했지만 필요하다면 자신의 존재와 힘을 언제든지 상대방에게 과시할 수 있었다.

체임벌린과 몰리는 혁명적인 사상을 가진 친구들로 나는 영국에 체재하고 있는 동안 자주 이 두 사람과 만나 이야기를 나누었다.

자치 문제가 일어났을 때 영국은 미국의 연방조직에 대해 깊은 관심을 가졌다. 나는 많은 도시들로부터 강연 요청을 받았는데, 자유와 독립이 보장된 미합중국 연방의 수많은 지방 자치정부가 어떻게 해서 강력한 자치정부를 구성하고 있는지를 설명했다. 나는 체임벌린의 요청으로 애너 L. 도스의 『우리는 어떻게 통치되고 있는가』라는 책을 참고로 보내 주었고, 몰리와 글래드스턴을 비롯한 여러 사람들과 이 문제에 대해 이야기를 나누었다.

처음 아일랜드 자치 법안은 대표를 영국 의회에서 추방한다는 것이었기에 나는 이에 반대를 했다. 내가 글래드스턴 씨와 만났을 때 그는 내가 이런 생각을 가지고 있다는 것에 대해 상당히 유감스럽게 생각했지만, 여기서부터 토의가 크게 발전할 수 있었다.

그는 내게 이렇게 물었다.

"만약 아일랜드인들이 의회에 대표를 파견하길 거절하면 어떻게 하겠소?"

나는 이렇게 대답했다.

"문명의 모든 이기를 동원해야 합니다. 먼저 우편을 끊어버리는 겁니다."

그는 잠시 생각에 잠겼다가 "우편을 끊는다……"라고 내 말을 되풀이했다. 이것이 마비상태를 의미한다는 것을 알고 한동안 입을 다물고 있다가 곧 화제를 돌려버렸다.

그날 이후 나는 자주 이 노정치가와 만나 국가와 교회가 나가야 할 방향에 대해 이야기를 나누었다. 그러던 어느 날 나는 앞으로 넓은 영토를 가진 나라들과 비교해서 영국은 상대적으로 인구가 감소할 것이라고 이야기했다.

"당신이 본 영국의 별점은 어떻게 나왔소?"라고 물었다.

나는 고대에 번영했던 국가들 중에서 그리스를 예로 들어 이야기를 진행시켰다. 그런 다음 지난 수백 년 동안 초서, 셰익스피어, 에드워드 스펜서, 밀턴, 스콧, 번즈 등의 문호들이 출현한 사실, 과학에서는 다윈, 사상계에서는 베이컨과 흄, 그 밖의 각 부문에서도 뛰어난 인물들이 나왔다는 사실, 천재는 물질적인 자원에 의한 것이 아니며, 대영제국이 공업국가로서의 우위를 유지할 수 없게 된다고 할지라도 오늘 들었던 그리스의 예를 생각해 볼 때 세계 각국들 사이에서 도덕적 우위를 자랑할 수는 있을 것이라고 내 의견을 피력했다.

글래드스턴 씨는 "도덕적 우위, 도덕적 우위라……"고 내 말을 반복하며 생각에 잠겼다.

내가 특정한 사람과 이야기를 나누며 이렇게 많은 것을 얻을 수 있었던 경험은 이것이 처음이었다. 나는 다시 그의 집을 방문했다. 마지막 방문은 1897년 겨울 프랑스 남부 칸의 랜달 경의 집이었는데 병환이 상당히 깊었다. 그러나 아직 과거의 매력을 충분히 유지하고 있었으며 내 동생 톰의 미망인인 루시에게 특히 친절하게 대해 주었다. 그녀는 그와 처음 만났는데 노정치가에게 깊은 감동을 받았다. 그리고 우리가 저택에서 나와 집으로 돌아오는 길에 그녀는 이렇게 말했다.

"병든 독수리, 병든 독수리예요."라고 작은 목소리로 중얼거렸다. 그날 만난 병들고 야윈 인류의 지도자를 표현하는 데 이보다 더 잘 어울리는 표현은 없을 것이라고 생각했다. 그는 위대한 인물일 뿐만 아니라 너무나도 선한 인물이었고, 항상 미래를 내다보며 고매하고 순수한 이상을 품고 앞으로 나갔다. 그가 '세계 최고의 시민'이라는 칭송을 받는 것은 당연한 일이었다.

1881년 영국에서 나는 새뮤얼 스토리 하원의원과 공동으로 사업을 하게 되었다. 그는 유능한 인물로 진보주의자였으며 열렬한 공화제의 지지자였다. 우리는 영국의 신문사 18곳을 매수해서 진보적 정치 계몽운동을 시작했다. 패스모어 에드워즈를 비롯한 여러 사람들이 우리에게 협력을 해주었지만, 결과는 그리 좋지 못했다. 내 영국인 친구들이 서로 조화를 이루지 못했기 때문에 나는 결국 이 사업에서 손을 떼기로 결심했지만, 다행히 큰 손실을 입지는 않았다.

나의 세 번째 창작 활동은 『민주주의의 승리』라는 제목의 책인데 이것을 떠올리게 된 것은 사회 사정에 밝은 외국인이, 그가 설령 영국인이라 할지라도 미국에 대해 아무것도 모르는 데다가 고작해야 얼마 안 되는 지식조차 편견으로 가득하다는 사실을 깨달았기 때문이다. 내가 만난 영국의 저명인사들이 새로운 공화국에 대해 아는 사실이 전혀 없다는 사실은 너무나도 충격적이었다. 나는 1882년에 처음으로 글래드스턴 씨를 만났을 때를 절대로 잊을 수가 없다. 그때 영어를 쓰는 사람들의 대다수는 현재 공화국의 지지자이고 군주제의 신봉자들은 소수에 불과하다고 내가 말하자 그는 이렇게 말했다.

"그게 무슨 의미지요?"

"글래드스턴 씨 그건 말이죠, 미합중국은 영국의 인구와 영어를 쓰고 있는 식민지 사람들을 다 합친 것보다 많은 사람들을 통치하고 있다는 의미입니다."라고 대답했다.

"하, 그런가? 당신네 나라 사람들은 대체 어느 정도나 되오?"

"6천 8백만 명입니다. 영국은 그 절반도 되지 않습니다."

"아, 그렇군. 정말 놀라운 일이오."

내가 두 나라 정부에 대해서 비교하며 말하자 노재상은 놀라움을 금치 못했다. 1880년의 통계에 의하면 탄생 100주년을 맞이한 미합중국은 영국과 아일랜드를 살 수 있는 능력이 충분했으며, 또한 영국의 외채를 갚을 수도 있었다. 게다가 그러고도 충분한 국고가 남을 정도였다. 그러나 더욱 놀라운 사실을 말할 수 있었던 것은 우리가 자유무역에 대한 이야기를 나눌 때였다. 나는 미국이 세계 최강의 공업국가라는 점을 지적했다(훗날 홀데인 재무장관도 같은 착각을 하고 있었는데, 영국이 세계 최강의 공업국가라고 여기고 있어서 내가 정정을 해주자 감사를 표했다). 나는 물홀의 통계를 인용해서 1880년에 영국의 공업 총생산량은 8억 1천 6백만 달러였지만 미국은 11억 2천 6백만 달러에 달했다고 말했다. 글래드스턴은 단 한마디 이렇게 말했을 뿐이었다.

"정말 놀랍군."

내가 다른 수치를 열거하자 그는 이렇게 물었다.

"어째서 누군가가 이런 문제에 대해 간단한 숫자로 나타내서 그 사실을 세상 사람들에게 알리지 않는 걸까요?"

솔직히 말하자면 나는 당시 이미 『민주주의의 승리』를 집필하기 위한 자료들을 수집하고 있었고, 내가 바라는 서비스를 제공할 생각이었다. 그래서 나는 그에게 그 사실을 말해 주었다.

이미 나는 『세계일주』와 『마차 여행』이라는 제목의 책을 두 권 출판했는데, 그것은 자신의 여행을 기록한 것에 불과하기 때문에 전혀 힘이 드는 줄을 몰랐다. 그러나 1882년부터 시작한 『민주주의의 승리』는 자료를 조사하는 일에서부터 난항을 겪어야 했다. 모든 통계를 재검토하여 취사선택을 해야만 했다. 그러나 조사를 하는 사이 점점 흥미가 커져 몇 달 뒤에는 내 머릿속이 통계로 가득 차게 되었다. 시간이 가는 줄도 몰랐기 때문에 점심때쯤 되었을 것이라고 생각했지만 이미 저녁 시간이 지나 있기 일쑤였다. 그러고 보면 내가 두 번째로 중병을 앓게 된 것은 이 일을 무리하게 추진한 탓도 있는 것 같다. 이 조사와 연구를 하는 동안에도 나는 물론 나와 관계가 있는 온갖 사업들을 살펴봐야 했다. 숫자처럼 매력적인 것에 손을 댈 때면 앞으로 신중을 기하기로 마음먹었다.

제25장
스펜서와 그의 제자

제25장
스펜서와 그의 제자

*

　19세기 후반에 사상적으로 큰 영향을 남긴 사람을 들라고 하면 아마도 허버트 스펜서를 들 것이다. 철학자, 사회학자로서 그는 물론 새로운 진화론적 철학을 발전시킨 인물이다. 1882년에 스펜서와 그의 친구 롯 그리고 나는 세르비아 호를 타고 리버풀 항구를 출발해서 뉴욕으로 향했다. 나는 몰리가 스펜서 앞으로 보낸 소개장을 가지고 있었지만, 실은 그 전에 이미 이 철학자를 만난 적이 있었다. 나는 그를 추종하는 수많은 제자 중 한 명이었다. 여행에 익숙한 나는 이 두 사람을 돌봐주어야 했다. 항해를 하는 동안 우리는 함께 식탁에 모여 앉았다.

　어느 날 우리는 저명인사를 처음 만났을 때의 인상에 대해 이야

하버트 스펜서

기를 나누게 되었다. 그들이 우리가 상상했던 그대로의 모습이었는지, 아니면 상상했던 것과 달랐는지에 대해 각자 자신의 경험을 이야기했다. 그리고 내 경우에는 상상했던 것과는 전혀 달랐다고 이야기를 하자 스펜서 씨는 이렇게 물었다.

"아, 그렇다면 나도 그랬나요?"

"그렇습니다. 선생님의 경우는 특히 더 그랬습니다. 저는 제가 존경하고 있는 선생님은 모든 상황에 초연하여 전혀 흔들림 없는 마음을 지닌 부처처럼 침묵 속에서 사색하는 위대한 철학자일 것이라고 상상했습니다. 설마 체셔 치즈냐 체다 치즈냐 하는 문제로 흥분하는 분일 것이라고는 상상도 하지 못했습니다."

전날 급사가 체셔 치즈를 가져오자 스펜서는 흥분을 하면서 "체다, 체다 치즈라고 했잖아, 체셔 치즈가 아니라고. 체다라니까."라며 급사를 꾸중했다.

내 말에 모두 웃음을 터뜨렸고, 특히 스펜서는 참을 수 없다는 듯이 배를 움켜잡고 웃었다. 이것은 그의 『자서전』에도 나온다.

스펜서는 재미있는 이야기 듣기를 좋아했고 잘 웃었다. 특히 미국에 대한 이야기를 좋아하는 것 같았기 때문에 나는 미국에 대한 흥미로운 이야깃거리를 제공해 주었다. 그리고 그때마다 그는 폭소를 터뜨렸다. 그는 특히 미국의 서부지역에 대해 알고 싶어 했는데, 당시 유럽에서는 서부지역에 큰 관심을 갖고 있었다. 그는 텍사스에 관한 이야기에 특히 관심을 가졌다. 이민자들이 실망을 하고 미국에서 영국으로 돌아와서는 당시 황량했던 신대륙에 대해 이렇게 말했다고 한다.

"내가 텍사스에 대해 할 말은 이것뿐이오. 가령 지금 지옥하고 텍사스를 가지고 있다면 나는 텍사스를 팔아버릴 것이오."

당시와 지금을 비교하면 얼마나 많은 변화가 일어났는가? 텍사스는 이제 인구 4백만이 넘으며 옛날의 황량했던 토지에서, 1882년에는 전 세계 목화 생산량보다 더 많은 목화가 생산되었다.

이 철학자를 피츠버그의 우리 집에 초대했을 때, 정문을 들어서서 현관까지 가는 길을 걷다가 또 한 가지 미국적인 이야기가 떠올랐다. 손님이 정원 길을 걸어 문을 연 순간 거대한 개가 짖으며 달려들었다. 손님은 깜짝 놀라 뒤로 물러서 개가 덮치기 일보직전에 정원의 문을 닫았다. 그러자 집에서 주인이 나오며 이렇게 말했다.

"괜찮습니다. 짖는 개들은 사람을 무는 법이 없습니다."

그러자 손님은 부들부들 떨면서 이렇게 말했다.

"맞아요, 저도 그걸 알고는 있지만 과연 개도 그걸 알고 있을까요?"

어느 날 우리가 응접실에 앉아 있을 때 큰 조카가 조용히 문을 열고 들여다보는 모습이 보였다. 나중에 그 아이의 엄마가 왜 그런 행동을 했는지 묻자 18살 소년은 이렇게 말했다.

"어머니, 저는 문법을 공부할 필요가 없다고 책에 쓰신 분을 뵙고 싶었을 뿐입니다."

스펜서는 이 말을 듣고 매우 기뻐하며 사람들에게 자주 이 이야기를 해주었다. 조카의 장래를 기대하고 있었던 것 같다.

내가 런던에 체류하고 있던 어느 날 우리는 트래펄 가 광장이 내려다보이는 그랜드 호텔 객실에 앉아 있었다. 근위병이 거리를 지나 다니는 모습을 보고 이런 이야기를 나누게 되었다.

"스펜서 씨, 19세기의 세계 각 나라 중에서 최고의 문화를 자랑하고 있는 나라에서 여전히 군대에 지원하는 젊은이들이 있다는 것이 늘 안타깝고 한편으로는 화가 나기도 합니다. 게다가 이 기묘한 복장을 한 근위병들은 최근까지 신사들의 선망의 대상이었다지요. 사람을 죽이는 가장 확실한 방법을 배울 수 있다고 하네요."

그러자 스펜서는 이렇게 대답했다.

"나도 이 문제에 대해 자주 생각을 하지만 어떻게 화를 참는지 말해 주겠습니다. 저는 화가 치밀 때마다 에머슨이 한 말을 떠올리며 마음을 진정시킵니다. 어느 날 밤, 에머슨은 보스턴 시의 회관에서 용감하게 노예제도 폐지를 주장하다가 군중들에 의해 강단에서 끌려 내려와야 했습니다. 걸어서 집으로 돌아가는 도중에 굉장히 화가 치밀어 올랐는데 집으로 돌아와 정원의 나무문을 열고 정원과 초라한 자신의 집 사이에 가지를 뻗고 높이 자란 느릅나무 사이를 지나면서 잠시 하늘을 올려다보았습니다. 그러자 수많은 별들이 가지 사이로 반짝이고 있었습니다. 별은 '무슨 일이죠? 뭣 때문에 그렇게 화가 났나요, 작은 인간이여.'라고 말했다고 에머슨이 제게 이야기해 주었습니다."

나는 이 이야기를 흥미롭게 들었다. 그리고 자주 '무슨 일이죠? 뭣 때문에 그렇게 화가 났나요, 작은 인간이여.'라고 중얼거리면 그것만으로도 충분히 효과가 있었다.

스펜서의 미국 방문 환영회가 최고급 레스토랑에서 열려 분위기가 최고조에 달했다. 나는 마차로 그를 안내했는데, 위대한 인물이 그렇게까지 당황하는 모습은 본 적이 없다. 그는 연회장에서 할 강연에 완전히 정신이 팔려 있었다. 아마도 공개석상에서 강연을 할 기회가 거의 없었기 때문일 것이다. 그래서 그는 자신을 처음으로 인정해 준 미국인들에게 뭔가 의미 있는 말을 전해야만 한다고 생각을 해서 긴장하고 있었던 것이다. 지금까지 수많은 연회석상에 참석을 했을 테지만 이날처럼 저명인사들이 많이 모인 날도 없었다. 그것은 획기적인 일이었으며 스펜서의 업적에 대해 각 분야 최고의 인물들이 찬사를 아끼지 않았다. 마지막으로 종교계의 강력한 지도자인 헨리 워드 비처가 일어서서 이렇게 말했다.

"내 육체의 탄생은 부모님에 의한 것이지만 지성은 당신에게서 얻은 것입니다. 인생의 위기에 직면했을 때 당신은 진흙탕 속에 빠진 저를 안전한 길로 인도해 주었습니다. 당신은 저의 경애하는 스승이십니다."

비처는 천천히 엄숙한 어조로 이야기를 했지만, 나는 그의 내면에 감춰져 있는 깊은 감동을 이때만큼 강하게 느낀 적이 없다. 그는 진심으로 고마워하고 있었다. 스펜서는 그의 말에 감격스러워했다. 비처의 이 말에는 여러 가지 의미가 내포되어 있는데 나중에 세간에 큰 물의를 불러일으키게 되었다. 그리고 얼마 뒤 그는 설교를 통해 진화론에 대한 자신의 입장을 표명했다. 그가 스펜서를 스승이라 부르고 그의 영향을 공공연하게 표명했을 때, 종교계는 당혹스러워했으며 이 연설이 어떤 결과를 초래할지 모든 사람들이 주목하고 있었다. 비처의 결론은 어느 선까지는 다윈의 진화론을 믿지만 창조주가 인간에게 부여한 최고의 기능에까지 도달하면, 모든 생명체 중에서 인간만이 성령에 의해 신격으로까지 향상 될 수 있다는 것이었다. 이렇게 해서 그는 자신을 비판하는 사람들에게 대답을 해주었다.

스펜서는 기계에 대해서도 많은 관심을 가지고 있었다. 우리 공장을 방문했을 때도 새로운 기계와 도구에 관심을 표명하였고, 훗날 자주 그것에 대해 언급을 하면서 미국의 발명 능력과 전진하는 힘을 높이 평가하였다. 물론 그가 미국에서 정중한 대접을 받고 환영받은 일을 기뻐한 것은 아주 자연스러운 일이었다.

나는 영국으로 갈 때마다 스펜서를 찾아갔다. 바다가 보이는 브라이튼으로 이사를 한 뒤에도 자주 그를 찾아갔는데, 그는 바다를 보면 마음이 차분하게 가라앉는다고 했다. 하나하나의 행위, 그리고 말에 스펜서만큼 섬세하게 주의를 기울이며 아무리 작은 일이라 할지라도 자신의 양심에 따라야 한다는 것을 철칙으로 삼고 있는 사람은 없을 것이다. 종교적인 문제에 대해서도 마찬가지였는데, 신학의 분야에서 의식과 교리에는 전혀 관심이 없었다. 왜냐하면 그것은 참된 의미의 성장을 방해하는 그릇된 것이라고 생각했기 때문이었다. 상벌이라는 관습은 인간의 저차원적 본성에 호소하는 비겁한 행위라고 단정했다.

스펜서는 언제나 마음의 평정심을 잃지 않는 철학자였다. 그는 평생 동안 도리에 어긋나는 일을 한 적이 없었으며 타인에 대한 의리를 저버린 적이 없었다. 그는 정말로 양심적인 사람이었으며 나는 모든 기회를 통해 이 인물에 대해서 알기 위해 노력했다. 그리고 그와 다윈만큼 내게 영향을 준 사람도 없었다. 우리는 신학과 사회의 규정에 반항하며 모든 것을 부정하려 한다. 나는 다행히 위대한 사상가들의 저서를 통해 반성하고 겸허한 마음을 가질 수 있었다.

어려서 엄격한 칼뱅 주의자들 속에서 자란 사람들 중에는 성장하면서 칼뱅의 교리에 반발하는 사람이 많다. 성장 단계의 어느 시기까지는 주변의 훌륭한 인물들이 믿는 것을 옳다고 여기게 된다. 그들은 최고의 교육을 받은 존경할 만한 사람들이기 때문이다. 그는 주변 사람들을 신앙심이 깊은 훌륭한 신앙인이라 여기며 종교의 가르침을 따르려 노력하지만 마음속에서 자라나는 의심은 어쩔 수가 없다. 외적인 순응과 내면의 의심이 충돌하면 마음에 균열이 생기게 된다. 만약 사람의 내면에서 지성과 신앙이 서로 갈등을 일으키고 있다면 해결책은 하나밖에 없다. 그것은 칼라일이 고심 끝에 내린 결론이다.

"믿을 수 없는 것에 대해서는 신의 이름으로 내버려 두어라."

나는 초자연적 신비와 신학 이론에 대한 고민에서 벗어났을 뿐만 아니라 진화의 진리도 발견했다. "모든 것은 있는 그대로 괜찮다. 그것은 계속해서 나아지고 있기 때문이다." 이 말은 내가 신조로 삼고 있는 말이다. 이 말은 내게 위안을 주었고 인간의 본성은 스스로를 나쁜 길에 빠지지 않게 하며 낮은 곳에서 높은 곳으로 올라가려 한다. 완전을 향한 인간의 전진은 계속될 것이다.

인간은 선천적으로 해롭고 옳지 않은 것을 거부하며 시련을 통해서 유익한 것, 다시 말해 옳은 것을 흡수하는 유기체이다. 그렇다면 신은 이 세상과 인간을 죄악과 고통에서 자유로운 존재로 만들었어도 좋았을 것이라고 생각한다. 그러나 그렇게 완성된 존재는 아닐지라도 앞으로 전진할 수 있는 능력은 부여받았다. 성경은 다른 종교의 경전들처럼 과거의 기록으로서 가치가 있으며 많은 교훈을 주고 있다. 동양의 현인이자 위대한 스승인 공자는 "전생이나 내세의 일로 고민하지 말고 현세의 일에 충실하는 것이 참된 지혜다."라고 말했다. 내세의 일은 내세에 생각하면 그만인 것이다.

나는 태양의 표면에 보이는 작은 흑점에 불과하다. 아니, 이 장대하고 신비롭고 환상적인 우주 속에서 그보다 훨씬 작은 존재일지도 모른다. 나는 점점 더 나 자신을 비하하고 만다. 하지만 벤저민 프랭클린이 말했던 것처럼 "신을 숭배하는 최고의 자세는 인류에게 봉사하는 것이다."라는 말을 진리로 여기고 있다. 그러나 그렇다고 해서 인간의 영생에 대한 꿈을 막을 수는 없다.

제26장
정계의 친구들

제26장
정계의 친구들

*

 만나는 사람을 보면 그 사람을 알 수 있으며, 또한 그 사람이 하는 말을 들으면 그 인물의 됨됨이를 알 수 있다는 것도 사실이다. 내 친구 조셉 G. 블레인은 내가 아는 사람 중에서 가장 언변이 뛰어난 사람이다. 재치 넘치는 성격에 어떤 경우라도 항상 유머가 풍부해서 상황에 걸맞은 이야기를 할 줄 알았다.

 블레인이 요크타운에서 했던 연설은 수많은 찬사를 받았다. 그의 연설은 영국과 미국의 우정을 강조한 뒤 오랫동안 양국의 평화가 지속되기를 바란다는 말로 끝을 맺었다. 그리고 나는 그가 연설문을 미리 보여 주었을 때 이렇게 말했.

 "오랫동안이라는 말을 영원히, 라고 하는 게 어떨까요?"

"그래요, 훌륭해요."

그렇게 해서 그의 연설은 영원히로 바뀌었다.

요크타운에서 돌아오던 날 밤은 너무나도 아름다웠다. 우리는 달빛 속에서 군악대의 연주에 귀를 기울였다. 블레인은 「작별」이라는 곡을 좋아한다며 가필드 대통령의 장례식에서 연주되었을 때, 가장 인상적이었다고 말했다. 그는 군악대에게 마지막 연주로 「작별」을 부탁했다. 음악을 좋아한 블레인과 글래드스턴은 베토벤을 비롯한 고전음악은 좋아했지만 바그너는 그다지 좋아하지 않았다.

의회에서의 발언 중에서 어떤 것이 기억에 남느냐는 내 질문에 블레인은 캘리포니아 주지사를 지낸 독일계인 리터의 말을 들었다. 담수 활용을 위한 재정지원 법안이 상정되었을 때의 일이었다. 의견은 찬반으로 양분되었다. 엄격한 법적 잣대를 기준으로 삼은 의원들은 이 법안이 위헌이며 오직 염분이 있는 바닷물에 대해서만 정부가 관여할 수 있다고 주장했다. 어수선한 의회에서 리터는 조용히 일어나 이렇게 말했다.

"나는 헌법에 대해서는 잘 모르지만 한 가지 확실한 것이 있습니다. 그것은 바닷물로는 몸을 씻으면서 담수로는 몸을 씻지 않는 사람들의 헌법을 위해서는 한 푼도 낼 수 없다는 겁니다."

의회는 웃음바다가 되었고 법안은 통과되었다.

나는 그에게서 들은 재미있는 이야기들을 떠올리곤 하는데, 그중에서도 이 이야기는 대단히 흥미로웠다.

아직 노예제도가 남아 있을 때 남부 흑인 노예들이 지하 연락망을 통해 자주 도망을 치던 시대였다. 갤리폴리스 부근의 오하이오 강 언덕에 민주당원인 프렌치 판사가 살고 있었다. 그는 노예제도를 반대하는 사람들에게 강을 건너 도망쳐 오는 노예들을 자신에게 데려오라고 당부했다. 그는 노예들이 왜 도망을 치는지 모르고 있었다. 그리고 도망 노예와 판사 사이에 이런 대화가 오고갔다.

판사 : 자네는 켄터키에서 도망쳤다고? 나쁜 주인을 만났나보군.
노예 : 아닙니다, 판사님. 주인님은 아주 친절하고 좋은 분이셨습니다.
판사 : 그럼, 혹사를 당했는가?
노예 : 아니오, 단 하루도 혹사를 당한 적은 없습니다.
판사 : 그렇다면 음식을 충분히 주지 않았나?
노예 : 켄터키에서 배를 곯는다고요? 음식은 먹고 남을 정도로 충분했습니다.
판사 : 그럼 옷이 부족했나?
노예 : 판사님, 제게는 과분할 정도였습니다.
판사 : 그렇다면 불편한 곳에서 살았나보군.

노예: 판사님, 켄터키의 작고 아름다운 집을 떠올릴 때마다 눈물이 납니다.

판사는 고개를 갸우뚱하면 잠시 생각에 잠겼다.

판사: 자네는 좋은 주인 밑에서 혹사를 당하지도 않았고, 음식도 충분했고, 좋은 옷을 입고, 편안한 집에서 살았군. 그렇다면 대체 왜 도망을 쳤는가? 도무지 그 이유를 알 수가 없구면.
노예: 판사님 말씀이 옳습니다. 지금 그 자리는 비어 있습니다. 판사님이 서둘러 가신다면 일자리를 얻을 수 있을 겁니다.

판사는 그제야 노예가 도망친 이유를 알게 되었다. 인간은 아무리 좋은 대우를 받더라도 자유가 없으면 만족을 하지 못하는 법이다. 수많은 노예들이 온갖 위험을 무릅쓰고 자유를 찾아 도망치는 것은, 그들이 미국의 시민이 될 수 있는 자격이 충분하다는 증거라고 생각한다.

스코틀랜드의 우리 별장에서 블레인은 정말로 즐거운 시간을 보냈다. 다시 어린 시절로 돌아간 것처럼 우리는 함께 뛰어 놀았다. 모기를 미끼로 낚시를 한 적이 없다고 해서 그를 호수로 데려갔다.

그는 처음에는 미숙했지만 그건 모두가 마찬가지이다. 그러나 그는 얼마 안 돼서 요령을 터득하고 능숙해졌는데, 처음 고기를 낚았을 때의 좋아하던 모습을 나는 평생 잊을 수가 없을 것이다. 그리고 그는 이렇게 말했다.

"당신은 내게 인생의 새로운 즐거움을 가르쳐 주었습니다. 내가 자주 가는 메인 주에는 호수가 많지요. 앞으로 쉬는 날이면 호수로 가서 송어 낚시를 해야겠군요."

6월의 스코틀랜드는 밤이 거의 없는 것과 마찬가지다. 우리는 잔디 위에서 밤늦게까지 춤을 추었다. 스코틀랜드 민요를 부르며 민속춤을 추었다.

즐거운 시간을 보내는 두 주 동안 미국에서는 대통령 선거가 있었는데 각 정당들은 후보자를 지명하기에 정신이 없었다. 블레인도 일부 사람들의 추천을 받았지만, 부대통령으로 오하이오 출신인 셔먼을 추천하지 않으면 안 된다며 입후보를 거절했다. 우리가 마차로 스코틀랜드 북부를 여행하고 있는 동안 대통령 후보로 해리슨, 부통령 후보로 모튼이 지명되었다는 소식을 접하게 되었다.

이렇게 해서 블레인은 미합중국 최고의 지위에 오를 기회를 잃게 되었다. 그러나 그는 국무장관으로 해리슨 내각의 각료가 되었고, 그의 범남미회의는 획기적인 성공을 거두게 되었다. 나는 이때 처음으로 공직에 임명되어 범남미회의에 미합중국의 대표로 참석했다. 이 경험을 통해 나는 남미의 공화국들과 그 나라들이 가지고 있던 여러 가지 문제들을 이해하는 입장에 서서 관심을 갖게 되었다. 어느 날 아침 새로운 법안이 발표됨과 동시에 브라질이 17번째 공화국으로서 범남미연합에 가맹하게 되었다. 브라질의 연맹 가맹이 선포되자 회장에서는 박수갈채가 터졌으며 갑자기 활기에 넘쳐서 새로운 대표를 맞이했다.

남미의 모든 나라들이 형제의 나라인 미국이 무슨 생각을 하고 있는지 의심의 눈초리로 바라보고 있다는 사실을 느낄 수 있었다. 그들의 독립 정신은 아주 작은 곳에서도 드러났으며 그것을 존중하는 것이 내 의무였다. 이 점에서 우리는 최대한 주의를 기울여 행동해야만 했다. 그들을 지배하는 것이 아니라 평등한 입장에 서서 우호적이고 협력적인 태도를 취해야 하는 것이다.

회의에서 나는 마누엘 퀸타나의 옆자리에 앉았는데, 그는 나중에 아르헨티나의 대통령이 되었다. 그는 회의의 진행과정에 대단히 관심을 갖고 있었는데, 어느 날 사소한 불만을 토로하며 의장이었던 블레인과 격론을 펼치게 되었다. 논쟁의 원인은 아무래도 통역의 잘못에 있는 것 같다는 생각이 들었다. 그래서 나는 자리에서 일어나 연단의 의장 옆을 지나며 몰래 "잠시 휴정을 하면 문제가 해결될 겁니다."라고 말했다. 그는 내 말의 뜻을 알아차리고 잠시 휴정을 제안했다. 휴식시간에 양국 간의 의견차를 조정하고 다시

회의는 순조롭게 진행되었다.

　회의가 끝나고 회의장을 나서던 내가 대표들의 자리를 지나가려는데 한 대표가 나를 껴안았다. 그리고 한 손은 내 허리에, 나머지 한 손은 내 가슴에 대고 "카네기 씨, 당신은 여기보다 여기가 더 따뜻하군요."라고 말하며 주머니를 가리키던 손을 내 가슴에 댔다. 남미 사람들은 자신의 감정을 확실하게 표현하는 능력을 가진 사람들이다. 온화한 기후가 사람들의 마음을 따뜻하게 해준 것 같다.

　나는 1891년에 해리슨 대통령과 함께 워싱턴에서 피츠버그로 향하고 있었다. 내가 앨러게니 시에 기증한 카네기 홀과 도서관의 개관식에 참석하기 위해서였다. 우리는 기차를 타고 갔는데, 대통령은 철로변의 풍경에 흠뻑 취해 있었다. 저녁의 어두워질 무렵에 피츠버그에 도착했는데, 대통령은 붉게 이글거리는 용광로와 검은 구름기둥에 깜짝 놀랐다. 시 외곽의 언덕 위에 올라 내려다본 피츠버그는 '지옥의 불가마'에 자주 비유되곤 하는데, 아마 대통령도 그렇게 느꼈을 것이다. 피츠버그를 방문한 대통령은 해리슨이 처음이었다. 그리고 해리슨 대통령의 할아버지이자 미국의 대통령이었던 윌리엄 헨리 해리슨은 워싱턴으로 가는 도중에 증기선으로 운하를 따라 이곳을 지나간 적이 있다.

　대통령이 온다는 소식에 기념식에는 수많은 인파가 몰려들었고 모든 일이 순조롭게 진행되었다. 다음 날 아침 대통령이 제강소를 보고 싶다고 해서 안내를 해주었고, 직원들은 열렬히 환영을 해주었다. 각 부서로 이동할 때마다 각 부서장들을 대통령에게 소개해 주었다. 마지막으로 내가 공동 투자자인 슈워브를 소개하자 대통령은 나를 돌아보며 이렇게 말했다.

"카네기 씨, 대체 어떻게 된 일이죠? 공장 직원들만 소개를 시켜주는군요."

"그렇습니다. 그런데 저희 직원들이 어떤 사람들인지는 아시겠지요?"

"음, 모두 뛰어난 실력자들만 모여 있군요."

그랬다. 세계 어디를 가도 우리 공장의 직원들만큼 뛰어난 일꾼들은 없을 것이다. 그들은 공원에서 출발해서 파트너나 동업자가 된 사람들이다. 회사는 모험이나 불필요한 지출도 하지 않는다. 모두가 책임과 이익을 함께 나누고 있다. 그들을 파트너로 삼은 것은 외부에서 비싼 임금을 지불하며 불러들이는 것과는 완전히 다른 방식이다.

대통령이 피츠버그가 아니라 강을 거슬러 앨러게니 시를 방문했다는 사실은 아주 좋은 결과로 이어졌다. 앞서 내가 피츠버그 시에 도서관과 회관을 기증하겠다고 하자 시의원들은 거절을 했다. 그런데 앨러게니 시로부터 자신들에게 기증을 해달라는 청이 들어왔고 나는 이를 수락했다. 그리고 대통령이 도서관과 회관의 개관식에 참석하기 위해 앨러게니를 방문하고 피츠버그 시는 완전히 무시를 해버리는 것을 보고 그들은 참기 힘들었을 것이다. 개관식이 끝난 다음날 시의 책임자들이 나를 찾아와서 다시 피츠버그 시에 기증을 해줄 수 없겠냐고 물어왔다. 그렇게만 해준다면 시에서 운영 예산을 짜서 확실하게 운영을 하겠다고 했다. 나는 기꺼이 그들의 청을 받아들였고, 처음에는 2백 5십만 달러를 기부하려 했지만 이번에는 천만 달러를 기부하기로 했다. 처음보다 금액이 대폭 늘어난 것이다. 이렇게 해서 피츠버그 시에서 카네기 협회가 발족하게 되었다.

피츠버그 시의 유력한 인사들은 예술 분야에 힘을 기울이며 많은 돈을 쏟아 부었다. 이 공업의 중심지는 지난 몇 년 동안 훌륭한 교향악단을 키워왔다. 현재 미국에서 자랑할 만한 오케스트라를 가지고 있는 곳은 보스턴과 시카고뿐이다. 자연을 관찰하는 클럽도 생겼고, 미술학교도 창설되었다. 이번에 공공 도서관, 미술관, 박물관, 음악당 등의 거대한 네 개의 전당이 서로 어우러질 수 있었던 것은 내 생애에서 가장 만족스러운 것이었다. 이것은 나의 기념비였다. 왜냐하면 여기서 어린 시절을 보냈고, 여기서 인생의 첫 걸음을 내디뎠기 때문이다. 지금은 마음속 깊이 이 낡고 연기로 자욱한 피츠버그 시를 열렬히 사랑하는 한 사람이 되었다.

허버트 스펜서가 피츠버그의 우리 집에 머물고 있을 때 시에서 나의 기부를 거절했기 때문에 그는 모든 정황을 잘 알고 있었다. 그랬기에 세 번째에 내가 기부를 승낙했을 때 어째서 내가 시의 청을 수락했는지 이해할 수 없다며, 본인이라면 결코 승낙을 하지 않았을 것이고 그럴 가치가 없었다는 편지를 보내왔다. 그래서 나는 이 철학자에게 이런 내용의 편지를 썼다. 만약 내가 처음에 기부를 하겠다고 한 것이 시민들의 감사와 칭송을 받기 위해서였다면, 나 또한 스펜서의 말처럼 청을 해왔을 때 결코 수락하지 않았을 것이다. 그러나 나는 자신의 명예나 자신을 기념하기 위해서가 아니라 단순히 피츠버그 시민들을 위해서라고 생각했다. 나는 이 사람들 속에서 부를 축적할 수 있었기 때문에 그들 속에 숭고한 것에 대한 동경을 남겨주고 싶었을 뿐 그 이상은 아무것도 바라지 않았다. 이제 운명의 친절한 도움으로 그 뜻을 이룰 수 있게 되었다. 피츠버그 시는 자신들의 손으로 그것을 이룰 수 있게 해주었다.

제27장
워싱턴의 외교

제27장
워싱턴의 외교

*

해리슨 대통령은 원래 군인 출신이었기 때문에 대통령으로서 언제나 강한 태도를 취했으며 전쟁도 불사하려는 경향이 있었다. 주변 사람들은 그의 이런 태도에 대해 걱정을 했다. 베링 해의 어업권 문제로 캐나다의 지시에 따라 영국의 솔즈베리 경이 브레인 협정을 철회해야만 했을 때, 대통령은 조정을 하려 하지 않고 자칫 극단적인 수단을 동원할 태세였다. 그러나 다행히도 주변의 만류로 불상사는 일어나지 않았다. 남미에 대한 대책에 대해서도 무력 행사를 할 태세를 보였다.

칠레와의 분쟁이 일어났을 때는 정말로 대통령이 강경 수단을 동원하는 것을 피할 수 없을 것이라며 걱정을 했다. 만약에 그렇게 된다면 전쟁은 피할 수 없었다. 칠레 당국자들이 대통령의 행동에 대해 자주 비난을 했기 때문에 대통령 개인적으로 화가 나 있었던 것도 사실이다. 나는 이렇게 살얼음판을 걷던 두 나라를 화해시킬 방법이 없을까 해서 워싱턴으로 갔다. 왜냐하면 나는 제1회 범남미회의의 대표 중 한 사람으로서 남미인들과 친교를 맺고 있었기 때문이었다.

워싱턴에 도착해서 쇼럼 호텔에 막 들어서려는 순간 운이 좋게도 미주리 출신의 헨더슨 상원의원과 마주쳤다. 그 또한 회의의 대표 중 한 사람이었다. 우리는 서서 인사를 나누었다. 그리고 길 건너편을 보며,

"대통령이 저기에 계시네. 자네를 부르셨어."라고 말했다.

나는 길을 건너갔다.

"여, 카네기. 언제 도착했는가?"라고 대통령이 말했다.

"지금 막 도착해서 호텔로 들어가려던 참이었습니다."

"무슨 일이라도 있는가?" 그는 거칠게 물었다.

"각하와 이야기를 나누기 위해섭니다."

"그래? 그럼 함께 걸으면서 이야기를 하지."

대통령은 내 팔을 잡고 어두워지고 있는 워싱턴을 약 1시간 정도 걸었다. 그리고 그 동안 활발하게 논쟁을 펼쳤다. 나는 대통령에게 지금까지의 상황을 거듭 설명하고 남북아메리카 대륙의 일원으로

서 만약 의견의 차이가 생기면 평화협정을 통해 원만하게 해결하자는 마음가짐을 길러왔다. 그런데 이제 와서 대통령이 강경 수단을 동원하려 하고 하찮은 분쟁을 핑계 삼아 약소국가인 칠레를 무력으로 억누르려고 하다니 놀랍고도 아쉽다는 내 의견을 전했다.

"자네는 뉴욕 사람이라 사업과 달러밖에 생각하지 않네. 그것이 뉴욕 사람들의 방식이지. 공화국의 위엄이나 명예는 자네의 안중에도 없네."

"각하, 그렇지 않습니다. 만약 전쟁이 일어난다면 미국에서 가장 많은 돈을 벌 수 있는 사람 중 한 명입니다. 최대 강철 사업가로서 수백만 달러를 벌어들일 수 있는 기회지요."

"그래, 자네 입장에서는 그렇겠군. 완전히 잊고 있었네."

"잘 들어 주십시오. 만약 제가 싸움을 한다면 저는 저와 비슷한 상대를 고를 겁니다."

"음, 그렇다면 상대는 약소국이니 경멸하며 위신을 깎아 내리는 것을 참고만 있으라는 말인가?"

"각하, 제 자신을 모욕하고 명예를 더럽히는 것은 제 자신이지 그 어느 누구도 아닙니다. 자신의 명예를 더럽히는 것은 본인만이 가능합니다."

"자네도 잘 알다시피 칠레에서 미국 병사가 습격을 당해 두 사람이 살해되었네. 그래도 참으라는 말인가?"

"각하, 술에 취한 병사들이 싸움을 할 때마다 미국의 명예가 더 럽혀진다고는 생각하지 않습니다. 게다가 그 병사들은 미국인들이 아닙니다. 이름을 보면 잘 알 수 있듯이 그들은 외국인들입니다. 저라면 차라리 그 배의 선장을 처벌하겠습니다. 마을에서 폭동이 일어나고 공공의 질서를 문란하게 하는데도 병사들의 상륙을 허락했으니까요."

이런 식으로 토론을 이어가면서 백악관 입구에 도달하게 되자 주변은 완전히 캄캄해졌다. 대통령은 그날 밤 식사에 초대를 받았으니 다음날 저녁식사 때 와달라고 했다. 가족들끼리만 식사를 할 것이니 천천히 이야기를 할 수 있을 것이라고 덧붙였다.

"영광입니다. 그럼 내일 뵙겠습니다." 나는 이렇게 말하고 호텔로 돌아갔다.

다음날 아침 나는 당시 국무장관이었던 블레인 씨를 찾아갔다. 그는 자리에서 일어나 두 팔을 벌려 맞아주었다.

"어째서 어젯밤에 우리 집에서 식사를 하지 않았습니까? 대통령께서 아내에게 카네기 씨가 왔다고 하자 아내는 '어머 그래요? 식탁에 자리가 비어있는데 아쉽네요.' 라고 했소."

"그랬군요. 하지만 어젯밤에는 찾아뵙지 않는 것이 좋았을 수도 있습니다." 나는 이렇게 말하고 대통령과의 면담에 대해 이야기를 해주었다.

"그랬군요. 운이 좋았네요. 우리가 함께 있었다면 둘이서 공모를 했다고 생각했을 테니까요."

내가 장관의 방에서 이야기를 나누고 있을 때 블레인의 친구이자 대통령의 측근인 웨스트버지니아 출신의 엘킨스 상원의원이 찾아왔다. 그는 지금 막 대통령을 만나고 오는 길인데, 어젯밤 칠레 문제로 나와 논쟁을 펼치다가 호되게 당했다고 말했다는 것이었다. 엘킨스 의원은 이렇게 말했다고 한다.

"각하, 카네기 씨가 상당히 조심스럽게 말을 한 것 같습니다. 저희들에게는 꽤나 직설적으로 말을 하지요. 그런데 칠레 문제에 대해서 카네기 씨가 걱정을 많이 하고 있습니다. 그래도 각하 앞이었기에 조심스럽게 이야기를 했을 겁니다."

그러자 대통령은 전혀 그래 보이지 않았다고 했다고 한다.

칠레 문제는 블레인 덕에 원만하게 해결할 수 있었다. 이뿐만이 아니라 다른 여러 가지 문제들도 그의 외교 수완 덕에 미국이 외국과 마찰 없이 해결했던 것을 나는 많이 알고 있다. 그는 공격적이라는 비난을 받기도 했지만 적극적으로 상황을 수습하기 위해서는 꼭 필요한 수단이었을 것이다.

대통령과 식사를 함께한 밤에 우리는 장시간에 걸쳐 여러 문제들에 대해 이야기를 나눌 수 있었다. 그러나 대통령은 건강상태가 그리 좋아 보이지 않았다. 잠시 요양을 하는 것이 좋을 것이라며 모든 일에서 손을 떼고 휴식을 취하라고 권했다. 대통령도 며칠 동안 세무서의 감시선을 타고 휴가를 떠날 생각이었지만, 대법원의 브래들리 판사가 갑작스럽게 세상을 떠났기 때문에 후임자를 정해야 한다고 했다. 나는 낚시 친구이자 오랜 친구를 추천하기가 조심스러웠지만, 피츠버그에 시러스라는 사람이 있으니 한번 조사를 해보라고 했다. 오랜 친분을 맺다보면 서로를 객관적으로 판단할 수 없게 된다. 대통령은 곧바로 조사를 한 뒤 대법원 판사로 임명했다. 이 임명은 각계에서 평판이 좋았는데, 해리슨 대통령은 누가 추천을 하든지 간에 스스로 조사를 해보고 용납할 수 없으면 절대로 승낙을 하지 않는 사람이다. 시러스는 바로 그가 찾던 인물이었던 것이다.

베링 해의 어업권 분쟁과 관련해서 대통령은 솔즈베리 경이 합의된 규정을 어긴 것에 대해 격분했다. 그는 중재안을 결코 받아들이려 하지 않았다. 블레인 역시 자신의 제안이 받아들여지지 않아 화가 난 상태였다. 두 사람은 화해할 의사가 전혀 없었으며, 특히 대통령은 더욱 그랬다.

나는 블레인에게 솔즈베리 경의 입장에서는 어쩔 수 없는 선택이었다고 말했다. 그는 캐나다의 항의 때문에 이미 합의했던 규정을 거부할 수밖에 없었다. 영국은 캐나다와 뉴펀들랜드에서의 어업권 분쟁문제도 끌어 안고 있었다. 영국은 뉴펀들랜드에서의 이

권을 지켜야 했기 때문에 베링 해 문제에서까지 캐나다의 불만을 살 수가 없었다. 내가 이런 사정을 설명하자 블레인도 이 점을 인정했다. 그리고 대통령을 이해시키는 데도 성공을 했다.

베링 해 어업권 문제와 관련된 재미있는 일화가 있다. 어느 날 캐나다 수상인 존 맥도널드 경 일행이 이 문제로 워싱턴을 찾아와 블레인에게 대통령과의 면담을 주선해달라고 부탁했다. 블레인은 대통령에게 보고하고 다음날 아침에 결과를 알려주겠다고 했다.

블레인은 나중에 내게 이렇게 말했다.

"물론 존 일행이 대통령과 공식적인 면담을 할 수 없는 입장이라는 것은 잘 알고 있었습니다. 그래서 나는 그들에게 그렇게 말했습니다."

존 경은 뉴욕이 연방에 대해 독립적인 것처럼 캐나다 역시 독립국가라고 말했다. 그러자 블레인은 만약 자신이 캐나다의 수상으로서 뉴욕의 당국자들을 만난다면 워싱턴에서 어떤 말이 있을 것이고, 그것은 뉴욕 당국자들 또한 마찬가지일 것이라고 대답했다.

대통령과 블레인은 영국이 합의된 규정을 이행할 수 없는 상황이라는 것을 인정하고 솔즈베리 경의 중재안을 받아들였다.

블레인은 미국과 영국이 공동으로 감시선을 띄우자고 제안을 했고, 솔즈베리 경은 워싱턴 주재 영국 대사인 줄리언 폰스포트를 통해 훌륭한 제안이라고 전했다.

만약 블레인의 제안이 받아들여졌다면 역사상 최초로 양국 간에 공정한 조약이 체결되었을 것이다. 내가 이 이야기를 하는 것은 유능한 정치인들이 서로 협력할 의사가 있다 하더라도 마음대로 되지 않는 경우가 있다는 점을 말하기 위해서이다.

블레인은 넓은 안목과 확실한 판단력, 평화에 대한 염원을 지닌 위대한 정치가였다. 칠레와의 분쟁이나 베링 해의 문제가 발생했을 때, 그는 침착하고 현명하게 대처하여 평화적으로 문제를 해결했다.

한번은 블레인이 런던의 만찬회에 참석했다가 궁지에 몰린 적이 있었다. 클레이턴-불워 조약에 대한 이야기를 하다가, 영국의 한 정치가가 블레인이 평소에 영국에 적대감을 가지고 있는 것 같다고 말했다. 블레인은 이를 부인했지만 상대방은 클레이턴-불워 조약과 관련된 블레인의 편지를 예로 들었다. 그러자 블레인은 이렇게 말했다.

"영국의 외무장관은 항상 여왕 폐하가 '기대'한다는 표현을 쓰는데, 미국의 국무장관은 대통령이 '감히 희망'한다는 표현을 쓰더군요. 나는 그래서 여왕 폐하의 '기대'한다는 서신에 대해 대통령이 '기대'하고 있다는 답장을 보냈습니다."

"그렇다면 당신이 편지의 성격을 바꾸었다는 것을 인정하는 건가요?"

"편지의 성격보다는 상황이 달라졌다고 하는 게 맞겠죠. 다른 나라 정상의 '기대'에 미국이 '감히 희망' 하는 단계는 지났습니다. 우리는 당신들의 예를 따랐을 뿐입니다. 영국 여왕께서 '감히 희망' 한다면 미국 대통령도 '감히 희망' 한다고 할 것이고, 영국이 '기대' 한다고 하고 하면 미국도 '기대' 한다고 할 것입니다."

하루는 블레인이 조지프 체임벌린과 스코클랜드 제강회사의 사장 찰스 테넌트 경과 식사를 하게 되었다. 체임벌린은 자신의 좋은 친구인 카네기의 성공을 기쁘게 생각하지만, 어째서 미국이 해마다 100만 스털링이 넘는 돈을 들여 철강업을 보호하는지 모르겠다고 했다. 그러자 블레인은 이렇게 대답했다.

"글쎄요, 우리는 생각이 좀 다릅니다. 예전에 미국은 영국에서 강철 레일을 톤당 90달러에 수입했지요. 하지만 지금은 미국 철도 회사들이 카네기 씨와 톤당 30달러로 계약을 합니다. 만약 카네기 씨와 다른 철강회사들이 미국에서 철강 사업을 일으키지 않았다면 우리는 여전히 90달러에 수입을 하고 있을 겁니다."

그러자 찰스 경이 끼어들었다.

"그랬겠죠. 영국의 강철 레일 수출 가격은 90달러로 정해져 있으니까요."

블레인이 웃으며 말했다.

"그러니 카네기 씨에게 불평을 할 수가 없지요. 안 그런가요, 체임벌린 씨?"

"제가 감히 어떻게 그럴 수 있겠습니까? 찰스 경이 저를 도와주지 않는데 말입니다."

이 말에 모두 웃음을 터뜨리고 말았다.

블레인은 뛰어난 달변가다. 나는 그가 상황에 어울리지 않는 이야기를 하는 것을 본 적이 없다. 그는 재치 있고 재미있는 이야기 상대였다. 만약 그가 대통령이 되었다면 훌륭하게 임무를 수행할 수 있었을 것이다. 그는 보수적이지만 모든 국제 문제를 평화적으로 해결하려 했다.

제28장
헤이 국무장관과 매킨리 대통령

제28장
헤이 국무장관과 매킨리 대통령

*

존 헤이는 영국과 스코틀랜드의 우리 집에 자주 들렀다. 1898년에 스키보의 별장으로 오기로 되어 있던 날 밤, 매킨리 대통령의 연락을 받고 미국으로 돌아가 국무장관이 되었다. 국무장관으로서 헤이만큼 적절한 인물은 없을 것이다. 그의 성실함은 모든 사람들을 설득시켰고 대중의 신뢰를 얻었으며, 그가 하는 모든 일이 고결했다. 전쟁을 증오했으며 전쟁이란 인간의 가장 야만적인 행위이자 가장 어리석은 행동이라고 말했고 이를 굳게 믿었다.

1898년 가을, 나는 뉴욕으로 가는 도중에 런던에 잠시 들러 헤이와 헨리 화이트를 만났다. 화이트는 당시 런던의 미 대사관 사무관이었는데 훗날 프랑스 대사가 되었다. 당시에는 필리핀을 미국이

헤이 국무장관

합병하는 문제로 온통 떠들썩했었는데, 이에 대해 나와 같은 의견을 가지고 있었기 때문에 매우 기뻤다. 만약 합병을 하게 된다면 미국의 영토를 북미 대륙에 국한한다는 정책에서 벗어나게 되며, 멀리 떨어져 있는 영토를 소유한다는 것은 아무리 생각해 봐도 바람직하지 않았다. 특히 그것을 군국주의의 소용돌이에서 구해내기란 불가능에 가까웠다. 이 문제에 대해서 같은 해 8월에 나는 『북 아메리카 평론』에 정책의 위배라는 논문을 발표했다. 우리 세 명은 헤이의 런던 사무실에서 손을 마주 잡고 의견이 일치하는 것을 기뻐했다. 헤이는 당시 입장 때문에 자신의 의견을 확실하게 말할 수가 없었다. 게다가 이 문제는 이미 상당히 진행된 상태였기 때문에 과연 미국이 이 문제에서 손을 뗄 수 있을지 의문이었다. 그러나 런던 주재의 미국 대사로서 이 문제에 대해 직접적인 책임이 없다는 것만으로도 다행으로 여기고 있었다. 하지만 운명의 장난으로 인해 그는 얼마 뒤 국무장관으로 취임을 하여 모든 책임을 져야 하는 입장이 되고 말았다.

　중국의 의화단 폭동이 일어났을 때 헤이는 중국에 우호적인 태도를 취했다. 그리고 사건이 종결되자 중국에 유리한 화평조약을 채결하려 노력하여 성공을 거두었다. 그의 우방인 영국에 대한 신뢰는 뿌리 깊은 것으로 이 점에 대해서는 매킨리 대통령도 그를 지지해 주었다. 미국이 쿠바의 섬 문제로 스페인과 전쟁을 하게 되었을 때, 모든 유럽 국가들은 스페인을 지지했지만 영국만은 미국을 지지해 주었다. 헤이는 물론 대통령도 이에 대해 영국에 감사의 뜻을 전했다.

매킨리 대통령

파나마 운하를 건설할 초기에는 프랑스 회사가 착수를 했지만, 이 회사는 1898년에 도산하고 말았다. 그래서 1901년에 헤이-폰스포트 조약에 의해 미국은 운하의 건설 독점권을 영국이 승인하게 했다. 그러나 이 조약은 미국에게 유리한 것이 아니었기 때문에 많은 불만을 샀다. 영국은 이 운하의 건설에 있어 미국 다음으로 많은 이득을 얻을 수가 있음에도 불구하고 건설비용을 모두 미국에게 떠안긴 것이었다. 미국 의회는 조약의 수정을 요구해서 결국에는 독점권을 얻어 냈지만, 이로 인해 헤이는 상당한 심적 부담을 겪어야 했기 때문에 결국 건강을 해치고 재기불능 상태에 빠지고 말았다.

내가 마지막으로 헤이를 만난 것은 그의 집에서 점심식사를 함께 했을 때였는데, 상원에서 수정된 중재조약을 루즈벨트 대통령이 검토하고 있을 때였다. 이 조약의 수정에 참가한 사람들은 대통령에게 그것을 수락하라고 끊임없이 주장하였다. 우리가 볼 때 대통령은 이에 대해 호의적으로 생각하고 있는 것처럼 보였다. 그러나 헤이 장관과 이야기를 나누어 보니 만약 대통령이 이것을 승인하게 된다면 그가 많은 충격을 받을 것이라는 사실을 나는 잘 알 수 있었다. 헤이에게 있어 상원은 천적과도 같았기 때문에 용납할 수가 없었다. 대통령이 이 조약을 승인하지 않은 것은 건강이 좋지 않은 자신의 친구 존 헤이의 마음에 상처를 주지 않기 위해서였을 것이라는 생각이 들었다. 나 역시 아무리 어려운 일이라 할지라도 똑같이 했을 것이다. 그의 집을 나와 우리 집으로 돌아온 나는 아내에게 다시는 그를 못 볼 것 같다고 말했는데, 결국 이날이 마지막이 되고 말았다.

워싱턴 시의 카네기재단은 발족과 동시에 헤이를 이사장으로 내세워 그에게 많은 도움을 받았다. 재단은 그의 현명한 조언을 구하는 일이 많았다. 정치가로서 그는 단시간에 명성을 떨쳤으며, 확신에 차서 일을 처리하여 성공으로 이끌었다. 우정이 두터웠으며, 공직자로서 헤이만큼 친구에게 호의로 대한 사람은 없었다고 해도 과언이 아닐 것이다. 그가 세상을 떠난 뒤로 나는 세상을 사는 의미를 느낄 수가 없었다.

1898년에 시작된 미서전쟁은 국민들의 감정이 들끓게 되면서 발발하게 되었다. 그것은 쿠바에서 일어난 혁명의 잔혹한 참상이 보도되면서 시작되었다. 매킨리 대통령은 전쟁을 피하기 위해 최선을 다했다. 스페인 대사가 워싱턴을 떠난 뒤부터는 프랑스 대사가 평화협상을 위해 노력했다. 스페인은 쿠바의 자치를 인정한다고 했다. 대통령은 '자치'가 무엇을 의미하는 것인지 모르겠다고 대답하며, 쿠바를 위해 그가 바라는 것은 쿠바가 가지고 있는 권리를 전면적으로 인정하는 것이라고 했다. 프랑스 대사는 그것을 잘 이해했다. 스페인이 이것을 인정했다는 전보가 들어왔으며 프랑스 대사는 이것을 대통령에게 보여주었다. 이것으로 모든 것이 다 해결되었다고 생각한 것이다. 어쨌거나 실제로 그랬다.

내가 뉴욕에 있을 때면 항상 일요일 아침마다 하원 의장인 리드 씨가 찾아와 주었다. 이 해에도 내가 유럽에서 돌아오자마자 그가 찾아왔다. 그의 말에 의하면 지금까지 단 한 번도 의회의 통제권을 잃은 적이 없었다고 한다. 쿠바의 문제가 발생하자 그는 의장석에서 내려와 상황을 설명하며 분노한 의원들을 진정시키기 위해 노력했다. 그는 최선을 다해 대통령이 스페인 정부로부터 쿠바의 자치제를 보장받았다고 설명하려 했지만 모두가 허사였다. 애석하게도 이미 너무 늦은 것이다.

"대체 스페인이 대서양에서 무얼 하고 있는 거야!" 의회는 한마디로 난장판이 되고 말았다. 상당수의 공화당 의원이 민주당에 참가해 선전포고에 동의하고 말았다. 마침 불행하게도 하바나 항구에 정박해 있던 미국 군함 메인 호가 폭발해서 침몰하게 되었는데, 이것이 스페인의 공격에 의한 것이라는 소문이 퍼지기 시작한 것이다.

전쟁이 터지고 말았다. 상원에서 프록터 의원이 쿠바에서 본 포로수용소의 잔혹한 광경을 이야기하자 대중들은 흥분에 휩싸이고 말았다. "스페인은 미국 연안에서 무슨 짓을 하고 있나!"라는 외침이 전국으로 퍼졌다. 매킨리 대통령과 그의 평화 정책은 이렇게 해서 완전히 공중으로 뜨고 말았다. 이제는 대세의 흐름에 따를 수밖에 없었다. 그래서 정부는 이 전쟁은 영토 침략의 의도가 전혀 없다는 것을 밝히고 쿠바의 독립을 약속했다. 이 약속은 충실하게 지켜졌다. 우리는 이 점을 잊어서는 안 된다. 왜냐하면 이것만이 이 전쟁의 기록으로 남길 만한 부분이기 때문이다.

필리핀 점령은 미국의 역사 중에서 가장 큰 오점이 되었다. 이것은 단순히 영토를 취득하는 것이 아니었고, 강제로 스페인으로부터 빼앗으면서 2천만 달러를 지불한 것이다. 미서전쟁 중에 필리핀 사람들은 미국과 함께 스페인과 싸웠다. 대통령의 지휘 하에 각료들은 필리핀에 석탄 공급 기지를 요구하는 데 합의하고 파리에 있는 강화위원들에게 전보로 이 지시를 내렸다. 매킨리 대통령은 당시 서부에서 연설을 하고 있었는데, 가는 곳마다 미국의 승리에 대해 연설을 하고 많은 박수갈채를 받았다. 그리고 필리핀에서 철수하는 것이 국민들의 뜻에 반한다는 강한 인상을 받고 워싱턴으로 돌아와 이전의 정책들을 철회시켰다. 각료 중 한 사람은 훗날 각료들이 모두 이 철회에 강하게 반발을 했다고 전해 주었다. 강화위원 중 한 사람이었던 데이 판사는 파리에서 강력한 항의 서안을 보내왔는데, 정말로 훌륭한 글로 워싱턴 대통령의 고별사와 함께 역사에 남을 만한 기록이라고 어떤 상원의원이 내게 말해 주었다.

이런 시국에 중요한 각료 중 한 사람이자 내 친구인 코넬리어스 N. 블리스가 나를 찾아와 워싱턴으로 가서 이 문제를 위해 대통령과 만나달라며 이렇게 말했다.

"자네는 대통령의 생각을 바꿀 수 있네. 서부에서 돌아온 뒤로 우리의 말은 통하지가 않네."

나는 워싱턴으로 가서 대통령을 만났다. 그러나 그는 꿈쩍도 하지 않았다. 만약 철수를 한다면 미국 내에서 소요가 벌어질 것이라고 했다. 각료들도 하는 수 없이 이것은 일시적인 주둔으로 향후 뭔가 구실을 만들어 철수한다는 조건을 달아 일단락지었다.

대통령은 코넬 대학의 학장인 셔먼을 불러 필리핀 조사단의 단장으로 임명했다. 그는 필리핀 합병에 반대를 한 사람이었다. 그리고 필리핀 합병은 미국 정책에 위반된다며 강력하게 반대를 했던 태프트 판사를 초대 필리핀 총독으로 임명했다. 판사가 공공연하게 합병에 반대하던 사람을 총독으로 임명하는 것은 이상하지 않느냐고 하자, 대통령은 반대를 했기 때문에 적임자라고 대답했다. 그것은 맞는 말이었다. 그러나 합병하지 않고 게다가 거액의 돈을 지불하고 사들인 영토를 다시 버리는 것은 별개의 문제로, 이것은 오랫동안 미국의 골칫거리가 되었다.

어쨌거나 본국에서 수천 마일 떨어진 곳에 있는 식민지는 매킨리 대통령에게 있어 진귀한 것이며 솔직히 말하자면 모든 미국 정치가들도 마찬가지였다. 이것이 어떤 파란을 일으키게 될지 그들은 전혀 모르고 있었다. 이 실수는 결국 이 나라를 국제적인 군국주의의 소용돌이 속으로 빠뜨렸으며, 또한 그것이 강력한 해군을 건설하게 했다. 그 뒤로 미국의 정치가들은 자신들의 생각을 완전히 바꾸지 않으면 안 되었다.

몇 주 전(1907년) 나는 백악관에서 루즈벨트 대통령과 저녁식사를 하면서 이런 대화를 주고받았다.

"만약 당신이 하루라도 빨리 필리핀에서 철수하기를 바라는 두 사람을 보고 싶다면 여기에 그 사람들이 있네." 그는 이렇게 말하고 자신과 태프트 장관을 가리켰다.

"그렇다면 어째서 철수를 시키지 않는 겁니까? 아마 국민들이 기뻐할 겁니다."

그러나 대통령도 태프트 장관도 미국의 의무는 필리핀이 자치제도를 확립할 수 있도록 지도하는 게 우선이라고 생각하고 있었다.

"수영을 할 수 있을 때까지 물에 뛰어들어서는 안 된다."는 것이었다. 그러나 언젠가 물에 뛰어들어야 할 것이고 또 그날이 멀지 않기만을 희망한다.

필리핀 합병에 찬성을 한 사람들은 미국이 필리핀을 점령하지 않으면 독일이 점령할 것이라고 했다. 그들은 이 일로 인해 영국이 홍콩에서 가까운 마카오에 독일 해군 기지가 들어서는 것을 찬성하리라는 사실을 예상하지 못했던 것이다. 그리고 영국은 리버풀에서 80마일 떨어진 아일랜드의 킹스턴에도 독일의 해군 기지를 허락하였다.

제29장
독일 황제를 만나다

독일 황제

제29장
독일 황제를 만나다

나는 조국 스코틀랜드의 세인트앤드루스 대학의 명예 총장으로 임명되었을 때 학생들 앞에서 취임 연설을 했다. 이 연설문을 독일 황제가 읽고 발린을 통해, 한마디도 남김없이 숙독했다고 전해왔다. 황제는 또한 황태자의 임명식 때의 연설문 복사본 한 부를 발린을 통해 내게 주었다. 그리고 다시 초대장이 날아왔다. 당시 나는 뉴욕에 일이 있었기 때문에 바로 갈 수가 없었다. 1907년 6월이 돼서야 겨우 미국을 떠날 수 있었다. 아내와 나는 킬로 갔다. 독일 주재 미국 대사인 타워 부부가 우리를 마중 나와 주었고 많은 배려를 해주었다. 킬에서 사흘을 머무는 동안 대사 부부를 통해 수많은 저명인사들과 만날 수 있었다.

첫째 날 아침에 대사는 나를 황제의 요트로 안내해 주었고 방명록에 글을 남겼다. 나는 황제와 만나게 될 것이라고는 상상도 하지 못하고 있었다. 그러나 황제가 갑판으로 올라와 타워를 발견하고 무슨 일로 아침 일찍 요트에 왔냐고 물었다. 타워는 방명록에 사인을 하기 위해 나를 안내해 왔고 지금 배에 타고 있다고 말했다. 그러자 황제는 이렇게 말했다.

"그렇다면 소개를 해주게. 만나고 싶군."

나는 회의를 위해 모여 있던 해군 장성들과 이야기를 나누고 있었기 때문에 타워와 그의 뒤를 따라오던 황제를 보지 못했다. 누군가 내 어깨를 두드려 뒤를 돌아보았다.

"카네기 씨, 황제십니다."

순간적으로 황제가 내 앞에 서 있다는 사실을 깨닫지 못했던 것이다. 그리고 나는 두 손을 쫙 펴들고 소리쳤다.

"아, 훌륭합니다. 제가 항상 생각했던 모습 그대롭니다. 꿈이 이루어졌습니다. 아무 격식을 차리지 않고 운명처럼 구름 속에서 내려오셨습니다."

그리고 다시 격식을 차려 말했다.

"폐하, 폐하의 친절한 초대에 응하기 위해 이틀 밤낮으로 여행을 해서 도착했습니다. 왕관을 쓰신 분을 만나 뵙게 된 것은 이번이 처음입니다."

그러자 황제는 미소를 지으며-그 미소는 사람을 매료키기에 충분했다- 이렇게 말했다.

"아참, 나는 당신의 책을 읽었습니다. 당신은 왕후들을 싫어하신다고 했죠?"

"그렇습니다. 폐하, 저는 왕후들을 좋아하지 않습니다. 그러나 왕의 배후에 진짜 사람이 있고, 만약 그 사람의 인격을 발견할 수 있다면 좋아할 수 있습니다."

"아, 당신이 좋아하는 왕을 나는 알고 있소. 그 사람은 로버트 브루스라고 하는 스코틀랜드 왕이지요. 브루스 왕은 내 어릴 적 영웅이셨죠. 그에 대한 이야기를 자주 들었습니다."

"그렇습니다. 폐하, 저도 마찬가지로 브루스의 이야기를 듣고 자랐습니다. 브루스 왕은 제가 태어난 고향 던펌린의 수도원에 잠들어 계십니다. 어릴 적에 저는 자주 수도원의 사각 기념비들 주변을 걸어 다녔습니다. '로버트 브루스 왕'이라는 커다란 돌에 새겨진 글자를 하나씩 손으로 매만졌습니다. 마치 가톨릭 신자가 묵주 알을 하나씩 만지며 기도하듯이 정성을 다해 그 글자들을 매만졌습니다. 그러나 그는 왕 이상의 존재였습니다. 그는 민족의 지도자였습니다. 하지만 그가 첫 위인은 아니었습니다. 백성들의 영웅인 월리스가 먼저입니다. 지금 던펌린에 있는 맬컴 왕의 탑은 이제 제 소유입니다. 폐하는 이 사람에게서 스코틀랜드의 피를 물려받았습니다. 폐하는 위대한 옛 민요 「패트릭 스펜서」를 잘 알고 계실 겁니다.

왕은 던펌린 탑 위에 앉아
붉은 포도주를 마시고 있네.

언젠가 폐하를 스코틀랜드 선조들의 탑으로 모시고 싶습니다."
"저도 그러고 싶습니다. 스코틀랜드 사람들은 독일 사람들과 비교해서 훨씬 민첩하고 영리합니다. 독일인은 몸이 둔하기 때문이죠."
"폐하, 스코틀랜드 사람에 관한 한 폐하는 공평한 심판관이라고 인정할 수 없겠습니다."
황제는 손을 흔들고 웃으며 작별인사를 했다.
"오늘 밤에 저녁식사를 함께 하지요."
그리고 황제는 모여 있던 제독들을 만나기 위해 갑판으로 걸어갔다.
그날 밤 만찬회에는 60명 정도의 사람들이 참석했는데 너무나도 즐거운 시간이었다. 황제는 맞은편에 앉아 있던 나를 위해 건배를 제창했다.
그리고 어느 날 밤, 필릿 부인의 요트에서의 식사 자리에도 황제가 참석했다. 나는 루즈벨트 대통령이 미국의 관습이 허락한다면 잠시 외국에서 황제를 만나고 싶어 한다고 전해 주었다. 대통령은 서로 얼굴을 맞대고 이야기를 나눈다면 좋은 결과가 있을 것이라고 생각한 것이다. 나도 그렇게 생각한다고 덧붙였다. 황제도 이에 동의를 하고 꼭 한번 만나고 싶다고 말했다. 언젠가 독일에 오면 좋겠다고 말했다. 나는, 황제의 외국 여행을 막는 규정이 없으니 미국으로 와서 대통령을 만났으면 좋겠다고 말했다.

"하지만 할 일이 많아서 독일을 떠나기가 쉽지 않을 겁니다."

그래서 나는 이렇게 말했다.

"어느 날 휴가를 내서 외국여행을 떠나기 전에 저는 공장으로 가서 직원들에게 인사를 했습니다. 모두가 뜨거운 태양 아래서 땀을 흘리며 일하고 있을 때 혼자 휴가를 떠나는 것은 미안한 일이다, 그러나 요즘에는 1년에 한 번씩 휴가를 갖는 게 좋다는 사실을 발견했다, 아무리 피로에 지쳐 있어도 뱃머리에 서서 대서양의 파도를 뚫고 맹진하고 있는 모습을 보면 기운을 회복할 수 있다, 고 말했습니다. 그런데 저희 회사에 존스라는 아주 재미있는 친구가 있습니다만 '오, 하느님 감사합니다. 이제야 우리도 한숨을 돌릴 수 있겠습니다!' 라고 농담을 하는 겁니다. 아마 그것은 폐하도 마찬가지일 겁니다."

황제는 한참 동안 웃음을 멈추지 않았다. 지금까지 생각지도 못했던 일이었다. 그는 다시 한 번 루즈벨트 대통령을 만나고 싶다고 했다.

"폐하가 대통령을 만나게 된다면 저도 함께 하고 싶습니다. 두 분만 계시면 무슨 일이 벌어질지 모르니까요."

황제는 다시 웃었다.

"잘 알겠소. 당신은 우리 두 사람을 몰고 다니고 싶은 거군요. 당신이 루즈벨트를 앞세우고 내가 그 뒤를 따른다면 그렇게 하겠소."

"아니, 그건 안 됩니다. 저는 기운이 넘치는 망아지를 앞뒤로 배치하고 싶지 않습니다. 두 분을 사이좋게 한 줄로 세우고 고삐만 잡고 있겠습니다."

나는 지금까지 상대의 이야기를 이렇게 잘 들어주고 즐기는 사람을 만난 적이 없었다. 정말로 훌륭한 말상대였고 또한 세계 평화와 발전에 깊은 관심을 가지고 있는 진지한 인물이라고 생각한다. 황제는 계속해서 평화에 힘쓸 것이라고 했다. 24년 동안의 통치 기간 동안 한 번도 피를 흘리는 사태가 일어난 적이 없었다. 황제는 독일의 해군이 너무 나약해서 영국을 위협할 수 없으며, 또한 한 번도 경쟁을 하려고 생각한 적이 없다고 했다. 분명히 맞는 말이기는 했지만 향후 독일이 해군력을 키우고 강화하는 것은 현명하지 않고 또한 불필요한 일이라고 생각한다. 폰 슈테른베르크 남작도 그렇게 생각하는 것 같았다. 그러므로 독일이 세계의 평화를 위협하는 일은 없을 것이라고 믿고 있다. 이 제국의 관심은 오로지 평화와 산업의 발전에만 기울어 있다. 그것은 정말로 바람직한 일이며 이 두 분야에서 확실한 진전을 거듭하고 있다.

귀국을 한 나는 독일 대사 폰 슈테른베르크 남작을 통해 황제에게 『루즈벨트 정책』이라고 제목을 붙인 책을 선물했다. 이 책의 서문을 내가 썼는데 대통령도 상당히 만족스러워했다. 황제는 감사장과 함께 자신의 동상을 보내왔다. 나는 이것을 소중히 간직하고 있다. 황제는 단순한 일국의 원수가 아니라 훨씬 더 숭고한 무엇인가를 간직하고 있는 인물이다. 현실을 개선하여 좀 더 살기 좋은 사회를 만들기 위해 노력을 아끼지 않았으며, 금주를 장려하고 결투를 근절하기 위해 노력을 기울임과 동시에 국제평화를 위해 끊임없이 노력하는 인물이라고 믿어 의심하지 않는다.

솔직히 말해 오랫동안 독일 황제는 운명적인 사람이라는 느낌이 들었다. 세계를 바꿀 숙명을 지닌 인물이라는 의미이다. 몇 번이고 만날 기회가 있었는데, 나는 그럴수록 더욱 그렇게 느꼈다. 나는 언젠가 황제가 위대한 일을 할 것이라고 기대하고 있다. 그는 인류 역사에 길이 남을 인물이 될지도 모른다. 1907년에 황제와 만났을 때 20년 동안 평화롭게 통치를 했다고 했으니 이제 그 기록은 27년이 되었다. 적극적인 행동으로 문화국가 간의 평화를 확립시킬 권력을 가진 인물에게 앞으로 더 큰 기대를 하게 되는 것은 당연한 일이다. 자국을 평화롭게 통치하는 것뿐만 아니라 그 대업을 성취한 사람이 세계의 지도자적 입장에 서서 모든 국가분쟁을 처리하고 조정하는 기관을 세우자고 제안을 한다면 기꺼이 그에 응할 것이다. 황제가 단순히 자국의 평화를 유지하는 사람이 될지, 아니면 세계의 모든 나라들 사이에서 평화의 사도로서 자신에게 주어진 사명을 다하여 역사에 남는 위대한 인물이 될지는 두고 보면 알게 될 일이다.

작년(1912년)의 일이었는데 나는 베를린 궁전에서 황제에게 단 한 번의 유혈 사태도 없이 25년 동안 평화롭게 통치를 할 수 있었던 것에 대해 미국을 대표해서 경의를 표했다. 축사를 넣은 상자를 건네기 위해 나는 황제 앞으로 다가갔다. 그는 나를 알아보자마자 두 팔을 벌리며 이렇게 말했다.

"카네기 씨, 25년의 평화가 더 길게 이어지길 기원합시다."

"그리고 이 가장 숭고한 사명을 실현하기 위해 폐하는 우리의 중요한 동맹입니다."라고 대답했다.

축전이 시작되고 내가 등장할 때까지 황제는 부동의 자세로 왕좌에 앉아 한 장교에게서 축사를 건네받으면 반대편에 있는 장교에게 건네주어 테이블 위에 놓는 동작을 반복하고 있었다. 당시 토론의 주된 과제는 세계의 평화였는데, 만약 황제가 확실한 태도를 취했다면 평화를 가져왔을 것이라고 생각한다. 그러나 왕좌에서 태어난 자의 숙명이라고 해야 할지, 군인들에게 둘러 싸여 꼼짝도 할 수 없는 처지였다. 군국주의가 정복될 때까지 세계의 평화는 있을 수 없다.

 1914년 오늘, 나는 자신이 쓴 지금까지의 기록들을 살펴보며 세상의 빠른 변화를 실감했다. 역사상 유례가 없었던 대전쟁에 이 세계는 휘말리고 만 것이다. 인간이 짐승처럼 서로를 죽이고 있다. 그러나 나는 아직 나는 절망하지 않는다. 최근 나는 또 한 명의 통치자가 세계 무대에 등장했다는 사실을 깨달았다. 이 인물은 우리가 기다리고 있던 인물일지도 모른다. 파나마 운하의 통행권에 관한 분쟁에서 용감하게 자국의 명예를 위해 싸운 사람으로 그는 현재 미합중국의 대통령이다. 그는 불굴의 의지를 가진 천재이다. 천재에게 불가능은 없다. 우리는 윌슨 대통령에 주목해야 한다. 그의 맥박 속에는 스코틀랜드인의 피가 흐르고 있다.

 (여기서 자서전은 갑자기 끝이 났다)

✠ 앤드류 카네기 연보

1835년 스코틀랜드 던펌린에서 출생.
1848년 가족들과 함께 미국 펜실베이니아 주 앨러게니로 이주.
1849년 전신국에 전보 배달 소년으로 취직.
1853년 펜실베이니아 철도회사 서부 지부 감독인 토머스 스콧 씨의 사무원 겸 전신기사로 펜실베이니아 철도회사에 입사함.
1856년 침대차 사업에 투자.
1861년 남북전쟁 당시 북군을 위해 철도와 전신선 복구 임무를 맡음. 석유회사에 투자하여 성공을 거두었다.
1862년 던펌린으로 여행.
1863년 키스톤 교량회사 설립.
1864년 피츠버그 레일 제조회사 설립.

1867년 유니온 제철소 설립.

1870년 선철 제조를 위해 루시 용광로를 세움.

1875년 에드거 톰슨 공장을 세움.

1886년 경쟁사인 홈스테드 제강소를 매입.

1887년 루이스 휫필드와 결혼.

1889년 『부의 복음』 출판.

1892년 홈스테드 제강소에서 파업이 발생.

1899년 자기 소유의 제강소를 합쳐 카네기 제강소를 설립.

1901년 모건에게 회사를 매각.

1902년 카네기 협회를 설립.

1905년 카네기 교육진흥재단 설립.

1910년 세계 평화를 위한 기금 조성.

1911년 카네기 재단 설립.

1913년 평화의 전당에 헌정.

1919년 사망.